KB022083

EMDR 치료와 소매틱 심리학의 통합

트라우마 치유 효과를 높이는

EMDR 치료와 소매틱 심리학의 통합

EMDR Therapy and Somatic Psychology

Interventions to Enhance Embodiment in Trauma Treatment

저자 / 아리엘 슈와르츠Arielle Schwartz
바브 메이버거Barb Maiberger

역자 / 김남희
김은지

치유가 가능하다고 믿는 사람들에게:

당신의 직관에 귀 기울이고 그것이 당신을 이끌게 하라.

| 목차 |

| 역자 서문 |

트라우마 내담자를 만나는 치료자에게 선물 같은 책

감당하기 힘든 경험을 하고 그 영향이 계속 남아있을 때, 우리의 몸과 마음은 상호작용하며 한 가지 치료 방법만으로 회복되기에는 훨씬 더 복잡하다는 것을 치료자로서 늘 실감해 왔다. 대부분의 내담자는 심리적 문제만을 가지기보다는 이에 동반하는 신체 증상까지 강하게 나타나게 될 때 치료자를 찾게 되는 경우가 많다. 사실 감당하기 힘든 일을 겪고 나면, 우리가 일상적으로 하는 힘들어하는 자신을 봐주며 돌보기가 어렵고, 오히려 힘든 부분을 멀리하거나 계속 참거나 더 애를 쓰게 하는 마음이 작동한다. 이런 면에서 고통의 신체 신호를 보내는 몸이 마음보다 더 정직하다고 할 수 있다. 그리고 이 신호를 알아차림으로써 우리는 잠시 속도를 늦추고 자신을 돌보는 것을 시작하게 된다. 치료자이자 교육가로서 오랜 기간 다양한 트라우마 내담자를 치료하고 치료자들을 가르치며 많은 사례를 접하면서, 우리가 흔히 만나는 만성 스트레스 및 트라우마의 영향으로부터 회복되는데 있어서 신체를 함께 고려하는 것이 중요하다는 것은 정말 강하게 와 닿는 부분이었다. 그런 의미에서 이 책은 치료자에게 선물 같은 책이다.

이 책은 치료자가 내담자 개개인에 맞춰서 회복으로 나아갈 수 있게 돕는 최선의 접근 방식으로 EMDR 치료에 신체 기반 접근을 효과적으로 접목시킬 수 있는 내용을 담고 있다. 또한 자세한 설명과 함께 구체적인 개입방법 및 대본을 포함하여 실제적으로 임상에 적용하기 쉽게 구성된 실용서이기도 하다. 여기에는 단순 트라우마만이 아닌 반복적인 관계 트라우마나 복합 트라우마를 다루는 치료자를 위한 풍부한 내용을 포함한다.

2장에서는 체현embodiment 및 트라우마, 애착, 해리의 신경생리학을 종합하여 정리하고 있어 신경생물학적 근거를 바탕으로 한 명확한 이해를 돕는다. 3장에서는 트라우마 치료의 기본이 되는 단계적 접근을 포함하여 트라우마 처리 자체에 목적을 두는 것을 넘어서서 내담자의 삶에 호기심을 가지고 마음과 몸을 함께 보며 내담자 고유의 힘을 믿고 자원과 조절에 중심을 둔 회복탄력성-기반 치료 접근을 보여준다. 이는 내담자를 임파워하고 건강한 자기self를 발달시켜나가게 돕는 트라우마 치료 접근의 다양한 면들을 탐색할 수 있는 좋은 기회가 된다.

4장에서는 신체언어 및 치료자의 신체 기반 치료 역량을 강화하기 위한 방법을 포함하여 현재 소매틱 치료에서 흔히 그리고 유용하게 이용되고 있는 다양한 기법들을 하나씩 상세히 설명하며 EMDR 치료에 잘 통합하여 치료 효과를 높일 수 있도록 안내해 준다. 특히 실제 적용 시 주의할 점까지 자세히 언급하고 있어, 내담자와 함께 머물며 그 순간의 조절을 돕는 섬세함이 돋보인다. 5장에서는 복합 PTSD, 애착 트라우마를 다루는 법을 포괄적이며 통합적으로 담고 있는데, 자아상태치료 및 인격의 구조적해리이론을 포함한 내면의 파트 작업 치료기법에 신체 기반 접근을 통합하여 EMDR 치료에 효과적으로 접목할 수 있도록 제시하고 있다. 이는 내담자의 내면 시스템 및 치료 과정의 복잡함 속에서도 방향을 가지고 내담자의 회복을 도울 수 있도록 쉽고 명확한 설명을 제공한다. 6장에서는 치료실에서 다루기 어려운 주제일 수 있는 만성 통증 및 질환을 가진 내담자의 조절 및 회복을 돕는 개입을 요가를 포함한 신체 기반 접근을 포함하여 EMDR 치료에서 어떻게 적용하는지 상세히 소개한다. 이러한 통합적 접근 방식을 통해 내담자가 EMDR 치료 시 체화된 인식과 움직임의 치유력에 접근할 수 있도록 돕는다.

이 책이 가진 또 하나의 강점은 내담자를 바라보는 저자의 폭넓고 전인적이며 따뜻한 시각이다. 아마도 트라우마 치료자라면 누구나 삶에 대한 경외심과 존중, 내담자를 병리화하지 않고 전인적으로 바라보는 시각을 잘 알고 있을 것이다. 또한 치료자로서 우리는 치료실에 국한하지 않고 세상으로 영역을 확장하여 내담자가 안전한 세상에서 잘 대처하며 살아가게 돕고자 하는 열망을 가지기도 한다. 7장은 흔히 놓치기 쉬운 이러한 사회문화적 맥락을 고려한 문화적 감수성을 가진 치료의 중요성을 일깨워 준다. 또한 치료자의 자기-돌봄을 담고 있는 8장은 모든 치료자에게 지지와 도움이 되는 소중한 부분이다. 저자의 말처럼 치료자도 인간이며 모든 내담자를 다루는 데 항상 유능하다고 느끼는 치료자는 단 한 명도 없다. 치료자로서 우리는 우리 자신의 삶을 살아가는 데에도 있는 그대로를 볼 수 있게 정직해야 한다. 그래야 지속적인 자기-성찰과 돌봄을 통해 치료자로서의 한계를 받아들이며 해결을 위한 겸손함을 잊지 않으면서, 이 힘듦 속에서도 치료자로서의 유능감과 열정을 가지고 의미 있는 일을 계속해 나갈 수 있을 것이다.

이 책을 통해서 임상에서 흔히 만나는 다양한 트라우마 내담자를 돌보는 치료자들이 EMDR 치료와 신체 기반 접근을 통합하여 효과적으로 내담자의 회복을 도울 수 있는 계기가 되길 바란다. 또한 많은 치료자들이 신체 기반 접근을 통합한 EMDR 치료에 대해 좀 더 체계적이고 실용적으로 이해하는 기회가 되어 몸에 대한 온전한 집중을 통해 마음의 지혜와 함께 몸의 지혜도 만날 수 있기를 바란다. 이러한 통합적 접근이 내담자와 치료자 모두가 삶에 훨씬 더 잘 현존할 수 있게 하며, 원하는 삶을 안전하게 살아갈 수 있도록 도와줄 것이다.

역자 **김남희, 김은지**

| 추천의 글 |

로빈 샤피로Robin Shapiro

지난 40년 동안 치료자로서의 나의 수련은 인지적이고, 소매틱한 작업을 통합하는 EMDR 치료, 자아 상태 작업ego state work, 관계적인 개입 및 마음챙김 개입을 포함한다. 『EMDR 치료와 소매틱 심리학의 통합』은 이 유용한 방식들의 장점을 한곳에 모았다. 아리엘 슈와르츠Arielle Schwartz와 바브 메이버거Barb Maiberger는 EMDR 프로토콜에 소매틱, 마음챙김, 관계적인 치료를 가져오는 방법을 능숙하게 가르친다. 또한 훌륭한 대본과 함께 쉬운 영어로 치료자에게 훌륭하고 유용한 다양한 개입들로 내담자를 체화된embodied 관계적 인식awareness으로 안내하는 방법을 가르친다. 이 책은 이해하기 쉬운 언어로 신경과학을 검토하고, 광범위한 내담자의 걱정과 증상을 다루는 구체적인 개입의 틀을 제공한다.

슈와르츠와 메이버거는 1990년대에 소매틱 심리학 분야에서 수련을 시작했고, EMDR 치료와 소매틱 심리학을 거의 20년 동안 가르쳐왔다. EMDR 치료 분야나 소매틱 심리학에 관한 기존의 책들이 있지만, 이러한 실용적인 조합은 지금까지 현장에서 기여를 놓쳐왔다. 저자들은 이 두 가지 정신치료 양식을 신경과학과 통합하여 이를 뒷받침하는 강력한 경우를 만든다. 당신은 저자들이 복합적인 임상 상황을 내담자가 치유로 향하도록 안전하게 안내하는 개입을 통해 이해할 수 있고 치료할 수 있게 만들면서 하나의 일관된 목소리로 이 책을 공동 집필했다는 것을 발견할 것이다.

많은 EMDR 치료자는 표준 프로토콜을 수행하면서 신체감각을 충실하게 언급하지만, 그것을 하는 이유와 치료로 더 초점을 가져오고 이해하고 통합하는 방법을 충분히 이해하지 못할 수 있다. 이 책을 읽은 후에 당신은 왜, 언제, 정확히 어떻게 치료로 감각, 감정, 인식에 초점을 가져오는지 알게 될 것이다. 이 책의 개입 부분은 당신의 내담자가 자신의 소매틱 과정에 더 의식하도록 돕는 언어와 관찰 방법 및 구체적인 개입을 당신에게 알려줄 것이다. 이 개입들은 내담자가 소매틱 고통distress의 인식과 컨테인먼트를 발달시키도록 돕는 것, 그라운딩하는 방법에 대한 지시, 호흡과 함께 작업하는 방법, 경계에 대한 체화된 탐색을 위한 안내를 포함한다. 나는 진자운동pendulation 기술을 발견하고 기뻤는데, 이 기술은 내담자가 자원과 고통스러운 상태 사이를 또는 내부와 외부의 인식 사이를 번갈아 하게 안내하면서 내담자가 EMDR 치료의 8단계에 걸쳐서 정동 내성affect tolerance을 조절하도록 도울 수 있다. 또한 감각 초점을 통해 목표기억target을 개발하는 대본도 포함되었는데, 이것은 많은 것을 느끼지만 잘 기억하지 못하는 내담자들에게 가장 유익하다. 나는 "말없이 이야기하기Tell a Story Without Words"를 결코 들어본 적이 없었고 이것을 시도하게 되어 기쁘다. 그것은 회피적으로 장황하게 말하는 내담자가 그들의 머릿속에서 나와 감정과 감각으로 통하게 하는 훌륭한 방법인 것 같다. 이 장의 마지막에서는 민감소실desensitization 동안에 소매틱 리패터닝somatic repatterning으로 EMDR 처리를 향상시키는 소매틱 방법, 막힌 처리를 따라 움직이게 하는 구체적인 소매틱 인터위브, 내담자가 처리 과정이 제공한 변화를 진정으로 체화하도록 돕는 것을 제공한다.

복합 트라우마를 논의하는 장은 해리와 자아 상태ego states에 대한 논의가 심도 있고, 명확하고, 구체적이기 때문에 특히 도움이 된다. 슈와르츠와 메이버거는 '협력팀team of allies'을 포함하는 많은 대중적인 자원 기술

[Roy Kiessling(2005)와 Laura Parnell(2013)의 작업과 같이]을 사용하나, 양육하고, 구출하고, 재연하기re-enacting 위해 협력자와 고통받는 파트 모두를 체화한다. 그들의 목표화하기targeting 프로토콜은 훌륭하며, 이야기나 감각 또는 파트로 시작하는 것 및 손상되었거나 애초에 자라지 않았던 것을 회복시키기 위해 협력자, 감각, 자세와 움직임을 가져오는 것과 같은 옵션을 제공한다. 각각은 구체적이며 명확하게 기술되어 있고, 건강하게 애착된 내담자의 성장을 지원하기 위한 단계와 할 말을 당신에게 제공한다.

또 다른 좋은 장은 소매틱 작업에 완전히 초점을 두며 통증과 질병을 다룬다. 이 책의 나머지에서와 같이 구체적인 과거력, 준비 및 자원만들기resourcing, 그리고 만성적인 통증에 대한 많은 완화하는clearing 개입을 안내한다. 이 장의 '자기-돌봄 마음의 영화Self-Care Mental Movie'는 어떤 내담자에게도 좋을 것이다! 또한 당신은 내담자가 고통 내성을 키우도록 돕는 쉽고 유용한 요가 개입을 발견할 것이다. '자기-연민Self-Compassion'과 '감사Gratitude'의 두 가지 사랑스러운 개입은 어떤 내담자나 어떤 사람, 심지어 치료자에게도 도움이 될 수 있다.

"문화가 움직임과 자세, 몸짓, 상호작용 스타일, 행동을 통해서 표현된다"(p. 249)는 것을 보고 나는 놀라고 기뻤다. 문화적으로 민감한 치료는 필수적이다. 이 장은 우리에게 비언어적인 의사소통과 체화된 문화의 다른 표현과 작업하는 것이 필요하다는 것을 상기시키고 그렇게 하는 방법에 대한 실용적인 도구를 제공한다. 당신이 문화-기반 부정적 인지를 포함하는 문화적인 정체성의 긍정적 및 부정적인 면을 파악하게 도울 문화적으로 조율된 설문지가 있다. 이 정보를 사용해서 당신은 내담자가 문화적인 자원과 협력자를 "임파워먼트 마음의 영화Empowerment Mental Movie" 대본의 부분으로 가져와 사용하도록 도울 수 있다.

만약 당신이 어떻게 내담자의 감정이 당신 몸 안에서 공명하는지 알아차리지 못해 왔다면 이제는 그것을 알아차리고 그 지식을 당신의 치료 작업에 쏟아붓게 될 것이다. 이 책은 당신이 그런 소매틱 역전이를 성공적으로 작업하게 돕는 당신 자신의 돌봄을 위한 체화embodiment 도구에 대한 장으로 결론짓는다. 임상적인 자문가로서 나는 자신의 몸에 내사된introjected 감정과 해리된 상태와 고군분투하는 치료자들을 만난다. 똑똑하고 명료한 임상가가 말을 더듬고, 멍하고, 내담자에 대한 평소의 명확한 이야기를 할 수 없을 때, 나는 종종 "내담자(또는 내담자의 고통)를 당신 안의 어디에 두고 있나요?"라고 물어본다. 슈와르츠와 메이버거는 트라우마를 겪은 해리된 내담자들과 작업하는 스트레스와 소진burnout의 다양한 면들을 다루는 방법을 설명한다. 이 장은 당신이 소매틱 역전이나 대리 외상의 증상을 인지하도록 도울 것이다. 그들은 그러한 고통이 당신의 몸에서 어떻게 나타날 수 있는 지와 회기 전, 회기 중, 회기 후에 당신 자신을 돌보기 위해 무엇을 할 수 있는지를 설명한다. 그들의 개입은 이 책의 모든 개입처럼 명확하고, 상상력이 풍부하며, 사용하기 쉽고, 효과적이다.

나는 당신이 이 책을 주의 깊게 읽고 이 체화 연습을 당신의 내담자와의 작업에 통합시키기 시작할 것을 추천한다. 시간이 지남에 따라 당신은 소매틱 개입을 뼛속 깊이 간직할 것이다. 이 책은 당신에게 다양한 새로운 개입들을 제공하는데, 거기서 멈추지 마라. 이 책에서 배운 것을 취하고, 그것을 당신의 내담자와 사용하고, 당신 것으로 만들고, EMDR 치료와 소매틱, 마음챙김, 표현 치료들을 통합하는 당신 자신의 새로운 방식을 발견하라.

| 감사의 글 |

1999년에 우리는 나로파대학Naropa University의 심리학과 교수진으로 초빙되어 소매틱 심리학 과정을 공동 지도하였다. 이것이 우리가 함께 협력하고 가르치는 여정의 시작이었다. 그때부터 우리는 모두 수련 참여를 진행했고 결국 EMDR 치료에서 교육가trainer가 되었다. 지난 10년 동안 우리는 트라우마, 발달 애착 상처, 만성 통증의 치료를 위해 소매틱 심리학의 원리를 통합하는 것을 강조하면서 심화 EMDR 워크숍의 형태로 이 두 가지 양식을 통합해 왔다. 이 워크숍이 이 책이 나오는 원동력이 되었다. 게다가 우리의 작업에는 우리가 누구인지를 특징짓는 일련의 공유된 가치, 즉 우리 자신의 개인적 성장에 대한 깊은 전념과 매일매일 인간 정신의 용기 있는 회복탄력성을 모델로 보여 주는 내담자에 대한 진심 어린 존경심이 담겨 있다.

우리는 이 책의 저술에 필수적이었던 많은 분들께 감사를 드린다. 우리는 수전 아포쉬안Susan Aposhyan이 나로파대학에서 우리에게 가르칠 것을 요청했을 때 우리가 훌륭한 팀을 만들 것이라는 그녀의 직감에 힘입었다. 우리는 프랜신 샤피로Francine Shapiro 박사에게 수천 명의 치료자가 어떻게 성공적으로 내담자의 외상적인 삶의 경험을 치유하는 데 도움을 주는가를 바꾸어 놓은 EMDR 치료에 대한 그녀의 변함없는 헌신에 대해 감사를 표하고 싶다. 우리는 몰리 기라쉬Molly Gierasch가 EMDR 치료에 대해 우리의 선생님이 되어 다른 사람들을 가르치는 길을 안내해 준 것에 대해 깊이 감사한다. 우리는 로빈 샤피로Robin Shapiro가 이 책의 초기 버전을 읽고 그녀가 소매틱 심리학을 EMDR 치료에 통합하는 것의 중요성에 대해 공유한 흥분감에 대해 깊이 감사한다. EMDR 치료자들로 구성된 국제 커뮤니티에 이러한 통합 작업을 제시할 수 있는 기회를 제공해준 EMDRIA의 컨퍼런스 주최자들에게 감사드린다.

우리는 데보라 말무드Deborah Malmud와 W. W. 노튼W. W. Norton팀이 이 책을 믿고 EMDR 치료자 커뮤니티에서 이용할 수 있게 해 준 것에 대해 특별한 감사를 드린다. 이 책을 완성하는 과정이 부드럽고 매끄럽게 느껴지도록 도와주었다. 우리는 당신의 열렬한 지지에 감사드린다.

크리스틴 칼드웰Christine Caldwell, 케쿠니 민턴Kekuni Minton, 라이언 케네디Ryan Kennedy, 수잔 아포쉬얀Susan Aposhyan 등 우리를 사람, 치료자 및 교사로 키워준 나로파대학의 소매틱 심리학과 교수님들과 멘토들에게 감사의 마음을 전하고 싶다. 당신은 우리의 사고를 형성하고 영향을 끼쳤다. 몸과 마음의 연결을 존중하는 트라우마 치료 모델로 안내해 주어서 감사드린다.

좀 더 개인적인 면에서 아리엘Arielle은 그녀의 멘토인 베티 캐넌Betty Cannon에게 끊임없는 지지와 지혜의 원천이 되어준 것에 대해 감사드린다. 나를 믿어주고, 나의 장점을 보고, 장애물을 헤쳐 나가며, 작가로서의 나 자신에 관한 믿음을 가질 수 있도록 도와줘서 감사하다. 나 자신도 알기 전에 내 안에 책이 있다는 것을 알고, 내 선물을 세상에 내놓을 수 있도록 영감을 준 고故 조엘 월트젠Joel Woltjen에게 감사한다. 민감하고 현명한 자문으로 EMDR 치료자로서의 내 역량을 다듬어 준 짐 나이프Jim Knipe에게 진심으로 감사드린다. 카렌 토슨Karen Thorson, 베로니카 렘버저Veronica Lemberger, 케이티 루이스Katie Lewis, 로빈 허바드Robyn Hubbard, 지젤 루자니Giselle Ruzany, 린다 베어드Linda Baird, 메리 에거스 베르뉴트Mary

Eggers Berneuth, 무카라 메레디스Mukara Meredith 등 나에게 영감을 주고 지원해 준 많은 선생님과 동료, 친구들이 있어 축복받은 기분이다. 이 책을 쓰는 데 지지해 준 우리 가족에게 특별한 감사를 표한다. 특히 이것은 내가 가족과 더 적은 시간을 보냈다는 것을 의미한다. 항상 나를 믿어준 캐롤린Carolyn과 빅터Victor에게 감사한다. 내가 컴퓨터 앞에 앉아 있는 동안 들고 다닐 수 없었던 물건들을 집에서 집어 들고 계속 웃게 해준 남편 브루스Bruce에게 큰 감사를 전한다. 가장 중요한 것은 주말과 저녁에 내가 함께하지 못한 많은 시간 동안 사랑과 인내심을 보여 준 내 아이들, 엘리아나Eliana와 이안Ian에게 감사한다. "너희들의 격려와 포옹, 키스, 미소 없이는 이 글을 쓸 수 없었을 거야." 마지막으로, 브레인스토밍하고, 창작하고, 가르치는 데 수년간 함께한 공동 작가 바브 메이버거Barb Maiberger에게 무한히 감사한다. 당신은 수많은 방법으로 내 삶을 풍요롭게 해 주었다. 이 글쓰기 모험에 나와 함께해 줘서 감사하다.

바브Barb는 타냐 쿤Tanya Coon, 메리 하트넷Mary Hartnett, 로빈 오트람Robin Outram에게 진심으로 감사를 표하며, 내가 무너지고 취약해질 수 있는 안전한 공간을 마련해 주고, 고통과 기쁨 속에서 나를 목격하고, 내 목소리를 찾고 내 힘으로 설 수 있도록 도와주며, 내 직관에 귀를 기울이도록 격려해 주었다. 내가 이 책을 쓰면서 EMDR 치료를 가르치는 동안 현재에 머물 수 있도록 나를 지지하고 그라운드 되게 해 준 존 그레이John Gray, 올가 베라Olga Vera, 사라 로즈Sarah Rose에게 크게 감사드린다. 이 일이 불가능해 보일 때도 있었지만 나를 웃게 하는 당신의 능력과 나와 내 사명에 대한 당신의 믿음이 나를 지탱해 주었다. 마이버거 연구소Maiberger Institute의 발전에 관여해 온 모든 사람들, 내 훈련을 받은 모든 치료자들, 수년간 나와 함께 일해 온 모든 자문가들, 내 책을 읽고 도움이 되는 가이드로 찾은 사람들, 그리고 내 작업에 대한 지속적인 지지와 안내에 대해

EMDRIA에 감사드린다. 나의 소중한 친구 아리엘 슈와르츠Arielle Schwartz에게, 그녀와 함께 이 책을 쓰는 이 여정을 떠나도록 요청해 준 것에 대해 감사한다. 우리의 협업은 수없이 많은 시간의 토론과 연습으로 역동적이었고, 그 과정에서 우리의 우정은 더욱 깊어졌다. 당신이 놀라운 치료자, 선생님, 발표자, 그리고 작가로 성장하는 것을 지켜보는 것은 기쁨이었다. 변함없는 사랑, 지지, 인내심을 통해 내가 누구인지를 살피고 내가 될 수 있는 최고의 사람, 아내, 선생님, 그리고 사업가가 될 수 있도록 끊임없이 자신을 치유하도록 영감을 준 남편 영Young에게 감사를 전한다. 당신은 내 삶의 축복이고 나는 더 많은 세월의 웃음과 사랑 그리고 함께 늙어가는 것을 기대한다.

마지막으로, 우리는 계속해서 탐구하고, 발견하고, 창조하고, 가르칠 수 있도록 영감을 준 모든 학생들에게 감사의 빚을 지고 있다. 체화된 EMDR 치료자가 되기 위한 용기 있는 여정에서 당신을 인도할 수 있도록 우리를 믿어주어서 감사하다.

| 서문 |

트라우마 치료에서 몸을 기억하기

KEEPING THE BODY IN MIND DURING TRAUMA TREATMENT

트라우마는 일상의 사건이다. 치료자로서 우리는 내담자의 가장 어려운 삶의 경험에서 비롯된 고통스러운 후유증을 이해하도록 요청받는다. 사람들은 살아 있음과 활력을 느끼는 능력을 제한하는 증상들에 짓눌린 채 우리의 치료실로 걸어 들어온다. 내담자는 그들의 삶에서 중요한 시점에 나타나서 그들의 가장 취약한 시간 동안에 우리가 현명하게 그들을 안내하도록 요청한다. 그들은 결코 다시는 안전할 수 없다거나, 지금 생각하고 느끼는 것에 대해 선택이 없다고 믿는다. 일부는 충격을 받고 멍하며 자신의 느낌을 차단한다. 어떤 사람들은 두려움과 공황에 압도된다. 무엇보다 중요한 것은 트라우마는 몸에도 각인을 남긴다는 것이다. 결과적으로 내담자는 견딜 수 없는 감각들을 해결하려고 애쓰거나 그들의 몸을 이물질처럼 느낀다. 우리는 내담자들이 숨 쉬려고 애쓰거나 어지러움과 오심, 피로로 혼란에 빠질 때 그들과 한자리에 앉아 있다. 만약 우리가 치료자로서 이 강력한 관계의 순간들 한가운데에서 어떻게 체화된 상태로 머무는지stay embodied를 모른다면 우리는 내담자와 함께 셧다운shut down 되거나 그 과정에 압도당하게 되는 위험에 처한다.

EMDR 치료자 수련의 수년 후에 우리는 많은 임상가가 이러한 심오한 소매틱 경험을 성공적으로 다루는 데 필요한 수련이 부족하다는 것을 목격해 왔다-그들은 어떻게 신체를 트라우마 치료에 통합하는지를 모른다.

전통적인 말로 하는 치료talk therapy는 트라우마 경험의 인지적이고 정서적인 요소들에 신경 쓰는 반면, 흔히 소매틱 요소는 다루지 않는다. 그에 반해서 소매틱 심리학somatic psychology 영역은 이성만으로는 트라우마 증상을 치료하는 데 충분하지 않다는 것을 인정한다. 소매틱 심리학은 정신치료에서 몸의 인식body awareness을 중심으로 하며, 직관적인 치유 움직임을 안내하기 위해 감각 경험으로부터 얻은 지혜를 받아들인다(Aposhyan, 2004; Caldwell, 1997; Levine, 2010; Ogden, Minton, $ Pain, 2006; van der Kolk, 2015). 게다가, 효과적인 트라우마 치료는 내담자가 외상후 스트레스장애posttraumatic stress disorder(이하 PTSD)의 인지적, 정서적, 소매틱 증상에 대처하도록 치료자가 효과적으로 돕는 기술을 포함한 전인적 접근이 필요하다. 프랜신 샤피로 박사(2013, 2018)의 EMDR 치료는 마음과 몸의 트라우마 사건 충격을 다루는 통합적인 치료 방법으로서 앞서가는 예이다. 그러나 EMDR 치료 수련은 준비 단계에서 자원 개발을 방해하거나 민감소실desensitization 단계 동안 처리를 차단해 버릴 수 있는 불편한 신체 감각과 어떻게 작업하는지를 일반적으로 깊이 있게 다루지 않는다. 따라서 이 책의 목적은 트라우마 치료에 있어 체화embodiment를 증진하는 소매틱 심리학의 원리와 개입을 통합해서 EMDR 치료의 범위를 확장시키는 것이다.

우리의 EMDR 치료의 신체-중심 접근은 가용한 최고의 트라우마 치료 방법이라고 믿는 것의 통합을 제공한다. 더 나아가 소매틱 치료somatic therapy는 단지 내담자를 위한 개입이 아니라 오히려 치료자의 존재presence와 인식awareness을 필요로 한다. 이 책은 내담자가 준비 단계에서 신체 인식을 증가시키고, 민감소실 단계 동안에 치유 움직임을 탐색하며, 소매틱 통합으로 주입 단계를 증진시키도록 초대하는 이해하기 쉽고 경험적인 개입을 제공한다. 당신은 내담자가 PTSD의 손실로부터 그들의 삶을 되찾도록 돕는 고급 기술을 갖게 될 것이다.

과거와 현재의 영향 PAST AND CURRENT INFLUENCES

이 책의 개입들은 우리의 광범위한 소매틱 정신치료somatic psychotherapy 기법들과 그 기저를 이루는 공통 요인들의 축적된 경험으로부터 얻은 것이다. 다음의 신체-중심 기법들은 우리의 생각과 이 책에 큰 영향을 주었다. 포커싱focusing(Gendlin, 1982), 통합 신체 정신치료 integrative body psychotherapy(Rosenberg, Rand, & Asay, 1989), 하코미 방법Hakomi method(Kurtz, 1990), 바디-마인드 정신치료body-mind psychotherapy(Aposhyan, 2007), 바디-마인드 센터링body-mind centering(Bainbridge Cohen, 1994), 처리-지향 치료process-oriented therapy(Mindell, 2011), 오센틱 무브먼트authentic movement(Adler, 1999; Whitehouse, 1999), 핵심 에너지론core energetics(Pierrakos, 1990), 조형 심리학formative psychology(Keleman, 1987), 무빙 사이클moving cycle(Caldwell, 1996, 1997), 소매틱 경험Somatic Experiencing(Levine, 1997, 2010), 감각운동 정신치료sensorimotor psychotherapy(Ogden et al., 2006).

그뿐만 아니라 소매틱 심리학 영역은 어떻게 트라우마 사건이 뇌와 신체의 신경생리학에 영향을 주는지에 대한 귀중한 통찰을 제공하는 신경과학 연구에 크게 의존한다. 사실 마음의 치유에서 신체의 역할을 믿게 도운 다음의 주요 기여자들의 연구와 책이 없었다면, 소매틱 심리학은 여전히 이례적이라고 여겨졌을 것이다. 그들의 중대한 연구는 우리의 생각과 이 책에 큰 영향을 주었다. 앨런 포겔Alan Fogel(200)의 몸이 느끼는 감각느낌felt sense에 대한 연구는 우리가 체화된 자각embodied self-awareness의 본질적 가치를 알게 해 주었다. 마찬가지로 안토니오 다마지오Antonia Damasio(1994, 1999)의 소매틱 표지가설somatic marker hypothesis은 신체 인식을 건강한 의사 결정의 기능으로 발견하였다. 앨런 쇼어Alan Schore(1994, 1996, 2012)의 자기조절의 대인 관계 기반에 대한 연구는 신체의 미묘한 단서를 조율하는 가치에 대한 우리의 강조를 강화한다. 스티븐 포지스Stephen Porges(1995, 2007, 2011)의 다미주이론polyvagal theory에 관한 연구는 스트레스와 트라우마에 대한 정신생물학적 반응에 대한 본질적인 통찰을 준다. 게다가 다니엘 시겔Daniel Siegel(1999)의 인내의 창window of tolerance에 대한 설명은 트라우마 회복 동안에 조절의 초점regulatory focus을 더욱 강화한다. 마지막으로, 베셀 반 데어 콜크Bessel van der Kolk(2015)의 책 『몸은 기억한다The Body Keeps the Score』는 트라우마 회복에서 하향식top-down 및 상향식bottom-up 처리 방식 모두의 가치를 알리는데 매우 중요한 역할을 해 왔다.

시작부터 EMDR 치료(Shapiro, 2018)는 정신역동치료psycho-dynamic therapy, 인지행동치료cognitive-behavioral therapy, 경험치료experiential therapy, 신체-중심 치료body-centered therapy를 포함하는 다양한 치료 방식을 통합해 왔다. 모든 심리학처럼 EMDR 치료는 지속적으로 성장하고 확장하며 다양한 적용을 통합한다. 또한 우리는 우리의 생각과 이 책에 큰 영향을 준 다음의 EMDR 치료 분야의 리더들을 인정하고자 한다. 예를 들어 짐 나이프Jim Knipe(2015)의 구조적 해리이론structural dissociation theory(van der Hart, Nijenhuis, & Steele, 2006)의 통합은 복합 PTSDcomplex PTSD 내담자에서 트라우마 기억들을 주의 깊게 목표화targeting하도록 강조한다. 유사하게 캐롤 포가쉬Carol Forgash와 마가렛 코플리Margaret Copeley(2008), 필립 맨스필드Philip Mansfield(2010), 로렐 파넬Laurel Parnell(2013), 아나 고메즈Ana Gomez(2012), 로빈 샤피로Robin Shapiro(2016)의 기여는 애착 트라우마를 다룰 때 자아 상태 작업과 파트 작업의 통합에 주력한다. 마찬가지로 조앤 톰블리Joanne Twombly(2000)는 내면가족체계이론internal family system therapy(Schwartz, 1997)을 내담자의 건강을 위한 고유한 추진력을 강화하기 위해 통합한다. 이 책은 울리히 라니우스Ulrich Lanius와 산드라 폴슨Sandra Paulsen(2014)이 소개한 EMDR 치료와 소매틱 심리학의 통합에 관련된 것으로, 이들은 처리가 멈추었을 때 내담자의 신체 인식, 경계와 작업하기, 소매틱 자원만들기somatic resourcing, 호흡 인식, 소매틱 인터위브somatic interweave, 트라우마 처리 동안에 움직임을 통한 방출discharging movements의 역할을 강조한다.

이 책에서 무엇을 기대할 수 있을까?WHAT TO EXPECT IN THIS BOOK

이 책은 EMDR 치료자가 8단계 치료 모델에 소매틱 심리 개입을 통합시키는 것에 대한, 늘어나는 수요를 충족시키기 위해 집필되었다. 우리의 의도는 EMDR 치료와 소매틱 심리학의 통합을 현재의 트라우마 치료에 대한 이해를 극대화하는 필수적인 치료 접근으로 제공하여 기존의 접근 방법을 확장하고자 한다. 우리는 트라우마 치료에서 체화를 증진하는 실용적 개입과 목표기억 개발target development을 위한 발전된 대본 프로토콜을 모두 포함했다. 우리는 진심으로 당신이 내담자와 작업하는 동안에 당신 자신의 체화된 인식embodied awareness을 어떻게 증가시키는지 더 잘 이해하게 되길 바란다. 대본 프로토콜을 사용하여 당신이 내담자를 감각 인식과 움직임을 통해 트라우마 재처리 동안에 그들의 신체와 연결할 수 있도록 초대할 것을 권장한다.

당신은 이 책이 트라우마 치료에 관한 과학과 이론에 대한 폭넓은 토론에서 시작해서 광범위한 구체적인 주제와 대상을 다루는 실용적 개입으로 진행한다는 것을 발견할 것이다. 1장은 EMDR 치료와 소매틱 심리학의 간단한 역사를 제공하고 각 치료 방식의 필수적인 요소들을 탐색한다. 2장은 스트레스, 트라우마, 감정, 기억의 신경생리학적 기반에 관한 현재 연구의 토론을 통해 체화를 탐색한다. 3장에서는 트라우마 치료를 위한 EMDR 치료와 소매틱 심리학의 7가지 원칙을 요약하며, EMDR 치료와 소매틱 심리학의 통합을 제안한다. 4장은 EMDR 치료의 8단계에 통합될 수 있는 대본 프로토콜을 이용하여 체화를 증진시키는 개입의 포괄적인 모음집compilation을 제공한다. 이 개입들은 감각sensations, 움직임 충동movement impulses, 호흡, 경계에 대한 마음챙김을 포함하는 경험적 탐색을 통해 소매틱 인식을 개발하기 원하는 치료자와 내담자를 위한 지지를 제공한다. 5장은 언어 이전preverbal 기억을 목표화하기targeting, 신체 인식을 통해 자아 상태 찾기, 트라우마 재처리 동안의 해리 조절하기와 같은 주제를 다루면서, 복합 PTSD와 애착 트라우마에 EMDR 치료와 소매틱 심리학을 적용한다. 6장은 고통스러운 신체 증상의 트라우마 요소를 목표로 하는 개입으로 만성 통증과 질환 치료에 우리의 통합적인 접근을 적용한다. 7장은 EMDR 치료와 관련된 체화와 다문화 역량 사이의 상호작용에 대한 탐색을 제공한다. 치료적인 대화 내에서 체화는 치료자와 내담자 모두의 문화적인 역사의 영향을 받는 현재-중심의 관계를 형성하는 것이다. 따라서 문화적인 맥락은 트라우마 치료에 대한 이 통합적 접근의 중심이 된다. 마지막으로 PTSD를 치료하는 EMDR 치료자들은 대리 외상vicarious trauma의 위험이 크기 때문에 8장은 연민 피로compassion fatigue와 소진burnout을 예방하기 위한 체화된 자기-돌봄embodied self-care의 모델을 제공한다.

사례에 관한 주의사항A NOTE REGARDING CASE EXAMPLES

내담자의 비밀 유지를 위해 이 책에 공유된 내담자의 이야기들은 수년간 아리엘Arielle과 바브Barb가 보아 온 여러 개인을 합성한 것이다. 식별 세부사항은 사생활과 익명성을 보호하기 위해 변경되었다.

| 개입의 목록 |

기본적인 개념들

제1장
트라우마 치료에서의 체화
Embodiment in Trauma Treatment

우리는 우리 몸의 움직임에 대한 자연스러운 충동들을 무시하도록 가르쳐 온 문화에서 살고 있다. 우리 대부분이 집에서 예의 바르게 행동하기 위해서나 학교에서 주의를 기울이기 위해 가만히 앉아 있도록 배웠다. 고요함 속에서의 마음챙김 성찰mindful reflection은 이점이 있으나 너무 오래 움직이지 않고 있으면 소매틱 신호들을 무시하거나 억제하여 성공적인 트라우마 치료를 방해할 수 있다. 소매틱 심리학에 대한 존중의 등장은 치료자와 내담자가 트라우마 사건이 몸에 미치는 영향을 이해하도록 도와주었다. 몸은 "그 점수를 유지하고keep the score"(van der Kilk, 2016) "그 부담을 견딘다bear the burden"(Scaer, 2014)고 한다. 그 결과, 치료자들은 스트레스나 트라우마 사건들이 체화된 인식embodied awareness, 움직임, 호흡과 함께 처리되어야 한다고 점점 더 인정하고 있다(Fogel, 2009; Levine, 2010; Ogden et al., 2006). 정신치료 내에서 치료자가 체화된 인식과 움직임을 치료로 통합시키는 수련과 기술을 가지고 있지 않은 한 내담자는 종종 몸으로부터 단절된 상태로 남아 있다.

신체가 치료 방정식에서 제외되면, 트라우마의 생물학적인 영향이 지속되며 성공적인 치료 결과를 방해할 수 있다. 소매틱 감각들은 트라우마 사건의 영향에 대한 엄청난 피드백을 제공한다. 또한 언제 이러한 사건들이 더는 우리를 지배하지 않게 되는지를 알려 준다. 체화embodiment를 증진시키는 개입들은 말로서 내담자를 데려갈 수 있는 것을 넘어서는 치료적인 경험을 가져온다. 치료자는 내담자가 시간에 얼어붙은 몸에 간직된 이야기들을 푸는 데 집중하도록 돕는다.

EMDR 치료와 소매틱 심리학 모두 내담자가 불편한 감각들과 감정들에 대한 내성을 증가시키면, 동시에 트라우마 기억과 연관된 고통을 감소시키고 자기self의 요구needs에 효과적으로 반응하는 능력을 증가시킨다는 것을 인정한다. 우리는 EMDR 치료와 소매틱 심리학을 결합하여 사용하는 것을 수련받은 치료자는 외상후 스트레스장애post-traumatic stress disorder(이하 PTSD) 증상과 작업하는 발전된 도구를 갖는다고 믿는다. 주로 체화는 내담자만이 아니라 치료자도 헌신적인 연습이 필요하다. 치료자 자신의 소매틱 인식somatic awareness을 통해 감각의 미묘한 변화를 내담자의 경험이나 잠재적인 역전이countertransference에 대한 정보를 제공하는 기준점으로 사용할 수 있다. 치료자는 자신의 소매틱 인식을 증가시키면서, 또한 내담자에게 체화된 인식의 모델링을 제공할 수 있다. 더욱이 소매틱 치료자는 신체 인식을 안전하게 발달시키도록 내담자를 초대하는 환경을 조성한다. 이 장에서는 EMDR 치료와 소매틱 심리학의 간략한 역사를 제공하고 각 치료 방법의 필수 요소를 살펴본다.

EMDR 치료EMDR THERAPY

안구운동 민감소실 및 재처리Eye movement desensitization and reprocessing(이하 EMDR) 치료(Shapiro, 20013, 2008)는 1987년에 프랜신 샤피로Francine Shapiro 박사에 의해 개발된 포괄적인 접근의 치료이다. 샤피로 박사는 정말 우연히 그녀가 무언가 고통스러운 것을 생각하는 동안 눈이 좌우로 왔다 갔다 움직이고 그 결과 고통이 사라진다는 것을 알아차리면서 EMDR

치료를 발견하였다. 시간이 흐르면서 그녀는 내담자가 외상적인 삶의 경험과 관련 증상 및 고통스러운 대처 전략을 처리하도록 돕는 8단계 트라우마 치료 모델을 개발하였다. EMDR 치료는 내담자가 관련 이미지, 생각, 감정, 신체 감각의 민감소실을 통해 고통스러운 기억을 처리하도록 도우면서 PTSD를 치료하도록 구조화되어 있다. 이 처리는 내담자가 트라우마 사건과 관련된 기억들을 다루면서 동시에 현재-순간 경험의 인식을 유지하도록 요청하는 이중 집중dual attention에 의지한다. 트라우마 사건의 민감소실은 양측성의 이중 집중 자극을 사용하는데, 이 책에서는 이를 BLS/DAS라고 부를 것이다. BLS는 양측성 자극bilateral stimulation을 의미하고, DAS는 이중 집중 자극dual attention stimuli을 나타낸다. EMDR 치료 문헌에서 같은 의미로 사용되어 왔기에 우리는 두 용어를 모두 포함했다.

BLS/DAS는 몸의 왼쪽과 오른쪽을 번갈아 가며 안구운동, 촉각진동pulses, 소리 자극tones, 두드리기tapping의 형태로 줄 수 있다. EMDR 치료자는 내담자가 가장 고통스러운 장면이나 이미지, 부정적 인지negative cognition(이하 NC), 감정, 신체 감각을 포함하는 트라우마 사건과 관련된 구성요소들을 찾게 하여 목표기억target을 개발하도록 돕는다. 주관적 고통지수 척도Subjective Units of Disturbance Scale(이하 SUDS)는 0이 중립적이거나 아무런 고통이 없는 상태이고 10이 최악의 고통을 느끼는 상태인 0부터 10까지의 척도에서 내담자가 경험하고 있는 고통의 수준을 결정하는 데 사용된다. 그뿐만 아니라 EMDR 치료는 현재의 문제를 이끄는 과거 사건들, 고통을 유발하는 현재 상황들, 새로운 기술과 태도를 요구하는 미래 사건들을 다루는 세 갈래 프로토콜three-pronged protocol을 사용한다. 세 갈래 프로토콜은 새로운 긍정적 인지positive cognitions(PC)와 관련된 소매틱 경험을 과거, 현재, 미래 상황에 고정시키는 데 도움이 된다. PC의 강도를 평가할 때, EMDR 치료자는 1이 완전히 거짓말처럼 느껴지는 상태이고 7이 완전히 사실이라고 느껴지는 상태인 1부터 7까지의 긍정적인 믿음의 강도를 측정하는 인지 타당도validity of cognition scale(이하 VoC)를 사용한다.

민감소실이 완료될 때, 샤피로 박사는 내담자가 단지 고통에 대한 중립성을 보고할 뿐만 아니라 새로운 통찰과 해결감을 포함하는 긍정적인 결과를 느낀다고 보고함을 발견했다. 그녀는 충분한 지지가 주어지면 트라우마 사건을 통합할 수 있는 뇌의 내재된 능력으로 정의되는 적응적 정보처리adaptive information processing 모델을 적용했다(Shapiro, 2013, 2018). 예를 들어 성폭행을 당한 내담자는 "나는 안전하지 않다"와 같은 자신에 대해 내재화된 믿음을 가지고 있을 수 있다. 그녀가 이 사건을 EMDR 치료로 처리하면서 그녀는 그것이 끝났고 지금은 안전하다는 것을 인식하면서 트라우마 사건의 고통을 작업해 나가기 시작한다. 결과적으로 내담자는 자신에 대한 정확한 믿음을 통합시킬 수 있고 치료를 마칠 무렵에 안도감과 해결을 찾을 수 있다.

EMDR 치료는 관련된 기억, 감정, 믿음, 신체감각과 작업하도록 구조화된 8-단계의 트라우마 치료 모델이다. 좀 더 자세히 살펴보자:

- **1단계, 과거력 청취:** 이 초기 단계의 목적은 치료자가 내담자 삶의 긍정적이거나 보살핌의 생활 사건과 외상적이거나 도전적인 경험들을 모두 포함하는 철저한 과거력을 모으는 것이다. 이 단계는 내담자가 그들의 삶에서 고통을 야기하는 것들을 찾도록 하고, 치료자가 이 정보를 치료 목표를 정하는 데 사용하게 한다.
- **2단계, 준비:** 준비 단계 동안 치료자는 내담자가 어려운 기억들에 압도되지 않고 직면할 수 있게 해 줄 자원들을 개발하도록 돕는다. 이것은 내담자가 몸과 마음의 긍정적인 상태와 연결된 심상과 느낌을 연습하는 자원 개발 및 주입resource development and installation(이하 RDI)을 통해 이루어진다(Shapiro, 2013, 2018). 예를 들어 내담자는 그들이 안전하고 고요하고 이완되게 느끼는

상상의 또는 실제의 장소를 마음속에 그려볼 수 있다. 다른 전통적인 RDI 개입들은 컨테인먼트, 긍정적인 느낌의 강화, 보호나 보살핌을 느끼는 협력자를 만드는 것을 포함한다.

- **3단계, 평가:** 평가 단계는 재처리할 구체적인 증상, 사건, 또는 기억을 찾는 데 초점을 맞춘다. 이것은 내담자가 현재 문제와 관련된 최초 기억인 시금석 목표기억touchstone target을 찾도록 돕는 것을 포함한다. 시금석 목표기억을 찾기 위해서 치료자는 내담자가 현재 문제와 연관된 더 초기의 기억들을 기억해 내도록 초대하는 역류기법/정동 브리지float-back/affective bridge [역자 주: 샤피로는 EMDR 치료에서 정동 스캔affect scan을 사용했고, 저자는 정동 브리지affect bridge로 다르게 표기하였음. 정동 브리지affect bridge는 John Watkins(1971)이 자아상태치료ego state therapy에서 사용한 용어임]를 통해 내담자를 안내한다. 중요한 것은, 이 과정에서 일어난 기억들이 논리적으로는 현재 문제에 연결된 것 같지 않을 수 있다는 것이다. 그러므로 치료자는 내담자가 그들의 연상 과정을 신뢰하도록 격려하는 것이 중요할 수 있다. 시금석 목표기억이 결정되면 치료자는 목표기억 평가로 내담자를 안내한다. 평가는 내담자가 관련된 가장 고통스러운 장면/이미지, NC, PC, VoC, 감정, SUDS, 신체 감각을 기술하도록 구성된다.
- **4단계, 민감소실:** EMDR 치료의 민감소실 단계는 양측성 이중 집중 자극bilateral dual attention stimuli(이하 BLS/DAS)의 사용을 포함하는데, 이 단계에서 내담자는 현재 순간 경험에 대한 인식을 유지하면서도 동시에 트라우마 사건 기억을 상기한다. BLS/DAS는 이 단계 동안에 몸의 왼쪽과 오른쪽을 번갈아 가며 양측성 안구운동이나 촉각진동pulses, 또는 소리자극tones의 형태로 사용된다. 고통 수준은 SUDS를 사용해서 측정되고, 고통스러운 내용은

내담자가 별다른 고통을 보고하지 않을 때까지 처리된다.

- **5단계, 주입:** 이 단계는 민감소실의 성공적인 완료 후에 접근할 수 있게 된 PC를 강화하는 것에 초점을 맞춘다. 예를 들어 내담자가 자신이 사랑스럽지 않다는 오해를 더 이상 가지지 않게 되면 자신이 사랑받을 가치가 있다는 새로운 PC를 발달시키기 시작하고 통합시킬 수 있다.
- **6단계, 신체 검색:** 이 단계에서 남아 있는 긴장이나 불편감을 평가하고 민감소실 및 주입 단계의 완료 시 내담자가 느낄 수 있는 좋은 느낌을 강화하는 방법으로 신체를 EMDR 치료에 명시적으로 가져온다.
- **7단계, 종료:** 성공적인 치료에 필수적인 종료는 내담자가 회기를 떠나기 전에 확실히 그라운딩 되게 하는 것이다. 내담자가 회기의 끝날 무렵까지 해결되지 않고 남아 있는 외상적인 내용을 보고한다면, 치료자는 내담자가 고통스러운 생각들과 감정들을 컨테인하고contain 다음 회기에서 처리할 수 있도록 도와야 한다. 치료자는 내담자가 외상적인 기억들의 처리가 회기 사이에도 계속될 수 있고 자원을 사용하는 연습이 필요할 수 있다는 것을 알려줘야 한다. 종료는 반드시 내담자가 회기를 떠나기 전에 충분히 자원을 느끼도록 해야 한다.
- **8단계, 재평가:** 재평가의 목적은 치료자가 모든 과거, 현재 및 미래의 염려concerns가 완전히 해결되었는지 확인하여 내담자와 치료의 효과를 평가할 수 있도록 하는 것이다.

EMDR 치료는 현재 근거-기반 치료로서 인정받고 있으며 PTSD 치료를 위한 여러 국제 정신건강 기구에서 최선으로 권장하는 치료이다(Foa, Keane, Friedman & Cohen, 2009). 전통적으로 EMDR 치료는 성폭력,

성적 학대, 교통사고, 전쟁과 같은 트라우마 사건으로 인한 PTSD를 치료하는 데에 적용되어 왔다. 최근에는 EMDR 치료가 복합 PTSDcomplex PTSD, 불안 장애, 기분 장애, 만성 통증, 중독을 포함하는 광범위한 진단과 상태에 적용하도록 변화되어 왔다.

소매틱 심리학SOMATIC PSYCHOLOGY

정서적 상처를 치유하기 위한 신체의 가치는 부인할 수 없다. 대부분의 마사지 치료자나 무용가, 요가 학생은 주로 신체적인 감각이 변환된 힘과 의미로 가득 찬 정서적 깊이의 경험이 되는 순간을 설명할 수 있다. 소매틱 심리학은 이 현상을 이해하고, 이 변환의 순간을 말로 옮기고, 신체의 회복탄력성에 반복적으로 접근하도록 촉진하는 것을 목적으로 한다. 넓게 정의하면, 소매틱 심리학은 뇌, 마음, 신체, 행동 사이의 상호작용과 어떻게 이 관계들이 직접적으로 심리적 및 신체적인 건강에 영향을 미치는가를 연구하는 학문이다. 소매틱 심리학 분야는 진화하는 역사를 가지고 있으며 오늘날 가장 인정받는 소매틱 경험Somatic Experiencing(Levine, 1997, 2010)과 감각운동 정신치료sensorimotor psychotherapy(Ogden et al., 2006; Ogden & Fisher, 2015)와 같은 현재의 치료적 접근과 관련된 광범위한 신체 정신치료를 포함한다.

소매틱 심리학의 역사에서 중요한 영향은 1930년대와 1940년대의 빌헬름 라이히Wilhelm Reich(Raknes, 2004)에서 기원했다. 라이히는 프로이트의 동료였고 정신분석적 욕동 이론psychoanalytic drive theory에 영향을 받았다. 그는 우리의 생명의 힘 에너지가 원초적 요구와 감정의 표현으로서 신체를 통해 흐른다고 여겼다. 또한 라이히는 골반, 복부, 횡격막, 가슴, 목, 턱, 이마에 흔히 간직되는 신체에서의 정서적 긴장 영역들로서 "정체된 패턴holding patterns"을 발견했다. 그는 해결되지 않는 긴장 패턴들이 두통이나 이갈이grinding of teeth, 부진한 소화력과 같은 신체 증상들이 된다고 믿었다. 라이히는 내담자의 초기 발달 시기의 미충족 요구가 이러한 정체된 패턴들의 근원임을 확인했다. 그의 구속된 에너지를 해소하는 접근은 카타르시스적인 소리 지르기cathartic screaming, 발차기kicking, 신체로부터의 감정과 신체적 긴장을 해소하는 밀어내기pushing를 포함했다.

알렉산더 로웬Alexander Lowen(1977)은 라이히와 긴밀히 협력했고 생체에너지학bioenergetics을 개발하기 위해 갈라져 나왔다. 신체-마음 갈등을 해결하기 위한 그의 접근은 치료자가 내담자의 긴장 패턴을 관찰하고 해석하는 신체-읽기body-reading를 포함했다. 그는 이 패턴을 "특성 전략character strategies"이라고 불렀고 그것들이 유아기early childhood에 배운 핵심 믿음과 연관된다고 여겼다. 예를 들어 자신의 독립을 주장하는 어린아이를 상상해보자; 그는 본래 호기심이 많고 모든 물건과 모든 사람을 시험하기를 즐긴다. 그가 두려움을 느끼거나 울거나 화를 낼 때 무엇이 일어날까? 아마도 그가 엉망으로 만들었을 때는 화내거나 버릇없다고 야단맞거나 엉덩이를 맞는다. 아마도 그가 어지럽히지 않을 때 착한 아이라고 칭찬받는다. 그는 어머니와 아버지가 그와 함께 행복할 때 자신이 갖는 좋은 느낌을 좋아한다. 시간이 지나면서, 그는 부모에게 자신이 옳은 일을 하고 있다고 확신시키는 것을 계속하면서 그 자신의 내적 충동과 감정을 어떻게 억누르는지를 배운다. 청소년이 되어, 그는 연결을 위한 자신의 요구와 그의 표현되지 않은 분노 사이의 이분법 속에서 산다. 그는 자신이 사랑받기 위해 수행해야만 한다는 깊이 간직된 믿음과 싸운다. 그러나 그는 자신의 상체와 하체 사이의 신체적 분열을 드러내며 자신의 다리와 골반으로부터 단절된다고 느낀다.

고전적으로 로웬의 생체에너지학은 내담자를 취약한 감정이나 신체의 방출을 환기시키기 위해 몸을 오래 또는 때때로 불편한 상태로 유지하는 스트레스 자세로 데려가면서 이 갈등을 해결할 것이다. 이 작업의 궁극적인 목표는 긴장 패턴을 방출시켜서 내담자가 그라운딩 되며grounded 자신과 세상에 다시 연결되게 느끼는 것이다.

이 초기 방식들은 소매틱 심리학의 강력한 전통으로 언급되어 왔다. 이 분야는 심부 압력 마사지deep pressure massage, 프라이멀 스크림primal screams, 스트레스 자세stress position와 같은 강력하고 심지어 침습적인 접근 방식을 사용하는 초기 라이히와 생체에너지 치료의 카타르시스적인 접근으로부터 시간이 지남에 따라 진화해 왔다. 이러한 치료법은 빠른 변화를 가져올 수 있는 반면에, 내담자를 재외상화시키는 위험도 있다. 결과적으로 현재의 소매틱 접근들은 안전하고 컨테인된contained 방식으로 소매틱 방출을 촉진하는 것을 강조한다. 예를 들어 통합 신체 정신치료integrative body psychotherapy(IBP)는 로젠버그Resenberg(1989) 등에 의해 자기-심리학self-psychology과 대상관계이론object relations theories을 통합해서 몸에서의 차단을 방출시키는 데 중점을 두며 개발되었다. 그들은 치료적 관계의 맥락 안에서 호흡 및 경계 인식에 초점을 둔다. IBP는 내담자가 자각을 높이고 결과적으로 감각과 감정의 자기-조절을 할 수 있도록 돕는다. 또 다른 주목할 만한 소매틱 방식은 켈러만Keleman(1987)의 조형 심리학formative psychology인데 이것은 전이, 역전이, "소매틱 공명somatic resonance"에 대한 이해를 제공한다. 그는 소매틱 자원을 조율된 치료자가 내담자에 반응하여 느끼는 소매틱 반응으로 기술한다. 또한 실존적이고 인본주의적인 치료 방식은 지금 여기에서의 경험적인 개입을 더욱 강조한다. 예를 들어 젠들린Gendlin(1982)의 포커싱focusing은 심리적인 갈등을 탐색하기 위한 기준점으로서 신체 인식을 사용한다.

콜드웰Caldwell(1996, 1997) 또한, 무빙 사이클moving cycle을 개발하는 데에 인본주의적인 전통의 영향을 받았다. 그녀의 신체 정신치료에 대한 통합적인 접근은 오센틱 무브먼트authentic movement(Adler, 1999;

Whitehouse, 1999)와 포커싱focusing(Gendlin, 1982), 움직임 교육의 배경background in movement education을 포함한다. 무빙 사이클은 명상적인 실천에 기반을 두고 지금-여기의 지남력을 격려하고, 내담자가 감각을 관찰하고, 움직임의 충동을 따르고, 연관된 사고나 감정을 알아차리도록 초대한다.

소매틱 심리학 분야에서 추가적인 영향력 있는 방식은 바디-마인드 센터링body-mind centering을 개발한 베인브리지 코헨Bainbridge Cohen(1994)의 연구에서 비롯된다. 베인브리지 코헨은 발달상 움직임에 대한 조기 학습이 이후 삶에서의 모든 움직임의 레퍼토리를 제공한다고 제안한다. 그러나 충분히 통합되지 않은 움직임의 패턴은 인지적으로 학습하거나 감정을 처리하는 능력과 같은 개인의 삶의 다른 영역에 지장을 초래할 수 있다. 바디-마인드 센터링은 수잔 아포시언Susan Aposhyan(2004, 2007)에 의해 그녀의 작업인 바디-마인드 정신치료body-mind psychotherapy에서 정신치료적으로 적용되어 왔다. 아포시언은 움직임 레퍼토리에서 차단을 제거함으로써 개인이 이용할 수 있는 잠재적인 움직임의 선택을 늘리는 것이 중요하다고 강조한다. 이 과정은 내담자가 신체의 감각에 연결되도록 돕고 이러한 감각이 움직임, 호흡 및 발성을 안내하도록 하는 것을 포함한다. 내담자가 감각을 추적하도록 돕는 것은 시퀀싱sequencing을 촉진하는데, 이는 느낌이 충분히 처리될 때까지 몸 전체에 걸쳐 이동할 수 있게 한다.

시간이 지나면서 소매틱 심리학은 소매틱 경험을 트래킹하고, 불완전한 스트레스 반응을 해결하는 움직임을 초대함으로써 신경계에서 트라우마 영향을 방출하는 데 초점을 맞춘 피터 레빈Peter Levin의 소매틱 경험Somatic Experiencing(SE)으로 계속 진화해 왔다(Levine, 1997, 2010). 소매틱 경험Somatic Experiencing은 동물이 위협에 대처하는 방식에 대한 레빈의 관심에 영향을 받았다. 동물은 일반적으로 야생에서 외상을 입지 않는 것을 목격하면서, 그는 어떻게 자기-보호적인 움직임이 인간에게 관여할 수 있는지에 대해 호기심을 갖게 되었다. 매우 영향력 있는 회기에서 레빈은 충격과 공포에 얼어붙은 한 여성과 작업하고 있었다. 그는 직관적으로 그녀가 호랑이에게 쫓기고 있다고 상상하는 것을 제안했고, 그녀는 도피하여 안전을 찾기 위해 일련의 느린-동작의 달리는 움직임을 하기 시작했다. 그 결과, 그녀는 얼어붙은 소매틱 상태로부터의 자유를 보고하였다. 이 경험으로 레빈은 몸에서의 감각을 트래킹하고 각성 상태의 조절에 주의하면서 움직임을 통해 긴장을 천천히 방출하도록 촉진하는 데 중점을 둔 SE를 개발하였다.

현재의 소매틱 심리학을 정의하는 데 중요한 또 하나의 방식은 감각운동 정신치료sensorimotor psychotherapy(Ogden et al., 2006)이다. 초기에 팻 오그던Pat Ogden은 정신과 환자들과 작업하고 있었고 그들이 과거 경험들을 다시 체험하면서 갇힌 채 그들의 몸과 연결이 끊어지는 것을 관찰하였다. 그녀는 나중에 마음챙김-기반 소매틱 치료인 하코미 방법Hakomi method의 개발자인 론 커츠Ron Kurtz(1990)와 협력하였다. 커츠는 라이히와 로웬의 혈통을 마음챙김, 비폭력주의, 연민과 같은 불교와 도교로부터의 핵심 개념과 통합하였다. 이후 오그던은 신체 감각을 트래킹하고 인지적 의미 형성을 탐색하고 정서적 처리에 초점을 맞추며 외상적인 내용을 처리하는 데 중점을 둔, 자신의 감각운동 정신치료의 포괄적인 방법을 개발하였다. 감각운동 정신치료에서 강조하는 핵심 개념 중 하나는 하향식top-down과 상향식bottom-up 처리 사이의 중요한 구별인데, 이는 정신치료적 개입의 두 범주를 구별한다(Ogden et al, 2006). 하향식과 상향식 처리의 표현은 뇌의 신경생리학에서 비롯되었으며, 신피질neocortex의 상위 뇌 센터는 트라우마 증상을 해결하기 위해 조절적이고 의식적인 사고-기반 도구를 제공한다. 반면에, 변연계limbic system와 뇌간brain stem의 하위 뇌 센터는 치유의 정서적 및 감각적인 요소들을 알려 준다. 전통적인 정신치료에서 하향식 처리는 흔히 인지적인 성찰reflection, 개인의 사고 및 믿음, 트라우마 사건에 관해 얘기하는 것을 강조한다. 반면에, 상향식 처리는 트라우마 기억에 동반되는 신체 감각, 움직임 충동, 정서에 대한 접근을 제공한다. 오그던은 성공적인 트라우마 치료는 이 두 가지를 결합해야 한다고 제안한다.

이 책에서 우리는 하나의 소매틱 정신치료보다 트라우마 치료로서 소매틱 심리학에 대한 통일된 접근을 강조한다(Geuter, 2015; Mehling et al., 2011). 이 통일된 모델은 많은 신체 정신치료의 기저를 이루는 공유된 이론 및 방법론의 요소들을 이용하고 현재의 대인 신경생물학interpersonal neurobiology에 대한 이해를 통합한다. 이 통합 모델은 몇 가지 이론적인 개념과 실제적인 적용을 포함한다.

- **양방향의 영향Bidirectional influence:** 말로 하는 치료talk therapy를 강조하는 치료자는 신체적 안녕에 영향을 주는 것으로서 주로 마음의 역할에 초점을 맞춘다. 이러한 접근은 흔히 불편함을 주는 감각과 감정을 다루는 것을 목표로 하나, 트라우마 사건에 대한 원초적이거나 본능적인 반응들을 처리하기 위한 접근을 억제할 수 있다. 반면에, 초기의 소매틱 방식들은 마음을 변화시키기 위해 신체를 변화시키는 데 초점을 맞추었다. 그러나 감정과 감각에 대한 지나친 강조는 내담자가 압도되거나 공황의 느낌에 휩싸이거나 재외상화되게 만들 수 있다(MacNaughton & Levine, 2015). 소매틱 심리학의 통합된 접근은 인지와 생리학 모두를 주요 변화 요인으로 보는 마음과 몸 사이의 양방향 관계를 강조한다. 하향식 처리의 조절 기능과 상향식 처리의 접근 기능의 지속적이고 역동적인 균형이 있다.
- **마음챙김 기반Mindfulness based:** 소매틱 심리학의 통합된

접근은 몸에 대한 마음챙김 인식을 촉진하고 비판단과 호기심의 태도를 강조한다. 내담자가 몸의 인식을 발달시키면 치료자는 그 경험을 심화시켜 호흡 수축constriction 및 긴장 패턴과 작업할 수 있다. 흔히 이것은 그 감각을 부드럽게 증폭시키면서 달성된다. 몸에서의 감각은 증상이라기보다는 정보로 여겨진다. 일단 내담자가 자신의 소매틱 경험을 인식하게 되면, 치료자는 내담자가 직관적인 움직임이나 소리를 탐색하도록 초대할 수 있다. 열쇠는 개별 내담자를 존중하는 속도로 심화시키는 것이다.

- **조절에 초점**Regulation focused: 소매틱 심리학의 통합된 접근은 사람들이 스트레스와 트라우마에 어떻게 반응하는지에 대한 신경과학의 연구를 통합한다. 이러한 연구는 큰 감정이나 감각의 가운데에서 마음챙김으로 몸과 연결된 상태로 머무는 것의 중요성을 강조한다. 내담자가 신체 감각에 대한 인식을 발달시키면, 감정의 강도에 더 효과적으로 반응할 수 있다. 처음에 조절은 상호 조절을 통해 치료적 관계 내에서 학습되며, 치료자의 존재와 자신의 소매틱 인식이 치료의 필수적인 토대를 제공한다. 조절-기반 치료는 내담자가 자신의 감정에 효과적으로 반응할 수 있는 최적의 신경계 각성 영역인 "인내의 창window of tolerance"(Siegel, 1999) 내에서 작업하는 것을 강조한다. 궁극적으로 내담자는 자기-조절을 배우고 트라우마를 치유하는 강도 속에서도 연결되고 지지받는 것에 머물 수 있다.
- **적정과 시퀀싱**Titration and sequencing: 적정titration은 신체적 긴장을 방출하는 목적으로 고통을 소량씩 경험하는 과정을 말한다. 이 과정은 고통의 느낌과 안전하고 평온한 느낌 사이에서 주의가 계속 왔다 갔다 하는 진자운동pendulation에 의해 달성된다. 소매틱 긴장이 방출되거나 해방되기 시작할 때 내담자는 전형적

> 으로 감정과 감각의 움직임을 보고한다. "시퀀싱sequencing"은 몸의 중심부에 간직되어 온 긴장이 팔, 다리, 얼굴을 통해 밖으로 이동하면서 방출되는 것을 말한다. 예를 들어 복부의 긴장은 가슴으로 움직이고 그다음에 목이나 이마의 조이는 느낌이 될 수 있다. 때로는 치료자가 내담자의 손이나 팔, 다리의 흔들림이나 떨림을 볼 수도 있다. 긴장은 결국 방출되는데 때로는 눈물로, 더 자유롭게 호흡할 수 있는 것으로, 또는 몸 전체의 가벼워진 느낌으로 나타난다.

대체로 소매틱 심리학은 몸이 호흡과 움직임을 통해 스트레스 사건들을 처리하는 것이 필요하다는 전제를 기반으로 한다. 우리가 트라우마 처리에서 신체 인식, 움직임, 의식적인 호흡을 포함하지 않는다면 우리는 내담자의 타고난 치유 능력과 작업하는 우리의 능력을 제한하는 것이다. 체화를 높이는 개입은 EMDR 치료에 저항하는 증상들을 가진 내담자와 작업할 때 특히 중요할 수 있는데, 치료자에게 트라우마 치료의 효과를 강화할 수 있는 광범위한 기술들을 제공하기 때문이다. 이 책에서 제공하는 도구들은 치료자가 어떻게 내담자의 몸을 감지하고 느끼는 능력을 증가시키고, 내담자가 안전하고 조절된 방식으로 트라우마 기억들을 작업해나가도록 돕고, 지속적인 통합을 촉진할 수 있는지를 가르쳐준다.

제2장
체화의 과학
The Science of Embodiment

EMDR 치료와 소매틱 심리학은 둘 다 내담자의 증상이 생화학적, 심리적, 사회적, 문화적 요인의 상호작용에서 발생한다는 것을 이해하는 생물정신사회적 치료 모델에 기초한다(Gatchel, 2004; Mahoney, 2005; Ray, 2004). 이는 내담자가 수동적인 치료 수혜자로 간주되고 치료자가 전문가인 의료 모델과는 대조적이다. 생물정신사회적 접근 방식에서 내담자는 치료에 적극적인 역할을 하는 것으로 이해되고, 내담자의 신념 체계는 매우 중요한 것으로 이해되며, 치료자는 내담자 및 다른 치료 제공자들과 협력적으로 일한다.

EMDR 치료와 소매틱 심리학은 둘 다 PTSD의 치유와 관련된 스트레스와 트라우마의 신경생물학에 관한 지식을 통합한다. 이 장에서는 체화, 소매틱 지능 및 상호 조절의 주제를 살펴본다. 또한 우리는 감정, 트라우마 기억 그리고 해리 증상의 기초를 형성하는 신경망에 관한 탐구를 심화시킬 것이다. 이 장은 EMDR 치료와 소매틱 심리학에서 가정된hypothesized 작용 방법에 대한 논의로 마무리한다.

체화 및 체화된 인식EMBODIMENT AND EMBODIED AWARENESS

정신치료에 대한 체화된 접근 방식은 내담자가 트라우마의 강렬함 속에서 감정과 감각에 효과적으로 대응할 수 있도록 한다. 우리의 목적을 위해 체화는 현재 순간에 감각, 감정 그리고 움직임, 충동이 결합된 경험으로 정의된다. 이 개념은 포겔Fogel(2009)의 작업과 밀접하게 일치하며, 실천을 통해 갱신되고 강화되는 자기 발견의 능동적 과정으로서 체화된 자각을 기술한다. 게다가 포겔은 체화된 자각은 강요될 수 없다고 현명하게 덧붙인다. 오히려 치료자가 내담자에게 몸의 감각에 대해 마음챙김할 수 있는 기회를 제공함에 따라 내담자의 소매틱 인식과 체화가 강화된다.

가장 기본적인 수준에서 체화는 세 가지 감각 피드백 시스템인 외부수용감각, 내부수용감각 및 고유수용감각의 통합이다. 자세히 살펴보자.

- **외부수용감각**이란 외부 환경에 대한 감각적 인식을 말한다. 이것은 시각, 소리, 냄새, 맛 그리고 옷이 피부에 닿는 느낌과 같은 촉각을 포함할 수 있다. 외부수용감각은 신체 주변 감각 기관(눈, 귀, 코, 혀, 피부)에서 뇌까지 이어지는 감각뉴런에 의해 촉진된다.
- **내부수용감각**은 신체 내부의 감각적 지각과 관련이 있다. 이것은 배고픔, 갈증, 졸음, 경계심, 체온, 긴장감, 통증 또는 안정감을 포함할 수 있다. 또한 그것은 내면의 감정적 경험에 대한 피드백을 제공한다. 내부수용감각은 근육, 장기, 결합조직의 정보를 뇌로 가져오는 감각뉴런에 의해 촉진된다.
- **고유수용감각**은 중력과 관련된 신체 위치에 대한 감각 피드백을 의미한다. 이러한 인식은 당신이 똑바로 앉아 있는지, 옆으로 기대는지, 서 있거나 걷는 동안 균형을 유지하는지 아는 것을 포함

한다. 고유수용감각은 신체의 관절과 내이에서 뇌로 감각 정보를 전달함으로써 촉진된다.

이러한 세 가지 감각 피드백 시스템은 자기감sense of self을 형성하는 인식에 함께하며, 환경에 효과적으로 대응할 수 있도록 지원하고, 트라우마 치료의 필수 구성 요소인 이중 집중을 유지하는 데 도움이 된다(Rothschild, 2010). 이러한 감각 체계는 뇌와 신체 전반에 걸친 의사소통 경로의 역할을 한다. 포겔(2009)은 고유수용감각과 우리의 시각적 인식이 결합되어 어디에서 시작하고 어디에서 끝나는지에 대한 경계감이나 감각적 경험을 포함하는 "신체 스키마"를 형성하는 데 도움을 준다고 덧붙인다. 또한 감각 정보는 의식적 인식conscious awareness과 함께 또는 무관하게 전달될 수 있다(Craig, 2010). 간단한 예로, 당신은 뜨거운 난로에서 손을 떼는 것에 대해 생각할 필요가 없다. 의식적으로 움직임의 이유가 입력되기 전에 당신은 자동적으로 뜨거움으로부터 손을 뗄 것이다. 당신의 신경 시스템은 당신이 환경에 대해 조절되는 상태로 남고 반응성을 유지하도록 돕기 위해 매일 그러한 많은 자동 행동을 촉진한다.

소매틱 경험에 대한 의식적 알아차림은 다른 과정이며, 체화된 자기감sense of self을 개발할 수 있는 능력을 최대화할 수 있도록 해 준다(Craig, 2010). 당신의 감각에 적응함으로써 당신은 배고프거나, 목이 마르거나, 화장실에 가야 할 필요가 있는지를 더 잘 인식하게 된다. 또는 잠시 가만히 앉아 있고 난 뒤에 몸이 뻣뻣하거나 긴장되는 것을 느낄 수도 있다. 포겔은 이러한 불편함은 몸의 기상 알람wake-up call으로 가장 잘 이해되며, 이런 불편한 감각에 대한 빠른 인식이 긴장을 자연스럽게 해소하는 방향으로 움직이도록 안내할 수 있다고 조언한다. 예를 들어 당신의 몸이 뻣뻣해지는 불편함을 느끼는 것은 당신을 팔과 다리를 뻗게 하거나, 물을 마시게 하거나, 신선한 공기를 마시기 위해 밖으로 나가게 할 수도 있다.

다른 말로 하면 소매틱 인식은 당신이 몸을 무시함으로써 오는 해를 피하도록 도울 수 있다.

언급한 바와 같이 우리의 문화는 자신의 소매틱 신호를 무시한 것에 대해 어려서부터 우리에게 보상을 준다. 우리는 배고플 때보다는 학교에 가만히 있고 일정에 맞춰 식사하는 법을 배운다. 불행하게도 우리는 스트레스나 트라우마가 있는 상황에서도 가만히 있는 경향이 있다. 게다가 움직임 충동 억제는 외상성 스트레스와 연관된 고통스러운 소매틱 감각으로부터 분리되는 방법이다. 우리 중 많은 사람은 체화된 인식을 향상시키는 소매틱 인식에 참여함으로써 몸에 대해 경청하는 법을 다시 배워야 한다.

관계에서의 체화EMBODIMENT IN RELATIONSHIP

체화는 사회문화적으로 결정된다. 우리의 가족, 사회, 문화 규범은 감정 표현과 행동의 패턴을 인도한다. 따라서 우리는 세상을 통해 우리의 몸을 움직이는 방법을 형성한다(Bennett & Castiglioni, 2004). 우리가 어떻게 생각하고 느끼는지가 세상에서 어떻게 움직이는지에 영향을 주고, 우리가 어떻게 움직이는지가 우리가 세상을 어떻게 생각하고 느끼는지에 영향을 준다. 양방향 피드백 루프를 통해 움직임 패턴은 내부 및 외부 경험에 대한 우리의 인식과 해석에 영향을 미친다. 우리의 체화도 환경적 맥락 안에서 이해될 필요가 있다. 실내의 조명, 좌석 배치 및 사람 사이의 근접성을 포함한 현재의 경험은 모두 체화의 현재 순간 경험에 영향을 미칠 수 있다. 우리가 피부 안에서 얼마나 편안하게 느끼는지, 어떻게 움직이는지를 알려주는 데 있어서 문화, 성별, 능력과 관련된 힘의 차이도 고려하는 것이 중요하다.

체화는 우리의 주 양육자와의 상호작용 패턴을 통해 영아infants로서 가장 초기 관계에서 시작된다. 양육자와 영아는 표정, 발성, 몸짓, 몸의 움직임을 통해 서로 관계를 맺는다. 우리는 가장 초기 비언어적인 교류에 의해 형성된다. 관계에서의 체화를 더 잘 이해하기 위해서 우리는 감각 피드백 시스템과 운동뉴런 사이의 관계를 보아야 한다. 감각뉴런은 감각으로부터 뇌로 정보를 운반하고 운동뉴런은 뇌로부터 말단으로 정보를 운반한다. 관계 내에서 이 감각운동 시스템은 우리가 다른 사람들에게서 보는 감정을 처리하고 이해하는 것을 돕는다(Ferari & Rizzolatti, 2014). 우리는 감각뉴런을 사용하여 다른 사람의 감정과 관련된 신체 언어와 표정을 관찰한다. 우리는 특정한 감정을 가질 때 느껴지는 감각들을 불러일으키는 운동뉴런을 통해 자신의 움직임 충동을 느낀다. 거울뉴런mirror neurons(Galles, 2009)은 이 과정에서 중요한 역할을 한다. 갈리스Gallese는 운동뉴런 경로가 다른 사람의 행동을 관찰할 때 우리 자신이 같은 행동을 하는 것처럼 활성화된다는 것을 발견했다. 다른 말로 하자면 우리는 단순히 감정이나 행동을 보는 것이 아니다. 이러한 경험들은 우리 안에서 발현evoke된다. 이 체화된 경험은 다른 사람의 경험에 대한 통찰력을 제공하고 공감할 수 있게 한다.

프랑스 현상 철학자 메를로-퐁티Merleau-Ponty(1962)가 소개한 용어인 상호신체성intercorporeality은 양육자와 영아의 한 쌍의dyadic 체계와 관련이 있다. 상호신체성은 분리된 내적 의식으로서의 자기self에 대한 개념에 도전한다. 대신, 자기self는 개인, 다른 사람들, 그리고 우리의 환경 사이의 역동적인 얽힘의 끊임없이 변화하는 표현으로 이해된다. 이 개념은 전염성 하품의 일반적인 경험이나 사람 사이에 일어나는 몸짓의 일치에 대한 통찰을 제공한다(Tanaka, 2015).

정신치료에서의 체화EMBODIMENT IN PSYCHOTHERAPY

치료자로서 우리의 체화된 경험은 우리의 내담자와 직접적으로 연결되어 있고 매 순간의 교류에 영향을 받으며 그 반대도 성립된다. 정신분석학자 로버트 스톨로우Robert Stolorow와 조지 애트우드George Atwood(1992)가 소개한 개념인 상호주관성intersubjectivity은 모든 행동과 상호작용이 맥락적으로 해석되어야 한다는 것을 인정한다. 치료에 적용된 바와 같이 치료자와 내담자는 교류 과정 내내 서로 상호 간의 영향을 미침으로써 이해된다. 상호신체성intercorporeality과 상호주관성은 치료자와 내담자 모두가 반대쪽 다리가 위로 가도록 다리를 꼬기 위해 자신의 앉은 자세를 동시에 조정하거나 둘 다 그들의 턱에 손을 가져다 댈 때 치료적 관계 내에서 관찰될 수 있다.

체화는 치료 과정뿐만 아니라 치료자와 내담자 관계 내에서 라포의 질도 안내하는 데 도움이 된다. 치료자가 회기 중에 자신의 체화된 인식에 조율할 때, 내담자의 경험에 대한 통찰력을 제공할 수 있는 미묘한 변화를 감지할 수 있다. 예를 들어 치료자는 내담자와 상담하는 동안 자신의 내부 감각과 반응을 조절한다. 가슴이 무거워지는 것을 감지한 치료자는 숨을 더 깊이 들이마시고 싶은 충동을 느끼며, 회기 전에는 없었던 목throat의 긴장을 알게 된다. 이때 치료자는 자신의 내적으로 느껴지는 경험이 이 회기를 시작하기 전에는 이러한 감각이 그녀에게 존재하지 않았기 때문에, 내담자의 과정process과 관련이 있는지에 대해 호기심을 갖게 된다. 그녀는 내담자에게 신체 감각을 알아차리도록 하고 목 부위에 관해 물어볼 수 있다. 이 과정은 치료실에서의 체화된 경험에 관한 대화를 시작할 수 있게 한다. 이 조율과 호기심의 깊이는 치료적 관계 내에서 라포 및 이해의 질을 더 깊이 있게 할 수 있다. 시간이 지남에 따라 이러한 상호작용은 치료자에게 그 내담자가 어떻게 느낄지에 대한 감각을 제공한다. 체화된 지각은 공감의 뿌리가 된다.

심리학 분야 내에서 널리 행해지는 많은 치료 방식은 관계에서 체화된 인식을 위한 기회를 촉진한다. 여기에는 마음챙김-기반 스트레스 감소(Kabat-Zinn, 1990), 마음챙김-중심 소매틱 정신치료의 하코미Hakomi 기법(Kurtz, 1990; Weiss, Johanson, & Monda, 2015), 감각운동 정신치료(Ogden et al., 2006; Ogden & Fisher, 2015), 소매틱 경험Somatic Experiencing(Levine,1997, 2010)이 포함되지만, 여기에 한정되지는 않는다. 또한 화이트하우스Whitehouse와 애들러Adler가 개발한 춤 치료 전통과 특히 오센틱 무브먼트authentic movement는 치유의 핵심 요소로서 "몸에 귀를 기울이는 것"의 중요성을 강조해 왔다(Pallaro, 1999). 치료자가 그들 자신의 체화된 인식에 초점을 맞출 때 그들이 회기에 가져오는 감정과 각성 상태에 대해 더 잘 알고 내담자의 경험에 영향을 미칠 수 있는 방식에 대한 인식을 증가시킬 수 있다. 우리는 치료자의 말, 감정 및 신체 언어의 일치 안에서 내담자가 결속된cohesive 경험을 많이 할 수 있도록 치료자가 정기적인 체화 연습을 개발하도록 권장한다. 다시 말해서 소매틱 치료는 단지 내담자를 위한 개입의 집합이 아니라, 치료자의 조율된attuned 존재를 위한 토대가 된다. 더욱이 치료자 자신의 체화 연습 참여는 개인적인 스트레스 관리를 돕고, 대리 외상화 또는 소진 가능성을 감소시킨다(8장 참조).

소매틱 지능SOMATIC INTELLIGENCE

우리 사회는 전통적인 형태의 지능에 엄청난 가치를 둔다. 여기에는 언어 분석 능력, 수리력, 논리, 패턴을 인식하거나 조작하는 능력에 초점을 맞추는 것이 포함된다. 치료에서 이것은 언어적인 처리(말로 하는 치료talk therapy)와 인지적 의미 만들기에 중점을 두는 것을 포함한다. 대조적으로,

다중 지능 이론(Gardner, 2011)은 IQ에 대한 우리의 이해를 창의성, 음악성, 대인 관계 효과성, 정서적 지혜, 개인 내 자기-지식 및 신체-운동 인식bodily kinesthetic awareness의 영역을 포함하도록 넓힌다. 체화 연습은 시간이 지남에 따라 반복될 때, 우리가 소매틱 지능이라고 부르는 신체-운동 인식의 저장고를 만든다. 이러한 체화된 인식은 트라우마 해결의 필수적인 요소가 되며 정서조절, 의사 결정, 대인 관계, 의사소통 및 공감의 발달 등을 더욱 건강하게 한다(Damasio, 1994, 1999). PTSD의 치유 맥락에서 체화와 소매틱 지능의 복잡성을 더 잘 이해하기 위해서 우리는 감정, 스트레스, 트라우마, 건강의 생리학적 및 신경학적 토대를 더 깊이 들여다봐야 한다.

스트레스와 트라우마의 신경생물학

THE NEUROBIOLOGY OF STRESS AND TRAUMA

뇌는 아래로부터 위쪽으로 그리고 안쪽으로부터 바깥으로 계층적으로 발달하며, 상위 뇌 센터가 하위 뇌 및 중앙 뇌 센터의 원시적인 반응성을 조절하는 발달 과정을 반영한다(Perry, 2001; Schore, 2001a). 뇌간과 소뇌 등 가장 낮은 뇌 구조는 체온, 심박수, 호흡, 평형, 삼키기, 방광 조절 등 신체의 필수 자율신경계 기능을 조절한다. 이러한 원시적인 뇌 구조, 특히 소뇌는 눈 움직임과 환경의 위협에 대한 시각적 정향 반응orienting response에 중요한 역할을 한다. 또한 뇌간 내에 위치한 청반Locus coeruleus은 방어적인 스트레스 반응 및 과장된 놀람 반응, 빠른 심박수, 과호흡, 근육 긴장 증가, 구강건조증, 내장 통증 등 공포와 관련된 신체적 증상 활성화(Ford, Gasso, Elhai, Courtois, 2015)에 관여하고 있다. 이러한 하위 뇌 반응은 잠재적 짝이나 포식자를 감지하기 위해 환경의 냄새나 페로몬으로부터 정보를 처리하는 변연계 구조와 깊게 상호 연관되어 있다. 뇌의 변연 부위는 후각 체계에서 진화하여 기억과 감정의 신경적 기초를 제공한다(Joseph, 1996).

변연계 내에서 편도체와 해마는 기억 부호화와 인출memory encoding and retrieval을 위해 서로 연계되어 작동하지만, 그들은 매우 다른 역할을 한다. 편도체는 주로 기억의 감정적인 내용을 담당하며, 해마는 사실에 대한 장기적인 기억에서 필수적이다. 감정의 생성과 발현에 중심적인 변연뇌 구조는 시상, 시상하부, 편도체, 해마, 전대상피질이다. 시상은 감각 정보를 대뇌 피질로, 스트레스를 받으면 바로 편도체로 전달한다(LeDoux, 1996). 시상하부는 땅콩만 한 크기지만 뇌하수체와의 연결을 통해 자율신경계를 조절한다. 시상과 편도체가 스트레스를 받아 활성화되면 시상하부는 내분비계에서 일련의 작용을 일으켜 호르몬을 분비하고 인체의 스트레스 관련 반응을 유발한다. 호르몬과 신경전달물질은 신경 경로와 혈류 내 화학적 메시지를 통해 감각과 감정의 신체 전체의 경험을 유발하는 연쇄 반응을 일으킨다.

르두LeDoux(1996)는 편도체를 "공포 바퀴에서의 허브hub"라고 표현하는데, 이는 필요할 때 뇌와 몸에 경고 시스템 역할을 한다. 편도체는 작은 아몬드 모양의 복잡한 뇌 구조로서 감정의 인식, 이해, 표현을 담당한다. 실제로 두 개의 편도체가 있으며, 하나는 좌뇌에 하나는 우뇌에 있다. 오른쪽 편도체는 무의식적인 감정 인식과 관련되어 있고, 왼쪽 편도체는 의식적인 감정 처리와 관련이 있다. 오른쪽 편도체는 환경이나 물체의 잠재적 위험을 스캔하는 데 중요하며, 이 정보를 시상하부에 전달하여 자율신경계의 반응을 시작하는 경고 시스템 역할을 한다. 게다가 우뇌는 인간 인생의 첫 3년 동안 지배적이며, 다른 사람의 감정 상태를 포함한 사회적 또는 감정적 정보의 처리와 애착 행동을 촉진하는 데 중심적이다. 편도체는 언어, 표정, 몸짓 언어에서 감정적 뉘앙스를 감지하고 영적 상태, 사랑,

황홀ecstacy, 두려움, 공포 등 다양한 경험을 담당한다.

또한 편도체는 학습된 감정적 반응에 대한 기억도 가지고 있다. 다시 말하면 반복된 감정 반응이 조건화conditioning 될 수 있다는 얘기다. 조건화는 동물이 환경 자극에 반응할 수 있는 방법을 말한다. 시간이 지남에 따라 이러한 반응이 반복되면서 그것들은 자동적으로 되고 습관의 기초를 형성하게 된다. 두려움의 감정은 외부 자극과 함께 일어나는 강한 감정들이 짝을 이루게 되면서 조건화에 중요한 역할을 한다(Adolphs, Denburg, & Tranel, 2001; Gabrieli, 1998; LeDoux, 1996). 공포 조건화의 개념은 PTSD의 증상을 이해하는 기초를 제공한다. 예를 들어 전쟁 중 위험한 폭발음에 노출된 참전 군인은 현재 위험이 없음에도 자동차가 역화backfiring하는 예상치 못한 큰소리에 공포로 반응할 수 있다. 또한 심박수 증가, 호흡 증가, 발한, 얼어붙기와 같은 조건화된 신체 상태들은 자극과 함께 우리에게 과거 트라우마를 상기시킬 수 있다.

뇌는 들어오는 감각 정보를 사전 인지precognitive와 사후 인지postcognitive의 두 가지 방법으로 처리한다. 사전 인지 감각 정보는 시상에서 직접 편도체로 전달되어 잠재적 위험에 대한 시의적절한 대응을 가능하게 한다. 진화적인 관점에서 이것은 중요하다. 예를 들어 만약 당신이 야생에서 사자를 만난다면 그것에 대해 생각할 시간을 들이기보다는 빨리 달리는 것이 현명할 것이다. 르두LeDoux는 사전 인지 회로를 "빠르고 지저분한 처리 시스템"(LeDoux, 1996, p.163)이라고 설명하는데, 이것은 편도체가 무엇을 감지했는지 알려주지 않고 잠재적으로 위험하다는 것만 이야기해 준다. 사후 인지 회로에서 시상은 지각한 정보를 전전두엽피질prefrontal cortex(PFC)로 보내어 당면 상황을 보다 정확하게 이해할 수 있게 한다.

전전두엽피질은 감각과 감정에 대한 정보를 과거의 기억과 앞으로의 우리의 목표와 통합한다. 좀 더 구체적으로 쇼어Schore(1994, 2001a)는 변연계 감정을 억제하는 조절을 하는 것으로 보이는 안와전두피질

orbitofrontal cortex인 전전두엽피질의 일부를 발견했다. 안와전두피질은 전두엽의 기저부에 위치하고 작업 기억과 관련되며, 변연성 중간뇌limbic midbrain와 직접 연결되어 있어서 감정 표현을 조절할 때 도움을 줄 수 있는 개인의 검열이나 양심censor or conscience의 역할을 한다. 양방향 신경 회로는 안와전두피질의 궤도와 편도체를 연결한다. 르두LeDoux의 연구는 편도체에서 피질로 정보를 전달하는 뉴런이 피질에서 편도체로 정보를 전달하는 뉴런보다 훨씬 더 많다는 것을 보여 주었다. 또한 전전두엽피질의 기능은 스트레스 호르몬에 대한 지속적인 노출로 인하여 변경될 수 있으며, 이는 억제 역할의 붕괴를 초래한다. 트라우마 경험을 가진 사람과 특히 PTSD를 가진 사람은 감정적인 홍수flooding를 일으키기 쉽다. 골먼Goleman(1995)은 이 과정을 "감정적인 납치emotional hijacking"라고 부르는데, 편도체는 신피질neocortex이 무슨 일이 일어났는지를 완전히 평가하기 전에 전신 방어 반응을 일으킨다.

전대상피질(ACC)은 하위 뇌와 상위 뇌 부위를 연결하는 복잡한 뇌 구조이다. 이 구조는 갈등을 감지하는 역할을 하며, 영유아의 분리 불안 표현에 관여하여 엄마와 영유아의 애착 행동 발달에 결정적인 역할을 한다. 전대상피질의 복측 부분ventral portion은 편도체 및 시상하부와 연결되며 감정 정보의 처리와 관련이 있다. 전대상피질의 배측 부분dorsal portion은 전전두엽피질에 연결되며 성찰reflective하는, 인지 능력 강화와 관련이 있다. 중요한 것은 전대상피질의 이러한 개별 기능은 인지 작업이 배측 부분dorsal portion을 활성화하고 정서적 홍수를 비활성화하면서 상호적으로 억제된다는 것이다(Corrigan, 2002). 전대상피질에서의 상호 억제는 홍수flooding나 PTSD 증상 재경험에 중요한 역할을 하며, 여기서 복측 전대상피질의 활성화는 배측 전대상피질의 조절 기능을 억제한다(Kaye, 2008).

신체감각피질somatosensory cortices은 감정 건강에도 중요한 역할을 한다. 다마시오Damasio(1994, 1999)는 감정과 감각이 학습 기제이고 미래의 결과를 예측하는 데 사용될 수 있다는 과정을 설명하기 위해 "소매틱 마커somatic marker 가설"이라는 용어를 만들었다. 다마시오는 감정과 느낌emotions and feelings을 구별한다. 감정은 뇌의 변연계에 있는 신경 패턴과 결합된 본능적visceral인 소매틱 상태이다. 그러나 느낌은 우리가 의식을 감정에 의해 생성된 소매틱 경험에 부여할 때만 발생한다. 다마시오는 배경의 느낌과 감정적인 경험을 더욱 구별한다. 그는 배경 느낌을 인식할 수 있는 자기감sense of self을 제공하는 광범위한 신체 감각 세트로 명명한다. 이 "몸의 풍경body landscape"은 우리가 감정의 일시적인 상승과 하락을 경험할 수 있는 지평선을 제공한다. 전전두엽피질은 우리가 움직임, 자세, 위치, 공간 인식 및 고통을 포함한 우리의 체화된 경험을 의식적으로 성찰할 수 있게 해 준다. 다마시오가 전전두엽피질 기능이 억제된 사람들을 대상으로 한 연구는 뇌의 이 부위가 손상되면 의사 결정 능력이 떨어지고 미래를 계획하는 능력이 저하된다는 것을 밝혀냈다. 그들은 감각과 감정을 더 이상 인도guiding하는 정보로 사용할 수 없었다. 이들은 신체 감각을 느낄 수 없었기 때문에 당혹감이나 죄책감을 느끼게 하는 인도의 나침반을 더 이상 사용할 수 없었다. 그들은 자신들의 필요를 즉시 충족시키는 데 매우 집중하게 되었고, 현재의 선택이 미래에 미칠 영향을 예측할 수 있는 능력을 잃었고, 그 결과 직업과 개인의 삶이 고통받게 되었다. 다마시오는 내부수용감각과 고유수용감각의 피드백에 대한 성찰적 인식은 우리의 감정 경험을 알려주고, 우리가 살아가면서 각성 상태를 조절하며 건강한 결정을 할 수 있게 해 준다고 결론지었다.

모든 감정 표현은 교감 활성화를 통해 에너지를 동원하거나 부교감 반응을 통해 에너지를 보존하기 때문에 자율신경계에 의해 매개된다. 자율신경계는 교감신경계와 부교감신경계로 구분된다. 교감신경계는 투쟁 또는 도피 반응 및 혈류 전체에 걸친 코르티솔의 방출과 관련이 있다. 부교감신경계는 교감신경계에 제동을 걸기 때문에 신체는 스트레스 화학물질을 방출하는 것을 멈추고 이완, 소화, 재생으로 전환한다. 교감신경계와 부교감신경계는 건강한 소화, 수면, 면역 체계 기능을 도와주는 리드미컬한 전환이 잘 이루어지도록 작동한다.

특히 부교감신경계는 부동화 그리고 해리와 관련된 트라우마 반응과도 관련이 있다. 부교감신경계의 두 기능은 미주신경vagus nerve에 초점을 맞춘 스티븐 포지스Stephen Porges's(1995, 2007, 2011)의 다미주이론에 의해 설명된다. 미주신경은 10번째 두개골 신경이며 뇌를 위, 내장, 심장, 폐, 목throat, 그리고 안면근육과 연결시킨다. 일반적으로 말해서 미주신경은 심장과 교감신경계 활동에 억제적인 영향을 미친다. 포지스는 미주신경에 대해 차를 운전할 때 브레이크를 밟는 것과 같다는 은유를 사용한다. 이 부교감 "미주신경 브레이크"를 제거하면 심박수가 증가하고 교감신경계와 관련된 스트레스 반응에 대한 취약성이 커진다. 복측 미주신경복합체ventral vagal complex는 교감신경계에 정교한 제동장치 역할을 하는 미주신경의 한 부분이다. 포지스Porges는 이것을 "사회적 신경계social nervous system"라고 부르며, 그것이 심박수 변동성의 리듬 주기들이 반영된 조절, 안정, 진정 효과를 가지고 있다고 지적한다. 미주신경은 자동적인 각성의 시시각각 변화들에 대해 안와전두피질에 내부수용감각의 정보를 전달하며 스스로의 조절 작용을 도와준다(Schore, 2001a) 사회적 신경계는 반복된 연습에 의해 강화되는데 이것은 신경 회로를 수초화 함으로써 이루어진다. 수초화는 반복적 사용을 통해 발달된 신경에 지방 코팅으로 속도와 조절을 높인다.

스트레스나 어떤 위협의 경험이 있을 때 우리는 연결감과 안전감을 다시 확립하기 위해 먼저 사회적 신경계에 의존한다. 그러나 사회적 신경계가 스트레스를 해결하지 못하면 우리는 점차 진화적으로 오래된 전략에 의지한다. 다음으로 우리는 우리 자신을 보호하게 하는 투쟁이나 도피와 같은 교감신경계의 행동을 이용한다. 다시, 교감신경계가 안전성을 회복하는 데 성공하지 못하면 우리는 미주신경의 가장 원시적인 부분인 배측 미주신경 복합체dorsal vagal complex로 디폴트default된다. 이 진화적으로 오래된 전략은 포지스가 갑작스러운 미주신경 브레이크라고 부르는 정제되지 않은 방식으로 부교감신경계를 끌어들인다. 여기서, 부교감신경계는 기절하거나 죽은 척하는 것과 같은 부동의 방어적인 행동을 한다. 중요한 것은 복측 미주신경 복합체와 배측 미주신경 복합체 모두 교감신경계를 억제한다는 것이다.

포지스는 신경계가 상황이나 사람이 안전, 위험, 또는 생명을 위협하는지를 감지하는 방법을 묘사하기 위해 "신경지neuroception"라는 용어를 제공한다. 신경지는 의식적 인식과 함께 또는 무관하게 발생할 수 있다. 중요한 것은 장기적이고 만성적인 트라우마 노출을 경험한 개인은 사람이나 장소가 안전한지 신뢰할 수 있는지를 정확하게 인식하는 능력을 상실할 수 있다는 것이다(Ogden & Minton, 2014). 만성 트라우마 노출은 너무 민감하거나 혹은 둔감한 신경계를 유발할 수 있다. 매우 민감하거나 과도하게 경계하는 내담자는 반복적으로 위양성을 경험하여 안전에 위험이 없는 곳에서도 위협을 탐지할 수 있다. 이와는 대조적으로 둔감한 내담자는 위협의 징후를 무시하는 경향이 있으므로 위험이 높은 사람, 환경 또는 행동에 연관되기 쉽다.

연구는 남성과 여성의 스트레스에 대한 반응이 다르다고 제시한다는 점에 주목할 필요가 있다. 여성은 다른 사람들과의 친밀함을 추구함으로써 안전한 관계적 유대를 다시 정립하기 위해 "돌봐주고 친밀한" 행동을 할 가능성이 더 높지만, 남성은 자기방어를 위해 투쟁이나 도피 행동할 가능성이 더 높다(Taylor et al., 2000). 그럼에도 불구하고, 일반적으로, 트라우마의 신경생물학은 방어 참여defensive engagement의 단계에서 발생된 것으로 생각하는 것이 유용할 수 있다. 샤우어와 엘버트Schauer and

Elbert(2010)는 이 트라우마 반응의 후유증을 얼어붙기, 도망가기, 싸우기, 겁에 질림fright, 늘어짐flag, 기절faint이라 일컫는다. 이제 이 모델을 자세히 살펴본다.

- **얼어붙기:** 잠재적 위험에 대응하는 초기 단계는 얼어붙기를 포함한다. 헤드라이트에 사로잡힌 사슴처럼 얼어붙기는 교감신경계 활성화와 지향 반사, 즉 자극의 원천을 향해 감각 기관을 향하게 하는 선천적인 충동을 포함한다. 여기서 목표는 상황을 더 잘 이해하고 위협이 있는지 판단하기 위해 멈추고, 보고, 듣는 것이다. 동공은 확장할 것이고 머리는 걱정이나 관심을 불러일으킨 소리나 광경 쪽으로 향할 것이다. 가장 중요한 것은 얼어붙기는 행동에 대비하는 과정에서 발생하며 짧게 작용한다는 것이다.
- **도망가기 및 싸우기:** 대응의 두 번째와 세 번째 단계는 교감신경계에 의해 유지되며, 이는 도망가기나 싸우기에 동원되는 것을 촉진한다. 이 과정에는 위험을 피하려는 초기의 시도가 포함되며, 도망가기가 불가능할 경우 싸우기 대응에 참여하게 된다. 교감신경계는 심장과 팔과 다리의 근육으로 가는 혈류를 증가시키고, 더 빠르고 깊은 호흡을 동반한다. 동시에 피부는 차가워지고 소화는 억제된다.
- **겁에 질림:** 네 번째 단계는 도망가기나 싸우기가 안전을 회복하지 못할 때 시작된다. 탈출구가 없을 때 공포는 공황, 현기증, 메스꺼움, 어지러움, 얼얼함, 멍한 느낌으로 대신한다. 샤우어와 엘버트(2010)에 따르면, 이 단계는 교감신경계와 배측dorsal 부교감신경계 작용 사이의 갑작스럽고 흐트러진 교대들에서 나타나는 "이중 자율신경 활성화dual autonomic activation"로 간주된다. 이

단계에서 우리는 해리의 초기 증상을 본다.

- **늘어짐:** 5단계 늘어짐은 붕괴, 무력감, 절망감, 부교감 배측 미주신경 부동화 반응의 신호를 포함한다. 이 단계는 해리 반응이 지배적이다. 말을 포함한 자발적인 움직임은 더 어려워지고, 소리는 멀어지고, 시야가 흐려지고, 감각이 없어진다. 심장 박동수와 혈압은 때때로 빠르게 떨어지며 어떤 경우에는 6단계로 이어져 기절하기도 한다.
- **기절:** 기절은 진화론과 생존의 관점에서 볼 때 여러 가지 목적에 도움이 되는 것으로 보인다. 몸은 뇌에 혈액 공급을 늘리기 위해 수평적인 위치를 취한다. 게다가 기절은 독성 물질이나 독성 물질을 거부하는 감정적 반응인 혐오와 관련이 있다. 강제적인 신체폭력 또는 성폭력과 같은 끔찍한 사건을 경험하거나 목격하는 것은 메스꺼움, 장 조절 상실, 구토, 기절을 촉진하는 미주신경 조절장애dysregulation라고도 알려진 미주신경 기절vasovagal syncope을 유발할 수 있다.

해리는 겁에 질림, 늘어짐, 기절 단계에서 발생하는 것으로 묘사된다. 해리 증상은 흐릿함, 졸림 또는 집중하기 어려움 등의 비교적 가벼운 감각에서부터 멍한 느낌 또는 단절까지 연속선상에 존재한다. 가장 극단적인 상황에서는 내담자가 기억을 깜빡하거나 시간을 잃을 수 있다. 중요한 것은 해리는 단지 생물학적인 반응이 아니라, 의식적인 인식을 무서운 감정이나 기억으로부터 분리하는 심리적인 방어이다(van der Hart et al., 2006). 이것은 감정, 감각, 그리고 참을 수 없는 각성 상태를 자각self-awareness에서 벗어나게 하려고 개인의 기능들을 분리시킨다. 따라서 해리는 견딜 수 없는 어떤 신경계 상태와의 단절로 이해되며, 이는 과각성과 저각성 신경계 상태 모두를 포함할 수 있다(Ogden & Minton, 2014).

모든 사람이 저각성에 앞서 과각성으로 이동하는 것은 아니라는 점을 고려하는 것이 중요하다. 많은 사람들이 과각성을 경험하지만, 이것이 보편적인 사실은 아니다. 일부의 사람은 즉시 저각성으로 발전한다(Ogden & Minton, 2014). 이런 경우 사회적 신경계와 교감신경계가 관여하지 못할 수 있으며, 곧바로 배측 미주신경 부교감 반응으로 발전한다. 이러한 종류의 반응은 신경계가 위험한 환경에서 형성되어 생애 초기부터 장기적인 트라우마에 노출된 개인에게 더 많이 발생할 수 있다. 예를 들어 어린아이는 도망치거나 싸울 수 있는 선택권이 없으며 트라우마 반응의 후유증에서 훨씬 초기에 부동화와 저각성 반응들에 의존하게 될 것이다. 초기 발달 트라우마가 진행 중일 때, 신경계는 이러한 저각성 반응의 태세가 될 수 있다.

애착의 신경생물학THE NEUROBIOLOGY OF ATTACHMENT

미주신경계는 생후 1년 중반부터 2년 중반까지 발달하는데, 이는 애착관계의 발달과 동시에 일어난다. 미주신경계는 초기 모-유아 관계의 질에 의해 강하게 영향을 받는다. 엄마의 미주신경 톤은 아이의 미주신경 톤에 강한 영향을 미치기 때문이다(Porges, 1997). 모-유아 결합과 관련된 호르몬인 옥시토신도 미주신경 톤에 의해 조절된다. 양육 중 뇌의 옥시토신의 조화로운coordinate 방출은 아기에 대한 애정의 감정과 관련이 있으며 엄마에 대한 유아 애착을 촉진한다(Insel, 2000; Shore, 2001a). 이와는 대조적으로, 모성 스트레스는 유아 체내의 더 높은 수준의 스트레스 호르몬으로 이어지는 것으로 나타났다. 시간이 흐르면서 높은 수준의 코르티솔은 유아의 뇌 발달을 방해한다 (Perry, 2001). 유아 신경계에 대한 이러한 초기 영향은 이후의 자기-조절 능력에 오랫동안 영향을 미친다는 것이 입증되었다(Bornstein & Suess, 2000).

애착이론은 영유아들이 주 양육자와 분리되었을 때 어떻게 반응하는지를 설명한다. 메리 에인스워스Mary Ainsworth는 낯선 상황 실험strange situation experiments을 통해 네 가지 다른 애착 스타일을 안전형, 불안/회피형, 불안/저항형resistant, 불안전 혼돈/혼란형disorganized/disoriented으로 분류하였다. 어린아이들은 괴로워서 편안함을 위해 부모를 찾을 때뿐만 아니라 그들의 세계를 탐험하고 놀 수 있을 때도 애착행동을 보이는 것으로 생각된다. 안정형 애착은 양육자가 예측할 수 있고, 일관적이며, 그들의 감정에 일치한 반응을 보이며, 충분히 좋은good enough 경우 형성된다. 안정형 애착은 양육자가 어린 자녀의 요구에 민감하게 반응할 수 있도록 하는 조율attunement을 통해서 강화된다. 이러한 조율은 촉각의 사용, 눈맞춤의 양, 목소리 톤의 질 및 상호작용의 타이밍을 안내한다. 양육자가 어린아이의 느낌과 요구에 적절히 조율할 때, 그들은 아이에게 일관된 마음-몸 연결의 감각을 길러 준다.

반대로, 에인스워스의 실험에서 아기들은 그들의 엄마가 일반적으로 부주의하거나 일관성이 없을 때 양가적이거나 불안정한 애착 스타일을 발달시켰다. 이 아기들은 엄마 품에 안겼을 때도 더 자주 울었고, 그들의 환경을 거의 탐색하지 않았다. 존 볼비John Bowlby 박사(1983)의 연구는 학대나 초기 트라우마가 있었을 때처럼 예측할 수 없는 엄마의 돌봄mothering과 연관된 혼란형 애착 스타일을 식별하는 데 도움을 주었다. 혼란형 애착과 관련된 양육자의 특성은 통제 불능의 행동, 가혹한 처벌의 고통, 그리고 아이와의 소통의 부재이다. 놀랄 것도 없이, 불안정-혼란형으로 분류된 아이들은 각성 상태와 느낌 및 생각을 조절하는 데 어려움을 보여 준다(Schore, 2001b).

애착의 발달 시기는 임신 중 시작되어 생후 2년 차까지 이어지는 신경생리학적인 가소성 영역으로 여겨진다. 이 기간에 유아가 경험하는 것은 특정한 일부 신경 경로를 강화하고 수초화하며 다른 신경 경로를 제거한다. 유아기에 외상성 스트레스에 노출되면 뇌 발달을 저해한다(Perry, 2001; Schore, 2001b). 주목할 만한 차이는 다음과 같다.

- 시상하부-뇌하수체-부신(HPA) 축 기능 변화 및 코르티솔 수준의 관련된 변화
- 학습 및 서술 기억과 관련된 뇌 구조인 해마의 크기 감소
- 전전두엽 및 안와전두 영역에서의 회백질 감소, 감정 조절 손상
- 전대상피질의 연결wiring 장애로 인해 목소리, 얼굴, 신체의 둔마된flattened 표현과 같은 놀이 행동 및 애착 행동의 결핍을 초래

트라우마를 받은 아이들은 불안, 과잉 행동, 충동성, 수면 문제, 학습 어려움, 도전적인 반항, 산만함, 그리고 해리 연속선상의 행동을 가질 가능성이 더 높다. 양육자와 교사는 이러한 행동을 보이는 아이들을 처벌하게 될 수 있으며, 따라서 스트레스, 위협, 두려움의 상태를 강화시킬 수 있다. 게다가 청소년들은 이 발달의 후기 과도기 동안 초기 애착의 스키마를 반복하는 경향이 있다. 또한 애착 상처는 성인이 될 때까지의 자기-조절, 학습, 공감, 사회적 기능을 손상시킬 수 있다.

효과적인 치료가 없으면 애착 트라우마는 다음 세대에 전달될 수 있다. 게다가, 레이첼 예후다Rachel Yehuda 박사는 트라우마 생존자 부모들의 자녀들이 PTSD에 걸릴 위험이 더 크다는 것을 밝혀냈다. 예를 들어 9.11 테러로 인해 임신 중 PTSD 진단을 받은 엄마에게서 태어난 유아는, 출생 무게가 낮고, 정상 그룹의 유아들에 비해 코르티솔의 수치가 감소하였다. 그 결과, 이들 유아는 더 진정하기 어렵고, 영아 산통을 많이 경험하며, 이후 트라우마에 노출될 경우 PTSD에 걸릴 위험이 증가했다. 마찬가지로, PTSD를 가진 홀로코스트 생존자의 성인 자녀들도 트라우마 노출에 따른

PTSD 발병 위험이 더 높았다. PTSD를 가진 부모들은 자녀들에게 다르게 반응할 수 있으며, 이로 인해 보살핌과 애착에 더 큰 지장을 초래할 수 있다. 예를 들어 PTSD를 가진 엄마들은 자녀들에게 과보호적이면서도 반응적일reactive 가능성이 더 높으며, 그 결과 자녀들은 덜 안전한 애착을 갖게 될 수 있다. 더 나아가, 예후다Yehuda의 연구는 신체가 코르티솔에 반응하는 방법에 대한 후생유전적 변화가 어머니로부터 그들의 자녀로 전달될 수 있다는 것을 제시한다.

체화 및 대인 신경생물학

EMBODIMENT AND INTERPERSONAL NEUROBIOLOGY

신생아의 신경생리학은 관계를 통해 형성되는데, 이 과정은 종종 상호 조절mutual regulation이라고 불린다. 양육자는 진정시키고 안정시키는 행동이나 때로는 자극을 주는 행동을 통해 유아의 신체적, 정서적 요구에 주의를 기울인다. 양육자의 세심한 조율은 언제, 어떤 종류의 조절 행동이 필요한지가 중요하다. 이 중 많은 부분이 무의식적으로 발생하며 정상적인 상황에서는 대체로 직관적인 과정이다. 정신과 의사이자 『유아의 대인 관계 세계The Interpersonal World of the Infant』의 저자인 다니엘 스턴Daniel Stern(1985)에 따르면, 우리 각자는 태어날 때 존재하는 최적의 흥분 범위를 가지고 있다고 한다. 엄마나 양육자는 다양한 표정, 발성, 몸짓, 몸 움직임을 통해 아기에게 민감하게 조율한다. 신생아는 동일한 소매틱 및 음성 신호로 의사소통을 한다. 예를 들어 아기는 엄마에게 직접적인 시선으로 신호를 보내거나 더 많은 상호작용에 대한 욕구를 몸짓으로 전달할 것이고, 일정 시간이 지나면 시선을 피하게 될 것이다. "나는 이제 끝났어요. 충분히 자극받았어요." 민감한 양육자의 역할은 이러한 단서를 읽으

-의 영향을 강조한다(Cozolino, 2014). 그러나 신경과학은 신 roplasticity이 전 생애에 걸쳐 지속되며 겪게 되는 사회적, 행동 의해 형성된다는 것도 시사하고 있다(May, 2011). 여기서, 우 료가 애착 트라우마 해결의 핵심 요소인 "경험에 의존하는 두 촉진하는 것으로 이해한다(Fogel, 2009). 정신치료에서 치료 를 위한 정신생물학적 조절자 역할을 한다(Schore, 1994). 이 자의 각성 상태 조율과 언어 및 비언어적 의사소통의 시시각 과정을 통한 다미주이론의 적용을 포함한다. 치료자는 충분 뜻함, 진정성, 일관성 및 예측할 수 있는 행동을 통해 신뢰 관 킴으로써 내담자의 사회적 신경계를 참여시킨다. 치료자는 내 하고 현재 순간에 지향하도록 도와줌으로써 그들 자신의 사 와 연결되도록 도울 수 있다. 여기에는 의식적으로 눈을 마주 좌석 배치에 대한 실험 의지, 관계적 연결을 회복하기 위한 도 리 톤의 사용이 포함된다. 치료에서 잘못된 조율이 일어날 것 치료자는 내담자가 관계적 스트레스를 견딜 수 있도록 도와 중요한 부분으로서 관계 파열과 회복을 작동시킬 수 있다. 이 으로 치료자는 내담자를 위한 모델로서 그들 자신의 신경계 록 작업한다. 시간이 지남에 따라 치료에서 상호 조절은 내담 미묘한 조절장애 징후들에 대한 자각을 발달시키고, 새로운 배우고, 성공적인 관계를 위한 새로운 모델을 개발할 수 있

건강에 미치는 영향THE IMPACT OF TRAUMA ON HEALTH

해결되지 않는 PTSD는 질병 및 만성 통증 패턴과 관련이 있

며 발달하는 유아의 변화하는 요구에 조율하는 것이다. 공감적 조율은 움직임, 신체, 감정의 소유를 포함한 영아의 내면적 자기 감각을 강화하는 데 도움을 준다.

위니컷Winnicott(1990)은 어떤 양육자도 항상 유아의 신호를 정확하게 읽지는 못한다는 것을 인지하면서 우리에게 충분히 좋은 엄마의 개념을 제공한다. 마찬가지로, 발달 심리학자인 에드 트로닉Ed Tronick 박사(2007)는 안정형 모-유아 애착조차도 "3분의 1 법칙" 내에서 잘못된 조율이 존재한다는 것을 인식하였다. 그의 연구에 따르면 엄마와 아기는 겨우 3분의 1 정도에서만 일치하고, 3분의 1은 일치하지 않으며, 3분의 1은 다시 일치하려고 노력한다고 한다. 중요하게도, 이러한 조율 오류들은 회복 과정이 뒤따를 때, 발달 중인 아이가 삶에 수반되는 피할 수 없는 스트레스를 더 잘 처리할 수 있도록 돕는 목적을 가지고 있는 것으로 보인다. 양육자는 잘못된 조율에 의해 야기되는 부정적인 정서를 조율하고 관계에서 다시 연결되는 감각을 배양함으로써 파열rupture을 인지한다. 발달하는 아이는 나중에 스트레스를 받을 때 이용할 수 있는 상호작용적인 회복 과정을 배운다. 그러한 스트레스를 주는 상호작용의 협상은 아이에게 다시 연결되고 관련된 긍정적인 정서가 올 때까지 일시적으로 부정적인 정서 상태를 견디거나 참는 것을 가르친다. 시간이 지남에 따라, 유아는 엄마의 영향을 내면화하고 내부 각성 상태에 대한 자기-조절을 배운다. 그러나 관계 트라우마의 경우, 양육자 행동이 유아에 대한 조절에 이상이 있다. 또한 양육자가 스스로 조절을 잘못하는 경우 회복repair 행동의 가능성이 떨어지는 경우가 많으며, 이로 인해 유아는 장기간 극심한 혼란 상태에 있게 된다. 이 과정은 유아의 취약한 신경계 발달에 영향을 미친다. 우울증에 걸린 엄마들을 대상으로 한 트로닉의 연구는 그들이 자녀들의 단절disconnection의 신호를 잘못 읽을 가능성이 더 높다는 것을 보여 주었다. 우울하지 않은 엄마는 유아가 시작한 각성 변화에 자신을 맞추고 조용해짐으로써 고

개를 돌리는 유아의 철수 신호에 반응할 수 있다. 하지만, 유아의 철수는 우울증을 앓고 있는 엄마에게 거부감을 느끼게 할 가능성이 더 높다. 결과적으로, 엄마는 유아를 놀이에 계속 참여하게 하거나, 화난 표정을 짓거나, 자신의 감정과 행동으로부터 해리될 수 있다.

조절 상태를 유지하기 위해 양육자는 자기-성찰로 자신의 내부 감각을 조율함으로써 자신의 각성 수준을 인식할 수 있어야 한다. 이 과정은 양육자가 자신의 초기 애착 과거력과 아이와 함께하는 현재 상황의 애착을 구별할 할 수 있는 능력을 개발하는 데 도움이 될 수 있다(Siegel, 1999). 예를 들어 한 어머니는 자신에게 "그것들은 나의 과거로부터의 고통스러운 감정이며 내 아이는 나를 거부하지 않는다. 그것들을 아이의 책임으로 돌리지 않고 내 감정에 대응할 수 있다"고 말했다. 이 과정은 엄마가 의식적으로 자신의 감정에 귀를 기울일 수 있게 해 주며, 아이와의 관계에서 잘 기능할 수 있는 능력을 증가시킨다.

쇼어(1994년, 2012년)는 아이의 미성숙한 생리학에 대한 외부 조절을 제공하는 엄마나 양육자의 역할을 식별하기 위해 "정신생물학적 조절자"라는 용어를 만들었다. 초기 의사소통의 정서적, 생리적, 비언어적 특성 때문에 그러한 조절은 미주신경 톤을 포함하는, 우반구로부터 우반구 변연계 시스템으로의 영향을 포함한다. 엄마의 자율신경계가 유아의 생리를 연결해 주기 때문에 모-유아 관계는 상호작용 패턴을 통해 아이의 생리를 형성한다. 유아와 양육자 모두 교류 중에 영향을 받는다는 점에 유의해야 한다. 양육자와 유아 모두 조화로운 관계 상태를 유지하기 위해 조정 및 변화를 요구하는 상호 형성 과정이 있다. 양육자는 움직임, 촉각 및 눈맞춤을 통해 유아의 생리 및 정서 상태를 비언어적으로 조절한다. 아이의 비언어적 단서에 조율하는 양육자는 유대감을 느끼고 함께 하는 느낌을 경험한다. 비언어적 신호들이 무시되거나 잘못 조율될 때, 엄마와 유아 모두가 거리감을 경험한다.

언어적 교류는 발달 후기에, 포나기F
Jurist, 타겟Target(2005)이 말하는 "정신화
하는데, 이는 자신의 소매틱, 감정적 경험
이다. 예를 들어 한 엄마가 다른 아이가
자신의 두 살짜리 아이에게 말한다. "아
당장 원하는 것을 갖지 못해 화가 났다
의사소통은 단어와 감각느낌felt sense을
공한다. 아이의 분노에 대한 엄마의 반
느낄 수 있는 분노의 감각느낌, 가슴의
느낌을 언어 기술어verbal descriptor와 결
과정은 "친구에게서 장난감을 다시 뺏
용하거나 다른 장난감을 찾을 수 있어"
열 수 있다.

이 경우, 엄마의 정확한 반영은 아
있게 해 준다. 하지만, 만약 엄마가 그
결국 감정 상태를 잘못 이해하게 될 수
로부터 단절될 수도 있고, 혹은 감정에
이 경우, 엄마는 아이의 분노를 배고픔
뿐이야. 먹을 것 좀 갖다줄게."라고 말
과 친구에 대한 분노의 감정을 무시할
이가 조율되지 못한 분노를 계속 표출
더 나아가 감정의 단절로 이어질 수
를 받았던 성인은 감정과 필요에 대하
고유수용감각의 정보를 덜 사용하게
조절하는 능력을 제한한다.

대인 신경생물학은 종종 초기 애착

적 상호작
경가소성ne
적 경험에
리는 정신
뇌 발달"을
자는 내담
과정은 내
각 상호작
한 조율, 따
계를 발전
담자가 안
회적 신경
치는 사용,
구로서 목
을 인식하
줄 수 있는
과정의 일
를 조절하
자가 자신의
규제 패턴
도록 돕는

트라우마

만성적이고

다(Vachon-Presseau et al., 2013). 이 상관관계는 특히 어린 시절에 트라우마 사건에 노출되었을 때 강하다. 카이저 퍼머넌트Kaiser Permanente를 통해 실시된 아동기 부정적 경험(ACE) 연구는 1만7000명 환자의 신체적 학대, 언어폭력, 성적 학대, 방임, 가정폭력 노출, 약물 남용자이거나 감옥에 간 가족과 함께 생활한 경험의 어린 시절 트라우마 경험을 평가했다(Felitti et al., 1998). 결과는 ACE 점수가 0인 성인보다 4개 이상의 ACE 인자에 노출된 성인들이 우울증, 약물 사용 및 자살 시도의 위험이 훨씬 크다는 것을 보여 주었다. 또한 이 사람들은 심장병, 암, 만성 폐 질환, 간 질환에 더 큰 위험을 보였다.

만성 미해결 PTSD는 자율신경계의 기능에 영향을 미치며 교감신경계 및 부교감신경계 기능의 리듬 균형을 깨뜨린다. 부분적으로, 이것은 만성 PTSD가 HPA 축의 변화를 촉진하는 방법 때문에 발생한다. 건강한 개인에서 시상하부는 부신에 의한 코르티솔 방출을 시작하도록 뇌하수체에 신호를 보낸다. 이 교감신경계 반응은 몸이 싸우거나 도망가기를 통해 움직일 수 있도록 준비한다. 혈류에 충분한 코르티솔이 있을 때 음의 피드백 고리가 시상하부로 전달되어 순환을 멈추게 한다. 스트레스가 많은 상황이 끝나면 몸은 부교감신경계 상태로 돌아가 몸을 이완, 소화, 재생으로 전환한다. 이 건강한 스트레스 반응 안에서 개인은 스트레스를 받는 사건으로부터 상당히 빨리 회복될 것이고, 생리는 평소 상태로 돌아갈 것이다. 대조적으로, 해결되지 않은 PTSD를 가진 개인은 HPA의 기능에 붕괴disruptions를 경험한다. 처음에는 PTSD가 높은 코르티솔과 관련이 있다고 여겨졌다. 그러나 24시간 동안 시간당 코르티솔 수치를 측정했을 때 혈장에서 코르티솔 수치가 감소하는 패턴이 드러났다. 만성적으로 낮은 코르티솔 수치는 면역 체계의 붕괴와 체내의 염증과 관련이 있다(Bergmann, 2012).

혈류 코르티솔 수치와 면역력 사이에는 역관계가 있다(Scaer, 2005).

만성 스트레스의 경우, 교감신경계는 코르티솔 수치를 장기간에 걸쳐 높게 유지한다. 이러한 패턴은 면역 체계 기능의 저하와 고혈압, 혈당 불균형, 소화 부진, 심장 질환과 암에 대한 민감성 증가를 포함한 많은 건강 문제와 관련이 있다. 대조적으로, 만성 PTSD의 경우, 부교감신경계는 시간이 지남에 따라 코르티솔 수치를 낮게 유지한다. 이 패턴은 몸에 염증을 일으킬 수 있는 억제되지 않은 면역 체계 기능과 관련이 있다. 면역 체계가 싸울 바이러스나 박테리아가 없을 때 건강한 조직을 공략해 자가면역질환에 대한 취약성이 높아진다(Bergmann, 2012). 또한 만성 PTSD는 위식도 역류질환과 과민성대장증후군 같은 소화기 상태와 연관이 있다. 낮은 혈중 농도의 코르티솔은, 또한 생체 주기 리듬circadian rhythm의 장애와 관련이 있다. 보통 코르티솔은 기상 후 빠르게 상승하다가 낮에 점차 하강하다가 늦은 오후에 다시 상승했다가 하강하여 한밤중에 저점에 도달한다. 생체 주기 리듬은 코르티솔 사이클을 통해 패턴화된다. 만성 PTSD에서는 피로와 불면증과 관련이 있는 비정상적으로 둔마된 생체 코르티솔 주기를 보인다.

해결되지 않은 PTSD, 특히 아동 학대의 과거력을 갖는 것은 섬유근육통과 만성 두통을 포함한 만성 통증 상태에 대한 높은 보고와도 관련이 있다(Friedberg, 2004). 만성 통증은 신경전달물질인 GABA, 세로토닌, 도파민의 감소와 관련이 있는데, 이는 기분, 불안, 수면, 집중에 영향을 미치며 쾌감을 느끼는 능력의 전반적인 저하에 영향을 미친다(Eisenberger, 2012; Kross, Berman, Mischel, Smith, & Wager, 2011). 그랜트Grant(2016)는 만성 통증을 생화학 및 뇌 활동의 변화에 의해 유지되는 비적응적인 기억이라고 설명한다. 통증은 처음에는 척수와 뇌로 통증 신호를 전달하기 위해 특별히 조직된 감각뉴런의 끝에 있는 감각 수용체인 통각수용체nociceptor를 통해 몸 안에서 감지된다. 이 신경 연결은 뇌의 변연 중심부로 확장되는데, 이는 통증에 대한 감정적 가치를 부여한다.

만성 통증은 반복적으로 수초화된 신경근육경로와 관련이 있다. 통증 기억은 절차 기억이라고 불리는 암묵 기억의 하위 유형으로 가장 잘 이해될 수 있다. 절차 기억은 운동 기술과 행동의 순서를 유지하는 하위 뇌lower brain 센터를 포함한다. 절차 기억의 예로는 자전거를 타거나 신발을 묶는 것이 있다. 일단 절차 기억이 학습되면, 우리는 더 이상 그것에 대해 생각할 필요가 없다. 우리의 신경망은 자동 조종을 통해 그것들을 계속 반복하고 있다. 만성 통증은 그 자체로 트라우마가 될 수 있는데, 그것은 더 많은 통증의 악순환을 촉발시킨다. 머리가 아프거나 등이 따끔거리는 가벼운 느낌은 공포 반응을 일으키며, 긴장감과 회피 행동을 증가시킨다. 중요한 것은 절차 기억은 변화에 저항할 수 있다는 것인데 특히 말로 하는 치료talk therapy는 기억의 비언어적 요소에 접근하지 못한다.

우리가 위협을 경험했을 때, 우리는 처음에 안전과 연결을 찾기 위해 우리의 사회적 신경계를 사용한다는 것을 기억하라. 이렇게 해도 위협이 해소되지 않으면 싸우기나 도망가기를 통해 교감신경계가 참여되는데, 호흡, 소화, 온도, 혈압, 근육 긴장, 감정 표현의 변화를 통해 동원mobilization을 시작하게 된다. 다시, 싸우기나 도망가기의 경험이 위협적인 상황을 해결할 수 없다면, 우리는 진화적으로 겁에 질림fright, 늘어짐flag 또는 기절faint이라는 오래된 부동화 반응에 의존할 것이다. 다만 우리의 동원 및 해결 능력을 손상시키는 상황이 몇 가지 있다. 우리 중 많은 사람들은 가족이나 사회적 요구에 순응하는 움직임에 대한 우리 몸의 자연스러운 충동을 무시하는 법을 배웠다. 게다가 움직임의 억제는 감각 인식을 저하시키고 원치 않는 감정을 피하는 것을 촉진한다. 감각 인식의 억제는 트라우마 기억으로부터의 해리를 촉진하고 증상의 신체화를 초래할 수 있다.

감각, 감정 및 움직임의 억제는 우리를 내부수용감각 인식에서 단절되도록 요구한다(Fogel, 2009). 결과적으로, 우리의 근육은 낮은 수준의 수축을 유지하게 되고 결국 의식 밖에서 지속될 것이다. 시간이 지나면서 억제를 지지하는 신경근 경로가 강화되어 나중에는 신체 인식에 접근하기가 더 어려워진다. 이 경우 우리는 감각과의 단절을 지속하는 경로를 수초화시키고, 우리의 근육은 의식 없이 유지되는 수동적 긴장의 형태로 낮은 수준의 불완전한 움직임을 유지한다. 포겔Fogel은 감각과 감정, 움직임을 장기간 억제하면 만성 근육 긴장, 만성 통증, 만성적으로 무감각한 신체 부위, 심혈관 질환의 수치가 높아지고 혈압이 높아지며 위장 질환의 비율이 높아지고 천식 등 호흡기 질환과 중증 면역 질환 등 건강에 영향을 미친다는 것을 확인한다.

기억과 해리의 신경생물학

THE NEUROBIOLOGY OF MEMORY AND DISSOCIATION

우리의 초기 기억은 비언어적이다. 그것들은 암묵 기억이라고 불리는 정신생리적 각성과 정서적인 상태로 유지된다(Schore, 1994, 2012). 암묵 기억은 태어날 때부터 기능적으로 이용할 수 있으며 처음 2~3년간 우세한 편도체와 같은 뇌의 변연계를 포함한다. 암묵적인, 또는 절차적인 기억은 성인이 되어서도 지속될 수 있는 자기self의 감각느낌felt sense의 기초가 된다. 암묵 기억 체계는 운동 패턴과 감각의 표현으로 저장되는 신체 기억이라고 불리는 것의 기초이다. 2~3세 무렵, 해마, 대뇌 피질의 브로카 영역Broca's area, 안와전두피질 같은 고차원의 뇌 구조가 성숙하기 시작하여 초기 언어 발달과 우리의 자기-성찰 능력을 지원한다. 해마는 연합피질association cortex 내에서 기억의 감각 구성 요소에 대한 인지적인 지도를 만들며 장기 기억의 부호화와 인출에 필수적이다. 연합 피질이란 기억의 구성 요소가 뇌 전체에 걸쳐 유지되는 방식을 말한다. 브로카 영역은 언어를 처리하고 언어를 생산하는 능력을 가능하게 한다. 안와전두피질은 의사 결정을 위해 감각 인식을 사용하는 데 관여하는 전전두엽피질의 일부이다.

이 시점에서 아이는 경험에 대해 말하기 시작하고, 과거의 더 오래된 사건을 기억하며, 미래에 대해 상상할 수 있다. 이러한 외현 기억 또는 서술 기억은 사건의 타이밍 순서와 공간에서의 대상 배치를 위한 내부 지도를 포함한다. 외현 기억에는 의미semantic 기억과 삽화episodic 기억의 두 가지 유형이 있다. 의미 기억은 평생 습득한 기본적인 사실들에 대한 지식을 포함하는 장기 기억이다. 삽화 기억은 자전적이고 시간, 장소, 감정을 포함한다. 이러한 기억들은 개인이 무슨 일이 일어났는지, 언제 일어났는지, 어디서 일어났는지, 왜 발생했는지에 대한 방향을 잡을 수 있게 해 준다. 자서전적 기억은 개인이 더 이른 시점에 자신을 성찰하거나 미래에 대한 자기감sense of self을 투영할 수 있도록 한다. 외현 기억은 경험의 다양한 부분들이 응고화consolidation되는 과정에 의존하여 그 부분들은 세상에서 계속되는 자기감과 일치하게 된다(Siegel, 2001). 응고화는 단일 사건의 표현을 연합 피질 내에 이미 존재하는 수천 개의 다른 이전 경험과 통합하므로, 시간이 지남에 따라 일관된 자기감을 만들 수 있다.

극심한 스트레스나 트라우마가 있는 시기에, 높은 각성 상태는 정상적인 해마 기능을 교란시킬 수 있으며, 감정이나 감각에 대한 기억과잉hypermnesia(강화된 기억)과 동시에 사실에 대한 기억상실amnesia(기억의 상실)로 이어질 수 있다. 해마는 증폭될 수 있으며, 강화되고 지속성이 높은 기억 각인인 "섬광 기억flashbulb memory"을 촉진한다(Conway et al., 1994; Diamond, Campbell, Park, Halonen, & Zoladz, 2006). 섬광 기억은 종종 매우 감정적인 기억에서 나온 세부 사항의 조각들로 경험되며, 9.11 공격이나 챌린저 폭발과 같은 트라우마 사건과 관련하여 연구되었다. 섬광 기억 시, 해마는 연합 피질 전반의 기억을 기능적으로 통합하지 않으므로, 감각 경험은 종종 강렬한 느낌, 시각적 이미지, 냄새, 소리 또는 신체 감각의 침습적이고 비언어적인 파동으로 경험된다(van der Kolk, McFarlane, & Weisaeth, 1996). 이러한 고립된 기억의 조각들은 생생하게 회상되는 경향이 있으며 개인이 두려움의 상태에 있을 때 부호화된다. 아드레날린의 폭발은 편도체를 활성화시키고 사건들의 기억 저장을 강화한다. 섬광 기억은 종종 재발하기 때문에 반복적으로 실행되며, 또한 이는 신경 경로를 강화하거나 수초화시킬 수 있다. 처음에 외상성 스트레스는 기억을 증폭시킬 수 있지만, 시간이 지남에 따라 해마의 기능이 저하된다. 지속적인 만성 트라우마 상황에서 해마는 폐쇄되고 더 이상 외현 기억을 형성할 수 없다(LeDoux, 1996; van der Kolk, 2015). 게다가 브로카 영역은 우리가 외상성 스트레스를 받고 있을 때 작동하기 어려워진다. 다시 말하면 기억은 파편화되고 단절된 감각과 신체 경험의 연속일 수 있다.

미국의 심리학자이자 『임프린트Imprints』라는 책의 저자인 아서 재노프Arthur Janov(1983, 2006)는 출생 트라우마를 포함한 언어 이전의 트라우마가 아이의 신경계에 각인되어 있으며, 이 기억은 성인이 되어서도 지속될 수 있다고 제안한다. 그는 암묵 기억에 접근하기 위해 신체 감각과 함께 작업하는 것의 가치를 인식한 초기 소매틱 심리학의 선구자 중 한 명이었다. 현재의 소매틱 심리학 방식 내에서 신체 자세, 몸짓, 호흡 패턴, 움직임 충동의 정서적 요소를 내부수용감각 인식으로 감지하는 것은 계속해서 언어 이전의 또는 비언어적인 트라우마 내용(Marlock, Weiss, Young, 2015)에 대한 처리를 제공할 수 있는 귀중한 개입이다. 마찬가지로 반 데어 콜크van der Kolk(2003)는 기억의 언어적 또는 서술적 요소를 다루면 이야기가 바뀔 수 있지만, 내담자의 삶을 지배하고 방해하는 불안감을 다루지는 못할 것이라고 경고한다.

하지만 언어 이전 및 비언어적 기억으로 작업할 때는 조심하는 것이 중요하다. 암묵 기억과 섬광 기억은 신뢰할 수 없으며 원래 일련의 사건의 정확한 재생을 나타내지 않는 경우가 많다. 트라우마 경험은 서술적이고 자서전적인 참조를 문맥화하는 것으로부터 단절된 감정적인 정보로 부호화된다. 기억 인출retrieval에는 뉴런 패턴의 활성화가 포함된다. 그러나 그것은 단지 오래된 표상representation의 재활성화가 아니다. 그것은 실제 사건의 특징, 다른 경험의 기억 요소, 그리고 현재 정신 상태의 영향을 받는 새로운 신경 회로의 구성이다. 암묵 기억을 인출할 때, 모든 세부 사항 없이 원래의 경험에 대한 감각 또는 요지만 있을 수 있다. 더군다나 정상적인 자서전적 기억과 비교할 때, 트라우마 기억에서 격차의 가능성은 더 크다. 인간으로서, 우리는 이야기 작가storytellers이며 기억의 누락된 요소들을 채울 것이다. 우리는 현재의 신념, 이론 또는 가설과 일치하는 이야기를 만들어갈 근본적인 욕구를 가지고 있다(Sharacter, 1999). 기억의 누락 요소는 현재의 감정, 사회적 단서, 상상력 등에 의해 영향을 받는다. 인출retrieval은 원래의 사건을 현재의 지각과 성격에 가장 근접한 경험으로 만드는 매우 유연하고 건설적인 과정이다.

모든 기억은 맥락과 상태 모두에 의존한다. "맥락 의존context dependent"은 기억들이 시각, 소리, 냄새와 같은 외부 환경 자극으로 부호화되는 방식을 말한다. "상태 의존state dependent"이란 기억들이 내적 감각, 감정, 각성의 수준으로 부호화되는 방식을 말한다. 개인이 트라우마 관련 기억 조각을 인출할 때, 인출 과정의 측면은 다른 관련 기억을 떠올릴 수 있다. 어떤 경우에, 한 사건의 기억은 시간이나 장소의 명확한 구분 없이 유사한 각성 상태에서 발생한 다른 기억의 조각을 앞으로 끌어낼 수 있다. 이러한 종류의 다른 사건들의 기억 혼합은 거짓 기억의 발달로 이어질 수 있다(Loftus & Kechsam, 1994). 그러므로 자서전적 기억은 객관적 진실이 아닌 주관적 경험으로 이해되어야 한다.

기억의 응고화와 인출의 중단은 자신에 대한 일관된 서술이 손상될 때 나타나는 해리와 함께 혼란스럽고 파편화된 자기감sense of self을 초래할 수 있다. 생리적 관점에서, 해리는 위협적인 경험으로부터 개인을 단절시키는 생물학적 보호 기제로 가장 잘 설명된다. 심리적 관점에서 보면, 해리는 압도적인 상황에 대처하는 방식이다. 예를 들어 아이는 학대하는 부모와 정서적으로 거리를 둘 수 있고 학대가 계속되더라도 그 학대가 일어나고 있다는 것을 더 이상 느끼지 못할 것이다. 하지만 한때 아이를 구했던 해리가 어른이 되어서는 방해가 될 것이다. 성인은 학습된 대처 기제로서 계속해서 해리될 수 있고 그 결과 감정, 신체 감각 및 다른 사람들과 연결이 끊기고 단절되는 느낌이 들 수 있다. 이러한 증상들은 대인 관계, 감정 조절, 그리고 건강한 자기-돌봄을 방해한다.

해리는 일상생활에 관여하는 자기self의 파트와 견딜 수 없는 감정과 기억을 안고 있는 자기의 파트 사이의 분열을 만들어낸다. 인격의 구조적 해리 모델(van der Hart et al., 2006)에 따르면, 해리는 현실 부정non-realization을 수반하는데, 이는 내담자가 트라우마 사건이 일어났거나 그것이 지금은 끝났다는 것을 깨닫지 못하는 방식을 가리킨다. 현실 부정으로 인해 내담자는 증상을 자주 재경험함에도 불구하고 트라우마 사건으로부터 연결이 끊어질 수 있다. 심리적인 방어가 해리에 한 역할을 한다. 내담자가 정서적 고통을 인정하지 않기 위해 기억을 억압하거나, 자신의 고통을 최소화하기 위한 방법으로 "별일 아니었다"며 학대의 영향을 부인할 수도 있다. 이 과정에는 그렇지 않을 때 괜찮다고 가장하는 것도 포함될 수 있다. 때때로 방어는 내담자로 하여금 자신을 비난하고 학대자를 이상화하게 한다. 내담자는 자신의 생각, 느낌, 신체 감각 및 행동과의 단절을 포함하는 이인증을 보고할 수도 있다.

많은 내담자는 그들의 감정 세계와 단절된 느낌과 그들이 설명할 수 없는 압도적인 느낌과 감각에 의해 침수되는flooded 것 사이를 번갈아 경험한다. 외현explicit 기억 없이 강한 감각들이 일어날 수 있어 두려울 수 있다. 이러한 경우 내담자와 치료자 모두 함께 서술되지 않는 소매틱 경험의 모호성과 불확실성을 견뎌야 한다. 언어 이전의 또는 비언어적인 기억으로 작업할 때 내담자와 치료자 모두가 신체적으로somatically 경험된 초기 기억들에 이야기를 투영하려는 유혹을 명심하는 것이 중요하다. 치료자는 자신의 힘과 영향에 대한 인식을 유지하고 내담자의 경험에 대한 암시적인 질문이나 해석을 피해야 한다. 이러한 인식은 특히 외현 기억이 결여된 해리 증상이나 소매틱 감각을 가진 내담자와 함께 작업할 때 중요하다. 치료자는 내담자가 감각에 이야기를 적용할 필요성을 강조하기보다는 현재-순간의 경험을 기술할 수 있도록 돕는 데 초점을 맞춘다(van der Kolk, 2003).

신경망과 트라우마 치료

NEURAL NETWORKS AND THE TREATMENT OF TRAUMA

트라우마 치료의 신경생물학을 더 잘 이해하기 위해서는 신경망을 더 자세히 살펴봐야 한다. 신경망은 함께 작용하는 뇌의 상호 연결된 뉴런들의 그룹인데 모든 학습의 기초를 형성한다. 우리가 새로운 행동을 배울 때마다 우리는 새로운 신경 회로를 만든다. 행동을 자주 반복하면 신경 경로 수초화를 통해 신경망을 강화해 신호가 빠르고 원활하게 이동할 수 있다. 모든 기억은 신경망의 패턴이다. 하나의 신경망은 행동이나 기억이 다른 사건이나 경험과 유사한 요소를 가질 때 다른 신경망에 연결될 수 있다. 예를 들어 냄새, 맛, 이미지, 촉각, 소리, 생각, 감정, 신체 감각, 믿음, 그리고 이전 사건에서 만났던 사람과 유사한 사람들은 기억의 신경망 사이의 연결을 시작할 수 있다.

복잡한 움직임을 조직하고 목표 지향 행동을 촉진하기 위해 우리는 뇌의 다양한 영역에 걸쳐 뉴런을 통합해야 한다. 예를 들어 뇌의 우반구는 우리가 잠재적인 위험과 위협을 위해 환경을 조사하는 것을 돕는다. 결과적으로, 우뇌는 우리의 트라우마 기억과 관련된 우리의 부정적인 지각과 감정을 더 잘 간직할 수 있다. 이와는 대조적으로 좌반구는 긍정적인 감정에 특화되어 있다. 좌뇌와 우뇌 반구를 가로질러 통신하는 신경망은 우리가 말로 감정을 표현하고 감정에 대한 긍정적이고 부정적인 지각을 통합하는 것을 돕는다(Silberman & Weingartner, 1986). 또한 상위 뇌 센터(신피질)와 하위 뇌 센터(변연계 및 뇌간) 사이의 신경망을 통합하면 충동을 관리하고 자기-조절을 높이는 데 도움이 된다.

트라우마 기억은 신경망의 부호화encoding가 손상된 것으로 생각할 수 있다. 트라우마 기억은 다른 긍정적인 경험과 통합되지 않으며 새로운 정보를 수용하는 능력에 제한을 받는다(Shapiro, 2018). 이 단절은 어려운 인생 사건에 대해 생각하는 동안 감정적으로 유연하거나 인지적으로 건설적일 수 있는 내담자의 능력을 손상시킨다. 새로운 정보, 긍정적인 정서 및 자원 감각은 고통스러운 기억과 기능적으로 연결할 수 없다. 뇌 영상은 PTSD로 진단된 개인이 대조군과 비교할 때 좌반구보다 우반구에서 더 큰 활성화를 보인다는 것을 보여주었다(Bergmann, 2010, 2012). 트라우마 치료의 한 가지 목표는 트라우마 사건의 신경망을 재활성화하고 뇌 전체의 통합을 촉진할 수 있는 회복 경험을 제공하는 것이다.

대략적으로 말해서 EMDR 치료는 기억의 고통스럽거나 부정적인 측면을 긍정적인 생각 및 감정과 통합시키는데, 이는 적응적 정보 처리adaptive information processing(AIP)의 결과로 일어난다. AIP는 외부 정보를 생각, 느낌, 감각과 같은 내부 경험과 통합하는 법을 아는 신경계이다. AIP는 모든 인간 내에 선천적으로 존재하며 모든 경험으로부터 정보를 처리하고 배울 수 있는 능력을 제공하는데, 어려운 경험도 마찬가지이다. 트라우마는 내담자가 사건과 관련된 감정과 기억을 처리할 기회를 갖지 않는 한 이러한 자연스러운 처리를 방해하고 고통스러운 증상으로 이어질 수 있다.

EMDR 치료의 준비 단계는 내담자가 민감소실 및 재처리에 대한 내성을 높이기 위해 긍정적인 정서와 각성 상태에 연결할 수 있도록 도와준다. 자원 개발 및 주입Resource development & installation(RDI)은 긍정적인 이미지, 생각, 느낌, 감각에 주의를 기울이는 연습을 반복적으로 하도록 내담자에게 요청함으로써 긍정적인 정서를 강화한다. EMDR 치료에서 자원 개발에 집중하는 두 가지 주요 목적이 있다. 첫째는 삶의 스트레스와 요구에 건설적으로 대응할 수 있도록 돕는 믿음과 행동에 대한 내담자의 접근성을 높이는 것이다. 두 번째는 정체성과 자기-조절 역량에 대한 기초를 제공하는 근본적인 자기감sense of self을 강화하는 것이다(Leeds, 2009). RDI 개입은 긍정적인 감각, 감정 및 인지와 관련된 신경망을 풍부하게 하고 강화한다(Korn & Leeds, 2002). 자원의 예로는 타인을 사랑하고, 타인의 사랑을 받고, 위로받거나 보호받고, 유능하거나 성공했다고 느끼는 순간 및 안전, 평화 또는 휴식의 경험이 포함된다(Lees, 2009; Parnell, 2008; Shapiro, 2013). 포겔Fogel(2009)은 긍정적 상태의 반복된 연습이 신경 경로를 강화하여 미래에 정보 접근을 쉽게 하는 "경험-의존 두뇌 발달"을 촉진한다고 제안한다. 또한 그는 종종 긍정적인 상태를 배양하는 동안 체화된 인식의 향상된 경험이 자연스럽게 나타난다고 제안한다. 소매틱 심리학의 통합은 자원만들기 개입 중에 체화된 인식을 촉진하여 민감소실 및 재처리 중에 내담자가 신체에 연결되어 있을 가능성을 증가시킨다. 자원만들기 프로토콜에는 짧은 세트의 양측성 이중 집중 자극(BLS/DAS)이 자주 추가되며, 자원만들기 개입의 반복적 연습은 긍정적인 상태를 강화한다고 여겨진다. 모든 형태의 BLS/DAS를 RDI 중에 사용할 수 있으며, 임상가가 해 주거나 또는 내담자가 직접 무릎을 두드리거나 "나비 허그"를 하도록 초대하여 자기 스스로 시행하게 할 수도 있다(Shapiro, 2013, 2018).

일부의 경우 생생함, 기분 좋음 및 자원의 강도를 감소시킬 수 있으므로 양측성 이중 집중 자극을 추가하는 것의 적절성에 대한 상반된 관점이 있다는 점에 유의한다(Hornsveld et al., 2011). 또한 BLS/DAS를 통해 내담자가 고통스러운 기억 재처리를 시작할 수 있으므로 긍정적인 정서를 줄이거나 자원을 오염시킬 수 있다. 결과적으로 BLS/DAS를 EMDR 치료의 모든 단계에 도입하기 전에 내담자의 해리 상태를 주의 깊게 평가하는 것이 권장되는데, 이러한 내담자는 일반적으로 긍정적인 정서와 각성 상태를 유지할 수 있는 능력이 감소하기 때문이다(Leeds, 2009). 또한 자원 개발에서 처음으로 BLS/DAS를 도입할 때는 약 8~15초 길이의 매우 짧은 세트로 시작하고, 각 세트 간에 내담자와 고통스러운 내용의 압도나 해리를 평가하는 것이 권장된다.

그런 다음 민감소실 단계는 내담자가 긍정적인 자원의 통합을 통해 고통스러운 트라우마 내용을 처리할 수 있도록 한다. 그 결과 내담자는 과거 트라우마의 무력감이나 무기력감과 구별되는 현재 여기에서 이용 가능한 선택들을 더 잘 구별할 수 있다. 연구에 따르면 민감소실 중 BLS/DAS는 트라우마 기억과 관련된 생생함, 소매틱 각성 및 감정 강도를 감소시킨다(Bergmann, 2010; van den Hout, Muris, Salemink, & Kindt, 2001; Van den Hout, Eidhorf, Verboom, Little, Engelhard, 2014). 신경과학 분야는 아직 새롭다. 그러므로 모든 정신치료의 생리학적 토대는 여전히 발견되고 있으며 변경될 수 있다. 그럼에도 불구하고, 신경영상 neuroimaging SPECT 스캔(Lansing, Amen, Hanks, & Rudy, 2005; Oh & Choi, 2007)과 EEG 모니터링(Pagani et al., 2011, 2012)을 사용한 연구는 EMDR 치료에서 가능한 신경생리학적 작용 기전을 제시한다. 신경해부학적 변화로는 좌반구 기능 강화(Pagani et al., 2011), 변연계 활성화 감소 및 피질 활동 증가(Pagani et al., 2012), EMDR 회기 후 전대상피질 활성화 증가가 포함된다. 이러한 발견은 트라우마 내용에 대한 내담자의 성찰 능력의 증가와 변연계 과자극의 억제 증가를 시사한다. 정신생물학적 변화에는 미주신경 부교감 톤 증가와 교감신경계의 억제가 포함된다(Elofsson, von Scheelle, Orionell, & Sondergaard, 2008; Sack, Hofman, Wizelman, and Lempa, 2008).

EMDR 치료의 몇 가지 작용 방식이 가설로 제안되었다. BLS/DAS는 작업 기억working memory에 영향을 미치는 것으로 보이며, 이는 다시 사건과 관련된 고통스러움에 초점을 맞추는 내담자의 능력을 방해한다. 또한 양측성 이중 집중 자극이 REM 수면을 모방하는 방식으로 양측성 안구운동의 리드미컬한 진동을 통해 좌우 반구를 가로지르는 통신을 용이하게 한다는 것도 제시되었다(Stickgold, 2002). EMDR 치료의 추가적인 제안된 기전은 BLS/DAS의 리드미컬한 진동이 소뇌와 시상을 자극한다는 것이다. 소뇌는 시각, 청각, 촉각, 체성감각somatosensory, 전정vestibular 및 고유수용감각proprioceptive 입력을 포함한 모든 감각 시스템에서 들어오는 정보를 수신한다. 시상피질thalamocortical 연결의 자극은 뇌 전체의 정보 처리를 향상시키는 것으로 보인다(Bergmann, 2008). 또한 EMDR 치료는 상위 뇌upper brain(하향식top-down) 연결의 자극이 하위 뇌lower brain(상향식bottom-up) 중심부를 비활성화하는 전대상피질(ACC)의 조절 기능을 자극하는 것으로 보인다. 상호 억제는 한 번에 전대상피질(ACC)의 한 영역만 활성화될 수 있음을 의미한다. 전대상피질(ACC)이 홍수flooding 및 PTSD 증상 재경험에 중요한 역할을 한다는 점을 기억해야 한다. 이 경우 복측 전대상피질(ACC) 연결의 활성화는 배측 전대상피질(ACC)의 조절 기능을 억제한다(Kaye, 2008). 이와는 대조적으로, EMDR 치료는 전두엽피질에 대한 배측 전대상피질(ACC) 연결을 활성화하여 복측 전대상피질(ACC) 활성화를 억제한다. 여러 저자가 효과적인 트라우마 처리는 하향식 처리의 조절 기능과 상향식 처리의 접근 기능 사이의 균형을 포함한다고 제안했다는 점이 중요하다(Grant, 2016; Lanius & Paulsen, 2014; Paulsen & Lanius, 2009; van der Kolk, 2003). 하향식 개입에는 심리교육, 마음챙김, 부정적 및 긍정적 인지 확인, RDI 등이 포함된다. 이와는 대조적으로 상향식 처리는 변연계와 뇌간에서 하위 뇌 센터를 관여시켜 내담자가 트라우마 내용의 감정 및 감각 요소에 접근할 수 있도록 돕는다. 가장 중요한 것은, 상위 뇌 센터와 하위 뇌 센터 사이의 연결을 강화하는 것이 트라우마 기억과 관련된 고통의 완화와 관련이 있다는 것이다. 관련하여 제안된 기전은 BLS/DAS에 의해 시작된 이완 반응이 트라우마 기억에 탈조건화 영향을 미친다는 것이다(Shapiro, 2018). EMDR 치료에서 마지막으로 제안된 작용 방식은 BLS/DAS가 새로운 자극에 대한 내담자의 주의를 끄는 정향 반응orienting response을 촉진한다는 것이다. 정향 반응은 내담자가 현재 환경을 관찰하고 현재 위협이 없음을 확인할 수 있도록 하는 것으로 보인다(Barrowcliff, Gray, Freeman, & Macculloch, 2004). EMDR 치료에서 내담자는 현재의 안전 경험을 참조하는 동시에 관련된 모든 내부수용감각interoceptive 고통을 포함한 트라우마 기억에 노출된다. 그 결과 트라우마 기억을 떠올릴 때 불안을 덜 보고할 것이다. 정향 반응은, 또한 내담자에게 새로운 정보를 인식하고 통합할 수 있는 기회를 제공하므로 삽화 기억episodic memory이 의미 기억semantic memory으로부터 정보를 얻을 수 있게 한다(Stickgold, 2002). 즉 내담자가 사실 정보에 대한 장기적인 지식을 성찰하면서 자서전적이고 감정적으로 가득 찬 기억의 재평가가 일어난다.

EMDR 치료의 다양한 가설 기전은 서로 일치하는 것으로 보인다. 따라서 이러한 문헌에 대한 최근의 검토는 BLS/DAS가 작업 기억의 억제, REM 시스템의 활성화, 시상피질thalamocortical 기능의 강화, 전대상피질(ACC) 상호 억제, 정향 반응의 자극을 포함한 여러 가지 효과를 가지고 있음을 시사한다. 중요한 것은 이러한 설명 기전이 상호 배타적인 것으로 간주되지 않는다는 것이다.

민감소실 단계에서 소매틱 심리학의 통합은 내부수용감각interoceptive의 인식을 높이고 고통스러운 감정과 감각에 머물 수 있는 능력을 발달시키는 데 초점을 맞춘다. 그러나 몸의 불편함을 향하여 방향을 돌리면 압도를 피하기 위해 적절한 속도 조절이 필요하다. 이 과정에서는 소매틱 인식, 마음챙김, 이중 집중을 위한 능력이 중요하다. 치료자는 내담자를 위한 모델로서 자신의 체화된 인식을 향상시키기 위해 작업한다. 치료자의 자각self-awareness은 상호 조절의 기초를 제공하며, 상호 조절은 언어적 및 비언어적 의사소통의 시시각각 상호작용 과정으로 일어난다. 이 정신생물학적 교류는 사회적 신경계의 참여에 초점을 맞추고, 내담자가 자기-조절의 기초를 제공하는 자신의 체화된 인식을 높이도록 격려한다. 소매틱 접근 방식과 EMDR 치료의 통합은 치료자가 고통스러운 감각과 언어 이전 기억을 목표기억targets으로 작업할 수 있게 해주며, 이를 위해서는 내담자의 경험에 대한 내러티브를 과도하게 해석하거나 영향을 미칠 위험을 줄이기 위해 현재-순간 경험을 기술하는 것을 지속해야 한다. 또한 이러한 통합적 접근 방식은 소매틱 인식으로 통찰을 고정시킴으로써 치료 환경에서 움직임이나 감각의 억제가 계속될 가능성을 감소시킨다.

결론CONCLUSION

EMDR 치료와 소매틱 심리학의 통합은 체화의 과학, 트라우마의 신경생리학, 애착 이론, 기억의 신경 과학을 치료의 8단계에 적용한다. 치료에 대한 이런 통합적 접근 방식의 목표는 내담자가 트라우마 사건이 일어났고 이제 끝났다는 것을 인식하도록 돕는 것이다. 이를 통해 내담자는 과거와 현재를 구별할 수 있다. 성공적인 치료의 결과로 내담자는 기억, 생각, 감정, 감각, 대인 관계 상황 및 갈등에 효과적으로 대응할 수 있는 능력을 넓힌다. 궁극적으로 치료 경험은 내담자가 세상에서 발전시킬 수 있는 대인 관계에 대한 새로운 건강한 모델을 개발할 수 있도록 도와준다. 3

장에서는 이러한 필수적인 과학적, 이론적 요소들을 EMDR 치료와 소매틱 심리학의 7가지 원칙으로 정리한다.

제3장

트라우마 치료를 위한 EMDR 치료 및 소매틱 심리학의 7가지 원칙

The Seven Principles of EMDR Therapy and Somatic Psychology for Trauma Treatment

EMDR 치료와 소매틱 심리학의 통합은 트라우마 치료의 필수 부분으로 특히 조절되지 않는 감정, 해리 증상이나 막힌 처리를 다룰 때 몸의 인식awareness을 강조한다. 우리는 트라우마 치료를 위한 EMDR 치료와 소매틱 심리학의 다음 7가지 원칙을 특정 짓는다. 그것은 단계 지향적phase oriented, 마음챙김 기반mindfulness based, 비해석적noninterpretive, 경험적experiential, 관계적relational, 조절에 초점regulation focused, 회복탄력성 관점resilience informed이다.

원칙 1: 단계 지향적PHASE ORIENTED

전통적인 EMDR 치료에 따라서 이 통합 모델의 첫 번째 원칙은 단계-기반 접근이다. 트라우마 치료의 단계는 오늘날 대부분의 트라우마 치료에서 정신치료 방식의 기반을 제공한 주디스 허먼 박사Dr. Judith Herman(1997)에 의해 처음으로 소개되었다. 대부분 치료 모델의 초기 단계는 내담자가 고통스러운 증상들을 다룰 수 있는 안전, 안정, 조절감을 발달시키도록 돕는 데 중점을 둔다. 치료의 중간 단계는 내담자가 트라우마 기억을 처리하고 관련된 상실을 애도하는 것을 돕는다. 트라우마 치료의 후기 단계는 내담자가 자기 고유의 삶의 경험을 긍정적인 자기감sense of self과 미래를 위한 희망감으로 통합하도록 돕는 데 중점을 둔다.

이러한 EMDR 치료와 소매틱 심리학의 통합은 프랜신 샤피로(2018)의 8-단계 모델을 유지한다. 중요한 것은 이 단계 지향 접근이 반드시 선형적인 과정이 아니라는 것이다. 예를 들어 내담자가 트라우마 재처리의 민감소실desensitization 단계로 진행하더라도, RDI를 통해 더 안정화시키기 위해 준비단계로 돌아오는 것이 필요하다는 것을 발견할 수 있다. 일반적으로 치료자는 내담자가 압도되지 않고 고통스러운 내용을 직면하는 능력을 지지하면서, 트라우마 재처리의 속도에 대한 내담자의 주도lead를 따르도록 권장된다.

원칙 2: 마음챙김 기반MINDFULNESS BASED

EMDR 치료와 소매틱 심리학의 두 번째 원칙은 트라우마 치료에 대한 마음챙김-기반 접근을 제공하는 것이다. 마음챙김은 호기심, 비판단, 열린 마음openness, 수용의 태도mind-set를 갖는 현재-중심 인식present-centered awareness으로 정의된다. 정신치료에서 마음챙김의 사용은 널리 연구되어 왔으며, 충동성 감소와 자기-조절감의 증가와 관련이 있다(Kabat-Zinn, 1990). 이러한 연습은 성찰할 수 있는 뇌의 부분을 강화시키고 정서적으로 압도될 가능성을 감소시키는 것으로 보인다. EMDR 치료에서 마음챙김 연습은 주의를 유지하고 사고나 감각 또는 느낌을 과도하게 동일시하지 않으면서 관찰할 수 있는 능력을 키운다. 정신치료에서 마음챙김을 증가시키는 개입에는 내담자에게 몸 인식 연습을 가르치고, 호흡에 주의를 가져오게 하며, 자기-연민의 기회를 제공하는 것을 포함한다. 치료에서 마음챙김은 치료자와 내담자 모두에 의해 충분히 경험될 수 있도록 상호작용의 속도를 늦추는 것이 필요하다. 때때로 이것은 어떤 것이 말해지는지 실제로 듣기 위해 내담자에게 잠시 멈추도록 부드럽게 요청해야 한다. 치료자는 "잠시 당신의 몸을 확인해 보세요"와 같은 진술과 "지금 당신은 무엇을 인식하나요?"와 같은 질문을 통해 인식을 격려할 수 있다.

마음챙김 연습은 불편한 경험이 회피 전략이나 반응의 자동적이고 습관적인 패턴이 필요하지 않다는 것을 내담자가 인지하게 도울 수 있다. 치료자는 치료에 자신의 마음챙김 존재를 제공하고, 치유과정으로 이끄는 내담자 내면의 인식internal awareness이 자연스럽게 펼쳐지도록 초대한다. 마음챙김은 단지 치료자가 내담자에게 가르칠 수 있는 기술이 아니라, 치료자가 자신의 마음챙김 연습을 발달시킬 때 가장 잘 촉진된다. 개인적인 마음챙김 연습은 치료자가 제공하는 존재의 질을 강화한다. 다시 말해서, 우리는 우리가 전하는 것을 연습해야만 한다.

원칙 3: 비해석적NONINTERPRETIVE

EMDR 치료와 소매틱 심리학의 세 번째 원칙은 비해석적 태도를 유지하는 것이다. 이 과정은 치료자가 내담자를 관찰하면서 내담자가 보고 느끼거나 경험하는 것에 관해 서술하도록 초대한다. 이러한 성찰reflections은 그저 내담자가 자신의 진실을 발견할 수 있게 한다. 치료자는 내담자에 대한 의미를 해석하지 않고 내담자의 신체 언어를 관찰하는 법을 배운다. 또한 내담자가 자신의 감각에 대한 이야기를 제공하기 시작하는 경우, 치료자는 내담자의 이야기를 문자 그대로의 진실로 해석할 필요가 없다. 결과적으로 치료자는 언어 이전의preverbal 소매틱 목표기억targets과 작업할 때 이야기를 추론할 가능성이 적다.

앞에서 언급했듯이 기억은 정확하지 않다. 치료자는 단지 기억의 감각느낌felt sense의 에센스와 작업하면 된다. 치료자는 그저 자신이 목격하고 있는 것을 서술하는 데 머무른다. 성급하게 해석한다면, 그 감각느낌 felt sense에 대해 수천 개의 다른 의미를 찾을 것이다. 서술에 머무르는 것은 그 안건을 내려놓고 현재의 경험에 더 많은 인식을 가져오는 호기심을 키운다. 이 과정은 치료자와 내담자가 그 이야기의 내용에 유혹되지 않고 트라우마의 영향과 작업하도록 한다. 내담자가 전체 기억을 알아야 하는 데 집착하게 된다면, 기억이 틀릴 수 있고 변할 수 있다는 것을 내담자에게 교육하는 것은 치료자의 몫이다. 전체 트라우마 사건을 기억하는 데 너무 많은 중요성이 부과된다면, 그 사건은 왜곡될 수 있다. 비해석적 태도로 작업하면, 내담자가 현재 순간에서 주관적인 고통의 수준을 줄이는 것에 중점을 두며 감각sensations을 통해 나아갈 수 있으며, 결국 내담자가 고통으로부터의 자유가 가능하다는 것을 알 수 있게 한다.

원칙 4: 경험적EXPERIENTIAL

EMDR 치료 및 소매틱 심리학의 네 번째 원칙은 지금 여기에서 경험적으로 작업하는 것이다. 내담자와 가만히 앉아있는 습관이 있는 치료자에게는 치료실에서 움직임의 사용에 대해 편안함을 갖는 것이 중요하다. 치료는 자세를 과장하거나, 몸짓을 반복하거나, 일어서거나, 다양한 좌석 배치를 탐색하기 위해 의자를 움직이는 것을 포함할 수 있다. 이러한 행위는 내담자가 체화된 인식embodied awareness을 발달시키도록 격려한다. 예를 들어 내담자가 "저는 괜찮아요"라고 말하면서도 슬퍼 보일 때와 같이 몸과 말이 일치하지 않을 때 치료자는 주목할 수 있다.

경험적으로 작업하려면 치료에서 비언어적인 의사소통을 이해하고 이와 작업해야 한다. 비언어적인 단서와 신호는 치료자와 내담자 사이의 정확한 이해를 이끄는 데 있어 언어적인 의사소통을 보완한다. 언어적인 교환은 모든 의사소통의 단지 30-40%를 차지한다. 그러나 대부분의 치료는 인지적이고 서술적인 개입을 강조한다. 비언어적인 단서를 읽을 수 있는 능력은 때로는 언어적인 의사소통보다 내담자의 태도와 감정을 더 잘 이해할 수 있게 한다. 내담자가 비언어적인 행동을 조정하거나 조작하는 것보다 거짓말을 하거나 말을 검열하는 것이 더 쉽다. 예를 들어 내담자가 "나는 괜찮아요"라고 말하나 몸은 내담자가 괜찮지 않다는 신호를 보내고 있을 수 있다. 당신은 시선을 맞추지 못하거나, 주먹을 쥐거나, 패배 신호를 보내는 자세를 알아챌지도 모른다.

치료자는 경험적인 연습을 통해 내담자의 신체 언어에 대한 인식을 높임으로써 비언어적인 의사소통을 치료에 통합한다. 내담자의 비언어적인 의사소통에 대한 해석은 내담자와의 열린 대화를 포함해야 한다. 이러한 대화는 신체 언어에 대한 관찰을 공유하고, 내담자의 주관적인 경험에 대해 질문하며 문화, 민족, 인종과 같은 맥락적인 요소들을 고려하는 것을 포함한다. 치료자가 자신의 비언어적인 의사소통에 대한 인식을 높이는 것도 똑같이 중요하다. 자각self-awareness은 언어적인 표현과 비언어적인 행동 사이의 일치를 촉진하고 상담자의 신뢰도를 향상시킨다. 내담자는 언어적인 의사소통보다 비언어적인 행동을 더 신뢰하는 경향이 있고, 신체 언어는 치료자의 진심을 드러내는 것으로 해석될 가능성이 더 크다. 이러한 치료자는 일반적으로 내담자에게 더 준비되어 있고, 더 깊은 이해를 발휘하며, 진정한 공감을 보여 주는 것으로 경험된다. 즉, 치료자가 자신의 감정과 태도가 일치하지 않는다면 적절한 말을 하는 것만으로는 충분하지 않다. 예를 들어 내담자와 불편함을 경험하는 치료자는 떨어져서 앉거나, 가슴에 팔짱을 끼거나, 자신도 모르게 목소리 톤으로 긴장을 표현할 수 있다. 이러한 불편함을 감지한 내담자는 치료자에 대한 신뢰를 잃거나 트라우마 내용을 재처리하는 것으로 진행하는 것이 안전하지 않다고 느낄 수 있다.

비언어적인 의사소통은 얼굴 표정, 개인적인 거리, 몸의 움직임이나 자세, 말과 관련되지 않은 언어적인 단서를 포함한다. 비언어적인 의사소통은 흔히 공간학proxemics, 동작학kinesics, 준언어paralanguage라고 불리는 세 개의 하위범주로 나눠진다. 공간학proxemics은 개인의 공간에 대한 지각과 사용을 말한다. 여기서 우리는 치료실에서 개인이 얼마나 많은 공간을 신체적으로, 활동적으로 차지하는지를 본다. 또한 우리는 다양한 거리의 정도에 따른 편안함의 수준을 포함하는 공간의 사회적 사용을 탐색한다. 일반적으로 치료자의 사무실은 미리 정해진 거리에 의자와 소파가 있다. 경험적으로 작업하기 위해 치료자는 쉽게 움직일 수 있는 의자가 있는 유연한 좌석 옵션을 제공하고, 공간에서 서 있거나 움직이는 동안 치료적인 교환을 탐색한다. 예를 들어 내담자와 직접 마주 보고 앉는 것은 특정 내담자에게는 대립적으로 느껴질 수 있는 반면에 옆으로 비켜 앉거나 90도로 앉으면 더 편해질 수 있다. 공간학에 대한 인식은 치료자가 각 내담자의 필요에 더 유연하게 반응할 수 있고 회기 내에서 경계 인식boundary awareness을 탐색할 수 있게 한다.

동작학kinesics은 자세, 몸짓의 사용, 얼굴 표정, 시선 맞추는 정도를 포함하는 개인의 신체 언어의 사용을 말한다. 이러한 형태의 신체 언어는 개인의 감정에 대한 소중한 정보를 제공하는 경향이 있다. 다시 말하지만, 이 정보는 호기심을 갖고 체화embodiment가 문화의 영향을 받는다는 것을 인지하며 탐색되어야 한다. 예를 들어 눈 맞춤의 사용은 문화마다 다르다. 소매틱 치료자는 내담자의 감정에 대한 자각을 심화시키게 돕는 방식으로 자세와 몸짓을 탐색한다. 예를 들어 치료자가 내담자의 주먹을 쥐는 경향을 알아챘다면, 판단 없이 내담자가 이 몸짓을 인식할 수 있게 도울 수 있다. 부드러운 격려와 함께 경험적인 치료자는 내담자가 어떤 연상이나 감정적인 톤을 관찰하면서 주먹 쥐는 것을 과장하거나 반복하도록 격려할 수 있다.

준언어paralanguage는 언어적 의사소통과 관련된 말speech의 비언어적인 요소들을 지칭하며, 흔히 목소리의 크기, 속도, 높낮이pitch, 강도, 강조, 박자timing, 말하기에서 침묵의 사용을 포함한다. 치료자는 언어적인 의사소통의 내용에 주의를 기울이는 동시에 그 말들이 어떻게 얘기되는지를 들으면서 준언어를 통합하는 것을 배울 수 있다. 예를 들어 치료자는 각성의 변화나 잠재적인 해리의 신호로서 내담자의 목소리가 문장을 완성하기 전에 차츰 줄어드는 것을 알아차릴 수 있다. 치료자의 자각은 침묵의 순간을 채우려는 경향 또는 불편함을 알아차리거나 내담자와의 조율을 촉진하기 위해 말의 상호작용 속도를 조절하는 것을 포함할 수 있다. 치료자가 비언어적인 행동과 경험적으로 작업할 수 있는 도구tools를 통합하면, EMDR 치료 시 트라우마 재처리 동안에 내담자가 조절된 상태에 머물도록 더 잘 도울 수 있다. 치료자의 소매틱 단서에 대한 조율은 특히 조절장애dysregulation나 해리를 시사하는 경우, 민감소실과 재처리reprocessing에 걸쳐 내담자를 안전하게 인도할 수 있게 한다.

원칙 5: 관계적RELATIONAL

소매틱 심리학과 EMDR 치료는 모두 치유적인 치료 관계의 맥락 안에서 일어난다. 따라서, 다섯 번째 원칙은 트라우마 치료가 관계적이라는 것을 인식하는 것이다. 내담자는 이전 경험을 바탕으로 관계에 대한 기대를 치료로 가져온다. 이것은 특히 초기 발달의 애착-관련 트라우마와 작업할 때 관련이 있다. 내담자는 과거 관계에 대한 투사projections에 기반하여 치료자를 지각할 수 있다. 때때로 이 과정은 해로운 과거를 닮은 치료자와의 관계 역동을 불러일으킬 것이다. 치료자는 먼저 내담자를 치료로 이

끌었던 같은 압도적인 감정을 느끼기 시작할 수 있으며 이것은 치료자에게 내담자의 정서적이고 관계적인 경험에 대한 통찰을 제공한다. 예를 들어 내담자는 선의의 치료자를 신뢰하는 것에 저항할 수 있다. 시간이 지남에 따라 치료자는 좌절감이나 내담자를 거절하고 싶은 충동이 들 수 있다. 치료자가 그러한 느낌에 대한 마음챙김을 인식하지 못한다면 그들은 내담자의 외상적인 과거 요소를 재연할 수 있다. 치료자 또한, 그들의 관계 과거력과 기대를 치료 과정으로 가져온다. 소매틱 감각에 대한 자각은 치료의 효과를 방해할 수 있는 개인의 역전이countertransference에 대한 귀중한 통찰을 제공한다.

또한 역전이는 치료자가 내담자의 경험과 아주 유사한 신체 감각들을 경험하는 소매틱 공명somatic resonance의 형태로 올 수도 있다. 내담자의 작업에서 소매틱 역전이를 어떻게 사용하는지 모르는 치료자는 회기 후에 감정과 감각에 갇힌 것처럼 느낄 수 있으며 이는 시간이 지남에 따라 소진burnout이나 연민 피로compassion fatigue에 기여할 수 있다.

EMDR 치료의 체화에 대한 강조는 치료자가 치료 관계에서 일어나는 파열ruptures을 바로잡기 위해 개인의 소매틱 인식을 어떻게 사용하는지를 훈련시킨다. 치료에 대한 관계적인 접근은 파열이 그 과정의 중요한 부분이라고 인지하는데, 이러한 순간은 신뢰 관계의 회복을 촉진하고 스트레스가 많은 관계의 단절을 다루는 내담자의 능력에 신뢰를 쌓는 기회를 제공한다. 이 과정은 내담자가 세상 밖의 의미 있는 연결들로 일반화될 수 있는 새로운 관계의 기대를 형성하게 돕는다.

관계적인 방식으로 작업하는 것은, 또한 치료 관계에서 경계boundaries에 세심한 주의를 갖게 한다. 경계는 자신을 정의하는 데 도움이 되는 한계이다. 어린 시절 지속적인 경계 침범을 겪었던 내담자는 자기감sense of self을 유지하는 데 더 큰 어려움을 갖기 쉽다. 그들은 자신의 필요를 신뢰하고 듣는데 어려움을 가질 수 있으며 그 결과 결정에 어려움을 겪을 수 있다. 그들은 환경에 덜 적응적인 경계를 갖기 쉬우며, 결과적으로 과도하거나overcontained 부족한undercontained 경향을 초래한다. 경계 인식은 특히 EMDR 치료를 제공할 때 중요한데, 흔히 안구운동이나 진동기pulser 사용 또는 두드리기tapping를 사용하며 근접하게 앉아서 진행하기 때문이다. 여기서 경험적으로 작업하는 네 번째 원칙은 치료자와 내담자가 감정과 각성 조절의 순간적인 변화를 관찰하면서 회기에서 경계를 탐색할 수 있게 한다.

원칙 6: 조절에 초점REGULATION FOCUSED

여섯 번째 원칙은 EMDR 치료와 소매틱 심리학의 조절-초점 접근이다. 소매틱 치료자는 내담자가 그들의 감정에 효과적으로 반응할 수 있는 신경계 각성의 최적 영역을 나타내는 개념인 댄 시겔Dan Siegel(1999)이 말한 "인내의 창window of tolerance" 내에서 작업한다. 인내의 창 위로 넘어서면 내담자는 불안, 공포, 공황panic의 감정과 함께 과각성hyperarousal이 될 수 있다. 그들은 방어적이거나 화가 나거나 초조함을 나타낼 수 있다.

반면에, 인내의 창 아래에 있을 때 내담자는 셧다운shutdown 되거나, 멍해지거나, 연결이 끊기거나disconnected, 피로해지거나, 우울함을 느낄 수 있다. 그들은 경계가 빈약하거나 무력감을 나타낼 수 있다. PTSD의 경우 양극단을 오가거나 한쪽이나 다른 쪽에 갇히게 느끼는 것이 흔하다. 조절-초점 치료 개입은 내담자가 과정에서 압도되거나 셧다운 되지 않고 트라우마 기억들을 작업해 나가도록 돕는 것을 목표로 한다.

처음에 치료자는 내담자가 인내의 창 내에 머물도록 외부의 관계적인 조절을 제공할 수 있다. 치료자는 의식적으로 눈 맞춤과 목소리 톤, 좌석 배치의 근접성과 작업하면서 치료 관계를 조절 개입으로 사용할 수 있다. 트라우마 및 다미주이론polyvagal theory의 신경생리학에 대한 정보는 치료자에게 내담자의 사회적 신경계social nervous system를 참여시키는 도구를 제공한다. 이것은 현재-중심적인 방식으로 작업하고, 내담자의 신경계 상태를 세심하게 트래킹tracking하며, 내담자가 각성과 감정의 변화에 대해 더 큰 자각을 하도록 돕는 것을 포함한다. 결국, 이 과정은 인내의 창의 범위를 넓히도록 돕는다.

논의된 바와 같이, 효과적인 트라우마 치료는 하향식top-down 처리의 조절 기능과 상향식bottom-up 처리의 접근accessing 기능 사이의 균형을 포함한다(Grant, 2016; Lanius & Paulsen, 2014; Ogden & Minton, 2014; Paulsen & Lanius, 2009; van der Kolk, 2003). 하향식 개입의 예로는 심리교육, 마음챙김, 부정적 및 긍정적 인지 확인, 자원 개발과 주입(RDI)이 있다. 이와는 대조적으로 상향식 처리는 내담자가 트라우마 내용의 정서적이고 감각적인 요소들에 접근하도록 돕기 위해 변연계limbic system와 뇌간brain stem에 있는 하위 뇌 센터를 관여하게 한다. 상향식 처리 개입은 천천히 마음챙김 방식으로 신체 감각, 움직임 충동, 트라우마 기억에 동반된 정서들에 초점을 맞춘다. 이러한 처리는 내담자에게 트라우마 사건 동안에 중단되었던 움직임 순서를 완성하는 기회를 제공하여, 생리적 활성화가 흔들림, 떨림, 울음, 또는 그것을 떠나는 기회를 통해 방출하게 한다. 경우에 따라 이 과정을 통해 내담자는 몸에서 충분히 순서대로 트라우마가 해결되는 만족을 경험할 수 있으며, 이는 트라우마 사건을 소화하고 몸의 긴장을 방출한다. 때때로 상향식 처리는 현재-순간의 감각에만 집중하면서 과각성을 다루게 도울 수 있다. 이것은 내담자에게 어떤 장면이나 이야기 요소를 포함하는 트라우마 기억의 내용을 컨테인하도록 요청하면서 이루어질 수 있다. 그러나 상향식 개입 또한, 일부 내담자가 침수되거나flooded 압도되게 할 수 있다(Lanius & Paulsen, 2014). 여기서, 마음챙김이나 인지적 인터위브를 통해 이중 인식dual awareness을 재정립하는 것과 같은 하향식 개입이 처리 속도를 늦추고 트라우마 처리 동안 더 큰 조절을 할 수 있게 한다. 전반적으로, 상위 뇌와 하위 뇌 센터들 사이의 연결을 강화하면 조절되지 않는 각성 상태의 활성이 감소하여, 내담자가 트라우마 경험에 대한 응집력 있는 이야기를 개발할 수 있다.

내담자가 압도되게 느낄 경우 트라우마 처리 중 이중 인식의 재정립은 매우 중요하다. 이중 인식은 내담자가 트라우마 사건과 관련된 기억들을 다루는 동시에 현재-순간 경험의 인식에 머물러야 한다. 이것은 일반적으로 트라우마 재처리 동안에 전전두엽이 조절 인자로 관여하는 것을 포함한다. 로스차일드Rothschild(2000, 2010)는 홍수flooding는 내담자가 내부수용 감각interoceptive sensations에 압도되고 외부수용 인식exteroceptive awareness으로 현재 순간에 대한 지각을 개선하는 능력을 잃을 때 일어난다고 제안한다. 예를 들어 플래시백을 경험하고 있는 내담자는 심박수 증가나 위장의 불안감, 체온 변화, 입 마름과 같은 공황 감각에 압도될 수 있다. 내담자는 더 이상 안전에 대한 외부 참조를 이용하지 못한다. 이 시점에서 내담자를 오감에 대해 인식하도록 초대하는 것은 지금 여기의 안전에 지향하게 하면서 이중 인식을 되찾게 돕는다. 이중 집중dual attention은 전전두엽의 활성화를 통해 확립되고 이후 내부수용 인식으로부터 압도되는 것을 줄이기 위해 외부 환경에 대한 지향orienting과 단기간의 트라우마 과거에 대한 생각 사이를 교대하면서 유지될 수 있다.

조절-초점 트라우마 치료의 원칙을 지지하기 위해 진자운동pendulation과 적정titration 개입이 내담자가 고통스러운 감각이나 정서에 대한 내성을 키우도록 돕기 위해 사용된다. 적정은 내담자가 견딜 만한 양으로 고통을 조금씩 경험하도록 초대하고 긴장이 감당할 수 있는 정도로 방출되게 한다. 내담자가 너무 많은 트라우마 내용에 너무 빨리 노출될 때, 그들은 침수되거나 압도되거나 재외상화될retraumatized 위험이 있다. 또한 이것은 그들을 셧다운과 해리의 더 큰 위험에 처하게 한다. 진자운동은 몸에서 경험되는 안전의 느낌과 고통의 느낌 사이에서 주의를 번갈아 가면서 이루어진다. 치료자는 신체의 인식을 고정시키고anchoring, 그라운딩grounding 개입을 사용하며, 조절되지 않는 감정에 대한 내성을 높이기 위해 호흡과 작업하면서, 내담자가 과각성이나 저각성 상태를 다루도록 돕는다. 중요한 것은 치료자는 내담자가 조절장애dysregulation의 미묘한 징후에 대한 인식을 발달시키도록 돕는 데 초점을 맞춘다는 것이다. 예를 들어 고통의 초기 징후가 안절부절못하는 감각이거나, 호흡을 참는 거나 목의 긴장감일 수 있다. 내담자가 몸의 미세한 변화를 인지할 수 있을 때, 압도되거나 해리되기 전에 자신의 자원을 더 잘 사용할 수 있다. 내담자가 인내의 창을 벗어난다면 소매틱 치료자는 내담자가 트라우마 내용을 내려놓고 감각에 대한 인식과 마음챙김 움직임을 통해 단지 몸의 조절에 초점을 맞추도록 격려할 수 있다(Ogden & Minton, 2014). 예를 들어 치료자는 내담자가 팔과 다리를 마음챙김으로 움직이거나, 두 발을 바닥에 대고 밀어보거나, 일어서서 치료실을 걸어보거나, 자세의 미묘한 변화를 만들어보거나, 경험을 말로 표현하게 격려할 수 있다. 두 번째 원칙인 마음챙김을 통합하고 모든 움직임 시퀀스를 천천히 탐색하는 것이 중요한데, 이는 인식을 키우고 압도되거나 재외상화되는 것을 피하게 돕는다. 현재-순간의 소매틱 경험에 대한 강조는 트라우마 기억을 민감소실시키기에는 충분하지 않을 수 있다. 따라서, 일단 내담자가 조절되고 인내의 창 내에서 작업하게 되면, 전통적이거나 수정된 민감소실로 돌아가서 트라우마 내용을 완전히 재처리하도록 할 수 있다.

원칙 7: 회복탄력성 관점RESILIENCE INFORMED

모든 트라우마 치료 방법은 내담자가 트라우마 과거력에도 불구하고 회복하는 능력이 있다고 가정한다. 회복탄력성은 역경에 잘 적응하고 심지어 강해지는 인간의 능력을 말한다. 예를 들어 많은 트라우마 과거력을 가진 사람들은 삶의 길을 목적과 결단력을 가지고 살아가는데 더 강한 전념commitment을 갖는다고 보고한다. 연구에 따르면 회복탄력성은 어려운 삶의 경험조차도 긍정적인 성장을 이끌 수 있다는 것을 인지하는 것과 관련이 있다(Duke et al, 2008; Maddi, 2013). EMDR 치료에서 AIP는 충분한 지지가 주어지면 치유할 수 있는 뇌의 고유 능력으로 정의된다. AIP는 모든 인간에서 배우고 성장할 수 있는 능력을 제공하는 타고난 회복탄력성의 한 예이다. 마찬가지로 소매틱 심리학은 자연적인 회복탄력성의 원천으로 몸의 타고난 지혜를 강조한다. 예를 들어 기회가 주어질 때 트라우마 사건과 관련된 긴장은 팔과 다리를 흔들거나 떨면서 방출시킨다. 소매틱 치료자는 내담자가 감각을 관찰하고 움직임 충동을 따라가도록 초대하면서 이 본질적인 치유 능력을 활용한다. 중요한 것은 EMDR 치료와 소매틱 심리학의 이 최종 원칙은 이 작업의 목적에 기저를 이룬다. 우리의 내담자들이 연구에 근거하고 연민으로 전달되는 치료적 지지가 제공될 때 건강wellness을 향해 나아가는 능력을 가지고 있다는 확신 말이다.

결론CONCLUSION

4장에서 볼 수 있듯이 트라우마 치료를 위한 EMDR 치료와 소매틱 심리학의 7가지 원칙은 트라우마 치료에서 체화를 증진시키는 개입의 토대가 된다. 이러한 개입은 내담자가 몸을 감지하고, 느끼고, 이완과 그라운딩 기술을 배우고, 안전하고 조절된 방식으로 트라우마 기억들을 작업해 나가고, 지속적인 통합을 촉진하게 돕는다.

제2부

개입들

제4장
트라우마 치료에서 체화 향상을 위한 개입
Interventions to Enhance Embodiment in Trauma Treatment

소매틱 인식은 트라우마 치료에서 통합되어야 하는 필수적인 부분이다(van der Kolk, 2015). 이 장에서는 소매틱 심리학을 EMDR 치료와 통합하기 위한 대본으로 작성된 프로토콜을 제공한다. 이 장에서 공유되는 개입은 트라우마 치료에 대한 마음챙김mindful 접근 방식을 증폭시키고, 적절한 치료 속도를 안내하며, 치료자와 내담자 사이의 관계를 촉진하고, 트라우마 재처리 동안 조절을 용이하게 하는 다미주이론을 통합한다. EMDR 치료는 이미 목표기억 개발의 평가 단계와 신체 검색 단계에 소매틱 인식을 포함한다. EMDR 치료와 소매틱 심리학의 7가지 원칙은 모든 8단계 내에서 마음챙김적이고 경험적이며 관계적인 개입을 통해 체화 과정을 심화시킨다. 예를 들어 과거력을 청취하는 동안, 치료자는 내담자가 그들의 과거력에 관해 이야기하면서 지향을 유지하고 신체 인식과 연결될 수 있는지를 관찰한다. 이 과정은 치료자가 일관된 이야기의 부족, 신체 인식의 부족, 또는 멍하거나 혼란스러운 느낌에 대한 묘사로 확인되는 잠재적 해리를 평가할 수 있게 한다. 준비 단계에서의 소매틱 개입은 치료자와 내담자가 RDI가 성공하는 시점을 보다 정확하게 파악할 수 있도록 돕고, 내담자가 안전, 휴식 및 편안함을 느낄 수 있는 신체 기반 기준점을 확보하게 한다. 평가 단계에서 내담자의 소매틱 경험에 더 큰 중점을 두면 치료자는 내담자가 언어 이전의preverbal 기억이나 신체 통증 영역과 같은 광범위한 트라우마 사건을 목표기억target으로 삼을 수 있도록 도울 수 있다. 민감소실 단계에서 소매틱 인식은 진자운동pendulation과 정신생물학적 인터위브를 통해 이중 집중을 강화한다. 주입 단계에서 치료자는 새로운 믿음과 일치하는 소매틱 경험과 자세를 찾아냄으로써 내담자가 새로운 긍정적 인지(PC)를 고정할 수 있도록 돕는다. 신체가 신체 검색에 이미 명시적으로 포함되었지만, 치료자는 체화 개입을 사용하여 내담자가 남아 있는 불편함이나 긴장을 해소하는 통합적 움직임을 찾도록 격려할 수 있다. 종료 단계에서 치료자는 소매틱 개입을 통해 내담자가 그라운딩 되고, 체화되고, 안전하다고 느끼며, 신체 고통이나 해리가 남지 않도록 한다. 재평가 단계에서 소매틱 인식은 EMDR 치료의 효과를 평가하기 위한 추가 도구를 제공할 수 있으며 주의를 필요로 하는 잔류 트라우마 내용에 대한 피드백을 제공한다.

신체 감각으로 초대하는 것은 비교적 간단하지만, 모든 내담자가 신체에 쉽게 연결할 수 있는 것은 아니다. 치료자는 종종 고도로 방어적이거나, 주지화하거나, 해리적인 내담자가 신체 인식을 발달시키는 것을 돕는 도전에 직면한다. 내담자가 개입 속도를 조절할 수 있도록 돕는 것은 치료의 중요한 부분이다. EMDR 치료에서 내담자는 치료자에게 너무 많은 고통을 느끼고 있으므로 휴식을 취할 필요가 있다는 것을 나타내는 방법으로 정지 신호를 사용하도록 권장된다. 일반적으로 정지 신호는, 예를 들어 손을 들어 올리거나 눈을 감은 경우에는 눈을 뜨는 등 개입 전에 결정되는 비언어적인 신호이다. 이 장에 포함된 개입은 EMDR 치료의 8단계에서 체화된 인식을 위한 기본 구성 요소들이다. 중요한 것은 체화는 광범위한 경험적 활동을 통해 개발될 수 있지만, 모든 개입은 치료 관계의 상호성 내에서 지지되어야 한다는 것을 기억하는 것이다(Schore, 1994, 2012). 그렇지 않으면, 개입은 전체적인 라포rapport 감각과 단절된 느낌일 수 있다. 마지막으로 모든 정신치료 방식과 마찬가지로, 예술과 과학의 역동적인 상호작용이 있다. 어떤 프로토콜에 너무 강하게 또는 엄격하게 의존하면 치료자와 내담자 사이의 거리가 멀어질 수 있다. 따라서 우리는 당신이 실제 임상에서 이러한 대본으로 작성된 개입을 당신과 내담자가 자연스럽게, 압력을 느끼지 않고, 직관적으로 느낄 수 있도록 발전시킬 것이라고 믿는다. 내담자가 RDI를 구축하거나 목표기억을 민감소실 및 재처리하는 동안 그들의 인내의 창 내에서 머물 수 있는 정서적인 내성을 가지고 있지 않은 경우 이러한 대본은 BLS/DAS 없이 완료할 수 있다.

소매틱 어휘SOMATIC VOCABULARY

소매틱 심리학 분야에서 치료자는 내담자가 그들의 신체 감각에 대한 마음챙김mindful 인식을 갖도록 돕는다. 마음챙김mindfulness 연습의 일부는 어떤 일이 일어나고 있는지 판단하거나, 해석하거나, 의미를 부여하지 않고 시시각각의 경험에 대해 호기심을 가지고 머무는 능력을 배양하는 것이다. 치료에서의 마음챙김은 치료적 상호작용의 속도를 늦추는 것을 필요로 한다. 그래야 내담자는 신체의 감각에 대해 관찰하고 호기심을 유지할 수 있다. 치료자로서 당신은 내담자가 그들이 경험하고 있는 것을 묘사하도록 초대함으로써 신체에 대해 더 많이 인식하도록 도울 수 있다.

감각에 대한 마음챙김 인식은 판단적이기보다는 서술적인 언어의 사용에 의존한다. 예를 들어 오른쪽 어깨의 긴장감은 “어깨가 아프고 단지 통증이 없어졌으면 좋겠다”는 식의 자기-비판적 발언보다는 “어깨가 꽉 조이고 수축되어 있다”는 말로 표현할 수 있다. “꽉 조이고 수축되어 있다”에 대한 설명은 좋거나 나쁘거나, 옳거나 그르거나 하지 않는 관찰된 경험을 포함한다. 판단을 자제하는 것은 조이는 것에 대한 호기심을 불러일으킨다.

"없어졌으면 좋겠다" 등 습관적인 사고를 동반하는 불편한 감각은 중독, 섭식장애, 자해 행동, 감정 폭발 등 건강하지 못한 회피 전략으로 이어질 수 있다. 소매틱 인식을 발전시키는 것의 일부는 큰 감정과 강한 신체 감각에 대한 마음챙김으로 불편함을 견딜 수 있는 능력을 증가시키는 것을 포함한다. 시간이 지남에 따라 이러한 연습은 반응성을 감소시키고 자기-조절을 증가시킬 수 있다. 치료자는 내담자가 인내의 창의 가장자리에 위치하였을 때를 파악하도록 돕고 내담자가 대처 기술과 자원을 사용하여 해리 위험을 줄일 수 있도록 돕는다. 시간이 지남에 따라 이러한 연습은 내담자가 트라우마 기억의 재처리 동안 안전을 유지할 수 있도록 한 발은 현재에 그라운딩 되고, 한 발은 과거에 그라운딩 된 이중-집중 상태를 촉진할 것이다.

비판단적인 자기-관찰의 과정은 많은 내담자에게 이질적일 수 있다. 왜냐하면 대부분의 사람은 성장하면서 서술적이고 비판단적으로 말하도록 배우지 않기 때문이다. 또한 그 과정은 치료자에게도 낯설고 심지어 불편할 수 있다. 치료자는 일반적으로 내담자의 경험을 해석하고 진단하도록 훈련된다. 그러나 치료에 적용되는 마음챙김은 그 훈련과 대조적이다. 그것은 치료자가 기꺼이 알지 못하며 탐색 과정을 통해 발견하는 것에 마음을 열도록 요청한다. 치료적 상호작용 내에서 불편한 감각의 의미를 알고 싶은 욕구가 종종 생긴다. 의미는 통제할 수 있게 도와줄 수 있지만, 감각을 너무 빨리 해석하는 것은 궁극적으로 트라우마 내용의 재처리를 방해할 수 있는 저항이나 회피의 한 형태로 작용할 수 있다. 시간이 지나면 내담자는 단순히 신체적 긴장감과 호흡 패턴에 대한 인식을 가져오는 것이 치유 과정을 시작할 수 있다는 것을 배울 수 있다.

몸의 감각을 관찰하는 법을 배우는 것은 개발되어야 할 기술이다. 치료자로서 당신은 다음과 같은 당신만의 신중한 언어 사용으로 내담자가 마음챙김 신체 인식을 발달시키도록 도울 수 있다.

- 속도를 줄이고 경험에 대해 호기심을 가져 보세요.
- 어떤 방식으로든 감각을 없애거나 고치거나 바꾸지 않고 그 감각과 머물면서 어떤 일이 일어나는지 보세요.
- 지금 당신이 느끼고 있는 감각과 관련된 통찰, 감정, 믿음 또는 기억을 스스로 알아차릴 수 있도록 하세요.
- 자신의 감각을 좋거나 나쁘다고 판단하려는 충동을 알아차려 보세요. 당신은 당신의 몸에 있는 느낌으로 돌아올 수 있나요?

시간이 지남에 따라 내담자에게 이 새로운 언어를 알려주어 내담자의 감각에 대한 시시각각의 인식을 촉진한다. 이 기술은 EMDR 치료의 민감 소실 및 재처리 단계에서 사용되는 소매틱 인식의 기초가 된다. 새로운 소매틱 언어를 배우는 것의 일부는, 또한 감각을 묘사하는 것을 돕는 단어의 어휘를 개발하는 것이다. 내담자가 경험하는 것을 식별할 수 있도록 다음과 같은 소매틱 어휘 목록을 제공한다.

소매틱 어휘

아픈	어지러운	뛰어오르는	빙빙 도는
더부룩한	둔한	가벼운	강한
막힌	전율이 흐르는	메스꺼운	질식할 듯한
숨이 막히는	기운이 넘치는	무감각한	땀이 나는
명랑한	팽창하는	두근대는	긴장된
윙윙거리는	붉어진	압력이 느껴지는	두꺼운
오한이 느껴지는	펄럭이는	꺼끌꺼끌한	욱신거리는
축축한	정신없는	부은 듯한	조이는
차가운	얼어붙은	뻗어 나가는	따끔거리는

충혈된	흐릿한	흔들리는	떨리는
수축된	무거운	날카로운	따뜻한
단단한	가려운	부드러운	물 같은

치료자 관찰 기술THERAPIST OBSERVATIONAL SKILLS

제2장에서 논의한 바와 같이 소매틱 치료는 단지 내담자를 위한 일련의 개입이 아니라 치료자의 조율된 존재의 기초이다. 치료자가 소매틱 어휘를 사용하여 신체에 대한 자기-관찰에 참여함에 따라, 그들은 회기에 가져오는 그들 자신의 감정 및 각성 상태에 대한 인식과 이것이 내담자의 경험에 어떻게 영향을 미칠 수 있는지의 인식을 증가시킨다. 치료자의 자기-관찰을 강화하기 위해 치료자는 아서 데이크만Arthur Deikman(1983)이 말하는 '관찰 자기observing self'를 개발하는데, 이는 자신의 인식awareness을 의식적으로 마음챙김하는 능력과 의식적으로 주의의 초점을 향하게 하는 능력으로 정의된다. 예를 들어 이 순간 당신의 관심 대상은 이 페이지의 단어일 수도 있다. 하지만 당신은 당신의 주의를 당신이 앉아 있는 방으로 옮기고 어떤 온도나 소리를 포함한 당신의 환경에 대한 일반적인 감각을 경험할 수 있다. 게다가 만약 당신이 눈을 감는다면, 당신은 신체의 내부 경험에 대한 일반적인 감각을 알아차릴 수도 있고, 아니면 감각의 특정한 영역에 주의를 집중할 수도 있다.

크리스틴 칼드웰Christine Caldwell(1996, 1997)은 데이크만Deikman의 관찰 자기를 자신의 신체 정신치료에 대한 접근 방식인 '움직이는 주기the moving cycle'내에 소매틱 심리학으로 통합시킨다. 그녀는 관찰 자기를 강화하기 위해 치료자가 의식적으로 내적 지각과 외적 지각 사이에서 주의를 번갈아 가며 연습할 수 있을 뿐만 아니라 특정 지점에 주의를 집중하거나 보다 전반적인 인식 상태로 주의를 돌릴 수 있다고 제안한다. 이제 다음 네 가지 인식 영역을 살펴보면서 이를 좀 더 이해해 보자.

- **외부 초점 주의**Externally focused attention: 외부 초점 주의를 통해 치료자는 내담자의 몸짓, 자세 및 표정을 관찰할 수 있다. 게다가 이러한 인식은 치료자가 피부색의 미묘한 변화, 호흡 패턴의 변화, 삼키거나 으쓱거리는 것과 같은 미세한 움직임micromovements을 알아차릴 수 있게 한다.
- **외부 전반 주의**External global attention: 외부 전반 주의는 내담자의 전반적인 존재에 대해 폭넓은 조율을 초대한다. 여기에는 내담자가 우울한 톤을 가지고 있는지, 경직되어 있는지 또는 지나치게 경계하는지, 감정적으로 조절이 잘 안되는 지를 알아차리는 것이 포함될 수 있다.
- **내부 초점 주의**Internally focused attention: 내부 초점 주의의 적용은 치료자가 개인적인 소매틱 인식의 특정 부위를 알아차리는 방법으로 자기-관찰을 사용할 수 있게 한다. 예를 들어 치료자는 어깨의 긴장, 배에 힘이 들어감 또는 호흡의 수축을 알아차릴 수 있다. 이 실습은 특히 신체 인식의 기준을 얻기 위해 내담자가 치료실에 들어오기 전에 수행할 때 유용하다. 그런 다음 회기 중에 이러한 연습이 반복될 때 소매틱 인식의 미묘한 변화는 잠재적인 역전이 또는 소매틱 공명에 대한 유익한 피드백을 제공할 수 있다.
- **내부 전반 주의**Internal global attention: 내부 전반 주의는 치료자가 자기-관찰을 이용하여 신체에 전반적인 느낌을 평가할 수 있게 한다. 예를 들어 치료자는 일반적인 피로, 불안 또는 흥분의 느낌을 알아차릴 수 있다. 이러한 인식은 내담자를 위한 모

델링 역할을 할 수 있고 신경계 상태의 상호 조절을 지원할 수 있는 회기 중 자기-조절에 도움이 될 수 있다.

치료자의 자기-관찰 실습의 목표는 주의가 향하는 방식에 대한 인식, 유연성 및 선택을 발달시키는 것이다. 그러나 주의가 한 상태에 고착되는 습관적인 인식 상태를 가지는 것은 흔하다. 시간이 지남에 따라 그러한 습관적인 주의적 선호attentional preference는 지치고 치료자의 소진이나 연민 피로에 기여한다.

때때로 치료자는 내담자의 정서적 고통이나 치료 관계 내의 대인 관계 갈등에 대해 제한된 내성을 가질 수 있다. 결과적으로 치료자는 불편함을 다루는 방법으로 주의적 선호에 의존할 수 있다. 개인적인 주의적 선호에 대한 지식은 치료자 자신의 과거력에 대한 귀중한 정보를 제공할 수 있다. 예를 들어 내담자가 화가 났을 때 내적 고통에 집중하는 자신의 성향을 알아차리는 것은 개인적인 치료 작업의 필요성을 나타낼 수 있다. 이러한 인식이 없다면 치료자는 치료실에서 분노를 참을 수 없는 자신의 능력 때문에 내담자의 경험을 차단할 수도 있다. 자기-관찰 실습은 치료자가 자기-돌봄을 안내하는 신경계의 유연성을 개발하는 데 도움이 된다.

또한 치료자는 소매틱 공명의 경험을 할 수도 있는데, 이것은 내담자의 경험에 합류하는 한 형태이다. 때때로 내담자가 강한 신체 감각을 경험할 때, 치료자는 실제로 그들 자신의 신체에서 같은 감각을 경험할 것이다. 예를 들어 치료자는 내담자가 동일한 감각을 표현하는 것처럼 목구멍의 수축을 느낄 수 있다. 치료자가 이 과정을 이해하지 못한다면 그것은 단지 내담자의 경험으로부터 분리된 개인적인 감각일 뿐이라고 흔히 생각한다. 또는 이 과정은 매우 강력하다고 느낄 수 있으므로 치료자가 겁을 먹을 수 있다. 결과적으로 치료자가 부주의로 내담자를 밀어낼 수 있다. 하지만, 소매틱 자기-관찰 연습은 치료자가 이 정보를 이용하여 내담자가 이해받는다고 느끼도록 돕고 치료자가 자신의 신체에 그라운딩을 유지할 수 있게 한다.

몇 가지 흔한 습관적인 선호와 그것의 함정에 대해 자세히 살펴보자.

- **외부 초점 선호Externally focused preference:** 이러한 선호에서 치료자는 내담자의 경험에 너무 많이 집중해서 그들은 회기 내내 자신의 몸과 호흡을 확인하는 것을 잊어버린다. 내담자의 경험에 대한 세부 사항에 사로잡히는 것은 치료자가 자신의 신체와 연결되어 머무는 것을 방해할 수 있다. 어떤 상황에서는 치료자가 모든 세부 사항을 알아차리려고 노력하며 과도하게 경계하게 될 수 있는데, 이것이 회기에서 개인적인 불편함을 다루는 방법일 수 있다.
- **외부 전반 선호External global preference:** 이러한 선호로 치료자는 내담자가 보여 준 미묘한 단서를 놓칠 수 있다. 예를 들어 치료자는 내담자가 눈길을 돌릴 때 알아차리지 못하기 때문에 내담자가 압도당했다고 느끼는 신호를 놓칠 수 있다. 이것은 치료 상호작용 내에서 파열로 이어질 수 있다. 다른 경우에는 외부 전반 선호로 인해 치료자가 주의가 산만해지거나 멍해질 수 있으며, 이는 아마도 내담자의 과정에 대한 개인적인 불편함을 나타낼 수 있다. 어떤 상황에서는 이러한 주의적 선호가 치료자가 강렬함으로부터 해리하는 방법이 되기도 한다.
- **내부 초점 선호Internally focused preference:** 이러한 선호에서 치료자는 특정한 개인적인 감정과 감각에 몰두하게 될 수 있다. 만약 치료자가 그들 자신의 감정적 혹은 신체적 고통에 몰두한다면 내담자에게 주의를 기울이기 어려울 수 있다. 결과적으로 내담자와의 연결이 끊어진다. 그러나 이러한 선호는 치료자

가 내담자의 고통에 대한 내성이 제한적인 경우에도 발생할 수 있다. 이 경우 개인적인 불편함에 대한 몰두는 개인적인 주의를 치료적 상호작용으로부터 다른 곳으로 돌리는 방법이 된다.

- **내부 전반 선호Internal global preference**: 이러한 선호로 치료자는 그들의 인식에 스며드는 전반적인 느낌의 톤에 의해 산만해질 수 있다. 때때로 공감적인 치료자는 그들의 내적 자각self-awareness을 지배하기 시작하는 내담자와 소매틱 공명을 경험할 수 있다. 이런 상황에서 치료자가 내담자를 위해 소매틱 역전이somatic countertransference를 사용하는 방법에 대한 지식이 없다면 회기 후에 시간이 흐르면서 소진이나 연민 피로에 기여할 수 있는 감정과 감각에 갇힌 느낌이 들 수 있다.

다음 관찰 기술 연습은 당신이 주의를 향하는 방법에 대한 마음챙김 인식을 높이기 위해 이러한 네 가지 영역에서 주의를 번갈아 가며 경험하도록 초대한다. 한 영역에서 다른 영역으로 주의를 옮기는 과정을 통해 내담자에서 일어날 수 있는 일에 대한 인식을 유지하면서 자각을 유지하게 도울 수 있다. 주의를 번갈아 기울이는 이 연습은 당신의 잠재적인 역전이의 경험을 추적하는 능력을 향상시킬 수 있고 치료 중에 방향을 잃을 때 마음의 초점을 다시 맞추는 데 도움을 줄 수 있다.

또한 이 실습은 미묘한 소매틱 및 정서의 단서를 추적하는 능력을 증가시켜 치료자와 내담자 모두를 위한 조절을 지지하는 강력한 치료적 라포를 형성한다. 내부적 주의의 전환은 강렬함 속에서 현재에 머물고 그라운딩할 수 있는 능력을 모델링하는 자기-돌봄 행동을 조절하는 시기를 알 수 있도록 도와주는 반면 내담자의 외부 관찰은 내담자의 과각성 또는 저각성 상태를 조율하고 효과적으로 대응하여 해리 가능성을 줄일 수 있다.

치료자를 위한 다음 체화 연습인 "치료자 관찰 기술"을 탐색할 시간을 가져 보라. 처음에는 이 연습을 완전히 경험할 수 있도록 이 대본을 녹음하거나 다른 사람이 읽어주도록 해야 할 수 있다. 이 연습에 익숙해지면 내담자와의 회기 중에 당신의 주의를 번갈아 기울이는 방법에 대한 탐색을 시작할 수 있다.

치료자를 위한 체화 연습: 치료자 관찰 기술

잠시 시간을 내어 이 연습을 위한 편안한 자세를 찾으세요. 의자에 있는 당신을 느껴 보세요. 이 순간 당신의 주의가 자연스럽게 향하는 곳에 주목하세요. 당신의 몸의 내적 감각에 더 주의를 기울이고 있나요, 아니면 외부 경험을 더 인식하고 있나요? 당신의 주의가 특정한 것에 집중되어 있나요, 아니면 더 전반적인가요? 단지 당신이 지각하고 있는 것과 전반적인 인상을 알아차리면 됩니다. 옳고 그른 경험은 없습니다.

이제 외부 환경에 주의를 기울이세요. 색상, 소리 또는 당신의 주의를 끄는 다른 어떤 것이든 알아차리며 방의 전반적인 느낌을 받아들이세요. 방에 대한 인식을 넓힌 후 지금 몸에서 무엇을 알아차리나요?

이제 당신의 주의를 당신의 밖에 있는 특별한 무언가에 향하게 하세요.
해당 지점이나 물체에 조절된 방식으로 주의를 집중하세요. 색상, 모양 및 질감을 알아차리세요. 당신의 인식을 외부의 물체에 집중한 후에 당신의 몸에서 무엇을 알아차리나요?
다시 한번 그 방의 전반적인 느낌을 인식해 봅니다.

이제 당신의 몸의 내부 풍경에 주의를 기울이세요. 당신이 인식하고 있는 내부 감각은 무엇인가요? 당신의 몸을 우주에서 감지하세요. 만약 당신의 몸에 전반적인 감정의 톤이 있는지 주목하세요. 이제 당신의 주의를 당신 몸의 한 부분으로 옮기고 당신을 부르는 감각에 집중하세요. 이 감각에 집중할 때 어떤 일이 일어나는지 관찰하세요. 잠시 시간을 내어 당신이 알아차리고 있는 것을 기술해 보세요. 준비되면 몸 전체의 전반적인 감각으로 당신의 주의를 되돌려보세요.

이제 당신의 주의를 외부(전반 및 초점)에서 내부(전반 및 초점)로 번갈아 가며 연습하는 시간을 가져 보세요. 이러한 다양한 유형의 주의 상태 사이를 번갈아 가며 기울여 보세요, 당신의 속도대로 가며 당신이 무엇을 알아차리는지 바라보세요. 당신이 가장 편안하게 느끼는 하나의 주의 영역이 있나요? 다른 주의 상태 사이에서 어떻게 전환하는지 주목하세요. 한 주의에서 다른 주의로 이동하는 게 쉬운가요? 당신이 전혀 좋아하지 않는 주의 상태가 있나요? 당신은 한 주의 상태를 드나드는 데 막히거나 어려움을 겪고 있나요? 주의 전환을 부드럽게 할 수 있나요, 아니면 더 갑작스럽나요? 판단 없이 정보를 수집하는 방법으로 이러한 개입을 탐색하고 있다는 것을 기억하세요. 이러한 다양한 주의 상태를 탐색한 후에 당신은 몸에서 무엇을 알아차리나요?

참고: 작업을 마치면 잠시 시간을 내어 이 개입을 통해 배운 내용에 대해 적어 본다. 당신의 주의 패턴에 대해 무엇을 배웠는가? 이 연습이 내담자와 함께 앉을 때 어떻게 도움이 될까? 회기 중에 어떻게 이러한 연습을 시행하여 당신이 내담자와 함께 더 그라운딩 되고 현재에 머물게 도울 수 있을까?

신체 인식 증가시키기INCREASE BODY AWARENESS

EMDR 준비의 일부는 당신의 내담자가 감정을 느낄 수 있고 EMDR 치료의 민감소실 단계를 견딜 수 있을 만큼 충분히 오래 신체에 머물 수 있도록 하는 것이다. 이 첫 번째 개입인 신체 인식 증가시키기Increase Body Awareness는 머리에서 발끝까지 천천히 움직이며 몸의 여러 부위에 내담자의 주의를 집중시키는 유도된 신체-인식 RDI이다. 연습 중에 내담자에게 체크인check in[역자 주: 치료 회기나 훈련에 들어가면서 내 몸의 상태를 점검하는 과정을 말함. 흔히 체크인함으로써 내 몸의 상태를 살피고 의식을 몸으로 가져와 그라운딩 될 수 있도록 조절하며, 의식을 지금 여기로 가져와 치료 회기나 훈련에 좀 더 잘 집중할 수 있도록 도움.]하여 기술 언어를 사용할 수 있는지 확인할 수 있다. 내담자가 이 개입을 완료했으면 시간을 내어 경험에 대해 함께 논의한다. 내담자가 신체 감각에 연결할 수 있었는가? 내담자가 쉽게 느낄 수 있는 신체 부위가 있었는가? 내담자가 무감각하거나 아무것도 느껴지지 않는다고 말하는 신체 부위가 있었는가? 그 과정에서 고통스러운 경험이나 자기-판단이 있었는가? 잠재 자원 또는 EMDR 치료 목표기억을 찾는 데 도움이 되도록 내담자가 공유한 내용을 기록해 둔다. 이 전체 대본은 일부 내담자에게는 너무 높은 수준일 수 있으며, 내담자가 서서히 몸으로 들어오기 위해 더 작은 조각으로 나누어야 할 수도 있다. 천천히 내담자의 속도를 따라간다.

■ 개입 1: 신체 인식 증가시키기

다음 5~10분 동안 유지할 수 있는 편안히 앉는 자세를 찾으세요. 눈을 지그시 감거나, 당신의 인식이 당신의 몸 안에서 움직일 수 있도록 해주는 부드러운 시선을 선택하세요. 이제 당신의 몸이 의자와 접촉하는 것을 알아차리기 시작하세요. 호흡이 코나 입으로 들어오고 나갈 때 당신의 인식을 호흡으로 가져오세요. 호흡과 함께 가슴이 오르락내리락 하나요? 호흡과 함께 배가 움직이나요? 어떤 것도 바꾸려고 하거나 판단하지 말고, 당신의 인식이 호흡의 감각을 따르도록 하세요. 당신은 몸을 스캔하기 위한 안내자로서 호흡을 이용할 겁니다. 당신의 목과 어깨에 있는 머리의 무게를 알아차리면서, 호흡이 당신의 인식을 머리로 이끌도록 하세요. 당신은 무게의 미묘한 이동에 대한 인식을 높이기 위해 머리를 몇 번 미세하게 움직일 수 있습니다. 이제 당신의 인식을 얼굴로 가져오세요. 붙잡거나 풀어주는 느낌의 표정이 있나요? 눈과 입, 혀를 알아차려 보세요.

참고: 대본을 계속하기 전에 내담자와 체크인하여 이 시점에서 내담자가 인식하고 있는 내용을 확인할 수 있다. 내담자가 신체 인식 유지에 어려움을 보고하는 경우 신체 검색은 어느 시점에서나 멈추고 더 짧은 부분에서 완료될 수 있다.

당신의 주의를 당신의 호흡으로 되돌리세요. 호흡이 목과 기도로 들어오게 하세요. 긴장이나 이완의 느낌을 알아차리나요? 이제 당신의 인식을 어깨와 상완에 내려놓으세요. 이 부위에 억제 또는 긴장이 있는지 확인하세요. 여기에서 에너지의 온도 및 성질을 알아차려 갑니다. 당신의 주의를 당신의 손에 가져오세요. 다시 알아차리면서, 당신의 팔과 손이 꽉 조여져 있나요, 아니면 이완되어 있나요? 당신의 몸을 있는 그대로 놔두고, 그저 판단 없이 관찰하세요. 이제 어깨와 견갑골로 숨을 들이마시면서 위쪽 척추에 주목하세요. 등 윗부분의 느낌은 어떤가요? 온도나 감각이 있나요? 이제 당신의 인식을 횡격막, 늑골, 폐, 그리고 심장으로 가져오세요. 무겁거나 가벼운 느낌이 있나요? 지금 당신의 호흡 양상은 어떤가요?

참고: 대본을 계속하기 전에 내담자와 체크인하여 이 시점에서 내담자가 인식하고 있는 내용을 확인할 수 있다. 대본의 문구는 각 내담자의 요구와 일치하지 않을 수 있다. 필요에 따라 언어를 조정한다.

자, 이제 복부로 숨을 들이마시세요. 여기에 어떤 감각이 있는지 알아차려 보세요. 배가 고프거나 부른가요? 이완되거나 긴장되어 있나요? 어떤 색깔이나 모양이 있나요? 등 아랫부분으로 숨을 들이쉬고 척추의 근육과 감각을 인식해 보세요. 이제 당신의 인식을 골반으로 가져오세요. 골반이 앞이나 뒤로 기울어져 있거나 중립 자세에 있는지 주목하세요. 등 아랫부분이나 골반을 미세하게 움직여 신체의 이 부위에 대한 인식을 높일 수 있도록 하세요. 이제 당신의 인식을 옮겨서 다리로 숨을 들이쉬면서 근육과 뼈의 감각을 알아차리세요. 인식이 무릎으로 이동하고 나서 발로 내려오게 하세요. 당신의 발로 숨을 들이쉬는 것을 상상해 보고 어떤 감각이든 알아차리세요. 따뜻한가요, 시원한가요, 붙어 있나요, 아니면 느슨한가요? 옳고 그름은 없습니다. 당신은 단지 당신의 인식으로 무엇이 오는지 알아차릴 뿐입니다.

참고: 대본을 계속하기 전에 내담자와 체크인하여 이 시점에서 내담자가 인식하고 있는 내용을 확인할 수 있다.

이제 몸 전체의 스냅사진을 찍겠습니다. 오른쪽이 어떻게 느끼는지 알아차리고 나서 왼쪽이 어떻게 느끼는지 알아차리세요. 상반신을 관찰한 다음 하반신으로 주의를 가져오세요. 몸의 앞쪽으로 숨을 들이쉬세요. 여기에서 당신은 어떤 것을 알아차리나요? 이제 몸의 뒷면을 관찰해 보세요. 당신은 거기에서 무엇을 알아차리나요? 당신이 인식하고 있는 것을 그저 아무 판단 없이 적어 보세요.
이제 당신의 몸 전체를 탐색하는 것을 완료했습니다. 천천히 당신의 인식을 치료실로 되돌리는 준비를 하세요. 발가락을 꼼지락거리고, 당신이 원하는 어떤 방식으로든 움직여 보세요. 그리고 아주 천천히 눈을 뜨기 시작합니다. 천천히 이 방으로 돌아오세요.

참고: 내담자가 인식한 것에 대해 내담자와 논의한 후, 긍정적인 상태를 느낀 경우 3~5회, 8~15초의 짧은 BLS/DAS 세트를 추가하여 자원을 신체에 고정한다. 내담자가 고통스러운 부위를 발견하는 경우, 민감소실 중에 처리할 잠재적인 EMDR 치료 목표 기억으로 탐색될 수 있으므로 이러한 신체 감각을 기록해놓는다 (목표기억 개발 대본Target Development Scripts, 부록 D 참조).

근접 인식PROXIMITY AWARENESS

비언어적 의사소통의 연구에서, "근접"이라는 용어는 개인적 및 사회적 공간 모두에 대한 개인의 지각과 사용을 설명한다. 소매틱 심리학에서는 공간을 사용하는 것에 대한 인식을 높이고 개별 내담자의 요구를 충족하기 위해 치료자와 내담자 사이의 거리를 다양하게 탐색하는 것이 중요하다. 이것은 좌석 거리가 관계에서 힘의 역동과 관련이 있어서 특히 중요하다. 좀 더 구체적으로, 권력의 위치에 있는 사람들은 의자의 배치와 방의 공간 사용을 담당하는 경향이 있다. 치료자의 치료실은 치료자의 좌석과 내담자가 앉아 있는 의자 또는 소파 사이에 미리 정해진 거리를 두고 있는 경우가 많다. 또한 EMDR 치료자로서 우리는 안구운동, 소리자극tones, 촉각진동pulses 또는 두드리기tapping을 포함한 다양한 형태의 BLS/DAS를 사용하는 데 필요한 근접성 때문에 다른 치료자보다 내담자에게 더 가까이 앉아 있는 경향이 있다. 각 내담자는 치료실에서 차지하는 공간이나 다른 사람과의 거리에 따라 다양한 선호도를 가질 수 있다. 이러한 선호도는 문화적으로 영향을 받을 수 있다(7장 참조). 치료자의 선호도의 틀 안에서 일하는 대신, 다음 연습은 그들이 각 내담자의 요구에 유연하게 적응할 수 있게 한다. 또한 이러한 개입을 통해 내담자는 치료실에서 안전하고 자원이 있다고 느끼기 위해 얼마나 공간이 필요한지를 선택할 수 있다.

다음의 개입인 "근접 인식"은 치료 공간 내에서 이동할 수 있는 의자를 사용해야 한다. 만약 당신이 작은 방에서 일하고 있다면 이 연습은 더 어려울 수 있다. 가능하면 더 큰 공간에서 이 개입을 탐색해야 할 수도 있다. 라이트바lightbar 또는 Tac/AudioScan 기계용 연장 코드와 같은 EMDR 치료 도구가 있으면 당신과 내담자 사이의 거리가 더 넓어질 수 있어서 도움이 될 수 있다.

■ 개입 2: 근접 인식

당신이 가장 편안하게 느끼는 방의 의자 배치를 더 잘 이해하기 위해 탐색해 보는 것을 제안하고 싶습니다. 괜찮으신가요?
우리의 현재 자세에 앉는 것이 어떻게 느껴지는지를 알아차리면서 시작해 봐요. 당신의 감각, 호흡, 그리고 당신이 인식하고 있는 어떤 감정이 든지 알아차려 보세요.

참고: 자세, 몸짓 사용을 포함해서 내담자가 어떻게 호흡하고 있는지, 안전하고 그라운딩 되게 느끼는데 얼마나 공간이 필요한지를 관찰한다. 당신의 몸에서도 일어나고 있는 것을 느낄 수 있는 시간을 가진다. 이 내담자의 맞은편에 앉아 있는 당신의 기분은 어떤가? 당신은 자신의 호흡, 생각, 감정, 감각에서 무엇을 알아차리는가?

자, 실험을 한번 해봐요. 내가 의자를 조금만 뒤로 옮기면 당신의 호흡, 자세, 생각, 느낌, 몸의 감각에 어떤 일이 일어나는지 주목해 보세요. 이것이 더 편안하다고 느끼나요, 아니면 더 가까워지고 싶나요? 자, 이제 의자를 더 가까이 또는 더 멀리 움직이면 어떻게 되는지 보세요. 여기에서 결정하는 사람은 당신이에요. 또한 우리는 의자를 좌우로 조정할 수도 있어요. 우리가 자세를 바꾸면서 당신의 몸에서 무슨 일이 일어나고 있는지 주목하세요. 내가 옆으로 가 있는 게 좋은가요, 아니면 바로 앞에 있는 게 좋은가요? 우리는 의자를 어떤 각도로도 놓을 수 있어요. 우리는 괜찮다고 느껴질 때까지 우리의 자세를 계속 조정할 수 있어요. 당신이 몸에서 편안함과 이완을 느낄 때까지 당신의 선호도에 맞게 조정할 거예요.

참고: 두 사람이 모두 몸에서 편안함을 느끼고 안전이 관계에서 확립될 때까지 공간 역동을 계속 탐색한다.

소매틱 고통의 컨테인먼트CONTAINMENT OF SOMATIC DISTRESS

EMDR 치료의 준비 단계 중 기본 자원은 컨테인먼트containment이다(Shapiro, 2013, 2018). 트라우마 기억에 직면할 때 내담자는 고통스러운 이미지, 강한 감정, 또는 그 사건에 대한 강박적인 사고를 해결하지 못한 채 경험하는 것이 일반적이다. 내담자는 숨을 참거나, 주먹을 꽉 쥐거나, 턱을 악물거나, 손톱을 물어뜯는 것 등과 같은 소매틱 스트레스 패턴을 가지고 있을 수도 있다. 컨테인먼트는 내담자가 신체에서 더 큰 정서적 통제와 향상된 이완을 찾도록 도와준다. 은행 금고, 자물쇠가 달린 보물상자, 단단히 봉인할 수 있는 항아리 등 상상의 컨테이너를 이용해 처리되지 않은 트라우마-관련 기억을 일시적으로 보관하는 방법을 배우는 것이다. 내담자의 가상 컨테이너를 찾는 과정은 매우 창의적일 수 있으며 개인마다 고유하다. 컨테인먼트를 갖는 기술은 내담자에게 거리감을 제공하는데, 그들은 이제 "내가 트라우마가 아니라, 그 트라우마 사건이 나에게 일어난 일이다"라고 말할 수 있게 된다. 내담자가 트라우마 재처리 전에 컨테인contain할 수 있는 능력이 있는지 확인하는 것은 모든 내담자에게 필수적인 기술이다.

트라우마 재처리가 미완결이며 회기 종료 시에 내담자가 여전히 고통을 느끼고 있을 때도 컨테인먼트를 사용하는 것이 중요하다. 여전히 고통스러운 것을 상상의 컨테이너에 넣는 것은 내담자가 마음에 더 큰 편안함을 느끼고, 어려운 감정을 가라앉히고, 이완을 증가시키도록 돕는다. 그런 다음, 다음 회기가 시작될 때 컨테이너를 다시 열어 트라우마와 관련된 것을 추가로 재처리할 수 있다. 어떤 내담자는 감정이나 소매틱 고통을 놓지 않으려고 할 것이다. 어려운 감정이 고통스럽기는 하지만, 실제로 내담자는 고통을 아주 가까이 두는 것이 더 안전하다고 느낄 수도 있다. 놓아주는 것은 무서울 수 있다. 그러나 소매틱 관점에서 볼 때, 몸이 평온하게 유지되기 위해서는 내담자가 몸 밖에 존재하는 컨테이너를 갖게 하는 것이 중요하다. 시간을 내어 내담자가 고통을 붙잡길 원하는 그 파트를 되돌아보며 성찰하도록 하고, 내담자에게 적절한 시기에 모든 고통과 상처를 다룰 수 있다고 안심시킨다.

내담자 자신의 고통이 너무 심하지 않을 때 초기에 컨테이너를 이용해 배우고 연습하여 성공의 경험을 할 수 있도록 하는 것이 중요하다. 나중에 그들이 더 큰 고통을 경험하게 될 때, 이 기술은 적용하기가 더 쉬워질 것이다. 때로는 초기 컨테이너가 고통을 견딜 만큼 튼튼하지 않을 수도 있다. 내담자가 이 과정에 어려움을 겪는 경우, 내담자가 안도감을 느낄 때까지 더 강한 컨테이너를 찾거나 여러 컨테이너를 사용할 수 있도록 도와준다.

다음 개입인 '소매틱 고통의 컨테인먼트'는 내담자가 감정, 신체 감각 또는 기억과 관련된 소매틱 고통을 담을 수 있는 상상의 컨테이너를 찾도록 안내한다. 이 개입에서 내담자는 고통들을 색상으로 상상하고 그 색상이 상상된 컨테이너 안으로 이동하게 한다. 이 개입을 마치기 위해, 내담자가 방금 비워진 영역을 채울 수 있는 치유의 색상을 찾도록 초대한다. 이것은 신체에 편안함과 고요함을 가져다줄 것이다. 내담자가 이 새로운 감각을 느낄 수 있게 되면, 몸 전체에 그 감각을 키우고 짧은 BLS/DAS 세트를 추가한다. 이러한 개입은 미완결 민감소실 재처리를 종료하여 내담자가 회기를 종료하기 전에 고요함을 느낄 수 있도록 하는데 매우 유용할 수 있다. 또한 회기 사이에 발생할 수 있는 고통을 스스로 다루는 방법으로 내담자가 BLS/DAS 없이 자신의 컨테이너 사용을 연습하도록 초대한다.

■ 개입 3: 소매틱 고통의 컨테인먼트

잠시 시간을 내어 몸을 스캔하세요. 당신은 어떤 소매틱 고통을 알아차리나요? 컨테인먼트 연습을 살펴볼까요? 컨테인먼트는 당신이 때가 되면 다시 이런 느낌으로 돌아올 수 있다는 것을 알면서, 지금은 고통스러운 감각을 내려놓을 수 있게 해 줍니다.

참고: 내담자가 동의하면 계속 진행한다.

나중에 검토할 수 있도록 당신을 괴롭히는[소매틱 고통 언급]을 모두 담을 수 있을 만큼 튼튼한 컨테이너를 상상해 보세요.
소매틱 고통을 당신의 컨테이너에 넣고 봉인하세요. 모든 고통이 컨테이너 안에 있다고 느낄 때 제게 알려 주세요. 당신의 몸에서 무엇을 알아차리고 있는지 말해 주세요. 당신은 몸에서 더 이완과 편안함을 느낄 수 있나요?

참고: 내담자가 상상의 컨테이너에 고통을 넣는 데 어려움을 느끼면 고통을 색상으로 시각화하여 그 색상이 몸에서 빠져나와 컨테이너 안으로 이동하는 것을 보게 한다.

그 소매틱 고통을 색깔로 상상해 보세요. 무슨 색일까요? 이제 그 색깔이 당신의 몸을 떠나 당신의 컨테이너에 들어간다고 상상해 보세요. 그 색상 모두가 컨테이너 안에 들어 있고 잘 봉인되어 있는지 확인하여, 고요하고 편안함을 느끼도록 하세요. 당신의 몸에서 무엇을 알아차리고 있는지 말해 주세요. 당신은 몸에서 더 이완과 편안함을 느낄 수 있나요?

참고: 이 개입을 마무리하기 위해 내담자가 자신의 몸을 통해 흐르는 치유의 색상을 상상하도록 하고 더 생동감 있고 활기차게 느끼도록 돕는다.

이제 당신에게 기분 좋은 치유의 색깔을 상상해 보세요. 무슨 색일까요? 그 색깔이 고통을 담고 있던 부분을 채운다고 상상해 보세요. 이 색깔이 이 부위를 진정시키는 것을 느끼면, 머리부터 발끝까지 온몸으로 퍼지게 하여 당신의 모든 세포가 이 아름다운 치유의 색을 발산하도록 하세요. 몸 전체가 이 색으로 채워진 느낌이 어떤지 주목하세요. 당신은 지금 무엇을 알아차리고 있나요? 지금 당신의 고통 수준이 어떤지 설명해 주세요.

참고: 내담자가 긍정적인 상태를 느낀다고 보고하면 3~5회, 8~15초의 짧은 BLS/DAS 세트를 추가하여 자원을 고정시킨다. 내담자가 긍정적으로 느끼지 않는 경우, 트라우마 내용의 재처리를 더 자극할 수 있어서 BLS/DAS를 추가하지 않는다. 내담자의 인식을 다시 치료실로 돌아오게 하면서 회기를 종료한다.

그라운딩GROUNDING

그라운딩grounding이라는 용어는 신체를 감지하여 결과적으로 더 많은 조절을 유지하는 능력을 말한다. 이것은 트라우마와 감정적 압도에 중요한 소매틱 자원으로 작용한다. 트라우마를 겪은 내담자는 종종 그라운딩 되게 느끼는 데 어려움을 겪는다. 그들은 신체를 감지하고 느끼는 데 어려움을 겪거나 해리되게 느낄 수 있다. EMDR 치료로 트라우마 기억을 성공적으로 처리하려면 내담자는 자신의 인식을 현재 순간에 고정시킬 수 있어야 한다. 그라운딩은 트라우마 재처리 중 내담자의 안전을 유지하는 데 필요한 이중 인식 상태를 용이하게 한다. 안전한 장소나 치유의 장소를 시각화하는 것과 같은 심상의 자원만들기imaginal resourcing가 어려운 내담자는 그라운딩이 제공하는 현재-중심의 자원만들기가 유익할 수 있다.

소매틱 치료자는 내담자가 감각을 통해 신체와 연결되게 느끼는 방법을 배우도록 돕는다. 현재 순간에 인식을 고정하는anchoring 도구로서 감각(청각, 시각, 후각, 미각, 촉각)에 맞춤으로써 그라운딩할 수 있다. 게다가 그라운딩은 강한 감각에 대한 내성을 형성하도록 돕기 위해 다리와 발을 감지하고 느끼는 것을 포함한다. 그라운딩 개입은 EMDR 치료의 준비단계에서 수행되어 내담자의 감정 및 감각 내성을 기르는 데 도움을 줄 수 있다. 이러한 개입은 재처리 중에도 내담자가 감정적인 고통으로부터 해리되기 시작할 때 격렬한 감정 상태를 다루도록 돕기 위해 사용될 수 있다.

다음의 네 가지 개입은 그라운딩에 초점을 맞춘다. '감각 도구 세트Sensory Toolkit, 감각 인식, 다리와 발의 그라운딩 및 중력 그라운딩'은 EMDR 치료 과정의 모든 단계에서 RDI로 통합될 수 있다. 각 개입은 내담자가 신체에서의 감각느낌felt sense과 연결되게 느끼도록 돕는 데 초점을 맞춘다. 내담자에게 신체 인식을 탐색하고 경험할 수 있는 충분한 시간을 제공하기 위해 이러한 개입을 천천히 진행하는 것이 중요하다.

■ 개입 4: 감각 도구 세트

우리가 압도되거나 불안하다고 느낄 때는 매우 흔히, 그라운딩을 위해 필요한 바로 그 도구들이 멀리 있는 듯 느껴집니다. 이 지침은 자신만의 개인화된 그라운딩 감각 도구 세트를 개발하는 데 도움이 되는 안내를 제공합니다. 당신의 감각 도구 세트에는 당신의 신경계를 고요하고 중심 잡힌 상태로 안정시키는 데 도움을 주는 바로 그 항목들이 포함될 것입니다. 감각 인식은 당신이 지금 여기 이 순간에 연결되게 느끼도록 도와줍니다. 여기 당신의 감각 도구 세트를 위해 제안하는 몇 가지 항목이 있습니다. 그러나 이 목록에 없을 수도 있는 당신에게 가장 적합한 항목을 자유롭게 찾으세요.

- 손에 쥘 수 있는 물건을 선택하세요. 이것은 마음을 진정시키는 부드러운 돌, 손가락으로 움직일 수 있는 만지작거리는 장난감fidget toy, 혹은 쥐어짜는 스트레스 공일 수 있어요.
- 그라운딩을 느낄 수 있는 향을 선택하세요. 이것은 당신의 감각을 고양시키는 에센셜 오일일 수도 있고, 작은 향신료 병을 선호할 수도 있습니다. 예를 들어 어떤 사람은 할머니의 스파게티 소스를 연상시키기 때문에 오레가노를 선택하기도 합니다.
- 껌, 초콜릿 또는 딱딱한 사탕과 같은 당신의 미각을 자극할 수 있는 몇 가지 품목을 주변에 두세요.
- 당신을 마음에 연결하거나 마음의 중심을 잡는 데 도움이 되는 시나 인용문을 몇 개 포함하세요.
- 도움이 되는 몇 가지 이미지를 찾아보세요. 당신 삶에서 사람이나 사랑하는 애완동물의 사진, 영적 또는 종교적인 인물의 이미지, 또는 안

전하고 편안하게 느끼는 장소의 사진을 선택할 수 있어요.

- 고요하고 안전하게 느끼도록 도와주는 음악 몇 가지를 고르세요. 필요에 따라 음악을 들을 수 있도록 iPod 또는 스마트폰에 재생 목록을 보관하세요.

필요에 따라 당신의 도구 세트에 추가하시기 바랍니다. 이러한 항목을 보관하는 방법을 창의적으로 할 수 있어요. 어떤 사람은 몇 개의 상자를 만들어서, 하나는 집에 두고 다른 하나는 차에 두기도 합니다. 어떤 사람은 핸드백이나 배낭에 보관할 작은 도구 가방을 만듭니다. 이 개입에 대한 어떤 접근 방식이 당신에게 가장 효과적일지 스스로에게 물어보세요.

참고: 내담자가 이러한 지침을 집으로 가져가서 회기 사이에 내담자의 도구 세트를 만들 수 있으며, 자신의 개인화된 감각 도구 세트를 회기에 가져오도록 권장할 수 있다. 감각 도구 세트를 회기에 가져오면 회기 시간 동안 이러한 도구를 사용할 수 있다. 또한 내담자가 긍정적인 경험을 보고할 때 그 자원을 고정하기 위해서 3~5회, 8~15초의 짧은 BLS/DAS 세트를 추가하면서, 이를 RDI로 전환할 수 있다. 또한 회기 사이에 RDI를 연습하기 위해 자가-두드리기self-tapping를 추가하는 다음 지침을 내담자에게 제공할 수 있다.

당신은 집에서 BLS/DAS를 연습하여 당신의 몸에 그라운딩을 느끼게 도울 수 있어요. 이것을 할 수 있는 두 가지 다른 방법이 있어요. 먼저, 손을 허벅지에 대고 좌우로 가볍게 두드려 보세요. 두 번째로, 나비 허그를 시도할 수 있는데, 양팔을 앞으로 교차시켜 양손이 반대쪽 어깨에 부드럽게 놓이도록 합니다. 다시 손을 좌우로 두드리세요. 자가-두드리기의 어떤 방식을 사용하는 것이 가장 편하게 느껴지나요? 이제 당신의 감각 도구들 중 하나와 당신의 체화된 경험을 연결하는 시간을 가져 보세요. 몸에서 긍정적인 느낌을 느낄 때 짧은 BLS/DAS 세트를 추가하세요. 긍정적인 느낌에 머물 수 있도록 각각의 세트를 매우 짧게 유지하세요. 이미지, 생각, 느낌 또는 신체 감각과 같은 부정적인 것이 발견되면, BLS/DAS를 중지하고 부정적인 것을 컨테이너에 담습니다. 당신이 치료로 돌아올 때까지 당신의 컨테이너에 모든 고통스러운 생각, 이미지, 감정 또는 감각을 담아 둘 수 있어요.

■ 개입 5: 감각 인식

우리는 당신이 지금 여기 당신의 몸에 연결되게 느끼도록 돕기 위해 당신이 치료실에서 감지하고 있는 것에 초점을 맞출 거예요. 먼저 당신이 보고 있는 것에 주의를 기울이세요. 방 안의 색깔을 보세요. 당신의 주의를 끄는 물건이 있나요? 이제 당신이 듣고 있는 것에 주의를 기울이세요. 만약 당신이 치료실 밖에서 들을 수 있는 소리가 있다면 주목하세요. 치료실 안에서는 무슨 소리가 들리나요? 지금 알아차려지는 향기가 있나요? 미각은 어떤가요? 당신이 좋다면 감각을 더 잘 인식하기 위해 입 안에서 천천히 혀를 움직일 수 있어요. 이제 두 손을 함께 문지르세요. 손바닥의 감각을 느껴 보세요. 잠시 시간을 갖고 손을 팔이나 다리 바깥쪽으로 가져와 당신의 신체에 대한 인식을 강화시켜 손이 그 부위에 더 많은 감각을 가져올 수 있도록 하세요. 이제 길고 깊은 숨을 여러 번 쉬세요. 배가 오르락내리락하거나 코끝에 닿는 공기의 느낌과 같은 몸에서 감지되는 미묘한 움직임의 감각을 알아차리세요. 이제 당신의 인식을 몸 전체로 되돌리세요. 당신은 지금 무엇을 알아차리나요? 당신은 치료실에 있는 자신을 느낄 수 있나요?

참고: 내담자가 긍정적인 상태를 느낀다고 보고하면 3~5회, 8~15초의 짧은 BLS/DAS 세트를 추가하여 자원을 고정시킨다.

■ 개입 6: 다리 및 발의 그라운딩

앉아 있는 동안 당신의 몸이 앉아 있는 의자와 어떻게 접촉하는지 알아차리기 시작하세요. 다리 뒷부분 및 엉덩이와 의자의 접촉이 느껴지나요? 등이 의자 등받이와 만나는 감각이 느껴지나요? 발이 바닥에 닿아 있나요? 그렇지 않다면 발이 바닥에 닿을 수 있도록 좌석을 조정할 수 있나요? 잠시 시간을 내어 다리와 발에 느껴지는 감각에 주목해 보세요. 천천히 발을 바닥으로 단단히 누르세요. 그렇게 할 때 다리의 큰 근육들이 관여하는 것을 알아차리세요.

이제 잠시 시간을 내어 다리와 발의 모든 근육을 풀어주세요. 당신의 의식을 몸 전체로 되돌리고 당신이 무엇을 알아차리는지 보세요. 신체적으로, 감정적으로, 혹은 정신적으로 무엇을 알아차리고 있나요? 이제 발을 단단히 누르고 다리가 관여할 때의 느낌과 다리와 발이 관여하지 않을 때의 느낌의 차이를 실험해 보세요. 계속해서 당신의 다리와 발을 감지하고 느끼면서 이 동작을 여러 번 반복해 보세요. 다리와 발에 대한 인식을 유지하는 동시에 생각이나 감정에 대한 인식을 포함하는 것이 어떤 느낌인지 탐색해 보세요.

참고: 내담자가 긍정적인 상태를 느낀다고 보고하면 3~5회, 8~15초의 짧은 BLS/DAS 세트를 추가하여 자원을 고정시킨다.

■ 개입 7: 중력 그라운딩

당신이 서서 걷는 동안 그라운딩을 하는 연습을 살펴봅시다. 먼저 발을 골반 넓이로 벌리고 섭니다.

> *참고: 이 개입으로 내담자를 지지하려면 내담자와 함께 서는 것이 좋다. 종종 내담자 바로 앞에 서는 것보다 한쪽 옆으로 비켜서는 것이 가장 좋다.*

인식을 당신에 발에 가져오세요. 한쪽 발에 다른 쪽 발보다 무게가 더 실리나요, 아니면 몸무게가 고르게 분포된 느낌인가요? 당신은 발 안쪽, 바깥, 혹은 중간과 더 연결을 느끼나요? 몸무게가 발가락 혹은 발뒤꿈치에 더 쏠리는지 주목하세요. 한쪽 발이 다르게 느껴지나요, 아니면 같은가요? 한쪽 발이 다른 쪽 발과 다르게 느껴지는지 주목하세요. 옳고 그름은 없습니다. 그저 당신의 경험에 대해 호기심을 유지하세요. 이제 다리를 곧게 펴고, 무릎을 완전히 폈다가 구부리세요. 이것을 몇 번 반복하고 당신이 알아차린 것을 보세요. 천천히 방을 몇 걸음 돌기 시작하세요. 무릎을 완전히 피거나 경직되지 않도록 약간 구부려 부드럽게 유지하세요. 걸을 때 각 발걸음마다 발이 오르내리는 것을 느껴 보세요. 움직이면서 지구와의 연결을 느낄 수 있는지 알아차려 보세요. 움직이는 동안 당신은 무엇을 생각하고, 느끼고, 몸에서 감지하고 있나요? 연결이 끊어졌다고 느끼기 시작하면 움직임을 늦추거나 멈춘 상태로 돌아가세요.
준비가 되면 다시 걷기 연습으로 돌아오세요. 이 연습이 완료되었다고 느끼면 자리로 돌아오세요. 당신은 지금 당신의 몸, 감정, 생각에서 무엇을 알아차리나요?

참고: 내담자가 긍정적인 상태를 느낀다고 보고하면 3~5회, 8~15초의 짧은 BLS/DAS 세트를 추가하여 자원을 고정시킨다.

호흡 인식BREATH AWARENESS

소매틱 심리학의 기본원리 중 하나는 호흡 인식이 내담자가 신체의 각성 상태를 조절하거나 효과적으로 반응하도록 돕는다는 것이다. 호흡은 신경계의 자율적인 부분과 의지적인 부분 사이의 가교 역할을 하기 때문이다. 즉 들이마시고 내쉬는 패턴을 바꾸는 것은 심박수에 영향을 미치며, 이는 차례로 생리적인 각성, 신체 감각, 그리고 감정에 영향을 미친다. 궁극적으로, 자기-조절의 증가는 내담자가 감정 조절을 강화하고 사고와 행동에 대한 더 큰 선택을 할 수 있게 임파워한다.

소매틱 심리학에서 치료자는 내담자를 호흡에 의식적인 인식을 가져오도록 초대한다. 이 과정은 소매틱 인식의 심화를 촉진할 수 있다. 또한 치료자는 내담자가 어떻게 호흡하는지 관찰할 수 있으며 내담자가 주로 가슴 혹은 횡격막으로 호흡하는지, 또는 내담자가 숨을 참는 경향이 있는지 알아차릴 수 있다. 호흡에 대한 추가 탐색은 내담자가 숨을 쉬지 않음으로써 감정으로부터 스스로를 보호할 필요를 내려놓는 데 도움이 될 수 있다. 마음챙김과 함께 소매틱 치료자는 내담자가 보다 풍부하고 자발적이며 자연스러운 호흡 리듬을 확립하도록 돕기 위해 그러한 패턴에 대한 인식을 장려한다. 또한 필요할 때, 치료자는 내담자에게 과각성 상태를 진정시키거나 저각성 상태에서 각성을 증가시키기 위한 효과적인 호흡 전략을 지시할 수 있다.

예를 들어 불안감이 높은 내담자는 호흡 패턴이 짧고 얕은 경우가 많은데, 이는 교감신경계의 기능이다. 느리고, 리듬감 있는, 횡격막 호흡

diaphragmatic breathing은 내담자가 몸을 이완하고, 더 고요하게 느끼며, 어떤 생각이나 기억이 공황 느낌을 유발했는지 찾기 시작하는 데 도움이 될 수 있다. 이 경우 치료자는 내담자가 부교감신경계의 이완 이점에 접근할 수 있도록 돕기 위해 호흡을 늦추고 배가 오르고 내리도록 가르친다.

반면에 우울함, 무력감, 또는 무거운 느낌으로 힘들어하는 내담자는 부동화와 연결된 부교감신경계의 배측 미주신경의 기능인 저각성 상태에 있다. 이 경우 가슴 상부로 빠르고 기운찬 호흡을 여러 번 하면 몸을 자극하고 활력을 북돋아 더 깨어있게 느끼는 데 도움이 될 수 있다. 이 호흡은 교감신경계를 활성화시키고, 신체에 활력을 불어넣으며, 신경계의 균형을 회복하는 데 도움을 준다.

호흡 패턴을 통해 의식적으로 작업하는 것은 신경계의 유연성을 길러 EMDR 치료 중 강한 감정 속에서도 현재에 머물며 연결되는 능력을 증가시키는 데 도움이 될 수 있다. 다음 두 가지 개입인 '진정시키는 호흡'과 '활력을 주는 호흡'은 내담자에게 가르칠 수 있고 준비 단계에서 연습할 수 있다. 내담자가 이러한 호흡 조절에 익숙해지면 EMDR 치료의 모든 단계에서 필요에 따라 개입으로 사용될 수 있다.

■ 개입 8: 진정시키는 호흡

호흡은 신경계에 영향을 미치는 가장 빠른 방법 중 하나입니다. 이 유도된 연습은 당신에게 진정시키는 호흡을 소개시켜 줍니다. 여기서의 목적은 당신의 호흡 속도를 늦추는 것인데 이것은 당신의 몸과 마음에 긴장을 풀어줄 수 있습니다.

편안히 앉는 자세를 찾으세요. 잠시 시간을 내어 당신의 신체 감각을 알아차려 보세요. 긴장되는 부분이 있나요? 좀 더 이완되거나 편안한 곳이 있나요? 이제 당신의 마음과 생각의 질을 인식하기 시작하세요. 당신의 경험에 대해 호기심을 가질 수 있는지 보세요.

당신의 손을 배에 가져와서 코로 천천히 들이마시면서, 호흡이 몸의 아래로 이동하면서 배를 움직이기 시작하게 하세요. 이제 당신의 배가 부드러워지도록 허락하면서 코를 통해 천천히 내쉬세요. 들이쉴 때 손이 올라가고 내쉴 때 내려오는지 확인하세요. 이 작업을 강제로 할 필요가 없으며, 크게 할 필요도 없습니다. 호흡을 들이쉴 때는 부드러운 팽창으로 느껴질 것이고 숨을 내쉴 때는 부드러운 수축으로 느껴질 거예요. 호흡하면서 배를 움직이기 힘들 땐, 단지 호흡에만 집중하세요. 연습하면서 호흡과 움직임의 조화가 일어나는 것을 알 수 있습니다.

당신이 원한다면 당신은 4를 세는 것을 추가하면서 들이쉬고 내쉬면서 정신을 집중시키고 숨을 들이쉬고 내쉬는 사이에 고른 리듬을 만들 수 있습니다. 또한 당신은 들숨과 날숨 사이의 전환을 매끄러운 원 바깥을 따라 움직이는 것처럼 부드럽게 그리고 고르게 하는 것을 탐색할 수도 있습니다. 다음 몇 분 동안 이 호흡을 계속하세요. 리듬감 있는 복식 호흡에 반응하는 몸과 마음의 변화에 주목하세요.

■ 개입 9: 활력을 주는 호흡

이번에는 당신의 몸과 마음에 각성을 일으키는 것을 돕기 위해 활력을 주는 호흡을 탐색할 거예요. 다시 편안히 앉은 자세로 시작합니다. 잠시 시간을 내어 당신의 신체 감각에 주목하세요. 긴장되는 부분이 있나요? 좀 더 이완되거나 편안한 곳이 있나요? 이제 당신의 마음과 생각의 질을 인식하기 시작하세요. 당신의 경험에 대해 호기심을 가질 수 있는지 보세요.

이제 손을 가슴 상부에 올려놓으세요. 숨을 빨리 들이마시고 내쉬세요. 이 빠른 호흡을 두 번 더 반복하세요. 멈추면 무엇을 알아차리나요? 이 호흡 패턴에 반응하는 몸과 마음의 변화에 주목하세요.

참고: 내담자가 약간 어지러워질 수 있으므로 초기에는 세 번 이상 빠른 호흡을 하지 않는다. 이상적으로는 내담자가 신경계가 활성화되는 것을 느껴야 한다. 이것은 그들을 깨우기 위한 것이다. 내담자에 따라 한 번의 활성 호흡만 필요할 수도 있고, 이 연습을 최적화하기 위해 호흡을 더 추가해야 할 수도 있다.

경계와 신체BOUNDARIES AND THE BODY

경계는 자신을 정의하는 데 도움이 되는 한계이다. 그것은 구별을 만들어 낸다. "이것은 나이고 저것은 당신이다." 그것은 우리 환경에 적응하고 반응하기 위한 것이다. 예를 들어 우리가 안전하다고 느낄 때, 우리의 경계는 다른 사람과 정서적으로나 신체적으로 더 친밀함을 허용하면서 더 유연해질 수 있다. 하지만 우리가 위협을 느끼거나 안전하지 않을 때, 우리의 경계는 더 명확해지고, "아니, 이건 기분이 좋지 않아."라고 말하면서 우리를 보호할 수 있다. 명확한 경계를 갖는 것은 우리의 결정을 이끄는 데 도움이 되고, 우리의 행동과 생각에 대한 책임을 지는 데 도움이 된다.

경계는 부모나 양육자가 유아와 아이로서의 우리와 관계하는 방식에 의해 생애 초기 관계에서 학습된다. 모든 유아는 연결과 단절의 타고난 리듬을 가지고 있다. 트로닉Tronick(2007)은 접촉과 공간의 필요에 신호를 보내기 위해 유아에 의해 표현된 단서를 탐구했다. 예를 들어 유아는 참여에 대한 욕구를 표현하기 위해 옹알거리거나 웃을 것이고, 시선을 피하거나 머리를 옆으로 돌려 단절의 필요를 나타낼 것이다. 이상적인 경우 부모 또는 양육자는 연결이 가능한 상태에서 공간에 대한 아이의 자연적 필요를 충족시킴으로써 유아나 아이의 단서에 적응하는 것이다. 어떤 양육자도 완벽하지 않으며, 아이의 단서를 잘못 읽거나 오해하는 것이 정상이다. 사실 파열은 충분한 양육의 정상적인 부분이고 적은 양으로는 심지어 아이의 회복력과 스트레스를 견딜 수 있는 능력을 강화시킬 수 있다. 이 과정은 안전과 재연결이 이루어질 때까지 손상을 복구하기 위한 양육자의 헌신이 필요하다.

양육자가 연결과 단절에 대한 아이의 요구에 충분히 잘 반응할 때 아이는 보살핌을 받고, 이해받는다고 느끼며, 안정감을 느낀다. 그러한 안정은 강한 자기감sense of self, 관계에서 신뢰할 수 있는 능력, 그리고 세상에 대한 안전감을 발달시키는 것으로 해석된다. 이런 상호작용은 다음과 같이 말하는 비언어적인 춤과 같다. "네가 보여. 너는 필요를 가진 사람이야. 너의 요구는 타당하고 중요해."

이와는 대조적으로 연결과 단절을 위한 아이의 단서에 조율하지 못하는 부모는 경계를 위반할 가능성이 더 높다. 통합신체정신치료integrative body psychotherapy(Rosenberg et al., 1989)에 따르면 경계 위반은 세 가지 공통 패턴을 가지고 있다. 자세히 살펴본다.

- **침해**Invasion: 양육자는 지속적으로 아이의 단절 신호를 잘못 읽거나 아이와의 접촉을 계속 추구하여 해당 신호를 무시할 수 있다. 어떤 상황에서는 양육자가 단순히 아이의 분리 필요를 인식하지 못하고 아이와 함께 놀거나 아이를 미소 짓게 하거나 웃게 하려고 시도하기도 한다. 양육자는 때때로 사랑이나 유기 공포를 느끼는 자신의 욕구를 달래기 위해 그러한 관계를 추구할 수 있다. 또한 침해는 아이의 개인적인 공간과 몸이 정서적으로,

신체적으로, 혹은 성적으로 존중받지 못하는 학대적인 상황의 결과일 수 있다.

- **유기**Abandonment: 양육자는 아이의 연결 신호에 반응하지 않는다. 그 결과 아이는 불안해질 수 있고, 연결과 단절의 자연스러운 리듬을 무시하는 것을 배울 수 있다. 생존 본능은 아이가 이용할 수 없거나 멀리 있는 부모와의 연결을 가능한 모든 방식으로 또는 부모의 일정에 따라 찾도록 유도한다. 유기의 영향은 아이가 다른 사람들의 요구에 적응하기 위해 더 느슨하고 덜 정의된 경계를 갖는 것을 배운다는 것이다.
- **침해 및 유기가 결합된 손상**Combined Invasion and Abandonment Injury: 양육자는 일관되지 않게 침해적인 것과 반응하지 않는 것 사이를 번갈아한다. 결과적으로 아이는 연결과 단절에 대한 요구를 모두 충족시키기 위해 신뢰할 수 있는 전략을 개발하기 위해 고군분투할 수 있다. 통합신체정신치료에 따르면 이것은 가장 흔한 경계손상이다.

어린 시절에 지속적인 경계손상을 경험한 내담자는 자기감sense of self을 유지하는 데 더 큰 어려움을 겪는 경향이 있다. 그들은 자신의 요구를 신뢰하고 듣는 데 어려움을 겪을 수 있고, 결과적으로 의사 결정에 어려움을 겪을 수 있다. 그들은 그들 자신의 호불호, 찬성과 반대를 아는 데 어려움을 겪을 수 있다. 그들은 자신의 신체physical body를 존중하는 것을 어려워하고, 친밀하거나 성적인 관계에서 안전하거나 건강한 접촉이 무엇인지 식별하는 데 어려움을 겪을 수 있다. 그들은 환경에 덜 적응하는 경향이 있으며, 결과적으로 그들의 경계가 과도하거나 부족하게 되는 결과를 낳는다. 이것은 다음과 같다.

- **과도한Overcontained 경계:** 경계가 과도한 사람들은 관계와 세상에 대해 엄격하게 방어하는 경향이 있다. 그들은 자신의 감정과 단절되는 경향이 있다. 통제하거나 자신이나 다른 사람을 관리해야 하는 필요가 더 큰 경우가 종종 있다. 그들은 의사소통에 제약이 있을 수 있고 관계에서 방어적일 수 있다. 성적으로 그들은 감각을 느끼지 못할 수도 있다.
- **부족한Undercontained 경계:** 경계가 부족한 사람들은 불충분한 자기감sense of self을 초래하는 느슨하고 막연한 경계를 갖는 경향이 있다. 감정적으로 그들은 기복이 크거나 많이 표현하는 경향이 있다. 타인과의 접촉에 대한 높은 욕구와 관계에서 융합의 욕구가 있을 수 있다. 그들은 정서적으로나 성적으로 요구적인 것으로 나타날 수 있다.

임상적 개입은 내담자의 선호도, 요구 또는 한계에 대한 피드백을 제공하는 신체 단서들을 탐색하여 내담자의 경계 인식을 강화하는 것을 목표로 한다. 명확하지만 유연한 경계를 설정하는 방법을 배우는 것은 소매틱 신호를 듣고 존중하는 것을 포함한다. 강한 감각은 경계선이 너무 느슨하거나 너무 경직되었을 때, 또는 경계를 넘었을 때 내담자가 인지하게 도와줄 수 있는 중요한 신호를 제공한다.

경계는 건강한 치료적 관계의 핵심 요소이다. 내담자는 종종 치료자와 어릴 때의 관계 역동을 재연할 것이다. 만약 그들이 어린 시절에 버림받거나 단절되었다고 느낀다면, 내담자는 치료자와 비슷한 감정을 불러일으키는 방식으로 행동할 가능성이 있다. 치료적 관계는 조율을 잘할 충분한 기회를 제공하지만, 내담자의 단서에 대한 잠재적인 오해나 오독의 기회도 제공한다. 양육자-아이 관계에서와 마찬가지로 치료자는 내담자가 침해당하거나 버림받았다는 느낌을 주는 방식으로 행동했을 때를 식별하는 과제를 안고 있다. 치료자는 안전과 연결이 다시 확립될 때까지 관계에서 파열된 부분을 복구할 의무를 갖는다.

경계 인식은 EMDR 치료에서 작업할 때 특히 중요한데, 이는 종종 안구운동, 진동기pulsers 사용 또는 두드리기tapping와 함께 작업하는 좌석의 규정된 근접성 때문이다. 치료자는 소매틱 인식을 통해 치료의 속도와 치료자와 내담자 사이의 좌석 배치의 근접성을 안내한다. EMDR 치료의 체화된 접근 방식은 시시각각 인식으로 내담자와 치료자가 내담자의 변화하는 요구와 연결 및 단절의 리듬에 반응성을 유지할 수 있는 지금 여기의 지남력orientation을 필요로 한다. 이 과정은 회기의 경계를 탐색하기 위해 특별히 설계된 개입으로 증폭되는데, 여기에는 경계를 가시화하기 위해 줄을 사용하고 신체에 안전과 이완을 만드는 치료자와 내담자 사이의 편안한 거리를 찾기 위해 좌석 배치를 다양하게 탐색하는 것이 포함된다. 이러한 개입은 치료자가 공간 사용과 치료자 및 내담자가 말하는 시간 정도에 대한 성찰을 유지하게 돕는 데에도 유용하다. 예를 들어 치료자는 내담자가 막힌 상황이 아닌 경우인데도, 말을 멈추는 동안 말하려 하거나 인지적 인터위브를 제공하려고 하는 충동을 알아차릴 수 있다.

다음 두 가지 경계 개입은 내담자가 자신의 경계에 대한 인식을 체계적으로 증가시키도록 안내한다. 첫 번째 개입인 '줄을 사용한 경계 인식Boundary Awareness With String'은 경계선의 물리적 표현을 만드는 데 사용할 수 있는 내담자와 치료자 모두를 위해 두 개의 긴 실이나 줄을 사용해야 한다. 이 개입에는 네 가지 단계가 있다. 각 단계는 경계를 갖는 것이 어떤 것인지 느끼기 위해 신체의 감각느낌felt sense에 대한 마음챙김을 필요로 한다. 내담자에게 적합한 경우에만 이 작업의 다음 단계로 진행한다. 작은 치료실에서 사용할 수 있는 공간보다 더 많은 공간이 필요한 경우 이 실습은 더 큰 방이 필요할 수 있다. 두 번째 개입인 '경계 인식 마음의 영화Boundary Awareness Mental Movie'는 내담자가 건강한 경계를 설정하고 싶어 하는 다가오는 상황을 묘사하도록 초대한다. 내담자가 그라운딩 되고 신체의 감각느낌felt sense과 연결되게 머무는데 필요한 모든 자원을 사용하여 건강한 경계를 설정하는 마음의 영화를 만들 수 있도록 도와준다. 일단 현실적인 마음의 영화가 개발되면, 경계와 관련된 감각느낌felt sense을 고정시키는 과정을 방해하지 않기 위해 그것의 전체 길이 동안 BLS/DAS를 추가한다.

■ 개입 10: 줄을 사용한 경계 인식

1단계: 내담자가 줄을 사용하여 경계 정하기

함께 작업의 맥락에서 경계를 식별하는 연습을 탐색해 보겠습니다. 이 줄을 당신에게 건네주고, 이 줄을 당신의 경계를 나타내기 위해 사용하기를 초대합니다. 지금 이 순간 당신에게 딱 맞게 느껴지는 만큼의 공간을 차지하는 것을 환영합니다.

자, 이제 당신이 정한 경계를 갖는 것이 당신의 몸에서 어떻게 느껴지는지 알아차려 보세요. 당신은 당신 경계의 크기에 만족하나요? 만약 그렇다면 당신은 어떻게 아나요? 당신은 무엇을 생각하고, 느끼고, 알아차리고 있나요? 만약 당신 경계의 크기가 불편하다면, 당신은 이것을 어떻게 아나요?

참고: 내담자에게 그들이 생각하고 느끼는 것, 그리고 몸에서 어떻게 느껴지는지를 성찰하는 시간을 준다.

경계의 크기를 변경해야 할 필요가 있다고 생각되면 지금 바로 변경해 보세요.

다시 한번, 그 경계가 자신에게 맞게 느껴지는지 알기 위한 피드백을 위해 당신의 몸을 체크인하세요.

참고: 내담자에게 그들이 생각하고 느끼는 것, 그리고 몸에서 어떻게 느껴지는지를 성찰하는 시간을 준다. 내담자가 긍정적인 상태를 느낀다고 보고하면 3~5회, 8~15초의 짧은 BLS/DAS 세트를 추가하여 자원을 고정시킨다. 내담자가 연습 진행을 원하지 않으면 4단계 줄 제거로 이동하여 개입을 종료한다.

2단계: 치료자가 줄을 사용하여 경계 정하기

잠시 시간을 내서 당신이 정해진 경계를 가지는 게 어떤 느낌인지와 내가 아직 내 경계를 정하지 않았다는 것을 알아차려 보세요.

참고: 내담자에게 자신의 신체에서 생각하고 느끼고 감지하는 것에 대해 성찰할 시간을 준다.

내가 내 경계를 표현해도 괜찮을까요?

참고: 내담자가 그렇다고 대답하면 다음 단계로 진행한다. 내담자가 싫다고 하면, 개입을 중단하기 위해 4단계 줄 제거로 넘어가기 전에, 내담자가 무엇을 생각하고 느끼는지와 몸에서 어떻게 느껴지는지를 알아차리게 한다.

내가 경계를 가지고 있고, 당신이 경계를 가지고 있다는 게 지금 어떻게 느껴지나요? 당신은 무엇을 생각하고 느끼고 있나요? 몸에서 무엇을 알아차리나요?

참고: 내담자에게 그들이 생각하고 느끼는 것, 그리고 몸에서 어떻게 느껴지는지를 성찰하는 시간을 준다. 내담자가 계속하기 전에 경계를 가지는 이 새로운 감각을 탐색하도록 한다. 내담자가 긍정적인 상태를 느낀다고 보고하면 3~5회, 8~15초의 짧은 BLS/DAS 세트를 추가하여 자원을 고정시킨다. 내담자가 연습 진행을 원하지 않으면 4단계 줄 제거로 이동하여 개입을 종료한다.

3단계: '아니요' 라고 말하는 연습하기

자, 이제 제 손이 당신 경계의 가장자리를 지나갈 때 어떤 일이 일어나는지 탐색해 봅시다. 내가 멈추길 원할 때 당신은 '아니오' 라고 말하면 됩니다.

참고: 때때로 내담자가 '아니오' 라고 말하지 않는 경우가 있으며, 이는 중요한 논의 영역이 된다. 내담자가 경계를 훨씬 넘어서도록 허용한다면, 당신은 내담자에게 당신을 그렇게 가까이 들여보내는 것이 어떻게 느껴지는지 궁금하다고 물을 수 있다. 내담자가 충동을 느꼈을 때 '아니오' 라고 말하면 어떻게 느낄 것 같은지를 탐색해 볼 수 있다. 이는 내담자가 '아니오' 라고 말하거나 자신의 공간에서 나가 달라고 부탁하는 것에 편안함을 느끼도록 도울 수 있는 귀중한 기회를 제공할 수 있다. 이것이 잘 되면, 당신의 손이 경계를 넘으면 내담자가 아니오' 라고 말하고 당신이 행동을 멈추고 내담자의 요구를 존중하는 연습을 반복한다. 내담자가 자신 있게 거절할 때까지 이 과정을 여러 번 반복한다.

나에게 '아니오' 라고 말하고 내가 당신의 경계를 존중한다는 것을 아는 것이 어떻게 느껴지나요?

참고: 내담자가 긍정적인 상태를 느낀다고 보고하면 3~5회, 8~15초의 짧은 BLS/DAS 세트를 추가하여 자원을 고정시킨다. 4단계 줄 제거로 진행하여 개입을 종료한다.

4단계: 줄 제거

이제 이 경계 탐색을 오늘은 마치려고 합니다. 줄을 제거하기 전에, 줄 없이 당신의 주위에 이 경계가 있는 것을 상상할 수 있다는 것을 기억하세요.

줄은 단순히 경계를 나타내며 언제 어디서나 경계를 계속 유지할 수 있다는 인식에 머물면서 천천히 줄을 제거하기 시작합니다. 줄을 치우고 나니 지금 몸에서는 어떻게 느껴지나요? 당신은 무엇을 생각하고 느끼고 있나요?

참고: 줄을 제거하는 것은 매우 강력할 수 있으므로, 내담자가 방금 일어난 일에 적응할 시간을 갖도록 과정이 천천히 전개되도록 한다. 때로는 경계의 물리적 표현을 놓아주는 것이 예상치 못한 감정을 불러일으킬 수 있다. 부정적인 내용이 떠오르는 경우, 치료에서 나중에 재처리될 수 있는 잠재적인 목표기억을 기록하고 내담자가 부정적인 정서적, 인지적 또는 소매틱 고통을 컨테인할 수 있게 한다.

■ 개입 11: 경계 인식 마음의 영화

건강한 경계를 설정하고 싶은 삶의 상황에 대해 말해 주세요.

[그 상황 언급]에서 이 경계를 어떻게 설정하고 싶은지 생각해 보세요.

어떻게 행동할 것인지 말해 주세요. 당신은 무엇을 말할까요? 무엇을 느낄까요? 당신의 몸에서는 어떻게 느낄까요?

이제 당신이 [그 상황 언급]에서 경계를 설정하는 것에 효과적으로 대처하는 모습을 상상해 보기 바랍니다. 지금 당신의 몸에서 무엇을 생각하고, 느끼고, 경험하고 있는지 알아차려 보세요. 당신은 이 경계를 설정하는 것에 대해 생각하면서 당신의 몸이 당신의 감정을 반영하도록 할 수 있나요? 그 기분을 제대로 느끼기 위해서 몸을 움직여도 괜찮아요.

이제 당신이 상상 속의 경계에 대한 긍정적인 느낌의 경험에 성공적으로 접근하였으니, BLS/DAS를 추가하는 동안 마음속으로 영화를 상상해 보기 바랍니다. BLS/DAS의 시작 시기와 종료 시기를 알려 주세요. 우리는 나중에 체크인할 것입니다. 당신의 모든 자원을 활용하여 이 경계를 설정하고 몸에서의 감각느낌felt sense에 연결되도록 하세요.

참고: 내담자가 마음속에서 성공적으로 마음의 영화를 돌릴 수 있다면, 전체 길이 동안 BLS/DAS를 추가하고 이를 3~5회 반복한다. 매번 체크인 시 내담자가 긍정적인 상태를 유지하는지 확인한다. 긍정적인 상태가 증가하는 한 계속한다. 만약 내담자가 긍정적인 상태의 오염에 직면한다면, 내담자가 BLS/DAS로 마음의 영화를 돌리기 전에 더 많은 자원을 가져온다. BLS/DAS 세트가 완료되면 내담자가 회기 사이에 경계 설정을 탐색하고 다음 회기에서 자신의 경험에 대해 논의하게 한다.

다음 회기를 시작하기 전에 [그 상황 언급]에서 경계 설정을 탐색할 수 있다고 생각하나요? 경계를 정할 때 생기는 생각, 감각, 감정을 메모해 두었다가 다음 회기에서 당신의 경험에 관해 이야기할 수 있습니다.

참고: 때때로 내담자는 회기 외부에서 경계를 설정하는 데 주저한다. 그들은 경계를 주장하면 누군가가 자신에게 화를 낼 것이라는 생각에 두려움이나 불편함을 보고할 수 있다. 내담자가 회기 외부에서 경계 작업을 성공적으로 통합하려면 먼저 정서와 감각 내성을 구축하는 연습이 필요할 수 있다. 경계를 설정하는 능력의 부족은 잠재적인 트라우마 목표기억에 대한 통찰을 제공할 수도 있다.

정서와 감각 내성 구축

BUILDING AFFECT AND SENSATION TOLERANCE

트라우마 치료의 주요 목표 중 하나는 내담자가 감정과 그에 수반되는 소매틱 감각을 더 잘 견딜 수 있도록 돕는 것이다. 이것은 정서 조절 구축의 핵심 요소이다. 내담자는 감정이 단순히 느껴질 뿐이고 삶의 어떤 경험처럼 일시적이라는 것을 알게 되면 더 잘 조절되게 머물 수 있다. 정서와 감각을 견디는 것은 내담자가 고통스러운 감정을 능숙하게 다룰 수 있게 해주고, 해로운 행동으로 이어질 수 있는 효과적이지 않은 반응을 자제할 수 있게 해 준다. 내담자의 정체성을 위협하는 기억 요소가 있는 한 트라우마 기억은 해결되지 않은 채로 남아 있다. 구조적 해리(van der Hart et al., 2006) 모델은 외상후 스트레스가 공포증에 의해 유지된다는 것을 제안한다. 트라우마의 이러한 공포증 지속은 각성 상태, 정서, 신체 감각과 같은 내면의 경험에 대한 두려움이라고 생각할 수 있다.

고통 내성의 개념은 선불Zen Buddhist 철학 원리에 바탕을 둔 변증법적 행동치료dialectical behavior therapy(DBT)에서 발견된다. DBT에서 고통 감내는 현실을 있는 그대로 받아들이는 것을 포함한다. EMDR 치료에서 정서 내성과 조절은 치료의 핵심 요소이며(Shapiro, 2018) 준비 단계에서 내담자가 트라우마 기억을 재처리하기 전에 충분한 자원을 확보하도록 하기 위해 필수적이다. 긍정적 정서 내성 및 통합 프로토콜과 같은 다른 프로토콜(Korn & Leeds, 2002)은 긍정적 정서 상태를 통합하는 내담자의 능력을 구체적으로 강화하는 것을 목표로 한다. 소매틱 심리학에서는 내담자가 현재 순간에 대한 지남력을 유지하고, 감각의 마음챙김에 머물며, 서술적 언어를 사용하고, 통합적 움직임을 통해 경험을 천천히 통합하도록 격려함에 따라 정서에 대한 내성이 강화된다.

수면과 식사에 어려움을 겪는 여성 내담자 사례를 살펴보자. 그녀는 직장에서 해고되었고 누군가에게 말하기가 부끄러웠다. 그녀는 자신의 감정을 견딜 수 있는 능력이 부족했고, 과잉 경계 상태였으며, 쉽게 자극되었다. 그녀는 더 나쁜 일이 일어날 것이라고 확신했다. 치료에서 한 가지 목표는 그녀가 몸의 감각과 느낌에 대한 내성을 갖도록 돕는 것이었다. 회기에서 치료자는 그녀가 견디기 어려운 주요 감정과 감각을 확인하도록 도와주었다. 그녀는 자신이 해고될 생각을 했을 때 수치심을 느꼈다는 것을 인지할 수 있었다. 수치심을 탐색하면서 뱃속에 가라앉은 느낌과 함께 얼굴을 감추고 싶은 욕구를 알아차렸다. 그녀는 그 느낌을 밀어내고 싶었다. 정서와 감각 내성을 키우기 위해, 치료자는 이 감정이 실수했을 때 아버지가 그녀를 질책했던 그녀의 어린 시절을 상기시킨다는 것을 깨닫는 데 충분할 만큼 그녀가 그 어려운 감정과 함께 오래 머물 수 있는 능력을 강화하도록 천천히 도왔다. 그녀는 아버지가 자신에게 실망하는 것을 참을 수 없었다. 이런 느낌을 견디기 위해 무엇이 필요하냐고 묻자, 그녀는 일어서기로 결심했고 본능적으로 자기-보호를 위해 두 손을 가슴 위로 가져왔다. 이때 슬픔이 생겼고 치료자는 그녀가 다리를 느끼고 발에 힘을 주어 그라운딩 되게 느끼도록 도와주었다. 내담자는 얼굴을 숨기고 싶은 마음이 가라앉고 직장에서 해고된 이후 처음으로 자기-연민의 새로운 경험을 느꼈다는 사실을 알아차리기 시작했다.

다음 개입인 '정서와 감각 내성Affect and Sension Tolerance'의 목표는 내담자가 광범위한 감정과 감각을 처리할 수 있는 기술을 개발하는 데 도움을 주는 것이다. 예를 들어 내담자는 슬픔, 두려움, 분노, 흥분, 기쁨, 수치심 또는 몸의 통증을 가지고 작업할 수 있다. 이것이 확인되면 내담자가 경험을 처리할 수 있는 지지 및 자원을 탐색한다. 이러한 지지는 경험에 대한 마음챙김, 신체에 그라운딩하기, 감각에 대해 의사소통하기 위해 서술적 언어 사용, 통합적인 움직임을 탐색하거나, 경험에 대한 긍정적인 진술을 추가하는 형태로 나타날 수 있다.

■ 개입 12: 정서와 감각 내성

당신의 인식을 몸 안으로 향하게 하기 시작하세요. 몸의 감각과 어떻게 호흡하고 있는지 알아차려 보세요. 다음 몇 번의 호흡 동안, 당신의 감정, 감각, 그리고 생각에 대한 당신의 경험을 관찰하세요. 당신은 무엇을 알아차리나요?
이제 내가 다음과 같은 감정과 감각의 이름을 말할 때 당신이 어떻게 느끼는지 알아차리는 시간을 가져보세요: 기쁨, 흥분, 슬픔, 분노, 두려움, 수치심, 죄책감, 고통, 불편함, 무감각함.

참고: 이러한 감정과 감각의 이름을 각 단어 사이에 잠시 멈추면서 천천히 말한다. 내담자가 자신이 인식하고 있는 것을 단순히 알아차릴 수 있도록 주기적으로 초대한다. 내담자에게 적합한 감정과 감각을 추가하거나 제거한다.

당신은 어떤 감정이나 감각을 더 잘 견딜 수 있는 능력을 키우고 싶나요?

참고: 내담자가 한 감정이나 감각을 선택하면, 시간을 내어 내담자의 경험에 가장 근접한 단어를 선택하여 설명을 듣는다. 예를 들어 내담자가 슬픔에 대한 더 큰 내성을 키워가고 있다면, 가장 좋은 단어가 슬픔인지 아니면 애도, 피로, 거부, 유기, 갈망 또는 절망과 같은 대체 단어와 더 잘 어울리는지를 탐색할 수 있다. 그 서술 단어가 선택되면, 그것은 다음 대본에 삽입될 수 있는 암시 단어cue word가 될 것이다.

[암시 단어]를 생각할 때 당신이 가장 먼저 알아차리는 것은 무엇인가요? [암시 단어]를 생각하면 어떤 믿음이 생기나요? 당신은 이러한 생각이나 메시지가 어디서 왔는지 아나요? [암시 단어]를 생각하면 떠오르는 추억의 사진이나 이미지가 있나요? 내가 [암시 단어]를 말하는 것을 들을 때 당신의 호흡을 알아차려 보세요. [암시 단어]를 떠올리면서 자신의 신체 경험에 계속 연결될 수 있나요?

참고: 내담자가 감정에 연결하고 관련된 감각을 견디며 신체 인식의 긍정적인 변화를 보고할 수 있는 경우 3~5회, 8~15초의 짧은 BLS/DAS 세트를 추가하여 자원을 고정시킨다. 내담자가 주의를 돌리거나 경험에 대해 주지화하기 시작한다면, 암시 단어를 사용하여 시작했던 특정 감각이나 감정으로 인식을 부드럽게 안내한다. 내담자가 감각과 감정을 유지하는 데 어려움을 계속 보고하면 내담자가 감정이나 느낌을 견디게 도와줄 수 있는 추가 자원을 탐색하기 시작한다.

[암시 단어]의 느낌을 지지하기 위해 호흡을 사용할 수 있나요? [암시 단어]의 이 느낌에서 당신을 지지해 줄 수 있는 움직임이 있나요? [암시

단어]의 이 느낌과 함께 하는 당신을 돕기 위해 스스로에게 해줄 수 있는 말이 있나요? 아마도 발과 다리의 그라운딩을 탐색하며 [암시 단어]의 이 느낌을 견딜 수 있는 능력을 알아차릴 수도 있어요. [감정 또는 신체 감각]을 얼마나, 언제 느낄지는 당신이 결정할 수 있어요. 필요에 따라 이 기분으로부터 휴식을 취할 수 있어요.

참고: 내담자가 감정에 연결하고 관련된 감각을 견디며 신체 인식의 긍정적인 변화를 보고할 수 있는 경우 3~5회, 8~15초의 짧은 BLS/DAS 세트를 추가하여 자원을 고정시킨다. 잠재적인 목표기억을 기록해 둔다.

고통과 자원 상태 사이의 진자운동

PENDULATION BETWEEN DISTRESS AND RESOURCE STATES

긍정적인 상태를 유지하는 데 어려움을 겪는 내담자는 일반적으로 부정적인 트라우마 내용이 홍수나 압도로 이어질 가능성이 높기 때문에 민감소실 및 재처리를 할 준비가 되어 있지 않다. 이 문제는 특히 어린 시절 발달 트라우마와 복합 PTSD를 가진 내담자에게 관련되는데, 그들은 긍정적인 감각을 견딜 수 있는 능력이 제한적일 수 있기 때문이다(5장 참조). 치료자는 내담자가 준비 단계에서 진자운동pendulation RDI 개입을 통해 긍정적 및 부정적인 느낌 상태 모두에 대한 내성을 발달시킬 수 있도록 돕는다. 진자운동을 RDI로 사용하는 것은 고통스러운 상태와 자원 상태 사이의 주의를 왔다 갔다 하는 것을 포함한다. 이러한 개입은 안전의 느낌을 주고, 몸과 마음을 현재에 고정시키며, 트라우마 재처리를 하기 전에 내담자의 인내의 창window of tolerance을 구축하는 데 도움이 된다. 내담자는 그들이 견딜 수 있는 속도로 고통스러운 내용에 직면하는 것에 대한 통제감을 키울 수 있다. 진자운동을 RDI로 설정할 때, 치료자는 내담자가 고통스러운 사건과 자원 상태에 대한 뚜렷한 암시 단어를 찾도록 안내할 것이다. 그런 다음 이러한 암시 단어는 내담자를 이 두 상태 사이를 왔다 갔다 하도록 안내하는 데 사용된다. 이상적으로, 고통스러운 사건과 자원 상태는 오염의 가능성을 줄일 수 있을 만큼 충분히 구별된다. 이것은 종종 그것들이 동일한 신경망에 연결되어 있지 않은 것을 요구한다. 예를 들어 내담자가 집에서 사건으로 어려움을 겪고 있는 경우, 치료자는 내담자가 직장 생활과 관련된 자원에 연결할 수 있도록 도울 수 있다.

다음 개입인 '고통과 자원 상태 사이의 진자운동 RDI Pendulation Between Distress and Resource States RDI'에는 세 가지 단계가 있다. 또한 과정 중에 BLS/DAS를 추가하는 방법에는 두 가지 옵션이 있다. 내담자가 자원 상태에 연결된 경우에만 짧은 BLS/DAS 세트를 추가할 수 있다. 이 방법은 해리 경향이 있거나 더 긴 BLS/DAS 세트를 견딜 수 없는 내담자에게 선호되는 방법이다. 두 번째 방법은 이러한 개입의 보다 발전된 접근 방식으로, 내담자가 자원 상태에서 고통스러운 사건으로 가고 다시 자원 상태로 되돌아가는 전체 진자운동 세트에 걸쳐 BLS/DAS를 적용하는 것이다. 어느 방법이든 치료자는 체화된 긍정적인 상태가 강하고 증가하는지 확인하기 위해 내담자와 함께 체크인한다. 과각성 및 저각성의 징후가 있는지 내담자를 주의 깊게 추적한다. 이 발전된 버전의 진자운동이 내담자에게 너무 어려운 경우 치료자는 긍정적인 자원에만 BLS/DAS를 추가하는 것으로 돌아갈 수 있다.

■ 개입 13: 고통과 자원 상태 사이의 진자운동 RDI

1단계: 고통스러운 사건 식별하기

고통스러운 사건 식별하기: 우리가 말하는 사건이 당신에게 매우 고통스럽고 그것에 관해 이야기하거나 다른 해결책을 찾기가 어렵다는 것을 알 수 있어요.

장면/이미지: 이 사건의 가장 고통스러운 부분을 나타내는 장면이나 이미지는 무엇인가요?

생각: 이 장면을 생각하면 무엇이 떠오르나요?

감정: 어떤 감정을 알아차리나요?

신체: 당신의 몸 어디에서 이것을 느끼나요?

암시 단어: 이 고통스러운 사건을 나타낼 수 있는 단어나 구절이 있나요?

고통 컨테인먼트: 이제 이것을 당신의 컨테이너에 넣고, 그라운딩과 지금 여기의 안전한 감각으로 돌아오는 데 초점을 맞추세요.

2단계: 자원 상태 식별하기

자원 상태 식별하기: 당신은 인생에서 강하고, 능력 있고, 유능하다고 느꼈던 때를 기꺼이 찾기를 원하나요? 예를 들어 당신이 도전적인 것을 극복했거나 어려운 상황을 성공적으로 다루었던 때를 생각할 수 있어요. [고통스러운 사건]과 무관한 시간을 찾을 수 있는지 확인하세요. 이 자원의 강점은 무엇인가요?

장면/이미지: 이 긍정적인 느낌을 나타내는 장면이나 이미지는 무엇인가요?

생각: 이 장면을 생각하면 무엇이 떠오르나요? 이 상황에서 당신에게 도움이 된 당신의 강점은 무엇입니까?

감정: 어떤 감정을 알아차리나요?

신체: 잠시 시간을 갖고 몸에서 이것을 느껴 보세요. 어떤 느낌이고 어디서 그것을 느끼나요?

암시 단어: 이 자원을 나타내는 단어나 구절이 있나요? BLS/DAS를 추가하는 동안 실제로 자신이 몸에서 느껴지는 (암시 단어 언급)의 감각느낌felt sense에 연결되게 하세요.

참고: 3~5회, 8~15초의 짧은 BLS/DAS 세트를 추가하여 긍정적인 상태의 감각느낌felt sense을 고정시킨다. 내담자가 그 감각을 견딜 수 있는 경우에만 BLS/DAS를 추가한다.
각 세트 사이에 내담자가 심호흡을 하게 하고 여전히 긍정적인 것을 느끼고 있는지 확인한다. 내담자가 자원의 느낌을 보고하기 전에는 고통스러운 내용으로의 진자운동을 진행하지 않는다.

3단계: 진자운동

자 이제 컨테이너에서 당신의 [고통스러운 사건의 암시 단어]를 가져오기 바랍니다. 잠시 시간을 내어 이것을 느껴 보세요. 너무 많으면 정지 신호를 사용하여 자원으로 돌아가야 함을 알려 주세요.

참고: 내담자가 이러한 느낌에 접촉하게 하되, 내담자의 신경계를 압도하지 않도록 시간을 짧게 유지한다.

이제 우리는 [자원 상태의 암시 단어]와 [고통스러운 사건의 암시 단어] 사이를 왔다 갔다 할 것입니다. 먼저 BLS/DAS를 추가하는 동안 [자원 상태의 암시 단어]에 주의를 기울이면서 시작하세요.
이제 잠시 동안 당신의 주의를 [고통스러운 사건의 암시 단어]에 기울일 수 있나요? [고통스러운 사건의 암시 단어]를 내려놓고 [자원 상태의 암시 단어]로 당신의 전체 인식을 가져올 수 있는지 보세요. [자원 상태의 암시 단어]에 충분히 연결되면 알려주세요. 그러면 BLS/DAS를 추가할 거예요.

참고: 자원 사건에만 BLS/DAS를 추가한다. 이 시점에서 고통스러운 사건에 BLS/DAS를 추가하지 않는다. 자원 상태에 대한 암시 단어를 반복하여 내담자의 인식을 자원으로 다시 초대한다. 내담자가 심호흡을 하게 하고 여전히 긍정적인 것을 느끼는지 확인한다. 자원이 오염된 경우 내담자가 고통에 대한 내성을 높일 때까지 자원 개발을 지속한다. 또는 내담자의 정서 내성이 더 높은 경우, 내담자가 자원 상태에서 고통스러운 사건으로 가고 다시 자원 상태로 되돌아가는 전체 진자운동 세트에 걸쳐 BLS/DAS를 적용하는 더 발전된 버전의 진자운동을 사용한다.

자세 인식POSTURAL AWARENESS

소매틱 심리학의 결정적 요소 중 하나는 자세, 생각, 감정 사이의 상호 연관성을 이해하는 것이다. 자세를 포함한 신체의 변화는 우리가 생각하고 느끼는 것에 영향을 줄 수 있다. 자세는 무력감, 지지 부족, 두려움 또는 결핍의 느낌을 반영할 수 있고, 반면에 능력이나 가치가 있다는 느낌을 반영할 수 있다. 자세, 생각, 감정 사이의 관계에 대한 인식을 높이는 것은 나중에 치료에서 재처리를 위한 목표기억을 찾고 개발하는 중요한 방법이 될 수 있다.

다음 개입인 '자세 인식'은 이 과정을 안내할 것이다. 자세는 관련된 기억이나 연상을 찾는 방법으로 과장될 수 있다. 예를 들어 내담자가 어깨를 약간 앞으로 굽힌 채 앉아 있는 경우, 그 자세를 과장하면 내담자가 더 아래로 처질 수 있다. 이와는 대조적으로, 몸통이 조이고 수축된 내담자는 이 과장을 통해 더욱 경직될 수 있다. 내담자가 자세에 대한 깊은 인식으로 전환되면, 내담자에게 관련된 생각, 느낌 또는 기억에 대해 알아차리도록 요청할 수 있다. 그런 다음 어떠한 판단이나 해석 없이 당신이 목격하고 있는 것을 내담자에게 반영해 줄 수 있다. 가능한 EMDR 치료 목표기억과 관련이 있을 수 있는 부정적 인지 또는 기억에 세심한 주의를 기울이면서 무엇이 일어나는지 계속 탐색하도록 내담자를 초대한다. 이 개입의 주된 목적은 아니지만, 내담자가 강하고 자신감 있고 그라운딩 된 자세를 발견하면 짧은 BLS/DAS 세트를 추가하여 긍정적인 상태의 체화된 감각느낌felt sense을 RDI로 고정시킬 수 있다.

■ 개입 14: 자세 인식

잠시 시간을 내어 의자에 앉아 있는 당신의 몸을 알아차려 보세요. 당신은 어떤 생각을 인식하나요? 당신은 어떤 감정을 느끼나요?
이제 당신의 자세에 더 집중해 보세요. 어떤 단어가 당신의 자세를 가장 잘 묘사하나요? 무거운, 조이는, 경직된 또는 확장된과 같은 단어인 기술언어를 사용할 수 있는지 살펴보세요.

참고: 내담자가 말하는 내용을 해석하지 않는 것을 기억하라. 내담자가 판단을 내리려고 하면 서술형 어휘로 부드럽게 돌아오게 한다.

탐색을 제안하고 싶습니다. 당신의 자세에 대한 인식을 심화시켜도 괜찮을까요?

참고: 내담자가 이 탐색을 진행해도 괜찮은지 확인한다.

잠시 시간을 갖고 당신이 몸에서 느끼는 것을 과장하기 시작하세요. 판단하지 않고 당신의 본능을 따르기 바랍니다.

참고: 내담자에게 자세를 탐색할 시간을 준다. 이 과정을 서두르지 않는다.

이제 당신이 알아차리고 있는 것을 기술해 보세요. 당신이 [내담자의 행동 기술]할 때 어떤 감각을 알아차리나요? 어떤 판단도 하지 않고 당신이 알아차리고 있는 것과 함께 머무세요. 당신의 몸에서 느껴지는 감각을 알아차리세요. 이 자세를 과장하면서 당신의 호흡에 무슨 일이 일어나고 있는지 주목하세요. 떠오르는 생각, 이미지 또는 기억이 있나요?

참고: 내담자가 경험하고 있는 것을 탐색하고 설명할 시간을 준다. 해석이나 판단 없이 당신이 듣고, 보고, 목격하고 있는 것을 그들에게 반영해 준다. 잠재적인 EMDR 치료 목표기억과 관련이 있을 수 있는 부정적 인지 또는 기억에 주의를 기울인다. 내담자가 연관된 기억이 있는 경우, 이것은 민감소실 및 재처리를 위해 개발될 수 있는 목표기억 사건이 될 수 있다. 내담자가 지지적으로 느끼는 자세를 찾도록 하면서 이 탐색을 마친다.

목표기억 개발을 위한 감각-기반 조사

SENSATION- BASED INQUIRY FOR TARGET DEVELOPMENT

다음의 과거력-청취 도구인 '감각-기반 조사'는 나중에 치료 시에 재처리할 잠재적인 목표기억이 될 수 있는 내담자의 과거 트라우마 경험과 관련된 소매틱 증상에 대한 이해를 심화시키기 위한 질문을 제공한다. 치료자는 이러한 질문을 내담자와의 대화 일부로 사용하여 내담자 과거력상 신체와의 관계에 대해 더 많이 배울 수 있다. 내담자의 반응은 민감소실 중에 목표기억의 기초가 될 수 있다.

과거력-청취 도구: 감각-기반 조사

- 몸에 대해 어떻게 느끼나요?
- 몸이 마음에 드나요?
- 몸이 마음에 들지 않을 때가 있나요?
- 몸을 어떻게 대하나요?
- 신체와 관련된 중요한 과거 경험이 있나요?
- 과거의 트라우마와 관련이 있다고 느끼는 신체적 감각이나 염려가 있나요?
- 촉발되었다고 느낄 때, 당신의 인생에서 어떤 기억이나 사건과 관련된 신체적 고통을 알아차리나요?
- 과거에 신체적 상처를 입었던 적이 있나요? 얼마나 오래전에 이 일이 발생했나요? 만약 있다면 어떤 의학적 치료를 받았나요?
- 현재 질병이나 통증과 같은 고통스러운 소매틱 증상이 있나요? 만약 그렇다면 그 질병이나 통증을 어떻게 다루고 있나요? 이게 효과가 있나요?

바디 매핑BODY MAPPING

다음 개입인 '바디 매핑'은 내담자가 신체에 대한 그림을 그리고 다른 감각, 감정, 생각 또는 기억의 영역을 식별하도록 초대한다. 미술치료와 소매틱 정신치료 등 많은 치료적 양식은 감각과 감정의 자각을 높이고 치료자의 내담자 과거력에 대한 이해를 높이기 위한 방법으로 몸 그리기 개입을 활용해 왔다.

이 개입에 접근하는 몇 가지 방법이 있다. 내담자에게 백지 한 장을 제공하고 내담자의 신체에 대한 윤곽이나 묘사를 그려보도록 초대하는 것이 좋다. 또는 인쇄하여 내담자에 제공할 수 있는 빈 신체 그림 템플릿을 찾을 수 있다. 빈 템플릿을 사용하는 경우, 내담자에게 용지의 이미지와 관련이 있는지 물어본다. 때때로 이러한 이미지는 내담자와 맞지 않을 수 있는 암묵적인 성별 지향을 가지고 있다. 또한 신체 이미지 템플릿은 기존 신체 크기 및 모양이 내담자 신체에 맞지 않거나 공격적이라고 간주될 수 있다. 이러한 개입에 대한 또 다른 창의적인 접근 방식은 내담자가 누워서 자신의 신체 윤곽을 따라 그릴 수 있을 만큼 큰 종이를 찾는 것이다. 이 접근 방식을 선택할 경우, 내담자의 몸을 따라 그리는 과정은 근접성을 포함하며, 다리 안쪽 선이나 몸통 주변을 따라 그리는 것이 안전하지 않고 부적절하다고 느낄 수 있다는 것을 알아야 한다. 이 옵션을 선택할 때 내담자는 회기 전에 안전한 가족 구성원 또는 친구가 신체 주변을 그리도록 도움을 받을 수 있다.

■ 개입 15: 바디 매핑

이 바디 드로잉을 시작하기 전에 심호흡을 몇 번 하세요. 잠시 시간을 내어 이 신체 탐색에 대한 호기심과 비판단적인 의도를 가지세요. 당신의 인식이 몸 안에서 움직이도록 하세요. 빈 종이를 사용하여 몇 분 동안 몸의 윤곽을 그리면서 그림이 완벽할 필요는 없다는 것을 기억하세요. 이 그림은 신체와의 관계를 나타내는 다양한 색상, 기호 및 단어로 된 지도가 될 거예요.
그 과정 내내 당신이 호흡과 신체 감각에 연결되어 있기를 바랍니다. 당신이 이 개입의 진행 속도를 결정하며 다음 질문을 할 준비가 되면 저에게 알려줄 수 있어요. 나는 당신이 자원 및 몸과 연결된 상태에 머무는 데 도움이 되는 어떤 방식으로든 호흡하고 움직이기를 격려합니다.
이제 여러 가지 질문을 드리겠습니다. 그러면 당신의 신체 부위에 대한 느낌과 일치하는 색상, 기호 또는 단어를 추가하여 질문에 답할 수 있습니다.

참고: 이 질문은 내담자의 속도에 따라 진행한다. 다음 질문으로 넘어가기 전에 내담자가 각 응답이 완료되었음을 당신에게 알리도록 초대한다.

- 당신의 몸에서 이완됨, 편안함 또는 자유로움을 느끼는 곳은 어디인가요? 이 영역을 나타내기 위해 색상, 기호 또는 단어를 이용해서 알아차리고 있는 것을 무엇이든 그려 보세요.
- 당신의 몸에서 제한된, 한정된, 조임 또는 긴장감을 느끼는 곳은 어디인가요? 이 영역을 표현해 보세요.
- 통증이 느껴지는 곳은 어디인가요? 그것은 어떤 느낌인가요? 타나요, 날카롭나요, 무겁나요, 아픈가요, 찌르나요? 색깔이 있나요? 이 영역을 표현해 보세요.
- 무감각, 둔함 또는 거의 감각이 없는 곳은 어디인가요? 이 영역을 표현해 보세요.

- 싫어하는 신체 부분이 있나요? 이것을 그림에 표현해 보세요.
- 마음에 드는 신체 부분이 있나요? 이것을 그림에 표현해 보세요.
- 당신의 몸에서 강한 감정을 느끼는 곳은 어디인가요? 예를 들어 당신은 어디에서 슬프고, 화나고, 기쁘고, 신나고, 수치심을 느끼나요? 이 영역을 표현해 보세요.
- 신체에 흔적을 남긴 흉터, 수술 또는 사고와 같이 과거력에서 중요한 부분을 그립니다. 그림에서 이 중요한 부분을 기록해 두세요.
- 이제 몇 분 정도 시간을 내어 당신에게 중요한 이미지, 단어 또는 색상을 추가할 수 있습니다. 여기서는 그냥 충동을 따르세요. 필요한 만큼 시간을 가지세요.
- 이제 잠시 그림을 살펴보세요. 눈에 띄는 패턴이 있나요? 신체 그림의 오른쪽과 왼쪽에서 무엇을 알아차리나요? 그림에서 당신 신체의 앞과 뒤는 어떤가요? 이제 신체 그림의 상반신과 하반신을 보세요.
- 이제 잠시 시간을 내어 전체 그림을 보는 것이 어떤지 감지하고 느껴 보세요. 당신의 그림을 보는 것과 눈을 감는 것 사이를 왔다 갔다 하면서 당신이 몸에서 느끼고 감지하는 것을 통합할 수 있습니다. 당신에게 맞는 속도대로 이것을 하세요. 완료되면 저에게 알려주세요.

참고: 개입이 끝날 때 시간을 내어 내담자의 경험에 관해 이야기한다. 내담자에게 자신의 연상을 공유하고 신체에 있는 모든 자원과 바디 매핑과 관련된 잠재적인 목표기억을 기록하도록 초대한다.

말없이 이야기하기TELL A STORY WITHOUT WORDS

말은 종종 내담자가 자신의 몸을 감지하게 하는 데 방해가 될 수 있다. 특히 지적 방어를 취하는 사람에게 그렇다. 그러므로 내담자가 소매틱 인식에 대한 내성을 형성하기 위해 감각과 감정에 연결하도록 돕는 창의적인 방법을 찾는 것이 도움이 될 수 있다. 바디 매핑 외에도 당신은 내담자가 움직임과 몸짓으로 의사소통을 하도록 초대함으로써 아무 말 없이 이야기를 들려주도록 할 수 있다. 움직임을 이용하여 이야기하는 연습은 표현예술과 춤/움직임 요법에서 온다. 보다 구체적으로는 1950년대 화이트하우스Whitehouse가 융학파Jungian 분석과 표현운동 요법의 결합으로 개발한 오센틱 무브먼트authentic movement의 영향을 받는다. 오센틱 무브먼트는 자넷 아들러Janet Adler(1999)가 더욱 발전시켜 불교 철학을 접목시키고자 했다. 마찬가지로, 코드웰Caldwell의 무빙 사이클moving cycle(1996, 1997)은 정신치료에서 내담자가 움직임의 충동을 관찰하고 따르도록 격려한다. 이 과정은 내담자가 비언어적인 방법으로 감정을 표현할 수 있게 허락해 주며, 말이 실패할 때 그들의 경험을 의사소통할 수 있게 도울 수 있다. 오센틱 무브먼트에서 내담자는 직관적으로 느껴지는 어떤 방식으로든지 움직이거나 소리를 내기 위해 몸 안 감각의 충동을 따르도록 지시받는다.

다음 개입인 '말없이 이야기하기'는 기억의 감정적 무게로부터 단절되거나 해리된 트라우마 사건에 관한 이야기를 할 수 있는 내담자에게 특히 유용하다. 이 개입은 치료자와 내담자 사이의 라포를 심화하고, 목표기억 개발을 안내하며, 재처리 중 소매틱 인식을 차단하는 방어를 통해 작업한다.

이러한 개입의 필수적인 측면은 내담자가 움직임을 하는 동안 보고, 느끼고, 경험한 것을 비판단적으로 관찰하고 내담자에게 반영해 되돌려주는 치료자로서의 역할이다. 이러한 성찰은 내담자가 자신의 경험, 감정,

지각을 이해하는 데 도움을 줄 수 있다. 이 연습에서 이중 인식을 고정시키고 관계적 연결을 강화하도록 조율 진술을 사용하면 도움이 된다. 조율 진술의 예로는 "계속 따라갑니다", "단지 무슨 일이 일어나고 있는지 알아차리세요", "아무것도 알아낼 필요가 없습니다", 또는 "무슨 일이 일어나도록 할 필요가 없습니다" 등이 있다. 이러한 개입을 하는 동안 치료자를 위한 체화 연습인 '치료자 관찰 기술'에서 배운 것처럼 당신 자신의 내부 감각과 내담자에 대한 외부 인식 사이에서 계속해서 주의를 번갈아 두는 것이 중요하다. 그 내부 감각은 내담자를 목격하는 경험과 관련된 조율과 진정한 관계의 기초를 제공한다.

■ 개입 16: 말없이 이야기하기

나는 당신이 방금 당신의 경험에 관한 이야기를 했지만, 당신이 단절되게 보인다는 것을 알아차렸어요. 저는 이 경험과 관련하여 당신의 신체에 대한 인식을 심화할 수 있는 기회를 드리고 싶습니다. 괜찮으신가요?

참고: 내담자가 이 탐색을 진행해도 괜찮은지 확인한다.

당신이 방금 나에게 한 이야기를 생각해 보고 잠시 시간을 내어 당신의 몸으로 인식을 가져왔으면 합니다. 이번에는 다시 한번 이야기를 해주면 좋겠는데, 말없이 이야기하는 것입니다. 당신의 몸에서 어떻게 느끼고 있는지 주목하고 당신의 감각이 주도하게 하세요. 당신의 본능을 판단하지 말고 따르기 바랍니다. 당신의 몸짓, 자세, 표정을 통해 이야기가 펼쳐지도록 하세요. 약간 우스꽝스럽게 느껴질 수도 있지만, 한번 시도해 보고 무슨 일이 일어나는지 보세요.

참고: 내담자에게 자신의 경험을 탐색할 시간을 준다. 내담자가 처음에는 불편함을 느끼는 경우가 드물지 않다. 이 과정을 서두르거나 강요하지 않는다. 내담자가 연습에 참여할 수 있는 경우 묵묵히 또는 "맞아요", "믿고 따라가 보세요."와 같은 부드럽고 격려하는 조율 진술로 내담자의 움직임을 관찰한다. 내담자가 움직일 때 당신은 신체 감각, 감정 또는 연상에 대한 당신 자신의 경험에서 무엇을 인식하는지 주목한다. 내담자가 원하는 시간만큼 말없이 이야기를 탐색하도록 초대한다. 그들이 움직임을 완료하였을 때 그들의 경험에 대한 질문으로 진행한다.

이제 시간을 내어 당신이 어떻게 느끼는지 알아차려 보세요. 그게 당신에게 어땠는지에 대해 나와 나누고 싶은 것이 있나요? 당신의 이야기를 비언어적으로 탐색한 후에 어떤 새로운 통찰을 알아차리게 되었나요?

참고: 내담자가 이러한 개입을 통해 얻은 통찰에 대해 주의 깊게 들어본다. 다음 단계로 진행하기 전에 내담자가 말없이 이야기하는 동안 당신이 경험한 것을 공유해도 괜찮은지 내담자에게 허락을 구한다. 내담자가 허락한 경우 당신의 경험 공유를 진행한다. 내담자의 이야기를 목격했을 때 당신은 몸에서 어떻게 느꼈는지, 자신에게서 어떤 감정을 알아차렸는지, 또는 내담자의 신체나 표정에서 당신이 알아차린 것에 대한 서술적인 피드백을 공유할 수 있다. 중요한 것은 내담자의 움직임을 해석하지 않도록 주의해야 한다는 것이다. 의미 형성은 당신이 아니라 내담자 안에서 나올 수 있게 한다.

나는 당신이 말없이 이야기하는 것을 보면서 내가 경험한 것을 당신과 나누고 싶어요. 나의 반영을 공유해도 괜찮을까요? 내가 알아차렸던 것은……

참고: 당신의 경험을 공유한 후 내담자와 다시 체크인한다. 이 개입은 강력한 교류가 될 수 있고, 보여지거나 또는 무조건적으로 수용되는 감정이나 주제를 불러일으킬 수 있다. 다음 질문을 이 대화의 시작으로 사용할 수 있다.

저에게서 이런 반영을 받은 기분이 어떤가요? 지금 몸에서 무엇을 알아차리나요?

습관화된 스트레스 반응HABITUAL STRESS RESPONSE

인간의 본성은 안전과 안정을 추구하는 것이다. 우리는 습관적으로 무엇을 하는 경향이 있다. 부분적으로, 이것은 루틴이 에너지를 절약하여 우리의 삶을 단순화하는 반면, 새로운 상황은 환경에 대한 더 많은 인식 및 처리와 학습에 대한 주의를 요구하기 때문이다. 또한 우리는 스트레스에 습관적으로 반응며, 때때로 우리는 긍정적인 대처 기제를 개발할 수도 있다. 그러나 몸에서 신체적 긴장, 건강하지 못한 감정 표현 패턴, 또는 중독이나 회피 행동과 같은 해로운 행동으로 나타날 수 있는 스트레스 반응을 개발하는 것도 흔한 일이다. 이것은 숨을 참는 것, 몸을 느끼지 않으려고 강박적으로 생각하는 것, 주먹을 쥐는 것, 턱에 힘을 주는 것, 손톱을 물어뜯는 것 등의 패턴으로 몸을 통해 볼 수 있다. 스트레스 반응에 대한 친숙함을 개발하면 내담자가 의식적인 인식 없이 흔히 발생하는 스트레스에 대한 반응을 통찰할 수 있도록 도와준다.

이러한 개입인 '습관화된 스트레스 반응'은 내담자가 자신의 스트레스 반응과 신체에 존재하는 관련 긴장 패턴을 탐색할 수 있는 기회를 제공한다. 그것은 내담자가 자신의 스트레스 반응과 대조될 신체에서의 중립적이거나 긍정적인 경험을 찾도록 하는 것으로 시작된다. 습관화된 스트레스 반응의 탐색은, 또한 시금석 목표기억touchstone targets(이 경우 소매틱 습관 반응과 관련된 가장 초기의 기억)에 대한 통찰을 제공할 수 있다. 내담자가 자신의 습관적인 스트레스 반응에 대한 성찰적인reflective 인식을 높일 때, 그들은 다르게 반응하는 것을 선택할 기회가 증가한다. 이러한 개입을 준비하기 위해, 치료자는 내담자가 튼튼한 컨테이너를 개발하고 필요에 따라 개입 3, '소매틱 고통의 컨테인먼트'로 돌아갈 수 있는지 확인하고자 할 것이다.

■ 개입 17: 습관화된 스트레스 반응

당신의 몸에서 편안하거나, 고요하거나, 중립적으로 느끼는 곳을 찾으세요. 이 영역에 대한 인식을 높이고 감각이 더 강해지도록 하세요.
이제 당신에게 스트레스를 주었던 시간을 생각해 보세요. 이 시간을 마음속으로 재검토하는 시간을 가져 보세요. 당신의 몸에서 느껴지는 감각을 알아차려 보세요. 어떤 감정을 느끼나요? 자신에 대해 어떤 믿음이 있나요?
당신의 반응에 대한 충분한 정보를 수집했다고 느껴지면, 이 기억을 내려놓거나 컨테이너에 넣습니다.
이제 또 다른 스트레스를 주는 사건을 가져오세요. 다시 한번 이 시간의 기억을 마음속으로 재검토하는 시간을 가져 보세요. 당신의 몸에서 어떤 감각을 알아차리나요? 어떤 감정을 느끼나요? 자신에 대해 어떤 믿음이 있나요? 당신은 첫 번째 스트레스 사건에서 경험한 것과 비슷한 것을 느끼나요? 첫 번째 스트레스 사건과는 다른 점을 느끼나요? 익숙한 신체 반응이 있나요? 다시 심호흡을 하고, 그것을 내려놓거나 당신의 컨테이너를 사용하세요.

이제 당신 몸의 고요하거나 중립적인 곳으로 돌아가 보세요. 당신 자신과 이 연결을 느껴 보세요. 긴장을 푸는 데 어려움이 있다면, 당신의 컨테인먼트 자원을 사용하세요.

참고: 이 개입을 통해 배운 내용을 내담자와 함께 탐색한다. 내담자가 고통스러운 부위를 발견한 경우, 그 신체 감각이 민감소실 중에 처리할 잠재적인 EMDR 치료 목표기억으로 탐색될 수 있다는 점에 주목한다.

신체 감각으로부터의 목표기억 개발

TARGET DEVELOPMENT FROM A BODY SENSATION

EMDR 치료의 목표기억 개발은 기억을 밝히고 민감소실 및 재처리의 기회를 제공하는 트라우마 사건의 여러 측면을 포함한다. 흔히 트라우마 기억의 가장 이용 가능한 요소는 시각적 이미지이다. 그러나 내담자에게 기억의 감정적, 부정적 인지적, 그리고 소매틱 측면을 확인하도록 하는 것도 똑같이 중요하다. 소매틱 경험으로부터 목표기억을 개발할 수도 있다. 예를 들어 내담자가 뱃속의 긴장을 발견한 경우, 당신은 이 감각으로부터 관련 기억, 믿음 및 감정을 탐색하고, 민감소실 및 재처리하는 기회로 목표기억을 구축할 수 있다.

다음 사례에서는 신체 감각으로부터 목표기억을 설정하는 것의 가치를 보여 준다. 한 여성 내담자가 어린 시절을 말하면서 목에 통증을 경험하고 있었다. 어떻게 그 감각을 경험하는지 설명을 요청하자, 그녀는 목소리가 없는 것 같은 느낌을 표현했고 울기 시작했다. 치료자는 내담자가 목 안의 감각으로부터 EMDR 치료의 목표기억을 개발하도록 도왔다. 그녀의 이미지는 비명을 지르려는 어린 소녀인 자신의 모습이었지만, 아무런 소리도 나오지 않았다. 그녀의 부정적 인지(NC)는 "나는 중요하지 않아."였다. 그녀는 자신이 중요하다고 믿고 싶다는 것을 발견했다. 내담자는 자신의 목소리 없는 아이로서의 이미지를 처리했고 목의 통증은 사라졌다.

이 부분에서는 감각으로부터 목표기억을 개발하는 과정을 통해 내담자를 안내하는 두 가지 목표기억 개발 대본을 제공한다. 첫 번째 대본은 감각으로부터의 역류기법/정동 브리지를 통합하여 시금석 목표기억을 찾는다. 두 번째 대본은 현재 순간에 내담자가 경험하는 대로의 신체 감각과 작업한다. 이 개입은 내담자가 감각과 연관되는 명확한 과거 기억이 없는 경우에 대한 대안이다. 다시 말하면 시금석 목표기억이 없는 경우다. 내담자가 해리 경향을 가질 때 현재 순간에서 감각과 작업하는 것도 중요한 접근 방식이다.

목표기억 개발 대본: 역류기법/정동 브리지float-back/affective bridge를 이용하여 신체 감각으로 시작하기

신체: 당신은 몸에서 무엇을 알아차리나요?

장면/이미지: [몸의 감각]을 느낄 때 무엇을 경험하는지 말해 주세요. 그 감각은 얼마나 큰가요? 색깔, 모양, 질감이 있나요? 어떤 장면이나 이미지가 이것을 대표하나요?

NC: 이 장면이나 이미지를 볼 때, 자신에 대해 드는 부정적인 믿음은 무엇인가요?

감정: 어떤 감정을 느끼나요?

역류기법/정동 브리지: 이제 [장면이나 이미지]와 그 부정적인 단어 [내담자의 NC], 당신이 느끼고 있는 감정과 그것을 당신의 몸에서 느끼는 부분에 집중하세요. 이런 식으로 느낀 것을 기억하는 가장 이른 시간을 마음이 떠올려보게 하세요. 자신을 검열하지 않고 갖게 되는 어떤 연상이든 주목하세요. 당신에게 무엇이 떠오르는지 말해 주세요.

참고: 내담자가 보고하는 모든 연상의 목록을 작성한다. 시금석 목표기억에 대한 전체 평가를 수행한다.

장면/이미지: [기억]의 가장 고통스러운 부분을 나타내는 장면이나 이미지는 무엇인가요?
NC: 그 장면이나 이미지를 볼 때, 자신에 대해 드는 부정적인 믿음은 무엇인가요?
PC: 이 장면이나 이미지를 볼 때, 자신에 대해 어떻게 믿고 싶은가요?
VoC: 이 장면이나 이미지와 [내담자의 PC]라는 말을 볼 때, 1은 완전히 거짓이고 7은 완전히 사실인 1부터 7까지의 척도에서 그 말이 얼마나 사실로 느껴지나요?
감정: 이 장면이나 이미지와 [내담자의 NC]라는 말을 떠올릴 때, 당신은 지금 어떤 감정을 느끼나요?
SUDS: 0은 별다른 느낌이 없거나 불편함이 없고 10은 상상할 수 있는 최악의 고통이 느껴지는 상태인 0에서 10까지의 척도에서, 지금 이 사건은 당신에게 얼마나 고통스럽게 느껴지나요?
신체: 몸의 어디에서 그 고통이 느껴지나요?

참고: 일단 목표기억targets이 개발되면 민감소실과 주입 및 신체검색 단계를 완료한다. 계속해서 과거의 모든 목표기억, 현재 목표기

억 및 모든 유발요인triggers에 대해 이 단계들을 완료하고, 통증이 나 질병을 다루기 위한 미래 템플릿future template으로 종료한다.

목표기억 개발 대본: 역류기법/정동 브리지float-back/affective bridge 없이 신체 감각으로 시작하기

신체: 당신은 몸에서 무엇을 알아차리나요?

장면/이미지: [몸의 감각]을 느낄 때 무엇을 경험하는지 말해 주세요. 그 감각은 얼마나 큰가요? 색깔, 모양, 질감이 있나요? 어떤 장면이나 이미지가 이것을 대표하나요?

NC: 이 장면이나 이미지를 볼 때, 자신에 대해 드는 부정적인 믿음은 무엇인가요?

PC: 이 장면이나 이미지를 볼 때, 자신에 대해 어떻게 믿고 싶은가요?

VoC: 이 장면이나 이미지와 [내담자의 PC]라는 말을 볼 때, 1은 완전히 거짓이고 7은 완전히 사실인 1부터 7까지의 척도에서 그 말이 얼마나 사실로 느껴지나요?

감정: 이 장면이나 이미지와 [내담자의 NC]라는 말을 떠올릴 때, 당신은 지금 어떤 감정을 느끼나요?

SUDS: 0은 별다른 느낌이 없거나 불편함이 없고 10은 상상할 수 있는 최악의 고통이 느껴지는 상태인 0에서 10까지의 척도에서 지금 이 사건은 당신에게 얼마나 고통스럽게 느껴지나요?

참고: 일단 목표기억target이 개발되면 민감소실과 주입 및 신체검색 단계를 완료한다. 계속해서 과거의 모든 목표기억, 현재 목표기억 및 모든 유발요인triggers에 대해 이 단계들을 완료하고, 통증이나 질병을 다루기 위한 미래 템플릿future template으로 종료한다.

민감소실 중 시퀀싱 및 소매틱 리패터닝

SEQUENCING AND SOMATIC REPATTERNING DURING DESENSITIZATION

EMDR 치료의 모든 단계와 마찬가지로, 치료자와 내담자 모두에게 소매틱 인식의 참여는 민감소실 단계를 안내하는 데 도움이 된다. 치료자는 내담자가 현재 지남력을 유지하고 신체 인식과 연결되어 있는지를 관찰한다. BLS/DAS 세트 사이의 체크인check-ins은 내담자가 SUDS(Subjective Units of Disturbance Scale)를 사용하여 고통의 소매틱 경험을 보고하도록 초대한다. 내담자는 흐릿함, 얼어붙은 감각, 무감각함 또는 참을 수 없는 감각 등을 설명하도록 격려되며, 이는 회기 속도를 적절히 조절하여 압도되거나 재외상화 되지 않도록 도와준다. 또한 치료자는 '치료자 관찰 기술'의 체화 연습에서 논의된 것처럼, 소매틱 공명 또는 역전이에 대한 임상가의 인식을 높이기 위해, 자신의 신체 감각에 번갈아 주의를 기울이는 연습을 한다.

트라우마 사건을 경험한 사람은 위험한 상황에서 싸우거나 도망치고 싶은 선천적인 충동을 가지고 있다. 허용된다면 생리적인 활성화와 각성은 팔과 다리를 통해 흔들거나, 떨거나, 울거나, 소리를 지르거나, 그것을 떠나는 기회를 통해 방출될 것이다. 그러나 개인이 공포로 얼어붙은 상태에 갇히거나 기절 반응으로 쓰러지면 소매틱 방출somatic release에 문제가 생길 수밖에 없다. 다시 말해서 몸의 생리적 상태는 평소의 기본 상태로 돌아가지 않는다. 만약 이후에 그 트라우마 사건을 처리할 기회가 없다면, 스트레스와 트라우마의 생물학적 영향은 지속되며, 때로는 사건이 지나간 후에도 오래 지속된다.

"시퀀싱sequencing"이라는 용어는 소매틱 심리학 분야에서 널리 사용되어 왔으며, 바디-마인드 정신치료body-mind psychotherapy(Aposhyan, 2004, 2007), 감각운동 정신치료sensorimotor psychotherapy(Ogden et al., 2006),

소매틱 경험Somatic Experiencing(Levine, 1997)의 근본적인 측면이다. 시퀀싱은 활성화가 몸의 중심부에서 사지를 통해 밖으로 이동하는 것을 말한다. 예를 들어 내담자는 복부의 긴장이 가슴으로 이동하다가, 목이 막힌 듯한 느낌으로 전개되며, 잠시 머리의 불편함을 경험했다가, 그 후 때로는 눈물의 형태로 나타나는 방출의 느낌이 나타난다고 보고할 수 있다. 시퀀스를 완료하면 내담자는 종종 더 자유롭게 호흡할 수 있는 능력과 신체가 가벼워지는 느낌을 보고하게 된다.

소매틱 리패터닝somatic repatterning은 내담자가 신체에서 충분히 시퀀스된 트라우마 해결의 만족감을 경험할 수 있는 기회를 갖는 움직임 시퀀스의 완성을 말한다. 압도되거나 잠재적 재외상화 되는 것을 피하기 위해 EMDR 치료에서 움직임 시퀀스를 천천히 마음챙김mindful 방식으로 탐색하는 것이 중요하다. 다음은 개입 18, '민감소실 동안 시퀀싱 및 소매틱 리패터닝'에 설명된 바와 같이, 치료자가 재처리 중에 관찰할 수 있거나 막힌 처리를 위한 인터위브로 촉진할 수 있는 몇 가지 움직임 패턴의 목록이다.

시퀀싱 패턴 및 소매틱 리패터닝 목록

- 팔이나 다리로 미는 것은 경계나 안전감을 회복한다.
- 다리와 발로 걷는stepping 움직임은 갇힌 느낌에서 달아나고 싶은 욕구를 리패턴닝한다.
- 얼굴을 찡그리거나, 입술을 내리거나, 혀를 내밀거나, 메스꺼움을 느끼는 것은 혐오감을 시퀀싱하는 일반적인 형태이다.
- 소리나 단어와 함께 방출되는 목의 긴장은 목소리를 갖거나 들어지는 경험을 리패터닝한다.
- 손을 뻗고, 손으로 잡고, 팔을 자기 쪽으로 당기는 것은 영양과

연결을 가져오는 능력을 리패터닝한다.

- 무너짐 없이, 몸을 중력에 맡기고 근육을 이완시키는 것은 안전하게 쉴 수 있는 능력을 회복한다.

종종 시퀀싱과 소매틱 리패터닝은 재처리 중에 자연적으로 발생한다. 그러나 이러한 무의식적인 움직임은 특히 팔다리가 보이게 떨리거나 흔들릴 때 내담자에게 당혹감을 줄 수 있다. 시퀀싱이 발생할 때는 내담자에게 이러한 움직임이 정상적이고 건강하다는 것을 교육하는 것이 중요하다. 내담자에게 이러한 움직임을 억제하지 않고 수행할 수 있도록 격려하고, 내담자가 단순히 자신의 경험을 관찰하도록 초대한다. 또한 재처리 과정에서 내담자의 소매틱 인식을 초대하고 움직임의 충동을 따르도록 격려함으로써 시퀀싱을 촉진할 수 있다. 이것은 내담자가 움직임 충동을 따르는 것에 익숙하지 않거나, 트라우마 사건 생존의 일부로서 움직임을 억제하도록 배워왔을 때 필요할 수 있다. 이런 경우 내담자가 소매틱 불편함을 보고하면, 치료자는 내담자가 그 긴장 속으로 숨을 들이쉬거나, 그 느낌에 맞는 소리를 내거나, 움직이고 싶은 충동을 따라가며, 그 감각에 머물고 인식을 심화시키도록 격려한다. 예를 들어 내담자는 팔로 밀고 싶은 충동을 느끼거나, 턱을 풀기 위해 하품을 하거나, 목의 긴장을 인정하기 위해 한숨을 쉴 수 있다. 움직임이 두려움이나 위험감을 불러일으킬 때, 그라운딩 개입을 사용하여 내담자가 지금 여기에서의 안전을 지향하도록 돕는 것이 필수적이다.

한 사례를 살펴보자. 한 여성 내담자가 1년 전에 겪었던 강간 기억을 재처리하고 있었다. 그녀는 "나는 무력하다."는 부정적 인지를 가지고 있었다. 그녀는 그 트라우마 사건을 작업하면서 자신의 몸과의 연결을 유지할 수 있었다. 사건의 심리적, 정서적 측면을 작업하면서 여러 세트의 BLS/DAS 후, 내담자는 강간 중에 제압당하는 것에 대해 말하면서 팔에 긴장감을 느낀다고 묘사했다. 다음 체크인 때, 그녀는 강간범을 밀어낼 수 있었기를 바란다고 말했다. 부드러운 격려와 함께, 그녀는 천천히 마음챙김으로 그녀의 팔과 손을 앞으로 밀면서 그를 밀어내는 상상을 했다. 그녀는 "내게서 떨어져, 저리 가!"라고 말했다. BLS/DAS 세트와 함께, 그녀는 완료되었다고 느낄 때까지 이 움직임을 몇 번 더 반복했다. 다음 체크인 때, 그녀는 "지금 내 몸에 엄청난 힘이 느껴져요!"라고 말하며 자신의 고통이 크게 줄었다고 말했다. 다음 몇 세트의 BLS/DAS 동안, 그녀는 팔과 가슴에 떨림을 느꼈다. 잠시 후 그녀는 개방적이고 자유롭고 완료된 느낌을 묘사했다.

다음 개입인 '민감소실 중 시퀀싱 및 소매틱 리패터닝'은 BLS/DAS 세트 사이의 체크인 중에 제공될 수 있는 일련의 진술들을 제공한다. 이러한 진술에는 순서가 정해져 있지 않다. 오히려 이러한 개념을 민감소실 중 신체 인식과 본능적인 움직임을 촉진하는 방법의 예로써 활용하는 것이 좋다.

■ 개입 18: 민감소실 중 시퀀싱 및 소매틱 리패터닝

나는 당신의 몸에서 강한 감각 [활성화, 긴장]을 느끼고 있다는 것을 알아차립니다. 당신의 처리를 돕기 위해 소매틱 개입을 탐색할 의향이 있나요?

- 재처리를 진행하면서 몸에서 어떻게 느끼고 있는지 주의를 기울여 보세요.
- 일어나는 것을 수정하거나 통제하려고 하지 말고 본능에 따라 몸이 움직이게 하세요.
- 몸은 단지 트라우마를 풀고 있을 뿐이니, 일어나고 있는 것을 따라가고 당신을 어디로 데려가는지 알아차리세요.

- 몸에서 일어나고 있는 흔들림이나 떨림에 주목하세요. 이러한 무의식적인 움직임은 트라우마의 정상적이고 건강한 해결입니다. 이러한 움직임이 자신의 시간 안에서 완료될 수 있도록 하세요.
- 완료된 느낌이 들 때까지 움직임의 충동을 천천히 마음챙김으로 따르세요.
- 필요한 만큼 공간을 차지해도 좋습니다. 일어서거나 몸을 움직여야 할 필요가 있다고 느낀다면, 나는 당신의 인도를 따를 겁니다.
- 여기서 소리를 내도 좋습니다. 이제 당신은 목소리를 낼 수 있어요.
- 당신의 과정을 완료하는 데 도움이 되는 최종 움직임이 있나요?

참고: 때때로 움직임 탐색 중에 내담자가 일어서는 경우가 있다. 이런 상황이 일어난다면 치료자도 일어서야 하지만, 옆으로 비켜서서 내담자가 탐색할 수 있는 공간을 주어야 한다. 내담자의 움직임 시퀀스가 완료되었다고 느껴지면 내담자가 새로운 인식을 알아차리도록 초대한다. 내담자가 소리를 내는 것을 쑥스럽게 느낀다면 내담자가 지지받는다고 느낄 수 있도록 치료자도 소리를 내는 것이 도움 될 수 있다.

막힌 처리를 위한 소매틱 인터위브

SOMATIC INTERWEAVES FOR STUCK PROCESSING

때때로 민감소실 단계 중에 신체 감각이 차단되거나 고착될 수 있다. 이로 인해 맴돌기looping 및 목표기억 재처리를 통한 성공적인 진행의 어려움이 발생할 수 있다. 목표기억은 장면/이미지, NC, 감정 및 신체 감각의 네 가지 필수 구성 요소를 가지고 있다. 내담자가 가장 많이 막히는 곳은 차단 믿음blocking belief이 있어서다. EMDR 치료자는 재처리가 계속될 수 있도록 변화를 촉진하기 위해 인지적 인터위브를 사용하는 것에 익숙하다. 그러나 인지적 인터위브는 내담자가 고착된 경험을 지나갈 수 있도록 돕기에 충분하지 않다. 감각은 직접적으로 작업되어야 한다. 이런 경우 치료자는 새로운 움직임이나 인식을 촉진하기 위해 소매틱 인터위브를 사용할 것이다.

한 사례를 살펴보자. 한 남성 내담자는 어린 시절 이웃에게 성폭행을 여러 번 당한 적이 있었다. 그는 고통스러운 장면, 생각, 감정을 처리했지만, 여전히 위장의 통증을 확인했다. 두세 세트의 BLS/DAS 후에도 통증이 사라지거나 변하지 않고 있었는데, 이것은 치료자에게 신체 감각이 고착되었음을 나타냈다. 치료자는 내담자가 차단된 감각을 작업해나가게 돕는 소매틱 인터위브를 제공했다. 격려와 함께 내담자는 그의 위장이 담고 있는 것을 손으로 표현할 수 있게 함으로써 위장에서의 감각을 탐색했다. 그는 두 손을 단단한 주먹으로 꽉 움켜쥐었다. 동시에 그의 입은 단단한 매듭처럼 오므려졌다. 치료자는 내담자의 몸짓과 표정을 관찰한 후 그가 소매틱 경험에 주의를 기울이게 안내했다. 내담자는 "나는 혐오감을 느껴요. 그가 내게 한 짓은 병적이고 잘못된 거였어요!"라고 말했다. 내담자는 "내 잘못이 아니었어요. 절대 내 잘못이 아니었어요."라고 말하며 울기 시작했다. 그의 복부에서 느껴지는 감각은 더 이상 고착되지 않았고, 그는 재처리를 계속할 수 있었다.

다음 개입인 '막힌 처리를 위한 소매틱 인터위브'는 내담자가 여러 세트 후 재처리에 반응하지 않는 고착된 신체 감각을 보고할 때 사용할 수 있는 대본으로 작성된 문장을 제공한다. 이러한 상호작용에는 순서가 없으며, 움직임이 시작되는지를 보기 위해 한 번에 하나의 문장을 사용한다. 하나의 소매틱 인터위브가 작동하지 않으면 또 다른 인터위브를 시도할 수 있다. 내담자가 고착된 감각의 변화나 움직임을 보고할 때 민감소실을 계속하기 위해, 30~45초 동안 BLS/DAS의 정상 세트를 재개한다. 서너 번의 인터위브 후에도 내담자가 계속 막혔다고 보고할 경우, 개입 3 '소매틱 고통의 컨테인먼트'를 이용해 회기를 종료하여 내담자의 신체에 안정을 주는 것이 중요하다.

■ 개입 19: 막힌 처리를 위한 소매틱 인터위브

당신은 지금 막힌 느낌인 것 같아요. 당신의 몸이 어떻게 당신의 처리가 다시 움직이도록 도울 수 있는지 탐색할 의향이 있나요?

- 그 감각에 인식을 가져오고 무엇이 일어나는지 알아차려 보세요. 당신의 신체 경험을 가장 잘 묘사하는 단어는 무엇인가요?
- 감각을 변화시키려고 시도하지 않고 단지 그 감각과 함께 머물러 보세요. 무엇이 일어나는지 알아차려 보세요.
- 강한 감각의 신체 부위로 심호흡을 해 보세요. 무엇이 일어나는지 알아차려 보세요.
- 이러한 감각과 자유롭게 연상해 보고, 생각, 단어 또는 이미지가 떠오를 경우 알아차려 보세요.
- 그 감각이 움직일 수 있다면 어떻게 움직일까요?
- 당신이 지금 느끼고 있는 자세를 과장해 보세요. 느린 움직임으로 해보고 무엇이 일어나는지 알아차려 보세요.
- 나는 당신이 [주먹을 꽉 쥐거나 발을 두드리는 것과 같은 주목할 만한 소매틱 신호를 묘사]하고 있는 것을 알아차립니다. 이 움직임의 속도를 늦추고 몸의 이 부분에서의 감각에 충분히 인식을 가져올 수 있나요?

- 그 감각이 말할 수 있다면 뭐라고 말할까요?
- 머리부터 발끝까지 당신의 몸을 스캔하여 중립적이거나 긍정적인 감각의 부위가 있는지 확인해 보세요. 당신의 인식을 새로운 감각으로 가져오고 지금 무엇이 일어나는지 알아차려 보세요.
- 지지를 위해 막힌 부위에 손을 올려놓는 것이 좋게 느껴질까요? 손을 몸의 이 부분에 얹어 놓을 수도 있고, 아니면 가벼운 압력을 가하는 것이 더 좋게 느껴질 수도 있어요. 다음에 무엇이 일어나는지 탐색해 보세요.
- 막힌 부위 주변의 공간을 상상해 보세요. 거기에 공간이 존재하도록 허락하면 무엇이 일어나는지 살펴보세요.
- 만약 당신의 손이 막힌 감각을 물려받아 표현할 수 있다면 그 손은 어떤 모습일까요, 혹은 어떻게 움직일까요?
- 몸 전체가 막힌 감각을 표현할 수 있게 하세요. 어떤 모양이나 자세가 이 감각과 가장 잘 어울리나요? 다음에 무엇이 일어나는지 알아차려 보세요.
- BLS/DAS로 Tac/AudioScan을 사용하는 경우, "감각의 막힌 부위 위에 진동기pulsers를 올려놓는 것이 좋게 느껴질까요?"를 물어본다.
- 이 막힌 감각이 당신 앞에 있는 이 의자에 앉아 있다고 상상해 보세요. 당신은 이 막힌 감각에게 뭐라고 말하고 싶나요? 이제 이 막힌 감각은 당신에게 뭐라고 답할 거라고 상상하나요? 지금 무엇이 일어나는지 알아차려 보세요.

참고: 내담자가 고착된 감각의 변화나 움직임을 보고할 때 민감소실을 계속하기 위해, 30~45초의 정상 BLS/DAS 세트를 재개한다. 내담자가 서너 번의 인터위브 후에도 고착된 느낌을 계속 보고하면

개입 3, '소매틱 고통의 컨테인먼트'를 사용하여 회기를 종료하는 것이 중요하다.

내부 및 외부 인식 사이의 진자운동

PENDULATION BETWEEN INTERNAL AND EXTERNAL AWARENESS

진자운동 개입은 트라우마 내용과 관련된 고통을 느끼는 것과 이후 안전감으로 지향하는 것 사이에서 주의를 왔다 갔다 하는 것을 포함한다. 소매틱 심리학과 EMDR 치료 모두 트라우마 재처리 중 다양한 진자운동 기법을 제공한다. EMDR 치료에서 나이프Knipe(2015)는 현재 지남력과 안전의 지속적인 주입을 제공하며, 이는 트라우마 내용에 관한 생각과 간헐적인 안전에 대한 인식을 번갈아 한다. 소매틱 심리학에서 로스차일드Rothschild(2000, 2010)는 내담자가 내부수용 감각에 압도되어 현재 순간에 대한 지각을 외부수용 인식으로 세밀하게 구분하는 능력을 상실할 때 홍수가 발생할 수 있다고 제안한다. 소매틱 경험(Levine, 1997, 2010)에서 적정titration의 개념은 긴장을 방출하는 것을 목표로 작은 양의 고통을 견딜 수 있는 양으로 경험하는 과정을 말한다. 적정은 신체에서 경험하는 안전의 느낌과 고통의 느낌 사이에서 번갈아 주의를 기울임으로써 이루어진다.

이러한 개입인 '내부 및 외부 인식 사이의 진자운동Pendulation Between the Internal and External Awareness'은 전통적인 프로토콜에서 내담자가 고착되거나 압도되거나flooded 해리되는 순간을 위한 소매틱 인터위브이다. 이 개입은 내담자가 고통스러운 감각에 대한 내부 인식과 치료실에 대한 외부 인식 사이에서 번갈아 주의를 기울이도록 하여 이중 집중을 재확립하고, 신체 안전을 회복하며, 그라운딩 되게 느낄 수 있도록 도와준다. 내담자가 내부 감각에 의해 압도되지 않고 트라우마 내용을 재처리할 수 있게 된 즉시, 당신은 표준 프로토콜로 돌아갈 수 있다. 대본으로 작성된 모든 개입과 마찬가지로 인내의 창과 관련된 신체의 활성화 수준에 주의를 기울이며 대본을 내담자 개인에게 맞게 조정한다. 이 개입에는 세 가지 단계가 있다.

■ 개입 20: 내부 및 외부 인식 사이의 진자운동

1단계: 내부 인식

나는 당신이 고통스러운 감각을 느끼고 있고 막히게 느끼고 있다는 것을 알 수 있어요. 당신이 안전하고 몸과 연결되게 느끼도록 돕기 위해 몇 가지 제안을 하고자 합니다.

당신이 몸에서 인식하고 있는 것을 묘사할 수 있는지 보세요. 모양, 색상, 온도 또는 질감이 있나요? 얼마나 큰가요? 이제 그 감각느낌felt sense에 맞는 암시 단어나 문구를 선택할 수 있는지 알아보세요.

내가 [고통스러운 감각의 암시 단어]를 말할 때, 그것이 당신 몸의 감각느낌felt sense과 공명하나요?

참고: 계속하기 전에 내담자가 감각느낌과 공명하는 암시 단어를 찾았는지 확인한다.

2단계: 외부 인식

자, 이제 당신의 인식을 치료실로 옮겨오기 바랍니다. 방을 둘러보고 무엇이 보이는지 말해 주세요. 당신이 방에서 알아차리는 색깔, 모양 또는 물건은 무엇인가요? 방 안의 장소를 찾아 당신이 단단하고, 안전하고, 그라운딩 되게 느낄 수 있도록 돕는 모든 것에 시선을 집중하세요. 이곳을 바라보면서 두세 번 호흡하세요. 이제 그 감각느낌에 맞는 암시 단어나 문구를 선택할 수 있는지 알아보세요.

내가 [외부 자원의 암시 단어]를 말할 때, 그것이 당신 몸의 감각느낌과 공명하나요?

참고: 계속하기 전에 내담자가 감각느낌felt sense과 공명하는 암시 단어를 찾았는지 확인한다.

3단계: 진자운동

이제 우리는 [고통스러운 감각의 암시 단어]와 [외부 자원의 암시 단어] 사이를 왔다 갔다 할 것입니다. 먼저 BLS/DAS를 추가하는 동안 [외부 자원의 암시 단어]에 주의를 가져오면서 시작합니다.

이제 잠시 동안 주의를 [고통스러운 감각의 암시 단어]에 가져올 수 있나요? 이것이 당신에게 너무 고통스럽다고 느껴지는 즉시 정지 신호를 사용하세요. [고통스러운 감각의 암시 단어]를 내려놓고 [외부 자원의 암시 단어]로 다시 충분히 인식을 가져올 수 있는지 확인하세요. [외부 자원의 암시 단어]에 충분히 연결될 때 내게 알려주면 BLS/DAS를 추가할 겁니다.

참고: 외부 자원에만 BLS/DAS를 추가한다. 이 시점에서 고통스러운 감각에 BLS/DAS를 추가하지 않는다. 자원 상태에 대한 암시 단어를 반복하여 내담자의 인식이 자원으로 돌아오게 초대한다. 자원이 오염되었다면 내담자가 고통스러운 감각에 대한 내성을 높일 때까지 자원을 계속 개발한다. 공황이나 압도와 같은 과각성의 징후와 졸음이나 안개가 낀 것 같은 저각성 및 해리 상태의 징후에 대해 내담자를 주의 깊게 추적한다. 내담자가 현재에 머물면서 고통스러운 감각에 지향할 수 있다면, 표준 프로토콜을

사용하여 고통스러운 내용을 재처리한다.

나는 당신이 이제 조금 더 오래 고통스러운 내부 감각에 머물 수 있다는 것을 알아차렸어요. 앞서 우리가 이야기 나누었던 기억에 대해 어떻게 작업해 나가는지 살펴볼까요?

참고: 30~45초 세트의 표준 프로토콜을 사용하여 그 고통에 BLS/DAS를 추가한다.

체화 및 통합EMBODIMENT AND INTEGRATION

치료의 마지막 단계는 몸과 마음에서 긍정적 인지(PC)의 통합을 촉진한다. 주입 단계에서 체화된 인식은 새로운 PC를 고정하는 데 도움이 된다. 그런 다음 과거와 현재의 모든 목표기억이 재처리되면, 세 갈래three-prong 프로토콜 중 세 번째 갈래인 미래 템플릿은 내담자가 긍정적인 변화를 그들의 삶에 가져올 수 있도록 도와준다. 치료자는 새로운 PC에 수반되는 감각느낌felt sense을 증가시키기 위해 내담자가 자세 및 움직임과 작업하도록 하는 개입을 이용하여 체화를 향상시킬 수 있다. 이 과정을 체화된 긍정적 인지로 생각한다. 그런 다음 BLS/DAS를 사용하여 이러한 긍정적인 경험을 강화할 수 있다. 긍정적인 변화조차도 자신과의 새로운 연결과 그들이 겪어 온 안전감 결여, 방치 또는 학대 사이의 대비를 느끼기 때문에 내담자에게 애도를 가져올 수 있음을 명심한다. 이 시점에서 내담자는 깊은 슬픔을 표현할 수 있다. 치료자는 이것이 고쳐야 하는 어떤 것이 아니라는 것을 인지하는 것이 중요하다. 오히려 상실감에 주의를 기울이는 것은 종종 수용, 감사, 용서 등의 감정과 함께 해결된다.

다음 두 가지 개입은 내담자가 체화된 PC를 개발하고 이를 치료실 밖에서 자신의 삶으로 가져가도록 돕기 위해 고안되었다. 첫 번째 개입인 '주입 중 체화된 통합'은 내담자의 PC를 이 새로운 인식과 일치하는 몸짓, 움직임 또는 자세와 통합한다. 내담자가 앉거나 서 있는 느낌을 탐색할 수 있도록 도와 이 체화된 PC의 통합을 심화시킬 수 있다. 설명에는 정해진 순서가 없으며, 주입 단계에 신체 인식을 가져오는 방법에 대한 지침을 제공한다. 이 경험을 강화하기 위해 BLS/DAS를 추가할 수 있다. 두 번째 개입인 '체화된 미래 템플릿'은 새로운 체화된 PC를 미래 시나리오에 고정하는 데 도움이 된다. 이 개입에는 두 가지 단계가 있다. 첫 번째 단계는 내담자가 새로운 체화된 PC와 함께 긍정적인 마음의 영화를 만들 수 있도록 돕는다. 미래 템플릿에서 내담자가 다가올 상황을 설명하고 그 상황에 대한 상세하고 사실적인 마음의 영화를 만들도록 할 수 있다. 이것이 효과가 있을 때까지 내담자와 논의한다. 내담자가 체화된 경험을 느낄 수 있도록 한다. 두 번째 단계는 내담자가 새로운 긍정적 상태를 완전히 통합하는 데 방해가 될 수 있는 장애물이나 장벽을 다루는 마음의 영화를 만들 수 있도록 돕는다. 내담자가 새로운 체화된 PC를 통합할 때 직면할 수 있는 가능한 어려움을 탐색하는 것이 중요하다. 두 마음의 영화 모두에서 전체 길이 동안 BLS/DAS를 추가하고, 그것을 3~5회 실행한다. 어떤 식으로든 경험이 부정적으로 바뀌면 BLS/DAS를 중지할 수 있도록 내담자에게 정지 신호를 사용하도록 한다.

■ 개입 21: 주입 중 체화된 통합

- 탐색해 보겠습니다. 잠시 시간을 내어 머리부터 발끝까지 당신의 몸을 스캔해 보세요. [사건 관련 PC]라는 말을 들었을 때 몸에서

무엇을 알아차리나요?

- [사건 관련 PC]와 관련된 새로운 신체 감각이나 감정을 알아차리나요?
- 몸 전체가 당신이 느끼고 있는 것을 반영하도록 하세요.
- 당신의 호흡에 인식을 가져옵니다. 달라진 것이 있나요? 당신의 호흡이 [사건 관련 PC]를 강화할 수 있는 방법은 무엇일까요?
- 지금 당신이 얼마나 그라운딩 되게 느끼는지 주목하세요. 발이 바닥에 어떻게 연결되어 있는지 감지하나요?
- 서 있는 것이 좋게 느껴질까요? 만약 당신이 서 있다면 당신의 몸과 마음에서 다르게 느껴질 수 있다는 것을 알아차릴 수도 있습니다.
- 이러한 새로운 느낌을 몸에 통합하는 데 도움이 되는 어떤 움직임이든 탐색해 보세요.

참고: 내담자에게 탐색할 시간을 준다. 그 과정을 서두르지 않는다.

■ 개입 22: 체화된 미래 템플릿

1단계: 긍정적인 미래 템플릿

[PC]와 함께 미래의 [다가올 상황]에 자신이 효과적으로 대처하는 모습을 상상해 보세요. 이 장면에 발을 들여놓는다고 상상해 보세요. 무엇을 보고 어떻게 그 상황에 대처하고 있는지 주목하세요. 당신이 생각하고, 느끼고, 몸에서 경험하고 있는 것에 주목하세요.

참고: 내담자가 이것을 마음의 영화로 상상하도록 초대하고, 전체

길이 동안 BLS/DAS를 추가하며, 그것을 3~5회 반복한다. 세트 사이에 내담자와 체크인하여, 긍정적인 상태에 오염이 있는지 확인한다. 긍정적인 상태가 증가하는 한 계속한다. 어떤 식으로든 경험이 부정적으로 바뀌면 BLS/DAS를 중지할 수 있도록 내담자에게 정지 신호를 사용하도록 한다. 더 많은 자원을 추가하거나 목표기억으로 작업할 잠재적인 장애물을 찾는다.

이제 당신이 신체와 연결을 유지하며 [PC]에 대해 생각하는 것을 기억하면서, BLS/DAS를 추가하는 동안 마음속으로 이 영화를 상상하기 바랍니다. 이 과정 동안 당신에게 맞는 방식으로 자유롭게 몸을 움직일 수 있어요. 언제 BLS/DAS를 시작할지 알려주고 영화가 완료된 때를 알려주면 BLS/DAS를 중지할 거예요. 우리는 나중에 체크인할 것입니다.

2단계: 장애물Bumps in the Road

참고: 일단 내담자가 마음의 영화에서 긍정적인 상태를 유지하는 데 성공하고 나면, 가능한 장애물이 있는 새로운 마음의 영화를 만드는 마지막 단계를 추가한다. 체화된 새로운 PC를 통합하는 동안 내담자가 직면할 수 있는 가능한 어려움을 탐색하는 것이 중요하다. 당신과 내담자는 장애물을 생각해 낼 수 있다. 내담자가 이러한 장애물을 처리하는 방법을 탐색할 수 있을 때까지 BLS/DAS 없이 먼저 내담자와 논의한다. 내담자가 더 많은 자원을 필요로 하는 경우 BLS/DAS를 추가하기 전에 그 자원을 마음의 영화에 추가한다. 내담자가 이 새로운 마음의 영화를 상상하도록 초대하고, 전체 길이 동안 BLS/DAS를 추가하며, 그것을 3~5회 반복한다. 세트 사이에 내담자와 체크인하여, 긍정적인

상태에 오염이 있는지 확인한다. 내담자가 상황을 성공적으로 처리할 수 있을 때까지 자원을 추가한다. 긍정적인 상태가 증가하는 한 계속한다.

이 경험에서 [가능한 장애물]이 일어난다면 어떻게 될까요?
이러한 상황에 효과적으로 대처하기 위해 필요한 자원은 무엇인가요?
이제 자신이 미래의 [시나리오]에 효과적으로 대처하는 모습을 상상해 보기 바랍니다. 새로운 체화된 긍정적인 믿음인 [PC]를 느끼고 필요한 자원을 가져오세요. 보이는 것에 주목하세요. 당신은 그 상황을 어떻게 대처하고 있나요? 당신은 무엇을 생각하고, 느끼고, 몸에서 경험하고 있나요?

참고: 내담자가 이 새로운 마음의 영화를 상상하도록 초대하고, 전체 길이 동안 BLS/DAS를 추가하며, 그것을 3~5회 반복한다. 세트 사이에 내담자와 체크인하여, 긍정적인 상태에 오염이 있는지 확인한다. 긍정적인 상태가 증가하는 한 계속한다. 어떤 식으로든 경험이 부정적으로 바뀌면 BLS/DAS를 중지할 수 있도록 내담자에게 정지 신호를 사용하도록 한다. 만약 마음의 영화가 긍정적이지 않다면 계속해서 더 많은 자원을 추가하거나 목표기억으로 작업할 잠재적인 장애물을 찾는다.

이제 우리가 BLS/DAS를 추가하는 동안 당신이 이 영화와 몸의 느낌, 그리고 PC를 상상해 보기 바랍니다. 이 과정 동안 당신을 지지하는 방식으로 자유롭게 몸을 움직일 수 있어요. 언제 BLS/DAS를 시작할지 알려주고 영화가 완료된 때를 알려주면 BLS/DAS를 중지할 거예요. 우리는 나중에 체크인할 것입니다.

결론CONCLUSION

이 장에서 우리는 RDI로의 체화를 강화하고, 감각을 기반으로 목표기억을 개발하며, 민감소실 중에 신체 리패터닝을 촉진하고, 주입 단계에서 PC를 체화하는 개입을 확인했다. 이 장의 개입은 EMDR 치료의 여러 단계를 통해 탐색될 수 있으며 필요에 따라 다시 검토될 수 있다. 그러나 가장 핵심적인 것은 EMDR 치료에 대한 체화된 접근 방식이 단순한 개입의 집합이 아니라는 것이다. 이러한 방식의 통합은 치료자의 체화에 의존하며, 이는 내담자를 위한 모델 역할 뿐만 아니라 치료적 관계의 기초를 제공한다. 대부분의 내담자는 이 장의 소매틱 개입으로 혜택을 받을 것이지만, 일부 내담자는 체화된 인식을 개발하기 위해 보다 미묘한 접근 방식이 필요할 수 있다. 이것은 내담자가 소매틱 감각과 관련된 것에 상당한 두려움을 가지고 있거나, 신체를 감지할 때 수치심으로 압도되거나, 신체에 배신감을 느끼거나, 해리 경향이 있을 때 그렇다. 이러한 주제는 애착 트라우마, 언어이전 기억의 목표기억 처리, 신체 인식을 통한 자아 상태ego states 확인, 재처리 중 해리 조절, 만성 통증이나 질병에 대한 작업, 무력화하는disempowering 삶의 경험에 대한 작업을 다루는 다음의 세 장에서 살펴본다.

제5장
복합 PTSD와 애착 트라우마
Complex PTSD and Attachment Trauma

이 장에서 우리는 어떻게 성인 내담자의 영아기infancy나 어린 시절에 발생한 트라우마 사건과 작업하는지를 탐색한다. 유아기early childhood 기억은 운동 패턴, 감각, 정서 상태, 정신생리적 각성으로서 저장된다는 것을 기억하라. 유아기 트라우마의 성공적인 치료는 내담자의 파트나 자아 상태ego states와 작업할 수 있는 능력이 필요하다. 많은 경우에 초기 발달의 목표기억targets과 작업하는 치료자는 기원을 모르는 감각이나 내담자가 자신의 유아기에 대해 들어온 이야기로 EMDR 치료를 용이하게 할 수 있게 편해져야 한다. 이러한 언어 이전의preverbal 기억과 작업하기 위해서 치료자는 내담자가 이러한 초기 대인 관계 교류interpersonal exchanges와 관련된 소매틱 경험에 접근하도록 도와야 한다. 이러한 EMDR 치료와 소매틱 심리학의 통합은 복합 PTSD complex PTSD와 애착 트라우마의 증상을 치료하는 데 효과적인 접근법을 제공한다.

복합 PTSD는 외상 스트레스에 장기간 노출된 결과로 발생하며 이는 단일 외상 사건으로 발생하는 전형적인 PTSD 증상들과 구별된다. 흔히 트라우마는 유아기나 청소년기와 같은 발달의 취약한 시기 동안에 발생하며 전형적으로 대인 관계의 트라우마이다. 예를 들어 개인은 성장 과정에서 만성적인 방임이나 학대, 가정폭력 노출을 경험했을 수 있다. 그러나 만성적인 트라우마는 보호 없이 괴롭힘을 당하거나, 진단되지 않거나 지원되지 않는 장애가 있거나, 옹호자 없이 차별당하는 지속적인 경험에서도 발생할 수 있다는 점을 명심하는 것이 중요하다. 모든 형태의 복합 PTSD에서 상처는 장기적이고 누적된 것이다. 트라우마 사건이 어린 시절에 일어났을 때, 이러한 초기 경험은 인지, 정서, 신체 발달에 영향을 미치는데 즉, 내담자의 정체성에 영향을 미칠 가능성이 더 크다.

애착 트라우마는 유아기와 어린 시절에 예측 불가능이나 방임, 학대의 반복된 패턴의 영향과 관련된 복합 PTSD의 한 유형이다. 애착 상처는 불안정 양가형insecure ambivalent, 불안정 회피형insecure avoidance, 혼란형disorganized으로 분류되어 왔다(Main & Cassidy, 1988). 앨런 쇼어Allan Schore(2001b) 박사의 정서 신경과학 및 연구는 이러한 각 애착 유형이 우세한 자율신경계autonomic nervous system 상태로 나타나는 정신생리적 특징을 갖는다고 제시한다. 자세히 한번 살펴보자.

- **불안정 양가형Insecure ambivalent:** 이 애착 유형은 양육자가 일관성 있게 이용 가능하지 않을 때 발생한다. 때로는 양육자가 통찰력 있고 반응적일 수 있으나, 다른 때에는 과민 반응하거나 침습적일 수 있다. 그 결과 아이는 양육자를 신뢰할 수 있는지에 대한 불안감과 불확실성을 갖게 된다. 아이가 성인이 되면서 이러한 불안정감insecurity과 불확실성은 더 큰 사회 세상으로 확장된다. 이러한 성인은 타인에게 지나치게 의존하지만, 관계에서 만족감이나 안정을 느끼는 능력이 부족할 수 있다. 이 애착 유형에서는 교감신경계sympathetic nervous system 상태가 우세하며, 개인이 상황에 더 감정적으로 반응하고 관계에서 거절을 느끼기 쉽다. 시겔Siegel(2011)은 인구의 약 10~15%가 불안정 양가형 애착 유형을 가지고 있음을 확인했다.
- **불안정 회피형Insecure avoidant:** 이 애착 유형은 양육자가 정

서적으로 이용 가능하지 않고, 반응이 없으며, 아이를 거부할 때 발생한다. 이 아이는 양육자와의 친밀감과 정서적인 연결을 피하면서 적응한다. 불안정 회피형 성인은 거리를 두거나 정서적으로 단절되거나 지나치게 자립적인 경향이 있다. 그들은 타인을 무시하거나 관계에서 친밀감을 유지하는 데 어려움을 겪을 수 있다. 배측 미주 부교감신경계dorsal vagal parasympathetic nervous system가 불안정 회피형 개인에서 우세하며 대인 간의 상호적인 조절을 억제한다. 시겔Siegel(2011)에 따르면 인구의 약 20%가 불안정 회피형 애착 유형을 가진다.

- **혼란형Disorganized or D 유형:** 이 애착 유형은 학대와 초기 트라우마의 경우와 같이 예측할 수 없는 양육자와 관련이 있다. 양육자의 행동은 압도적이고, 혼란스러우며, 지남력 상실disorientation이나 공포의 근원이다. 모든 아이는 고통을 겪을 때 양육자와 가까움이나 친밀함을 추구하게 생물학적으로 설정되어 있다. 그러나 이 경우 양육자는 공포의 근원이다. 이 상황은 아이가 해결할 수 없는 딜레마이기 때문에 이중 구속double bind이나 해법 없는 공포를 초래한다. 성인기에, 이러한 성인은 파트너와 가까워지길 원하나 거리를 유지하고 싶은 것처럼 이중 구속을 경험하기 쉽다. 이러한 개인은 불편한 감정을 다루기 위해 충동적이거나 공격적인 행동에 의존하는 경향이 있다. 관계는 그들이 학대자가 되거나 익숙하게 느껴지기 때문에 학대적인 파트너를 선택하는 것처럼 학대를 재연할 수 있다. 해결되지 않은 애착 트라우마를 가진 부모는 자녀를 두렵게 하는 행동을 할 가능성이 크다. 다시 말하지만, 배측 미주 부교감신경계dorsal vagal parasympathetic nervous system가 혼란형 개인에게 우세하다. 그러나 우리의 경험에 따르면 교감신경계 활동sympathetic activity의 불

안정한 분출이 내담자를 압도할 수 있고, 이는 그들이 더 셧다운 되게 이끈다. 시겔Siegel(2011)은 인구의 약 5-15%가 혼란형 애착 유형을 가진다고 보고한다.

시겔Siegel(2011)의 통계에 따르면 인구의 35%에서 50%가 일종의 애착 상처를 가지고 있다. 애착 유형은 영유아가 가족 환경에 적응하고 생존하도록 돕기 위해 발달한 전략으로 생각할 수 있다. 초보 엄마는 엄청난 정체성의 재구성reorganization을 겪는데, 이는 그 이행의 비가역적인 특성 때문에 위기처럼 느껴질 수 있다(Bailey, 1999, 2001; Walzer, 1995). 이 과정은 산후 우울증이나 불안에 대한 민감성을 포함하여 어머니가 정서적으로 취약하게 만들 수 있다. 게다가 아이들은 부모 자신의 어린 시절과 애착의 과거력에서 미해결된 일을 떠올리게 할 수 있다. 예를 들어 아기가 울 때 좌절감을 느끼거나 화를 내는 어머니는 자신의 어린 시절 상처에 대한 암묵 기억implicit memories 때문에 촉발될 수 있다. 혹은 아버지는 어린 시절 자신의 연약한 느낌을 결코 표현할 수 없었기 때문에 자기 아이의 슬픔을 참을 수 없다. 이러한 예는 치유되지 않은 애착 상처가 어떻게 한 세대에서 다음 세대로 애착 상처 전달의 기저가 되는지 보여 준다. 완벽한 부모는 없고 심지어 안정형 모-유아 애착조차도 부조화misattunements가 있다는 것을 기억하라. 더욱이 이러한 부조화는 발달 중인 아이가 삶에 수반되는 피할 수 없는 스트레스를 더 잘 다루도록 돕는데 목적이 있다.

완벽한 부모가 없는 것처럼 완벽한 치료자도 없다. 치료자와 관계적인 상처를 재연할 잠재성 때문에 애착 상처를 가진 내담자와 라포rapport를 발달시키는 것은 도전이 될 수 있다. 내담자는 치료자가 신뢰할 수 있고 예측할 수 있는지 확실히 하길 원하고 치료자를 시험할 수 있다. 유아기 트라우마와 성공적으로 작업하기 위해 치료자는 개인의 해결되지 않은 애착 상처가 어떻게 임상 사각지대에 기여할 수 있는지 알아야 한다. 예를 들어 치료자는 특정 감정에 조율하는 것을 피하거나, 무시하는 태도를 행동화하거나, 내담자를 구원하는 것에 말려들 수도 있는데-이 모든 것이 치료 과정을 방해할 수 있다. 이 시기에 치료자는 역전이를 통해 작업하고 자신의 불완전한 인간성에 자기-연민을 가져야 할 것이다. 요컨대, "치유자여, 당신 자신을 치유하라"는 모토는 자기-돌봄과 치료자가 내담자에게 제공하는 돌봄의 중요한 토대가 된다.

복합 PTSD와 애착 트라우마의 증상들

SYMPTOMS OF C- PTSD AND ATTACHMENT TRAUMA

수치심과 무가치감이 어린 시절 트라우마-위협적인 환경에서 사는 직접적인 결과-의 특징적인 증상이다. 애착 트라우마를 가진 내담자는 사회적 상실이나 버림, 단절로 유발된 정서 조절 장애를 경험할 수 있다. 어떤 경우에는 이러한 정서적인 고통이 자살 사고나 그들이 존재할 자격이 없다는 믿음으로 이어진다. 일부 내담자는 예측할 수 없는 어린 시절 환경에서 생존을 위해 과잉경계hypervigilance가 필요했기 때문에 신체 언어 및 표정의 미묘한 차이나 세부 요소를 추적하는 데 높은 민감도를 가질 수 있다. 게다가, 일부 내담자는 불편한 감각이나 기억, 감정을 차단하거나 밀어내는 방어적인 행동에 관여할 수 있다. 이러한 방어에는 부정denial이나 해리, 자해, 섭식 장애 또는 중독 행동이 포함될 수 있다. 더욱이 일부 내담자는 철수withdrawing나 비난, 밀어내기, 친구나 사랑하는 사람을 불필요하게 비난하는 것과 같은 비효율적인 대인 관계 역동을 발달시켜 왔을 수 있다. 역기능적인 가족 체계 내에서 학습된 패턴은 성인기에서 반복되는 경향이 있다. 결과적으로 내담자는 관계나 직업을 유지하는 데 어려움을 겪거나 자녀를 양육하는 데 고군분투할 수 있다.

복합 PTSD와 애착 트라우마에 대한 개입들

INTERVENTIONS FOR C- PTSD AND ATTACHMENT TRAUMA

복합 PTSD와 애착 트라우마 치료의 목표는 내담자가 자신의 감정, 취약한 감각, 어린 파트를 안전한 방식으로 연민으로 수용할 수 있는 체화된 자기감embodied sense of self을 발달시키도록 돕는 것이다. 상처의 대인 관계적인 특성을 고려할 때, 이 접근은 치료자와 내담자 사이의 관계적인 교류를 강조한다. 발달 트라우마를 해결하려면 안전하고 신뢰할 수 있고 연민 어린 치료적 관계가 필요하다. 애착 트라우마를 가진 내담자는 흔히 정서와 각성 둘 다의 조절 장애로 어려움을 겪는다. 성공적인 EMDR 치료 및 소매틱 심리학 치료는 내담자가 시시각각의 언어 및 비언어적인 의사소통의 상호적인 과정을 통해 새로운 조절 패턴을 배우도록 돕는 것을 포함한다.

이 장에서의 소매틱 개입은 EMDR 치료의 전체 8단계 내에서 애착 트라우마와 복합 PTSD의 증상을 다루기 위해 조정되었다. 예를 들어 과거력-청취 단계(1단계)는 치료자가 어떻게 핵심 소매틱 패턴과 만연하는 부정적 인지가 애착 상처 및 조기 발달 트라우마와 관련되는지를 이해하도록 돕기 위해 내담자의 유아기 과거력을 탐색한다. 준비 단계(2단계)는 내담자가 소매틱 경험을 초기 트라우마의 암묵 기억implicit memory을 갖고 있는 자기self의 자아 상태나 파트와 연결하게 돕는 것을 강조한다. 뿐만 아니라, 내담자를 유아기 트라우마의 재처리를 위해 준비시키는 현재-중심 자원으로서 치료적 관계가 강조된다. 평가 단계(3단계)는 치료자가 유아기 사건에 대한 이야기, 기원을 모르는 신체 감각 또는 전통적인 EMDR 치료 후에 해결되지 않는 만연한 인지로부터 언어 이전preverbal 및 비언어적nonverbal인 목표기억을 개발할 수 있는 도구를 제공한다. 민감소실desensitization 단계(4단계)는 유아기 트라우마를 가진 내담자는 해리 증상의 위험이 더 크기 때문에 정신생물학적인 조절이 필요함을 강조한다. 여기서는 재처리 동안에 내담자가 조절 상태를 유지하고 인내의 창window of tolerance 내에 머물도록 돕기 위해 관계적, 감각적, 움직임의 인터위브interweaves에 중점을 둔다. 치료의 마지막 단계는 긍정적인 변화를 세상에서 오늘날의 자기감sense of self에 통합시키도록 돕는다.

복합 PTSD와 애착 트라우마에 대한 과거력 청취

HISTORY TAKING FOR C- PTSD AND ATTACHMENT TRAUMA

과거력-청취 단계는 치료자가 발달의 가장 초기 단계와 관련된 가능한 목표기억을 탐색함으로써 어린 시절 트라우마와 애착 상처에 관련된 사례 개념화를 할 수 있게 돕는다. 눈 맞춤, 신체 자세, 음성 톤과 같은 내담자의 비언어적인 의사소통에 주의를 기울이면 내담자의 시시각각의 상태 변화를 추적하는 데 도움이 된다. 이것은 내담자가 압도되는 경우 치료자가 회기의 속도를 늦추도록 할 수 있다. 치료자는 내담자가 신체와 감정에 연결된 상태로 머무르게 도와주는 데 초점을 맞춰야 할 수 있다. 이 단계에서 체화된 경험에 대한 세심한 조율이 치료자에게 애착을 가지는 것에 대한 내담자의 두려움을 강조하거나 치료자가 관계적인 재연을 인식할 수 있게 도울 수 있다.

고전적으로 심리학은 프로이트Freud의 정신성적발달psychosexual development 단계나 에릭슨Erikson의 정신사회발달psychosocial development 단계처럼 발달이 단계적으로 일어난다는 것을 오랫동안 인정해 왔다. 또한 역사적으로 소매틱 심리학은 이러한 발달단계 동안 상처의 잔재인 몸에서의 긴장이나 무너짐collapse의 패턴을 가지고 있다는 것을 인정해 왔다. 이러한 소매틱 패턴은 어린 시절에 학습된 초기 믿음과 관련이 있다. 우리의 목적을 위해 우리는 산전 및 주산기prenatal and perinatal, 영아기 및 의존기infancy and dependence, 관계의 독립기independence라 부르는 초기 아동 발달의 세 단계를 구분한다. 다음 각 단계에 관련될 수 있는 몇 가지 흔한 목표기억과 소매틱 패턴 및 믿음에 대해 살펴보자:

- **산전 및 주산기 단계Prenatal & perinatal stage:** 임신 동안 발달 중인 아기는 안전하고 보호받는다고 느껴야 한다. 산모가 위험한 환경에서 지내거나, 약물이나 알코올을 사용하거나, 영양 및 의료와 같은 적절한 지원을 받을 수 없거나, 임신이 원하지 않는 것이라면, 이 안전에 대한 중대한 위협이 발생한다. 침습적이거나 원치 않는 의학적 개입을 포함하여 출산 중의 합병증에 대한 평가도 중요하다. 게다가 산모가 자신의 해결되지 않은 트라우마를 가지고 있는 경우 영아는 더 큰 위험에 처하게 된다. 소매틱 심리학의 관점에서 이 발달의 단계에서 트라우마가 발생하면 내담자는 해리되거나 신체와의 연결이 부족한 경향을 보인다. 개인의 에너지는 마치 자기를 함께 붙들고 있는 것처럼 관절과 근육에 긴장을 유지하는 경향으로 몸의 중심부에 얼어붙을 수 있다. 이 내담자는 흔히 신뢰의 부족이나 세상에 속하지 않는다는 일반적인 느낌으로 부담을 겪는다.
- **영아기 및 의존기 단계Infancy and dependence stage:** 생애 첫해에 발달 중인 영아는 양육과 돌봄의 경험을 위해 주 양육자, 보통 어머니에게 전적으로 의존한다. 이러한 초기 경험을 통해 영아는 세상이 신뢰할 만하고 믿을 수 있다는 것을 알게 된다. 이 발달 단계에서 발생할 수 있는 위협에는 주 양육자에 의해 거

부되거나, 주 양유자와 장기간 분리를 경험하거나, 중대한 의학적 문제를 겪거나, 안전하지 않거나, 위협적인 환경에서 생활하는 것이 포함된다. 또한 산모가 산후 우울증을 겪었는지, 그 시기에 가족 중에서 사망이 일어났는지, 또는 산모가 아기에게 애착을 갖고, 함께하고, 먹여주고, 돌보는 능력을 방해하는 다른 사건들이 있었는지 확인하는 것이 중요하다. 양육자가 수유나 접촉에 대해 너무 엄격하거나 일정이 짜여 있을 때 아기는 자기 신체의 자연스러운 리듬과 감각과의 연결을 발달시키기 어려울 수 있다. 소매틱 심리학의 관점에서 이 발달 단계에서 트라우마가 발생할 때 내담자는 위쪽 가슴과 어깨의 무너짐collapse, 척추를 통한 지지의 부족, 팔이나 다리의 강직rigidity을 나타낼 수 있다. 영아기에 트라우마가 있는 내담자는 무기력감이나 거부의 느낌을 보고할 수 있고, 그들이 지지받을 가치가 없거나 그들의 요구needs를 결코 충족시키지 못할 것이라는 부정확한 믿음을 가질 수 있다.

- **관계의 독립기 단계Independence in relationship stage:** 유아가 걷기를 배우고 점점 더 움직이게 되면서 의지력, 자율성, 지속적인 연결과 관련된 새로운 욕구needs가 일어난다. 이 단계는 18개월에서 2세 무렵에 시작한다. 이 어린아이는 부모나 양육자와의 연결감을 잃는 두려움 없이 독립된 자기self로서 보여지는 기본적인 욕구가 있다. "내가 되는 게 괜찮다."는 것을 알고자 하는 깊은 욕구가 있다. 아이는 세상을 탐험하는 동안에 과잉보호나 제한되는 것이 아닌 보호받는다고 느껴야 한다. 양육자는 아이가 느낌과 감각을 인지하도록 돕고 욕구의 건강한 표현을 알려준다. 이 발달 단계에서의 중대한 위협에는 학대나 방임, 배변 훈련 전후 아이의 수치심이나, 만성적인 힘겨루기가 포함된다. 사랑이 아이의 성과에 달려 있거나, 경계가 지속적으로 침

해되거나, 부모가 아이의 요구를 무시하거나 묵살할 때 추가적인 우려가 발생한다. 어떤 아이들은 과잉보호되고 독립적인 자기감sense of self을 발달하게 허용되지 않는 반면에, 다른 아이들은 너무 빨리 성장할 것으로 기대된다. 소매틱 심리학의 관점에서 이 발달 단계에서 트라우마가 발생하면 내담자는 몸의 상반신과 하반신 사이의 분할을 나타낼 수 있다. 예를 들어 상체에는 긴장을 유지하고 하체는 탄력tone이 부족할 수 있다. 또는 상체는 무너지고collapse 골반, 고관절 굴근hip flexors과 엉덩이에 긴장을 유지할 수도 있다. 그러한 개인은 흔히 집어삼켜짐engulfment의 두려움이나 사랑이 성과에 기반을 둔다는 믿음으로 부담을 느낀다.

다음의 목록은 치료자가 가능한 언어 이전preverbal이나 비언어적인 nonverbal EMDR 치료의 목표기억을 찾고, 사례 개념화를 수립하며, 이러한 발달의 세 단계와 관련된 치료 계획을 세우는 것을 돕는다.

발달 단계 및 관련된 잠재적 목표기억
Developmental Stages and Related Potential Targets

산전 및 주산기 단계Prenatal and Perinatal Stage

- 내담자는 원치 않는 임신의 결과이다.
- 내담자의 어머니는 임신 중에 언어적이나 신체적 학대를 경험했다.
- 내담자의 어머니는 임신 중에 약물이나 알코올을 사용했다.
- 내담자의 어머니는 임신 중에 의학적 치료가 부족했다.
- 내담자의 부모는 어머니의 임신 중에 가족 내 별거나 이혼, 질병, 사망과 같은 관계의 상실을 경험했다.

- 내담자의 어머니는 임신 중에 우울증을 겪었다.
- 내담자의 어머니는 임신 중에 의학적 문제를 겪었다.
- 내담자는 조산premature birth이었다.
- 출산 과정에서 합병증이 있었다.
- 내담자의 출생 중에 원치 않거나 침습적인 의학적 개입이 있었다.
- 내담자는 영아 때 인큐베이터에서 시간을 보냈다.
- 내담자가 입양-관련 염려나 문제가 있다.
- 부모가 아들을 원했으나 딸을 갖게 된 것처럼 성별-관련 스트레스가 있었다.
- 내담자의 어머니는 해결되지 않은 PTSD가 있었다.

핵심 요구Core need: 내가 존재하는 것은 안전하다.

소매틱 패턴: 중심부에 얼어붙음, 관절과 근육에 긴장, 자기를 함께 붙들고 있는 감각.

가능한 NCs: "나는 세상을 믿을 수 없다", "나는 속하지 않는다", "나는 존재하지 않아야 한다", "나는 원하는 사람이 아니다"

영아기 및 의존기 단계Infancy and Dependence Stage

- 내담자는 출생 후 영아로서 거부되었다.
- 내담자는 출생 후 어머니와 장기간 분리를 경험했다.
- 내담자의 부모는 내담자의 출생 시기 무렵에 발생한 죽음에 대해 슬퍼하고 있었다.
- 어머니나 영아인 내담자에게 의학적 합병증이 있었다.
- 내담자의 어머니는 산후우울증을 겪었다.
- 내담자는 영아로서 방임이나 학대를 겪었다.

- 내담자는 영아로서 어머니나 아버지에게 거부되었다.
- 내담자의 어머니 및/또는 가족에 대한 지지가 부족하거나 부재하였다.
- 내담자는 쌍둥이 또는 세쌍둥이였고 가족에서 지지가 부족하였다.

핵심 요구: 세상은 신뢰할 수 있다.
소매틱 패턴: 위쪽 가슴과 어깨가 무너짐collapse, 척추를 통한 지지의 부족, 팔과 다리의 경직rigidity
가능한 NCs: "나는 지지를 받을 가치가 없다", "나는 내 요구를 충족시킬 수 없다", "나는 혼자서는 해낼 수 없다", "나는 부족하다"

관계의 독립기 단계Independence in Relationship Stage

- 내담자는 아이로서 환경을 탐험하게 허용되지 못했다.
- 내담자는 아이로서 과잉보호되었다.
- 내담자는 어린 시절 적어도 한 부모와 만성적인 힘겨루기를 경험했다.
- 내담자는 어린 시절 정서적으로 안전하다고 느끼지 못했다.
- 내담자는 아이로서 무시되거나 수치심을 느꼈다.
- 내담자는 너무 많은 규칙이 있는 가정에서 자랐고 순응해야만 했다.
- 내담자는 규칙과 제한이 없는 가정에서 자랐다.
- 내담자는 경계가 없는 가정에서 자랐다.
- 내담자는 어린 시절 방임이나 학대를 경험했다.
- 내담자의 부모는 배변 훈련이나 수면 전환transitions과 같은 어린 시절 내담자의 발달 요구에 대해 잘 조율하지 못했다.

핵심 요구: 내가 되는 게 괜찮다.

소매틱 패턴: 몸의 상반신과 하반신 사이의 분할, 상체에는 긴장을 유지하고 하체는 탄력이 부족함, 또는 상체는 무너지고 골반, 고관절 굴근과 엉덩이에 긴장이 유지됨.

가능한 NCs: "나는 사랑받기 위해 해내야 한다", "나는 사랑받기 위해 당신을 돌봐야 한다", "나는 나 자신을 보호할 수 없다", "내가 되는 것은 괜찮지 않다", "나는 사랑스럽지 않다"

과거력 청취를 위한 유아기 발달 조사
Early Childhood Development Inquiry for History Taking

유아기 트라우마를 가진 내담자와 작업할 때, 이 초기 발달 단계의 영향을 이해하기 위해 철저한 과거력 청취가 중요하다. 성인 애착 면접Adult Attachment Interview(George, Kaplan, & Main, 1996)과 달리 다음의 과거력-청취 도구인 유아기 발달 조사Early Childhood Development Inquiry는 표준화된 평가 도구가 아니다. 오히려 이 조사의 목적은 당신이 내담자의 유아기 과거력을 이해하는 데 도움이 되는 대화를 촉진하는 것이다. 이러한 질문은 당신에게 내담자의 초기 삶에서 가족 체계와 주 양육자와의 관계의 질에 대한 개관을 제공하기 위한 것이다. 이 조사는 당신이 가능한 유아기 EMDR 치료 목표기억의 목록을 만들고, 사례 개념화를 수립하고, 치료 계획을 발달시키도록 도울 것이다.

진행하면서 내담자 대답의 내용만이 아니라 그들의 정서, 각성 상태, 비언어적인 의사소통을 포함해서 그들이 어떻게 반응하는지의 과정 또한, 주의를 기울여라. 예를 들어 내담자의 소매틱 및 정서적 단서를 관찰하면 당신은 질문의 진행 속도를 조절할 수 있을 것이다. 일부 내담자는 이러한 질문을 일관되게 한 회기 내에서 대답할 수 있다. 그러나 다른 내담자는 명확하고 설득력 있는 이야기를 하지 못할 수도 있다. "별일 아니었어요, 전혀 신경 쓰이지 않아요, 원래 그래요."와 같은 말로 일축하는 것에 주목하라. 내담자가 처리 중에 감정적으로 압도되는지 주목하고 해리의 미묘한 징후를 추적하라. 고통을 나타내는 목소리 톤, 자세, 몸짓의 변화에 주의를 기울여라. 추가적으로 당신은 준비 단계preparation phase에서 RDI로 중요한 협력자가 될 조부모나 친구, 이웃과 같은 내담자의 중요한 자원을 발견할 수 있다.

과거력-청취 도구:
유아기 발달 조사Early Childhood Development Inquiry

어린 시절을 묘사하기 위해 당신은 어떤 단어를 사용할까요?

가족에는 누가 있었나요?

누가 당신을 돌보았나요?

형제자매가 있다면, 당신은 몇 째인가요? 이 관계는 어땠나요?

어머니의 임신과 당시 가정생활에 대해 무엇을 알고 있나요?

당신의 출생이나 영아기에 대해 어떤 얘기를 들어왔나요?

당신은 원하는 임신으로 태어났나요?

어머니(또는 새어머니)에 대해 말해 주세요. 어머니(또는 새어머니)에 대한 가장 초기 기억은 어떤 걸까요? 자라면서 어머니와 어떻게 지냈나요? 현재 살아 계시다면 지금은 어머니와 어떻게 지내나요?

아버지(또는 새아버지)에 대해 말해 주세요. 아버지(또는 새아버지)에 대한 가장 초기 기억은 어떤 걸까요? 자라면서 아버지와 어떻게 지냈나요? 현재 살아 계시다면 지금은 아버지와 어떻게 지내나요?

어린 시절 동안에 다른 중요한 양육자가 있었나요? 그 관계를 설명해 주세요. 그 사람에 대한 가장 초기 기억은 어떤 걸까요? 자라면서 그 사람과 어떻게 지냈나요? 현재 살아 계시다면 지금은 그 사람과 어떻게 지내나요?

당신이 속상했을(슬픔, 화남, 두려움, 아픔, 상처받음) 때 양육자는 어떻게 반응했나요? 그들이 뒤로 물러났나요, 아니면 안아주었나요? 위로를 느꼈던 것이 기억나나요, 아니면 혼자 남겨졌나요? 당신이 기분 나쁠 때, 그들이 더 기분 나빠했나요? (이 각각의 감정을 내담자의 각 소매틱 반응에 주의를 기울이면서 개별적으로 탐색하라.)

당신이 행복하거나 신났을 때 양육자는 어떻게 반응했나요? 당신의 부모님은 당신의 열정에 함께했나요, 아니면 당신의 기쁨을 꺾었나요? 당신은 행복하도록 지지받는다고 느꼈나요?

양육자는 아이로서의 당신을 어떻게 훈육하거나 훈육하지 않았나요? 훈육에 대해 당신은 어떻게 반응했나요?

양육자와 처음 분리되었던 기억에 대해 말해 주세요.

어린 시절에 당신은 많이 활동적이었나요?

당신이 사회에서 연결된 주목할 만한 긍정적인 멘토나 중요한 사람이 있었나요? 이 관계를 당신은 어떻게 설명할까요?

수치심과 작업하기 WORKING WITH SHAME

수치심은 흔히 유아기 트라우마를 동반한다. 어린아이는 세상에서 안전과 유대감을 위해 양육자에게 전적으로 의존한다. 양육자가 무섭거나 학대적이거나 이용 가능하지 않을 때, 아이들은 누구의 잘못인지에 대해 혼란을 느낄 수 있다. 아이들은 폭력이나 학대를 목격할 때, 자신이 나쁘다고 느낀다. 안정적인 애착이 결여되었거나, 학대를 당했거나, 어린 시절에 방임되었던 성인은 종종 자신을 문제로 비난한다. 어떤 경우에는 수치심이 기저의 공포terror로부터 내담자를 보호하게 느끼는 더 안전한 감정이 될 수 있다(Knipe, 2009).

수치심은 잘못했거나, 가치가 없거나, 손상되었거나, 실패했다는 왜곡된 자기감sense of self에 근거한다. 다른 어려운 감정과 마찬가지로 내담자가 수치심의 신체감각에 연결되도록 돕는 것이 중요하다. 흔히 수치심을 치유하는 데 가장 어려운 부분은 신체의 감각느낌felt sense을 견디는 것이다. 이 감정에 흔히 동반되는 참을 수 없는 혐오감은 말로 설명하기가 어려울 수 있다. 내담자는 전반적인 불편감을 경험할 수도 있다. 수치심이 올라올 때, 그것과 작업하는 첫 단계는 연민 어린 태도로 그 감정을 찾고 이름 붙이는 것이다. 중요하게도 수치심은 치료가 너무 빠르게 진행되면 쉽게 간과될 수 있는 감정이다. 치료자는 주제를 바꾸려는 내담자의 충동이나 내담자를 구하거나 수치심을 없애려는 욕구를 알아차릴 수 있다. 그러나 내담자가 안전한 치유 환경에서 수치심의 감정을 안전하게 통과해 나가도록 하는 것은 강력할 수 있다. 치료자는 내담자와의 역전이나 소매틱 공명에 대한 인식awareness을 가져오기 위해 그 과정 전반에 걸쳐 자신의 몸을 인식하는 것이 중요하다. 치료자는 내담자와 셧다운shut down 되는 경향을 느끼고 회기 동안 조절된 상태를 유지하기 위해 호흡과 그라운딩 기법으로 자원에 머물러야 할 수도 있다. 치료자는 내담자에게 이것을 모델링하고 내담자도 똑같이 하도록 격려할 수 있다.

내담자가 수치심을 동반하는 신체적 불편감에 대한 내성을 기르도록 돕기 위해, 개입 12, 정서와 감각 내성Affect and Sensation Tolerance 및 개입 13, 고통과 자원 상태 RDI 사이의 진자운동Pendulation Between Distress and Resource States RDI으로 돌아가는 것이 중요할 수 있다. 게다가 다음 개입인 '수치심에 대한 관계적인 조율Relational Attunement for Shame'은 어떻게 수치심을 다루고 내담자의 수치심에 대한 내성을 기르는 지에 대해 예시가 되는 진술을 제공한다. 치료적 관계에서 안전과 라포rapport를 만드는 것은 수치심과의 작업에서 중요한 요소이다. 이 대본에는 정해진 순서가 없고 이 진술은 EMDR 치료의 모든 단계에서 유용하다.

■ 개입 23: 수치심에 대한 관계적인 조율

지금 당신이 부끄러움(역자 주: 수치심과 작업 시, 수치심이라고 명시적으로 명명할 필요는 없으며 특히 초기에 치료자가 수치심을 너무 직접적으로 언급하면 환자가 압도될 수 있어 주의가 필요함. 대신 치료자는 단절감, 당황스러움mortified, 멈춤shutdown 등으로 표현할 수 있음. 이를 고려하여 대본에서는 내담자에게 사용하는 용어로 수치심을 부끄러움으로 번역함)을 느끼고 있는 것처럼 보입니다. 부끄러움은 정상적이고 자연스러운 감정입니다. 잠시 시간을 갖고 몸에서 그것을 느껴 보세요. 어떤 것을 알아차리나요?

우리는 방금 당신이 부끄러움을 느끼기 시작했던 힘든 기억에 관해 얘기를 나누고 있었습니다.

부끄러움을 견디기 위해 당신의 몸은 어떤 것이 필요할까요?

당신은 당신이 나쁘다고(잘못했다고) 생각하는 것 같습니다. 당신은 단지 아이였습니다. 그들이 어른이었고요. 이 힘든 느낌을 견디기 위해 지금 당신은 어떤 지지가 필요한가요?

지금 당신의 몸에서 무엇을 알아차리나요? 지지를 위해 당신 몸의 이 부분에 당신의 손(또는 쿠션)을 가져와서 대는 게 좋게 느껴질까요?

당신은 얼굴을 감추고 싶어 하는 것 같습니다. 지금 당신을 지지하는 어떤 움직임의 충동이든지 따라서 해 보세요.

만약 내가 시선을 돌려 잠시 여기를 바라보면 [아래를 바라보거나 한쪽을 봄], 무슨 일이 일어나는지 알아차려 보세요. 어떤 것을 알아차리나요? 당신의 몸에서는 어떻게 느끼나요? 나는 시선을 돌리고 있지만, 여전히 여기서 당신과 함께합니다. 내가 당신을 다시 바라보기를 원한다면 알려 주세요.

참고: 수치심이 일어날 때, 내담자는 취약하고 과도하게 노출되었다고 느낄 수 있다. 치료자는 의식적으로 내담자로부터 시선을 돌리면서 수치심을 느끼는 내담자와 작업할 수 있다. 이 마지막 진술은 관계적인 안전을 만드는 방법으로써 치료자의 시선과 내담자와의 눈 맞춤을 의식적으로 사용하면서 탐색해 보게 한다. 내담자가 당신이 시선을 돌릴 때를 알게 하여 당신이 그들에게 공간을 제공하고 있음을 이해하도록 하는 것이 중요하다. 그렇지 않으면 내담자는 그 과정에서 버림받았다고 느낄 수도 있다. 내담자의 요구를 따르고 내담자가 눈 맞춤이 준비되면 당신의 시선을 돌아오게 한다. 당신은 내담자에게 타이밍을 맡기면서 내담자를 바라보는 것과 내담자로부터 시선을 돌리는 것이 어떻게 느껴지는지 실험을 지속할 수 있다.

몸에서의 안전 만들기BUILDING SAFETY IN THE BODY

때때로 몸이 안전한 장소가 아니고 내담자는 몸과의 연결을 찾거나 유지하는 데 어려움을 겪을 수 있다. 예를 들어 어릴 때 학대를 견뎠던 내담자는 몸이 그들을 배신했다고 느낄 수도 있는데, 특히 성적 학대를 당했고 성적 트라우마 동안 쾌감을 느꼈다면 더욱 그럴 수 있다. 몸을 감지하고 느끼는 과정은 수년간 자신의 몸을 느끼는 것을 피하려고 애써온 내담자에게 혼란스러울 수 있다. 그들은 그들이 느끼고 있는 감각을 두려워할 수 있다. 일부 내담자는 자신을 지나치게 억제하거나 감각으로부터 단절되게 이끄는 강력한 방어를 발달시켜왔을 수 있다. 다른 내담자는 조절이 되지 않거나 감각과 감정에 압도될 수 있다. 그러나 두 상황 모두에서 내담자는 어떻게 신체와 마음챙김으로 연결하는지 모를 수 있다. 내담자가 해리되지 않고 감각과 감정을 견디는 자신의 능력에 대한 신뢰를 쌓을 수 있도록 몸의 인식을 서서히 발달시키는 것이 중요하다.

내담자가 몸에서의 안전을 만들게 돕는 한 가지 방법이 트라우마와 해리의 신경생리학neurophysiology에 대한 심리교육이다. 만약 내담자가 그들의 몸이 그들을 보호하기 위해 연결되어wired 있음을 이해한다면 감각을 덜 두렵게 느낄 것이다. 이 정보와 함께 치료자는 내담자가 자신의 인내의 창을 배워서 자신을 안전하게 유지하는 파트너가 될 수 있도록 돕는다. 또한 그것은 내담자가 인내의 창을 벗어나거나 해리 증상을 경험할 때에 대해 치료자와 의사소통하는 방법을 제공할 수 있다. 치료자는 나이프Knipe(2015)의 머리 뒷면 척도Back of the Head Scale [역자 주- 내담자 얼굴의 14인치(약 36cm) 앞(현재 여기에 치료자와 치료실에 머물고 있음을 완전히 인식함)에서부터 내담자의 머리 뒷면(마음이 과거의 기억에 완전히 빠져있는 해리 상태)까지 선이 있다고 생각하고, 내담자가 바로 그 순간에 어디에 있는지 손으로 가리키게 하여 현재 상황의 안전에 어느 정도 지향하고 있는지를 측정하는 방법. 나이프는 트라우마-초점 작업을 진행하기 위해서는 최소 얼굴 앞에서 3인치(약 8cm) 이상의 위치가 필요하다고 제시함]를 사용할 수 있는데 이는 내담자가 그들의 손으로 치료자에게 자신이 얼마나 해리되거나 현재에 머물게 느끼는지 비언어적으로 보여 줄 수 있게 한다.

게다가, 치료자는 예리한 관찰자가 되어 내담자가 잠재적인 해리를 나타내는 미묘한 소매틱 단서를 인식하도록 도울 수 있다. 예를 들어 내담자가 반복적으로 하품하거나, 자세의 톤이 감소하거나, 안개가 끼고 졸린 느낌을 나타낼 수 있다. 또한 치료자는 내담자에게 일어날 수 있는 일에 대한 가능한 지표로서 치료자 자신의 신체 감각과 각성 상태 변화에 세심한 주의를 기울인다.

다음의 개입인 '몸에서의 안전 만들기Building Safety in the Body'는 내담자가 자기-접촉self-touch을 통해 마음챙김으로 소매틱 인식을 할 수 있게 돕는다. 내담자가 그들의 몸에서 발견하는 감각을 견딜 수 있도록 한 번에 몸의 한 부분과 작업하면서 이 개입을 더 작은 조각으로 나누어야 할 수도 있다. 어떤 감각에도 연결될 수 없는 내담자는 해당 부위를 부드럽게 마사지하여 더 많은 인식을 촉진할 수 있다.

■ 개입 24: 몸에서의 안전 만들기

손바닥을 모아서 열이 느껴질 때까지 힘차게 문지르세요. 이제 오른손을 왼쪽 어깨에 올려놓으세요. 잠시 시간을 내어 어깨 위에 손이 연결되는 것을 느껴 보세요. 손의 온기를 느낄 수 있나요? 다른 감각도 느끼나요? 큰 소리로 또는 혼잣말로 "나는 내 어깨를 감지하고 느낀다."라고 말할 수 있습니다.

참고: 내담자가 움직일 준비가 될 때까지 이 연결을 마음챙김으로 관찰하게 한다. 그들이 상완, 팔꿈치, 하완, 손에서 잠시 멈추도록 초대한다. 내담자가 자신에게 이 진술을 말하는 동안 각 신체 부분의 감각느낌felt sense과 연결되도록 초대한다. 만약 내담자가 어떤 감각도 느낄 수 없다면 더 많은 인식을 촉진하기 위해 그 부분을 부드럽게 마사지하도록 지시한다. 좌우를 바꾸기 전에 내담자가 왼쪽 팔과 오른쪽 팔의 차이를 마음챙김으로 알아차리도록 한다.

잠시 시간을 내어 왼팔 전체를 느껴보고, 이쪽이 오른팔과 관련하여 어떻게 느끼는지 알아차려 보세요.
이제 좌우를 바꾸세요. 손바닥을 모아서 열이 느껴질 때까지 힘차게 문지르세요. 이제 왼손을 오른쪽 어깨에 올려놓으세요. 잠시 시간을 내어 어깨 위에 손이 연결되는 것을 느껴 보세요. 손의 온기를 느낄 수 있나요? 다른 감각도 느끼나요? 큰 소리로 또는 혼잣말로 "나는 어깨를 감지하고 느낀다."라고 말할 수 있습니다.

참고: 내담자가 움직일 준비가 될 때까지 이 연결을 마음챙김으로 관찰하게 한다. 그들이 상완, 팔꿈치, 하완, 손에서 잠시 멈추도록 천천히 초대한다. 내담자가 자신에게 이 진술을 말하는 동안 각 신체 부분의 감각느낌felt sense과 연결되도록 초대한다. 만약 내담자가 어떤 감각도 느낄 수 없다면, 더 많은 인식을 촉진하기 위해 그 부분을 부드럽게 마사지하도록 지시한다. 다리로 이동하기 전에 내담자가 두 팔의 경험을 마음챙김으로 알아차리도록 한다.

잠시 시간을 내어 두 팔을 느껴보고, 몸의 나머지 부분과의 관계를 알아차려 보세요.
이제 손바닥을 모아서 열이 느껴질 때까지 힘차게 문지르세요. 이제 두 손을 왼쪽 허벅지에 올려놓으세요. 잠시 시간을 내어 허벅지 위에 손이 연결되는 것을 느껴 보세요. 손의 온기를 느낄 수 있나요? 다른 감각도 느끼나요? 큰 소리로 또는 혼잣말로 "나는 허벅지를 감지하고 느낀다."라고 말할 수 있습니다.

참고: 내담자가 움직일 준비가 될 때까지 이 연결을 마음챙김으로 관찰하게 한다. 그들이 무릎, 종아리, 발에서 잠시 멈추도록 천천

히 초대한다. 내담자가 자신에게 이 진술을 말하는 동안 각 신체 부분의 감각느낌felt sense과 연결되도록 초대한다. 만약 내담자가 어떤 감각도 느낄 수 없다면, 더 많은 인식을 촉진하기 위해 그 부분을 부드럽게 마사지하도록 지시한다. 좌우를 바꾸기 전에, 내담자가 왼쪽 다리와 오른쪽 다리의 차이를 마음챙김으로 알아차리도록 한다.

잠시 시간을 내어 왼쪽 다리 전체를 느껴보고, 이쪽이 오른쪽 다리와 관련하여 어떻게 느껴지는지 알아차려 보세요.
이제 손바닥을 모아서 열이 느껴질 때까지 힘차게 문지르세요. 이제 두 손을 오른쪽 허벅지에 올려놓으세요. 잠시 시간을 내어 허벅지 위에 손이 연결되는 것을 느껴 보세요. 손의 온기를 느낄 수 있나요? 다른 감각도 느끼나요? 큰 소리로 또는 혼잣말로 "나는 허벅지를 감지하고 느낀다."라고 말할 수 있습니다.

참고: 내담자가 움직일 준비가 될 때까지 이 연결을 마음챙김으로 관찰하게 한다. 그들이 무릎, 종아리, 발에서 잠시 멈추도록 천천히 초대한다. 내담자가 자신에게 이 진술을 말하는 동안 각 신체 부분의 감각느낌felt sense과 연결되도록 초대한다. 만약 내담자가 어떤 감각도 느낄 수 없다면, 더 많은 인식을 촉진하기 위해 그 부분을 부드럽게 마사지하도록 지시한다. 얼굴과 몸통으로 이동하기 전에 내담자가 팔과 다리가 함께 몸의 나머지 부분과 관련하여 경험하는 것을 마음챙김으로 알아차리도록 한다.

잠시 시간을 내어 팔과 다리를 동시에 느껴 보고 몸의 나머지 부분과의 관계를 알아차려 보세요.

다시 손바닥을 모아서 열이 느껴질 때까지 힘차게 문지르세요. 이제 두 손을 얼굴에 부드럽게 올려놓으세요. 잠시 시간을 내어 얼굴 위에 손이 연결되는 것을 느껴 보세요. 손의 온기를 느낄 수 있나요? 다른 감각도 느끼나요? 큰 소리로 또는 혼잣말로 "나는 얼굴을 감지하고 느낀다."라고 말할 수 있습니다.

참고: 내담자가 움직일 준비가 될 때까지 이 연결을 마음챙김으로 관찰하게 한다. 그들이 이마, 볼, 아래턱 선, 턱, 목의 앞쪽, 목의 뒤쪽, 머리의 뒤쪽, 머리 꼭대기에서 잠시 멈추도록 천천히 초대한다. 내담자가 자신에게 이 진술을 말하는 동안 각 신체 부분의 감각느낌felt sense과 연결되도록 초대한다. 만약 내담자가 어떤 감각도 느낄 수 없다면 더 많은 인식을 촉진하기 위해 그 부분을 부드럽게 마사지하도록 지시한다.

마지막으로 손바닥을 모아서 열이 느껴질 때까지 힘차게 문지르세요. 이제 두 손을 몸통에 부드럽게 올려놓으세요. 잠시 시간을 내어 몸통 위에 손이 연결되는 것을 느껴 보세요. 손의 온기를 느낄 수 있나요? 다른 감각도 느끼나요? 큰 소리로 또는 혼잣말로 "나는 몸통을 감지하고 느낀다."라고 말할 수 있습니다.

참고: 내담자가 움직일 준비가 될 때까지 이 연결을 마음챙김으로 관찰하게 한다. 그들이 가슴 상단, 흉곽ribcage, 횡격막, 복부, 골반에서 잠시 멈추도록 천천히 초대한다. 내담자가 자신에게 이 진술을 말하는 동안 각 신체 부분의 감각느낌felt sense과 연결되도록 초대한다. 만약 내담자가 어떤 감각도 느낄 수 없다면, 더 많은 인식을 촉진하기 위해 그 부분을 부드럽게 마사지하도록 지시한다.

이제 당신의 몸 전체에 인식을 가져오세요. 지금 무엇을 인식하나요? 잠시 시간을 내어 이 순간 자신의 몸에 대한 전반적인 인식을 알아차려 보세요.

자아 상태 및 파트 작업EGO STATES AND PARTS WORK

내담자가 초기 트라우마 기억을 간직하고 있는 자기self의 자아 상태ego states나 파트parts에 대한 인식을 발달시키도록 돕는 것이 중요하다. 또한 파트에 대한 주목attention은 치료에서 저항의 근원을 파악하게 도울 수 있다. 예를 들어 자기self의 한 파트는 취약하거나 위협적인 감정과 감각으로부터 자기self를 보호하려는 시도로 치료적 개입을 방해하려고 할 수 있다. 파트 작업의 기존 모델을 자세히 살펴보자.

- **자아상태치료Ego state therapy:** 왓킨스 부부Watkins & Watkins(1997)에 의해 개발된 자아상태치료는 내담자의 원가족 구성원이 내담자의 정신psyche 내에 있다는 것을 이해하는 정신역동적 접근법이다. 자아 상태는 내담자의 아이 파트child part, 내재화된 부모internalized parents, 또는 건강한 성인 자기healthy adult self를 포함할 수 있다. 트라우마 해결을 위한 자아상태치료의 적용은 개인의 단절된 파트를 인지하고 이러한 파트에게 발언권voice을 주는 것을 포함한다. 이 작업에서 파트를 내담자 과거로부터의 내사물introjects로 보는 것이 중요하다. 내사물은 다른 사람, 흔히 부모나 주 양육자의 태도나 속성이 내재화된 것이다.
- **내면가족체계치료Internal family systems therapy:** 내면가족체계치료는 리차드 슈왈츠Richard Schwartz(1997)에 의해 개발되

었고, 추방자exiles, 관리자managers, 소방관firefighters의 세 가지 범주로 파트를 식별한다. 추방자는 감정과 기억을 포함하는 트라우마의 부담을 지니고 있다. 관리자는 흔히 열심히 일하거나 가차 없는 내면의 비평가로 나타나며 취약한 감정을 통제하기 위해 일한다. 소방관은 추방자의 출현을 막기 위해 중독이나 자해 행동을 취한다. 또한 슈왈츠는 이 치료의 목표를 내담자가 지혜의 원천이 될 수 있는 개인의 자신감 있고 연민 어린 핵심인 자기self와의 관계를 발달시키도록 돕는 것으로 본다.

- **인격의 구조적 해리**Structural dissociation of the personality: 파트와 작업하는 세 번째 접근법은 반 더 하트van der Hart(2006)와 동료의 구조적 해리 모델structural dissociation model이다. 이 모델은 외견상 정상 파트apparently normal part(ANP)를 학교에 가거나 나중에 성장하면 일하러 가는 것과 같은 세상에서 기능하는 능력을 유지하는 자기self의 파트로 식별한다. 또한 이 모델은 대부분의 내담자가 트라우마 내용과 관련된 기억과 감각, 감정을 간직하는 인격의 감정 파트emotional part(EP)를 가진다고 본다. 내담자가 ANP에 갇힌 것처럼 느낄 때 흔히 자기self와 타인과의 연결이 불완전하거나 결여된 느낌을 보고한다. 내담자는 EP로부터 차단되어 단절감을 느낀다. 해리성 정체성 장애dissociative identity disorder(DID)의 경우, 내담자는 자기-정체성self-identity의 구별되는 경험과 다른 세계관을 가진 다중 ANPs를 가질 수 있다. 내담자의 방어는 ANPs를 서로 구별하고 EPs를 자각 밖에 유지하기 위해 기능한다. 이러한 방어는 해리나, 자기-비난, 완벽주의, 중독, 자기-파괴 행동으로 나타날 수 있다.

파넬Parnell(2013), 맨스필드Mansfield(2010), 나이프Knipe(2015), 포가

쉬와 코플리Forgash & Copeley(2008), 고메즈Gomez(2012), 곤잘레스와 모스쿠에라Gonzales & Mosquera(2012), 폴센Paulsen(2017), 샤피로Shapiro(2016), 톰블리Twombly(2000)와 같은 EMDR 치료 분야의 리더들은 파트 작업을 EMDR 치료와 통합시키는 데 필수적인 관점을 제공한다. 특히 나이프Knipe(2015)는 트라우마 기억을 다루는 것이 내담자에게 너무 위협적일 때 방어를 목표화targeting 하는 방법으로서 EMDR 치료 내에서 구조적 통합 이론structural integration theory을 사용한다. 소매틱 심리학에서는 팻 오그던과 야니나 피셔Pat Ogden & Janina Fisher(2015)가 해리와 파편화fragmentation를 이해하는 방법으로 감각운동 정신치료sensorimotor psychotherapy와 결합된 파트 작업을 탐색한다. 그들은 아이가 초기 발달 동안에 경쟁적인 행동 시스템action system 세트를 가진다고 제안한다. 첫 번째 행동 시스템은 사회적 참여social engagement, 애착, 놀이를 위해 선천적으로 연결된 아이의 파트이다. 아이가 위협을 느낄 때 그들은 얼어붙거나freeze, 도망가거나flee, 싸우거나fight, 무너지는collapse 자율신경계 생존 본능이 우세한 다른 행동 체계에 의존한다. 복합 PTSD 경우처럼 만성적인 외상 스트레스를 경험하는 아이는 부모나 양육자와의 친밀함과 참여engagement를 추구하는 자기self의 파트와 위협을 느끼는 자기self의 파트 사이에 분열이 발달할 것이다.

이러한 유산에 기초하여 우리는 EMDR 치료 내에서 자기self의 파트와 작업하는 소매틱 요소에 특별한 주의를 기울인다. 우리가 강조하는 것은 파트가 내담자를 위해 활성화된 때를 파악하기 위해 미묘한 소매틱, 정서적, 인지적, 행동적인 단서들을 관찰하는 것이다. 예를 들어 만약 내담자가 자기-비난적이 되면 치료자는 신체 자세와 마찬가지로 내담자 목소리 톤의 변화를 알아차릴 수 있다. 또는 수치심을 느끼는 내담자는 고개를 숙이고 더 이상 치료자와 눈 맞춤을 유지하지 못할 수 있다. 자기self의 파트가 활성화된 것을 나타낼 수 있는 단서의 유형에 대해 자세히 살펴보자.

- **소매틱 단서Somatic cues:** 목소리 톤이 더 부드러워지거나, 더 아이 같아지거나, 더 커지고 강해질 때를 주목한다. 내담자의 자세 변화를 관찰한다. 내담자가 몸을 웅크리고 작아지거나 부풀어 오르고 커질 수도 있다. 내담자 시선이 치료자 또는 치료실의 사물에 고정하면서 변화가 일어나는지 관찰한다. 머리카락을 꼬거나, 피부를 꼬집거나, 발을 툭툭 치는 것과 같은 반복적인 몸짓에 주의를 기울인다. 또한 치료자는 호흡이 얕고 빨라지거나 숨을 참을 때와 같은 내담자의 호흡 변화를 관찰할 수도 있다. 추가적인 소매틱 단서로는 갑작스러운 통증이나 어지러움, 오심, 두통과 같은 신체 증상에 대한 내담자의 보고가 있다.
- **정서적인 단서Affect cues:** 내담자 정서의 갑작스러운 변화는 파트가 활성화된 것의 단서가 될 수 있다. 내담자는 수치심, 슬픔grief, 분노rage, 의존, 두려움, 공포, 무망감hopelessness, 절망, 거절, 버림받음과 같은 느낌에 정서적으로 장악될 수 있다. 내담자의 말과 감정 사이의 불일치를 알아차리는 것이 중요하다. 누군가를 사랑하나 화가 날 수 있고 또는 독립적이나 동시에 여전히 요구를 가질 수 있다는 것을 인지하는 능력의 부족과 같은 양립할 수 없는 믿음에 귀를 기울인다. 완벽주의나 실수를 용납하지 못하는 것에 주목한다. 추가적인 정서적인 단서는 내담자가 그들의 삶에서 치료자나 다른 사람들을 번갈아 가며 이상화하고 평가 절하하는 것이다.
- **인지적인 단서Cognitive cues:** 내담자가 사고방식에서 혼란스럽거나disorganized 사고이탈tangential이 되는 때와 같이 인지적인 기능에서의 변화를 찾는다. 내담자가 그들이 말하는 것이나 자신으로부터 분리되는 때와 같은 해리를 관찰한다. 치료자는 내담자가 "이것은 나 같지 않아요", "이게 누구죠?" 또는 "이것은

내가 아니에요"와 같은 진술을 말하는 것을 들을 수도 있다. 내담자가 무언가를 말하나 다시 말했던 것을 부인하는 것과 같은 모순되는 진술에 귀를 기울인다. 또한 다른 사람이 틀렸다고 하면서 옳아야 한다는 것과 같은 경직된 사고 패턴에도 주의를 기울인다. 흔들리는 것과 같은 의사 결정의 어려움은 자기self의 두 파트 사이의 갈등을 나타낼 수 있어 주목해야 한다.

- **행동적인 단서Behavioral cues:** 행동적인 단서는 회피 행동, 자기-파괴나 자해 행동, 폭식, 중독을 포함한다. 일부 내담자는 유머나 취약한 파트를 은폐하는 편향deflection으로 치료자의 주의를 딴 데로 돌리려고 시도할 것이다. 내담자가 치료자의 행동이나 회기의 방향을 관리하려고 시도하는 통제 행동도 찾아본다. 내담자가 좋은 내담자가 되어야 한다는 것이 있는지도 주목한다. 내담자가 항상 회기에 늦거나, 회기를 마치는 게 어렵거나, 회기에 충분한 시간을 가지 못하는 것에 대한 불안을 가지는 것과 같은 시간-관련 주제도 찾는다.

다음 목록인 "파트를 찾는 단서"는 당신이 내담자의 소매틱 경험, 정서적인 표현, 인지 및 행동의 변화를 관찰하면서 파트가 활성화되는 시점을 파악하는 데 도움이 되는 도구이다.

파트를 찾는 단서Cues for Identifying Parts

소매틱 단서Somatic Cues

- 목소리 톤
- 신체 자세

- 시선 맞춤: 내담자가 눈 맞춤을 피하거나 무언가에 고정된 시선 등
- 반복적인 움직임: 머리카락을 꼬거나, 피부를 꼬집거나, 손톱 물어뜯기 등
- 호흡 패턴: 숨을 참거나 빠르게 호흡함 등
- 신체 증상: 두통, 오심, 설사, 통증 발생 등

정서적인 단서Affect Cues

- 정서적인 회피
- 정서적인 압도
- 심신을 약화시키는 수치심, 무망감, 또는 절망
- 관계의 의존성, 거절의 느낌, 또는 버림받는 경험
- 말과 감정의 불일치
- 완벽주의, 실수를 용납하지 못함, 자기-비난
- 사랑과 분노를 동시에 가지는 것과 같은 양립할 수 없는 믿음이나 감정
- 이상화와 평가 절하의 역동

인지적인 단서Cognitive Cues

- 혼란스러운 사고나 사고이탈, 비논리적 사고
- 해리
- 파트의 부인이나 "이것은 내가 아니에요."와 같은 진술
- 자기self로부터의 분리 또는 "이게 누구죠?"와 같은 진술
- 뭔가를 말했다가 이후 말했던 것을 부인하는 것과 같은 모순된 진술

- 경직된 사고 또는 옳아야 하고 다른 사람이 틀렸다는 요구need
- 의사 결정의 어려움

행동적인 단서Behavioral Cues

- 회피 행동
- 자기-파괴
- 자해 행동
- 폭식 또는 감정적인 섭식
- 중독 행동
- 유머나 편향deflection과 같은 주의를 딴 데로 돌리는 행동들
- 통제 행동
- '아니요'라고 말하는데 어려움
- 좋은 내담자가 되어야 한다는 것
- 시간-관련 주제: 만성적인 지각, 회기를 마치는 게 어렵거나, 시간에 대한 불안

관계 자원만들기RELATIONAL RESOURCING

EMDR 치료에서 우리는 안전을 만들기 위해 RDI를 통해 취약한 파트들과 작업한다. 안전을 느끼는 내담자는 자기self의 어린 파트와 연결된 감정 및 기억과 더 잘 작업할 수 있다. EMDR 치료의 준비 단계에서 파트의 자원 만들기는 시간이 걸릴 수 있다. 그러나 내담자가 적절한 자원을 가질 때, 재처리가 더 부드럽게 더 효과적으로 될 수 있다. 치료자가 내담자의 주의를 자기self의 파트로 가져갈 때 흔히 수치심이 일어나는데, 특히 그 파

트가 오랫동안 추방되었다면 더 그렇다. 치료자가 내담자가 감당할 수 있는 속도를 존중하며 천천히 진행하는 것이 중요하다.

때때로 자기self의 한 파트는 내재화된 가해자이거나 과거 학대자의 내사물introject이다. 이 파트는 학대자에게 충성할 수 있고 자해나 자기-파괴 행동을 촉진할 수 있다. 내재화된 가해자와의 작업에 접근하는 한 가지 방법은 내담자가 내사물을 구별하고 필요시 자기-보호를 할 수 있게 돕는 거리두기 개입을 제공하는 것이다(Schwartz, 1997). 이 과정은 내재화된 가해자에게 비켜서도록 요청하거나 내담자(또는 내담자의 어린 파트)와 가해자 사이에 보호적인 협력자protective allies를 두면서 이루어질 수 있다.

내담자가 추방되거나 거절된 자기self의 파트를 다룰 때, 그 파트의 요구를 파악하고 지지 자원을 가져오는 것이 도움 될 수 있다. 남자친구와의 관계에서 어려움을 겪고 있는 30세 여성 내담자의 사례를 살펴보자. 그가 친구들과 외출할 때마다 그녀는 매우 외롭고, 불안하고, 그가 그녀보다 더 나은 누군가를 발견하고, 그녀를 떠날 것이라는 두려움을 느꼈다. 그녀는 이성적으로는 그가 자신에게 충실하다는 것을 알았으나, 속상한 감정과 불편한 신체감각 및 비이성적인 생각으로 넘쳐났다. 그녀는 왜 자신이 그렇게 조절할 수 없다고 느끼는지 이해하지 못했다. 과거력-청취 단계에서, 치료자는 내담자가 아기였을 때 그녀의 어머니가 네 명의 다른 아이들을 돌보는 데 압도되어 있었다는 것을 발견했다. 어머니는 내담자의 어린 시절 요구를 충족시킬 수 없었다. 그녀는 자신을 아기라고 상상했을 때, 혼자 있고 버림받는 것을 느꼈다. 그녀의 몸에서 무엇을 인식하는지 물었을 때, 내담자는 가슴의 압박감을 확인했다. 파트 작업은 남자친구가 외출했을 때 들었던 느낌이 그녀가 어린 소녀였던 때를 떠올리게 했다는 것을 알게 도와주었다. 그들은 버림받는 느낌을 안정화시키는 내담자의 어린 파트를 위한 자원을 함께 개발했다. 중요한 것은 자원이 긍정적으로 시작하지만 오염될 수 있다는 것이다. 오염은 평화로운 장소나 협력자ally와 같은 긍정적인 자원이 갑자기 내담자에게 안전하지 않거나 위협이 되는 것을 의미한다. 이러한 상황이 발생하면, 치료자는 내담자가 고통스러운 내용을 컨테인하는 능력을 강화하도록 돕는다. 일단 트라우마 내용이 컨테인되면, 치료자는 내담자를 위한 긍정적인 자원을 만드는 것을 진행할 수 있다.

다음의 개입인 '관계 자원만들기Relational Resourcing'는 파트를 위한 현재-중심의 소매틱으로 경험되는 RDI로서 치료적인 관계를 강조한다. 치료적인 관계는 현재 내담자의 애착 관계에서 누락된 요소에 주의를 기울일 수 있는 기회를 제공한다. 어렸을 때 내담자가 잃어버린 부분을 치료 내에서 다루고 처리할 수 있다. 물론 치유 작업이 과거에 실제 일어났던 것을 바꾸지는 않는다. 그러나 취약한 파트의 자원만들기resourcing는 돌봄과 보호의 새로운 감각느낌felt sense을 제공할 수 있다. 내담자가 이 새로운 경험을 체화하면서, 이제는 어리거나 취약한 파트를 돌보는 방식으로 관계할 수 있는 자신의 내재화된 연민 어린 성인 자기adult self를 강화시킨다. 이 개입은 다섯 단계로 구성된다.

■ 개입 25: 관계 자원만들기

1단계: 파트 찾기

내담자의 소매틱 경험, 정서 표현, 인지, 행동에서의 변화를 관찰하여 내담자의 파트가 존재하는지 확인한다.

2단계: 파트를 기술하기

내담자가 자기self의 파트가 존재하는 것을 알아차리도록 초대한다.

당신이 관찰한 단서를 내담자에게 반영해 줘서 내담자가 소매틱이나 정서적, 인지적, 행동적인 단서에 더 많은 인식을 가져올 수 있게 한다. 예를 들어 만약 당신이 턱에 힘을 주고 있는 것을 관찰했다면, 부드럽게 내담자의 인식을 이 변화에 가져온다. 한 번에 하나씩만 반영해 주고 천천히 진행한다. 수치심을 주의하여 관찰하고, 내담자의 요구에 맞춰 처리의 속도를 조정한다. 다음의 진술은 당신이 내담자가 파트의 경험을 기술하게 초대할 수 있는 방법의 예이다.

- 나는 당신의 목소리 톤이 바뀌었고 매우 어리게 들린다는 것을 알고 있어요.
- 지금 나를 보는 것이 매우 어려워 보이네요.
- 나는 당신의 신체 자세가 바뀌었다는 것을 알고 있어요.
- 나는 당신이 [머리카락을 꼬거나, 피부를 꼬집거나, 손톱 물어뜯기와 같은 반복적인 움직임에 내담자의 주의를 부드럽게 가져오면서] 할 때 어떤 일이 일어나고 있는지 궁금해요.
- 지금 숨쉬기가 힘들어 보이네요.
- 지금 당신은 [슬픔, 화, 두려움, 수치심]을 느끼기 힘든 것 같아요.
- 당신은 [절망, 무망감, 외로움]에 압도되는 것 같아요.
- [느끼고 싶지 않은, 여기에 있고 싶지 않은, 이것에 대해 이야기하기가 힘든] 당신의 파트가 있는 것 같아요.
- 한 가지를 말하고 있지만 다른 것을 느끼는 것 같아요.
- 당신은 친해지고 싶으면서도 사람들을 밀어내고 싶어 하는 것 같아요.
- 나는 지금 당신이 자신과 단절된 느낌이 든다고 들었어요.
- 나는 당신이 혼란스럽게 느끼고 당신의 생각을 찾기가 어렵다고 들었어요.
- 나는 당신이 결정을 내리는데 마비된 것을 알아요.

- 이 상황에서 당신이 옳아야 한다는 것 같아요.
- 나는 당신이 [슬픔을 느끼기, 트라우마에 관해 이야기하기] 시작할 때마다 주제를 바꾸는 것을 알아차렸어요.
- '아니오' 라고 말하기가 어렵다는 것을 알아요.
- 나는 당신이 지난 세 번의 회기에 늦었다는 것을 알고 있어요.

3단계: 인식awareness을 심화시키기

내담자가 질문을 통해 파트에 대한 인식을 깊게 할 수 있도록 초대한다. 이 책의 다른 모든 개입처럼 파트에 대한 인식을 심화시키기 전에 내담자로부터 동의를 받는 것이 중요하다. 다시 말해서, 한 번에 하나의 질문만을 탐색하고 천천히 진행한다. 수치심을 주의하여 관찰하고 내담자의 요구에 맞춰 처리의 속도를 조정한다. 이 개입의 목적은 잃어버린 경험과 파트의 요구need를 이해하는 것이다. 요구need가 파악되면, 당신은 내담자가 현재 순간에서 그 요구를 충족시키게 지지할 수 있다. 당신은 그 미충족 요구에 대한 이해를 심화시키기 위해 내담자가 그 파트와 대화하게 할 수 있다. 과정 전반에 걸쳐 나중에 치료에서 중요한 목표기억이 될 수 있는 가능한 부정적 인지에 귀를 기울인다.

- 당신은 [느끼고 싶지 않은, 여기에 있고 싶지 않은, 압도된, 슬픈] 당신의 이 파트를 기꺼이 깊이 있게 인식할 의향이 있나요?
- 이 경험은 어떻게 익숙한가요?
- 당신은 이 느낌과 관련된 어떤 기억을 알고 있나요?
- 당신은 이 파트가 몇 살이라고 느끼나요?
- 당신은 이 파트에 대해 어떻게 느끼나요?
- 당신은 이 파트에 대해 무엇을 믿나요?
- 이 파트는 당신이 무엇을 알길 원하나요?

참고: 당신은 발언하도록 그 파트를 초대하거나 빈 의자에 그 파트를 두고 그 파트와 대화를 나눌 수 있다.

• 지금 이 파트가 가장 필요로 하는 것이 무엇이라고 생각하나요?

참고: 내담자가 그 파트의 가능한 요구를 제시할 수 없는 경우, 그 파트가 지지나 보호 또는 봐주기를 필요로 하는지 질문하면서 몇 가지 옵션을 제공한다. 내담자를 압도하지 않도록 이 질문의 속도를 천천히 유지한다.

• 이 파트는 지지를 원하나요?
• 이 파트는 보호되기를 원하나요?
• 이 파트는 봐주기를 원하나요, 아니면 숨기를 원하나요?

4단계: 관계 자원

내담자가 그 파트의 요구를 파악할 수 있게 되면, 이 파트가 치료적 관계 내에서 어떻게 지지될 수 있는지 탐색할 수 있다. 긍정적인 진술을 사용하고 내담자가 어떤 소매틱, 정서적, 인지적, 행동적 반응이든지 인식하도록 초대한다. 이 개입의 모든 단계와 마찬가지로 천천히 진행하고 내담자의 처리process에 관련된 진술만 탐색한다. 만약 내담자의 요구가 치료적 관계의 특성에 적절하지 않는 경우, 치료적으로 충족될 수 있는 요구의 대체 버전을 찾는 것이 필요할 수 있다. 예를 들어 내담자가 당신의 무릎에 웅크리기를 원한다면 당신과 가깝게 느끼기 원한다는 것을 알 수 있다. 그런 다음 당신이 바로 거기에 있음을 강조하면서 내담자가 당신의 의자를 조금 더 가까이 두는 것을 어떻게 느끼는지 탐색하게 한다. 이는 부적절한 경계를 넘지 않고 미충족된 요구를 충족시키는 데 도움이 될 것이다.

다음 진술은 당신이 관계 자원을 제공할 수 있는 방법의 예이다.

내가(......하는 것)이 괜찮을까요?

- 이렇게 당신이 느끼는 대로 당신과 관계를 맺는 것
- 당신을 지지하는 것
- 여기 당신과 함께 있는 것
- 당신을 목격하는 것
- 당신을 보호하게 돕는 것
- 당신에게 더 많은 공간을 제공하는 것
- 내 의자를 당신에게 더 가까이 옮기는 것

5단계: 자원의 통합

새로운 관계 경험에 수반되는 감각느낌felt sense을 강조하면서 내담자가 관계 자원을 통합할 수 있도록 시간을 가진다. 개입의 이 부분에서 당신은 내담자가 긍정적인 변화에 닻을 내리게 돕는 진술을 제공한다. 내담자와 함께 어떻게 이 새로운 관계 경험이 치료실 밖 삶의 상황에서 그들을 도울 수 있을지 탐색한다. 긍정적인 경험을 3~5회, 8~15초의 짧은 BLS/DAS 세트를 사용하여 강화할 수 있다. 이 진술은 내담자와 당신이 선택한 관계 자원에 따라 다를 것이다. 다음 진술은 당신이 내담자가 자원을 통합하도록 도울 수 있는 방법의 예이다.

- 나는 당신이 이 방에서 방금 경험한 것이 당신이 어렸을 때 경험했던 것과는 매우 다르다는 것을 알고 있어요. 잠시 시간을 내어 인식하면서 당신의 몸을 스캔해 보세요. 지금 당신 몸에서 무엇을 알아차리나요?
- 만약 당신이 이 방에서 방금 경험한 것이 당신이 어렸을 때 당신을 위

해 거기에 있었다면, 당신은 어떻게 느꼈을 것 같나요? 당신의 삶은 어떻게 달라졌을까요? 당신이 이것을 느낄 때 당신의 몸에서 무엇이 일어나는지 주목해 보세요.

- 이 [보호, 지지, 친밀감, 봐줌]의 새로운 느낌을 당신 삶의 다른 시기 [5세, 10세 등]에 가져온다고 상상해 보세요. 이 과정에서 감각느낌felt sense에 주의를 기울여보세요.
- 당신이 내 치료실을 떠날 때 이 새로운 체화된 느낌을 당신과 함께 가져온다고 상상해 보세요. 당신은 어떤 모습일까요? 당신은 다른 사람과 어떻게 상호작용할까요? 이것을 당신의 몸에서 어떻게 느낄까요? 당신의 삶에서 안전하다고 느끼는 누군가에게 [지지를 요청하는, 봐주기를 요청하는, 친밀감을 위해 손을 내미는] 것이 어떨 것 같나요?

참고: 내담자가 관계 자원에 긍정적인 방식으로 연결되면, 3~5회, 8~15초의 짧은 BLS/DAS 세트를 추가해서 몸에 그 감각느낌felt sense을 고정시킨다. 내담자가 이 개입으로 고통을 보고하는 경우 잠재적인 EMDR 치료 목표기억으로 설정될 수 있는 기억, 이미지, 감정 및 신체감각을 기록한다.

협력팀 개발하기DEVELOPING A TEAM OF ALLIES

협력팀은 어린 시절 상처에 대한 상상된 회복repair으로의 추가적인 접근 방식을 제공한다. 협력자는 영적 인물, 동물, 영화나 책의 등장인물, 멘토 또는 이상적인 양육자의 긍정적인 자질을 나타내는(살아 있거나 사망한) 보살펴 주는 친척의 형태인 상상의 자원이다. 안정형 애착과 관련하여 이러한 자질에는 예측할 수 있고, 일관되며, 일치하고, 보호하며, 현명하고,

보살피는 능력이 포함된다. 이러한 협력자는 내담자가 자신의 어린 시절 잃어버린 경험을 다루는 새로운 경험을 발견하도록 도울 수 있다.

다음은 내담자가 협력팀을 개발하도록 돕는 몇 가지 접근 방식이다.

- 내담자가 자신이 아는 사람, 저명한 문화 인물, 역사적 인물, 또는 긍정적인 관계 자질을 나타내는 가상의 인물에 대해 생각해 보도록 초대한다.
- 내담자에게 이상적인 양육자의 훌륭한 특징을 나열하도록 요청하고 내담자에게 대표적인 이미지를 개발하도록 초대한다.
- 내담자에게 긍정적인 애착을 상징적으로 나타내는 사진을 가져오도록 초대한다.
- 협력자의 이미지를 개발하기 위해 드로잉, 모래 상자 또는 콜라주와 같은 창의적인 접근 방식을 사용한다.

내담자가 협력자를 찾는 데 거부감을 나타내는 경우, 어릴 때 애착을 가진 인물이 없었다는 점을 인정하는 것이 중요할 수 있다. 하지만 그들은 지금 회복의 경험을 할 수 있다. 우리는 한 협력자와만 작업할 때 오염contamination이 발생할 가능성이 더 높다는 것을 발견했다. 따라서 우리는 협력자의 팀을 개발하는 것을 추천한다. 이 과정은 완벽한 협력자를 찾는 데에 무게를 덜 둔다. 협력팀의 각 구성원은 내담자를 위한 다른 요구를 충족시킬 수 있다. 예를 들어 보호자 협력자가 경계를 서고 안전을 만들 수 있는 동안 보살피는 인물은 위안을 줄 수 있다. 궁극적으로 협력팀은 내담자가 애착 관련 목표기억과의 작업을 진행할 때 내담자의 안전감sense of safety을 강화할 수 있다. 이 과정에서 내담자의 여러 파트에 자원을 공급해야 할 필요가 있을 수 있다. 예를 들어 당신은 아이 파트를 위한 한 협력팀을 개발하고 치료실에서의 성인 파트를 위한 다른 협력팀을 제공할 필요성을 발견할 수도 있다.

만약 내담자가 내재화된 가해자 내사물introject 파트를 다루고 있다면 내담자가 자기self의 이 파트와 구별할 수 있는 거리를 만드는 것도 중요할 수 있다. 이 과정은 내사물introject의 기원을 파악하는 것을 포함한다. 그런 다음 치료자는 이 파트를 베개나 빈 의자에 둠으로써 내담자가 이 파트를 외부로 나타내도록 초대할 수 있다. 이때 외재화된 가해자 파트 주변에 협력자를 배치해 내담자를 위한 보호와 안전의 경험을 만들게 도울 수 있다.

예를 들어 한 여성 내담자가 개발한 협력팀을 살펴보자. 내담자의 어머니는 두 살 때 돌아가셨고, 어린 시절 내내 비판적이고 거리감 있는 아버지 밑에서 자랐다. 그녀에게 안전감을 줄 수 있는 협력자가 있느냐는 질문에 내담자는 편안함을 주기 위해 북극곰을 선택했고, 이 곰이 자신의 왼쪽에 앉아 있는 상상을 했다. 그런 다음 그녀는 보초를 서고 자신을 지켜줄 용을 선택했다. 다음으로 그녀는 자신을 뒷받침하고 뒤에 서 있는 사랑스럽고 믿음직한 친구를 원했다. 내담자는 계속해서 자기-비판적인 생각으로 씨름하고 있었기 때문에 치료자는 비평가를 치료실 어딘가에 배치해 달라고 그녀를 초대했다. 그녀는 방 반대편에 있는 비평가를 상상하기로 했다. 일단 거리를 만들자, 그녀는 이 비평가가 그녀의 아버지라는 것을 깨달을 수 있었다. 그런 다음 그녀는 가시로 뒤덮인 장미 덤불의 원을 그 주위에 배치하여 자신과 아버지 사이에 보호 장벽을 만들었다. 마침내 그녀는 돌아가신 어머니가 자신을 지켜보고 있는 모습을 상상하며 조상의 지혜를 느꼈다. 그녀 몸의 인식을 확인하도록 요청했을 때 내담자는 자신이 안전하다고 느꼈고 다리가 강하고 지지가 되는 것을 느낄 수 있다고 보고했다. 제시된 바와 같이, 협력자는 여러 형태로 올 수 있다. 다음 목록인 "협력자의 유형Types of Allies"은 잠재적 협력자의 세트이지만, 이 과정에 접근할 때 당신과 내담자는 창의력을 발휘할 수 있다.

협력자의 유형Types of Allies

- 보살피거나 사랑하거나 양육하는 존재
- 보호적인, 영웅적인 또는 전사적인 인물
- 현명한 존재, 안내자 또는 현자
- 목격자 또는 판단하지 않는 관찰자
- 성인 자기self
- 치료자
- 보초를 서는 파수꾼 또는 경호원
- 슈퍼히어로
- 뒷받침해 주는 코치나 멘토
- 자신감 있거나 신뢰할 수 있는 친구
- 치유자, 샤먼 또는 마법사
- 신비로운 인물, 영적 존재 또는 천상의 존재
- 돌아가신 조상 또는 사랑하는 사람 (내담자가 이 상실을 적극적으로 슬퍼하지 않는 한)
- 상징, 이미지 또는 대상
- 창작 에너지, 무용가, 예술가, 음악가
- 과거의 한계를 볼 수 있는 야생인 또는 반란군
- 장난꾸러기 캐릭터
- 안전하고 환영받는 커뮤니티
- 자연 세계
- 기타

다음의 개입인 '협력팀으로 자기 파트의 자원만들기Resourcing a Part of the Self With a Team of Allies'는, 두 단계로 구성되며 내담자가 한 파트에 대한 자원으로 협력팀을 개발할 수 있도록 돕기 위해 고안되었다. 이 과정을 개별 내담자의 요구에 맞게 조정한다. 이 개입의 첫 번째 단계에서는 그 파트에 대한 협력자를 찾는 데 도움이 되는 진술을 포함시켰다. 이러한 진술에는 정해진 순서가 없다. 오히려 당신은 누락된 요구need를 찾고, 내담자가 그 요구를 충족시킬 수 있는 협력자를 찾도록 돕는다. 이 개입의 두 번째 단계는 내담자가 자기self의 그 파트 주변에 각 협력자를 공간적으로 배치하도록 돕는 것이다. 이 과정에서 내담자의 여러 파트에 자원을 공급해야 할 필요가 있을 수 있다. 예를 들어 아이 파트에 대한 협력팀을 개발하는 동시에 성인 파트에 대한 협력팀을 제공할 수 있다. 다시 말하지만, 이 대본에는 정해진 순서가 없다. 오히려 이 진술을 협력자를 찾고 팀을 구성하게 촉진하는 방법의 예로써 활용한다.

■ 개입 26: 협력팀으로 자기 파트의 자원만들기

1단계: 협력자 찾기

- [느끼고 싶지 않은, 여기에 있고 싶지 않은, 트라우마에 관해 이야기하기가 힘든, 압도된] 당신의 한 파트가 있는 것 같아요.
- 우리 모두는 예측할 수 있고, 일관적이며, 보호적이고, 현명하거나, 보살피는 사람이 필요해요. 당신의 이 파트를 위해 기꺼이 협력팀을 데려올 의향이 있나요?
- [보호적인, 현명한, 보살피는, 신뢰할 수 있는, 안전한 등]인 [당신 삶의 인물, 뛰어난 문화적 인물, 역사적 인물이나 가상의 인물]을 생각해 보세요.
- [보호적인, 현명한, 보살피는, 신뢰할 수 있는, 안전한 등] 사람에 부합하는 훌륭한 특성이나 자질을 생각해 보세요. 그러한 자질을 나타내는

이미지는 무엇이 될 수 있을까요?

- [보호적인, 현명한, 보살피는, 신뢰할 수 있는, 안전한 등] 사람, 장소 또는 대상을 상징하는 사진이 있을까요?
- [보호적인, 현명한, 보살피는, 신뢰할 수 있는, 안전한 등] 관계를 [그림, 콜라주, 모래 상자]로 만들 수 있을까요?
- 당시에는 [보호적인, 현명한, 보살피는, 신뢰할 수 있는, 안전한 등] 사람이 없었어요. 지금 이 파트에게 [보호, 보살핌, 지혜, 안전, 안내 등]을 제공할 수 있는 협력자를 상상할 수 있나요?
- 당시에 당신은 [보호, 보살핌, 안내, 안전 등]을 받아야 마땅했고 그랬어야 했어요. 지금 당신의 삶은 과거와 다를 수 있어요.
- 괜찮다면 당신의 성인 자기adult self를 협력팀의 일원으로 포함시킬 수 있어요.
- 원한다면 당신의 협력팀에 나를 포함시킬 수 있어요.

2단계: 협력자 고정시키기Anchor the Ally

이제 [보호적인, 현명한, 보살피는, 신뢰할 수 있는, 안전한 등] 협력자가 생겼으니, 자원이 필요한 파트를 중심으로 이 협력자를 공간적으로 배치하고 싶은 곳을 선택하는 시간을 가져 보세요. 예를 들어 당신은 이 협력자를 이 파트의 앞이나 한쪽에 또는 뒤에 둘 수 있어요

참고: 내담자가 협력자를 배치할 자세를 찾으면 3~5회, 8~15초의 짧은 BLS/DAS 세트를 추가한다. 내담자가 지지 및 자원을 느끼는 협력팀을 찾을 때까지 필요한 만큼 협력자-구축 과정을 반복한다. 내담자가 각 협력자를 공간적으로 배치함에 따라 체화된 인식을 확인하도록 초대한다. 내담자의 신체 및 신경 시스템에서 그들이 안전하고 그라운딩 되게 느끼는 신호를 주의 깊게 관찰한다. 내담자는

자신의 팀에 원하는 만큼 많은 협력자를 둘 수 있으므로 완료되게 느낄 때까지 그 과정에 머문다.

이제 당신의 주위에 당신의 협력팀이 있으니 당신의 인식을 몸 전체로 되돌리세요. 당신은 지금 무엇을 알아차리나요? 잠시 시간을 내어 당신 몸의 감각과 호흡에 주목하세요.

참고: 내담자가 협력팀으로 자원이 제공된 느낌을 보고할 때 3~5회, 8~15초의 짧은 BLS/DAS 세트를 추가하여 긍정적인 상태의 감각느낌felt sense을 고정시킨다. 내담자가 협력자 개발 과정에 어려움을 겪고 있다면 BLS/DAS를 추가하지 말고 협력팀을 찾는 작업을 계속한다. 이는 내담자가 보호받거나, 보살핌을 받거나, 안전하다고 느낄 수 없거나, 또는 신뢰할 수 있는 관계를 갖지 못했음을 나타낸다. 이것은 발달하는 데 시간이 걸릴 수 있다.

핵심 부정적 인지 및 정체성

CORE NEGATIVE COGNITIONS AND IDENTITY

종종 유아기의 트라우마를 가진 내담자는 핵심 자기감sense of self과 정체성과 연결되는 지속적인 부정적 인지negative cognitions(NC)를 가지고 있다. 이러한 믿음은 전통적인 EMDR 치료 동안 변화에 저항할 수 있는데, 부분적으로는 세상에 적응해온 확립된 방식을 내려놓는 것이 자신의 존재에 위협적으로 느껴질 수 있기 때문이다. 일단 핵심 NC가 파악되면 치료자는 상응하는 긍정적 인지positive cognitions(PC)를 개발함으로써 내담자가 이 믿음과 차별화할 수 있도록 도울 수 있다. 차별화는 내담자가 핵심 NC

의 기원을 이해할 수 있도록 돕고, 믿음을 고수하고 있는 자기self의 파트와 작업함으로써 촉진된다. 다음의 NC와 PC 목록은 내담자가 복합 PTSD와 애착 트라우마로 내재화하는 보다 흔한 NC의 모음이다.

복합 PTSD 및 애착 트라우마의 NCs와 PCs

부정적 인지	긍정적 인지
나는 사랑스럽지 않다	나는 사랑스럽다
나는 부족하다	나는 충분하다
나는 자격이 없다	나는 좋은 것을 받을 자격이 있다
나는 중요하지 않다	나는 중요한 사람이다
나는 존재할 자격이 없다	나는 존재할 자격이 있다
나는 여기에 있으면 안 된다	나는 여기에 있을 자격이 있다
나는 속해 있지 않다	나는 속해 있다
나는 무기력하다	나는 이제 나 자신을 돌볼 수 있다
나는 외롭다	나는 이제 다른 사람과 연결할 수 있다
나는 관계에서 안전하지 않다	이제 다른 사람을 사랑하고 믿는 것은 안전하다
나는 힘이 없다	나는 힘이 있다
감정을 느끼는 것은 안전하지 않다	지금 감정을 느끼는 것은 안전하다
나는 소중하지 않다	나는 소중하다
나는 아무도 믿을 수 없다	나는 믿을 사람을 선택할 수 있다
나는 약하다	나는 강하다
나는 나 자신을 보호할 수 없다	나는 이제 나 자신을 보호할 [보호하는 것을 배울] 수 있다
나는 나 자신을 믿을 수 없다	나는 이제 나 자신을 믿을 [믿는 것을 배울] 수 있다

내가 뭔가 잘못했다	내 잘못이 아니다
나는 죽어야 마땅하다	나는 살 자격이 있다
나는 보잘것없다	나는 중요하다
나는 다르다	나는 지금 이대로 괜찮다

복합 PTSD 및 애착 트라우마의 목표기억 개발

TARGET DEVELOPMENT FOR C- PTSD AND ATTACHMENT TRAUMA

EMDR 치료의 민감소실 및 재처리를 위한 초기 발달의 목표기억을 어떻게 설정하는 지 이해하는 것이 중요하다. 어떤 내담자는 유아기와 관련된 선명한 이미지를 포함하는 기억을 가지고 있을 수 있다. 이 경우에는 표준 프로토콜을 사용할 수 있다. 그러나 언어 이전의preverbal 사건은 외현적 기억explicit memories으로 저장되지 않으며 종종 목표기억 개발에 대한 대안적인 접근이 필요하다. 이 경우 치료자는 내담자가 어린 시절에 대해 들어온 이야기를 바탕으로 목표기억을 개발하도록 도울 수 있다. 어린 시절 이야기에 바탕을 둔 사건의 예로는 원하지 않는 아기였다는 말을 듣는 것, 생후 첫해에 부모의 사망이나 상실에 대해 아는 것, 또는 출생과 관련된 트라우마 이야기를 들 수 있다. 가능하다면 내담자는 평가 단계에서 최악의 이미지가 될 수 있는 어린 시절의 사진을 가져올 수 있다. 그런 다음 치료자는 내담자에게 이야기를 생각하거나 사진을 볼 때 생기는 NC, 감정, 소매틱 경험을 알아차리도록 요청할 수 있다. 이 과정에 접근하는 또 다른 방법은 전통적인 EMDR 치료 후에도 해결하지 않은 지속적인 NC로부터 목표기억을 개발하는 것이다. 만연한 NC의 예로는 "나는 존재할 자격이 없다", "나는 사랑스럽지 않다" 또는 "나는 속해 있지 않다"와 같은 믿음이 있다. 필요에 따라 복합 PTSD 및 애착 트라우마의 NC 및 PC

목록을 참조한다. 또한 치료자는 내담자가 어린 시절을 생각하거나 초기 애착 관계를 논의할 때 발생하는 강한 신체 감각으로부터 목표기억을 개발하도록 도울 수 있다. 신체 감각의 예로는 메스꺼움, 목의 조임 또는 호흡의 수축constriction이 있을 수 있다. 신체 감각을 파악한 내담자는 이후 그 과정에서 발생하는 대표적 또는 은유적 이미지, 관련 NC, 감정을 설명할 수 있다. 또한 치료자는 내담자가 그 느낌을 포착하는 그림을 그리게 하거나 이야기를 모래 상자를 이용해 묘사해 보게 할 수도 있다. 이미지를 찾는 목적은 민감소실을 위해 기억의 신경망에 접근하는 것을 돕는 것이다. 중요한 것은 언어 이전의preverbal 기억과 연관된 이미지는 대표적인 것으로, 내담자에게 언어 이전의preverbal 기억을 정확히 회상recollection할 필요도 없고 가능하지도 않다는 것을 상기시키는 것이 유익할 수 있다.

그녀가 아기였을 때 자신에 대해 들었던 이야기에서 목표기억을 설정한 내담자의 예를 살펴보자. 한 성인 여성이 만족스러운 관계를 유지하는 데 어려움을 겪으며 치료받으러 왔다. 그 내담자는 불안하고 감정적으로 참는 어머니가 있다고 묘사했다. 내담자는 어머니가 자신을 달래기 어려운 아기였다고 자주 말해 줬다고 전했다. 처음에 내담자는 아무런 감정적인 연결 없이 이러한 말을 했다. 하지만 어려운 아기라는 이야기에 연상되는 이미지가 있느냐는 질문에 혼자 울고 있는 아기의 모습을 봤다. 그녀는 "내가 무섭고 슬플 때 아무도 나와 관계 맺는 법을 몰랐다"고 말했다. 그녀의 부정적 인지는 "나는 사랑스럽지 않다"는 것이었다. 그녀는 분노와 슬픔의 감정을 알게 되었고 가슴, 손, 턱에 긴장을 느꼈다. 자신의 감각느낌felt sense을 인식하면서, 내담자는 민감소실과 재처리 동안에 그 이야기와 관련된 감정을 작업해나갈 수 있었다. 그녀는 아기였을 때의 자신을 위해 협력팀을 만들었다. 그녀는 외로움을 슬퍼하며 어린 자신을 향해 연민을 느꼈다. 내담자는 "절대 내 잘못이 아니에요. 난 그냥 아기였어요. 난 잘못한 게 없어요."라고 깨달았다.

다음의 세 가지 목표기억 개발 대본인, '어린 시절 트라우마 관련 이야기로 시작하기', '어린 시절 트라우마 관련 부정적 인지로 시작하기', '어린 시절 트라우마 관련 신체 감각으로 시작하기'는 치료자가 초기 언어 이전의preverbal 또는 비언어적인 목표기억을 찾는 데 도움을 준다.

목표기억target 개발 대본:
어린 시절 트라우마 관련 이야기로 시작하기

이야기: [내담자의 이야기]에 대해 생각해 보세요. 이제 이 이야기와 일치하는 암시 단어cue word나 문구를 선택할 수 있는지 알아보세요. 당신의 암시 단어가 당신의 감각느낌felt sense과 함께 공명하는지 확인해 보세요.
당신의 단어나 문구가 적합한가요?

장면/이미지: [내담자의 암시 단어]를 나타내는 가장 고통스러운 장면이나 이미지는 무엇인가요? 이 장면은 실제 장면이 아니어도 되고 어떤 모습으로도 보일 수 있어요.

NC: [내담자의 암시 단어]와 당신의 장면을 생각할 때 당신 자신에 대해 드는 부정적인 믿음은 무엇인가요?

PC: [내담자의 암시 단어]와 당신의 장면을 생각할 때 당신 자신에 대해 어떻게 믿고 싶은가요?

VoC: [내담자의 암시 단어]와 당신의 장면, 그리고 [PC]라는 말을 생각할 때, 1은 완전히 거짓이고 7은 완전히 사실인 1부터 7까지의 척도에서 그 말이 얼마나 사실로 느껴지나요?

감정: [내담자의 암시 단어]와 당신의 장면, 그리고 [NC]를 생각할 때 당신은 지금 어떤 감정을 느끼나요?

SUDS: 0은 별다른 느낌이 없거나 불편함이 없고 10은 상상할 수 있는 최악의 고통이 느껴지는 상태인 0에서 10까지의 척도에서 지금 그 사건은 당신에게 얼마나 고통스럽게 느껴지나요?

신체: 몸의 어디에서 그 고통이 느껴지나요?

참고: 일단 목표기억이 개발되면 과거의 모든 목표기억, 현재 목표기억 및 모든 유발요인에 대한 민감소실과 주입 및 신체검색 단계를 완료하고, 새로운 PC를 통합하는 미래 템플릿future template으로 종료한다.

목표기억target 개발 대본:
어린 시절 트라우마 관련 부정적 인지(NC)로 시작하기

NC: [내담자의 NC]가 늘 당신 곁에 존재하는 것처럼 느낀다고 나와 공유해 주었어요.

장면/이미지: 당신이 아기나 어린아이로서 자신을 상상할 때 [내담자의 NC]를 나타내는 가장 고통스러운 장면이나 이미지는 무엇인가요? 이 장면은 실제 장면이 아니어도 되고 어떤 모습으로도 보일 수 있어요.

PC: 그 장면을 생각할 때 당신 자신에 대해 어떻게 믿고 싶은가요?

VoC: 그 장면과 [내담자의 PC]라는 말을 생각할 때 1은 완전히 거짓이고 7은 완전히 사실인 1부터 7까지의 척도에서 그 말이 얼마나 사실로 느껴지나요?

감정: 그 장면과 [내담자의 NC]라는 말을 생각할 때 당신은 지금 어떤 감정을 느끼나요?

SUDS: 0은 별다른 느낌이 없거나 불편함이 없고 10은 상상할 수 있는 최악의 고통이 느껴지는 상태인 0에서 10까지의 척도에서 지금 그 사건은 당신에게 얼마나 고통스럽게 느껴지나요?

신체: 몸의 어디에서 그 고통이 느껴지나요?

참고: 일단 목표기억이 개발되면 과거의 모든 목표기억, 현재 목표 기억 및 모든 유발요인에 대한 민감소실과 주입 및 신체검색 단계를 완료하고, 새로운 PC를 통합하는 미래 템플릿future template으로 종료한다.

목표기억target 개발 대본:
어린 시절 트라우마 관련 신체 감각으로 시작하기

신체 감각: 당신은 우리가 [어린 시절 이야기 또는 사건]에 대해 이야기할 때 [내담자의 신체 감각]을 느낀다고 나와 공유해 주었어요.

장면/이미지: 당신에게 이것을 나타내는 가장 고통스러운 장면이나 이미지는 무엇인가요? 이 장면은 실제 장면이 아니어도 되고 어떤 모습으로도 보일 수 있어요.

NC: 이 장면을 생각할 때 당신 자신에 대해 드는 부정적인 믿음은 무엇인가요?

PC: 그 장면을 생각할 때 당신 자신에 대해 어떻게 믿고 싶은가요?

VoC: 그 장면과 [내담자의 PC]라는 말을 생각할 때 1은 완전히 거짓이고 7은 완전히 사실인 1부터 7까지의 척도에서 그 말이 얼마나 사실로 느껴지나요?

감정: 그 장면과 [내담자의 NC]라는 말을 생각할 때, 당신은 지금 어떤 감정을 느끼나요?

SUDS: 0은 별다른 느낌이 없거나 불편함이 없고 10은 상상할 수 있는 최악의 고통이 느껴지는 상태인 0에서 10까지의 척도에서 지금 그 사건은 당신에게 얼마나 고통스럽게 느껴지나요?

신체: [내담자의 신체 감각]을 느낀다고 나와 공유해 주었어요. 이것을 몸의 다른 곳에서도 느끼나요?

참고: 일단 목표기억이 개발되면 과거의 모든 목표기억, 현재 목표기억 및 모든 유발요인에 대한 민감소실과 주입 및 신체검색 단계를 완료하고, 새로운 PC를 통합하는 미래 템플릿future template으로 종료한다.

세대 간 애착 트라우마의 목표기억 개발

TARGET DEVELOPMENT WITH TRANSGENERATIONAL ATTACHMENT TRAUMA

해결되지 않은 PTSD를 가진 트라우마 생존자에게서 태어난 아이는 외상적인 삶의 경험에 직면했을 때 PTSD에 걸릴 가능성이 더 높다(Yehuda, 2008). 이러한 위험의 전이는 끊기 힘든 순환이 될 수 있다. 트라우마의 세대 간 전달이 일어나는 가장 강력한 방법 중 하나는 초기 애착 동안이다. 왜냐하면 초기 애착 의사소통은 주로 비언어적이고, 목소리 톤과 얼굴 표정, 신체 언어는 PTSD의 영향을 많이 받기 때문이다. 트로닉Tronick(2007)에 따르면 우리의 초기 기억 체계는 분노나 두려움의 표정, 우울한 어머니의 무표정과 같은 얼굴 표정의 노출에 매우 민감하다.

일부 가족 체계에서는 트라우마가 과거에 대해 말하지 않음으로써 비밀에 부쳐진다. 반면에 일부 부모는 과거의 트라우마를 자주 다시 말하거나 재연하는 것으로 무심코 아이들을 과도하게 노출시킬 수 있다. 이런 상황에서 부모는 세상이 안전한 곳이 아니라는 메시지를 줄 수 있다. 때로는 아이들이 부모의 고통에 대해 책임감을 느끼는 역할 전환이 일어나기도 한다.

산후우울증을 경험하며 치료를 받게 된 한 여성 내담자 사례를 살펴보자. 그녀는 생후 6개월 된 딸을 양육하면서 좋은 어머니가 될 수 있는 능력에 대한 깊은 불안감이 일어났다고 말했다. 세대 간transgenerational 관점에서의 과거력 청취는 그녀의 부모나 조부모가 경험했던 트라우마 사건을 확인했다. 내담자는 어머니와 거리감을 자주 느꼈고 딸과 그렇게 되는 것이 두려웠다고 밝혔다. 할머니는 어머니가 겨우 한 살 때 교통사고로 돌아가셨다는 사실도 말했다. 내담자는 딸을 양육하는 자신의 경험과 가끔 그저 "떠나고 싶다"는 느낌을 회상했다. 내담자는 마음속으로 깊은 슬픔을 느꼈다. 그녀는 목이 조이고, 가슴이 아프다고 묘사했다. 민감소실과 재처리 과정에서 내담자는 어머니의 상실과 관련된 슬픔을 처리했다. 그녀는 어머니에 대한 공감을 표현했고, 이 과정의 결과로 내담자는 그녀의 가슴과 어깨에서 무거운 무게가 방출되는 느낌을 묘사했다. 그녀는 "내 탓도 아니고 어머니 탓도 아니었다"고 말했다. 그녀는 새로운 시각에서 어머니로서의 자신의 역량을 보았고 딸과 관계를 맺고 싶다는 깊은 열망을 발견했다.

EMDR 치료에서 세대 간transgenerational 트라우마로 작업하는 것은 내담자의 가족 혈통을 성찰하는 것과 동시에 내담자가 감각, 믿음, 감정을 마음챙김으로 주의를 기울이도록 초대하는 것을 포함한다. 치료자는 부모나 조부모에게 영향을 준 역사적 트라우마를 밝히고 세대에 걸친 주제를 탐색하기 위해 가계도genogram를 사용할 수 있다(Heber & Alter-Reid, 2017). 또한 다음의 과거력 청취 도구인 '세대 간 애착-관련 조사Transgenerational Attachment-Related Inquiry'를 사용하여 가족력과 관련된 증상에 대한 내담자의 이해를 심화시킬 수 있다. 이러한 질문의 속도를 내담자의 요구에 맞추기 위해 소매틱 및 정서적인 단서를 관찰한다. 감각과 감정의 인식에 대해 내담자와 정기적으로 확인한다. 목표기억 개발 대본인 '세대 간 이야기로 시작하기'는 치료자가 내담자가 가족력에 대해 들어온 이야기로부터 목표기억을 개발할 수 있게 돕는다.

과거력 청취 도구: 세대 간 애착-관련 조사

- 어머니의 어린 시절을 묘사하기 위해 어떤 단어를 사용할까요? 그녀의 가족에는 누가 있었나요? 그들은 어디에서 살았나요? 외조부모와 대가족에 대해 무엇을 알고 있나요? 그들이 직면했던 중대한 어려움hardships이 있었나요?
- 아버지의 어린 시절을 묘사하기 위해 어떤 단어를 사용할까요? 그의 가족에는 누가 있었나요? 그들은 어디에서 살았나요? 친조부모와 대가족에 대해 무엇을 알고 있나요? 그들이 직면했던 중대한 어려움이 있었나요?
- 추가적인 주 양육자가 있나요? 그들의 어린 시절을 묘사하기 위해 어떤 단어를 사용할까요? 그들의 가족에는 누가 있었나요? 그들은 어디에서 살았나요? 그들의 대가족에 대해 무엇을 알고 있나요? 그들이 직면했던 중대한 어려움이 있었나요?
- 당신의 가족력을 되돌아볼 때 긍정적이거나 부정적이거나 어떤 패턴을 관찰하나요?
- 당신은 세대에 걸친 어떤 애착 트라우마 패턴을 알고 있나요?

목표기억target 개발 대본: 세대 간 이야기로 시작하기

세대 간 이야기: [내담자의 세대 간 이야기]에 대해 생각해 보세요. 이제 이 이야기와 일치하는 암시 단어cue word나 문구를 선택할 수 있는지 알아보세요. 당신의 암시 단어가 당신의 감각느낌felt sense과 함께 공명하는지 확인해 보세요. 당신의 단어나 문구가 적합한가요?

장면/이미지: [내담자의 암시 단어]를 나타내는 가장 고통스러운 장면이나 이미지는 무엇인가요? 이 장면은 실제 장면이 아니어도 되고 어떤 모습으로도 보일 수 있어요.

NC: [내담자의 암시 단어]와 당신의 장면이나 이미지를 생각할 때 당신 자신에 대해 드는 부정적인 믿음은 무엇인가요?

PC: [내담자의 암시 단어]와 당신의 장면이나 이미지를 생각할 때 당신 자신에 대해 어떻게 믿고 싶은가요?

VoC: [내담자의 암시 단어]와 당신의 장면이나 이미지, 그리고 [PC]라는 말을 생각할 때 1은 완전히 거짓이고 7은 완전히 사실인 1부터 7까지의 척도에서 그 말이 얼마나 사실로 느껴지나요?

감정: [내담자의 암시 단어]와 당신의 장면이나 이미지 그리고 [NC]를 생각할 때 당신은 지금 어떤 감정을 느끼나요?

SUDS: 0은 별다른 느낌이 없거나 불편함이 없고 10은 상상할 수 있는 최악의 고통이 느껴지는 상태인 0에서 10까지의 척도에서 지금 그 사건은 당신에게 얼마나 고통스럽게 느껴지나요?

신체: 몸의 어디에서 그 고통이 느껴지나요?

참고: 일단 목표기억이 개발되면 과거의 모든 목표기억, 현재 목표기억 및 모든 유발요인에 대한 민감소실과 주입 및 신체검색 단계를 완료하고, 새로운 PC를 통합하는 미래 템플릿future template으로 종료한다.

민감소실 동안의 정신생물학적인 조절

PSYCHOBIOLOGICAL REGULATION DURING DESENSITIZATION

영아와 어린아이들은 음식, 안전, 따뜻함, 양육 및 보호에 대한 기본적인 요구를 충족시키기 위해 양육자의 외부 조절에 의존한다. 이 발달 기간에 학대나 방임이 일어난 경우 유아나 어린아이의 생리physiology는 쉽게 조절장애 상태가 되어 과각성 교감신경계 또는 저각성 부교감신경계 상태에서 볼 수 있는 것처럼 미주신경 긴장도vagal tone의 붕괴를 초래할 수 있다. 조절장애 상태가 시간에 걸쳐 지속되면 아이는 해리 증상과 현기증lightheadedness, 저림tingling, 멍함numbing, 어지럼증, 메스꺼움 등의 관련 소매틱 장애somatic disturbance의 위험이 더 커진다. 우리의 초기 기억은 언어적이지 않고 이미지로 저장되지도 않는다는 것을 상기하라; 오히려 이러한 암묵적인 기억은 정신생리학적 각성 및 정서 상태로 유지된다. 이러한 절차적 또는 암묵적 기억은 성인기까지 지속될 수 있는 자기의 감각느낌felt sense of self의 토대가 된다.

치료에서 내담자는 증상의 근본 원인을 의식적으로 이해하지 못한 채 광범위한 생리적 조절장애dysregulation를 계속 재경험할 수 있다. 해리 연속선continuum의 가벼운 끝에서 내담자는 멍하거나 피곤한 것으로 나타날 수 있다. 그들은 반복적으로 하품을 하거나, 자세의 톤이 줄거나, 안개 낀 것 같다고 보고할 수 있다. 스펙트럼의 더 심각한 끝에서는 내담자가 신체적 몸과 감정적 경험으로부터 단절되게 느끼거나 현실로부터 분리될 수 있다. 해리 경향의 내담자는 민감소실 단계에서 이중-인식dual awareness 상태를 유지하기 위해 더 많은 도움이 필요하다.

일반적으로 내담자가 처리가 막힌 경험을 할 때 EMDR 치료자는 인지적 인터위브cognitive interweaves를 적용할 수 있는데, 이는 일반적으로 경직된 사고 패턴에 도전하거나 상황을 지각하는 새로운 방법을 제공하는 방식으로 내담자가 자신의 경험에 대해 생각하도록 초대한다. 예를 들어 치료자는 “만약 이 아이가 당신의 아이라면, 당신은 그녀에게 뭐라고 말할까요?”라고 제안할 수 있다(Shapiro, 2018). 또한 치료자는 인터위브를 사용하여 내담자가 고통스러운 기억으로부터 거리를 두도록 돕는다(Shapiro, 2018). 예를 들어 치료자는 내담자에게 기차에 앉아 창밖으로 고통스러운 사건이 지나가는 것을 바라보는 비유를 사용하거나, 멀리 있는 영화 스크린에서 그 고통을 바라보게 초대할 수 있다. 이 이미지에 추가해서 영화를 마음대로 정지하고 시작할 수 있는 기능이 있는 상영관 뒤의 프로젝션 박스에서 영화 스크린을 보는 것으로 할 수도 있다(Knipe, 2015).

또한 치료자는 관계적이고, 감각에 기반을 두며, 움직임을 장려하는 인터위브를 사용함으로써 내담자가 이중 인식을 유지하도록 도울 수 있다(Lanius & Paulsen, 2014; Lobenstine & Courtney, 2013; Paulsen & Lanius, 2009). 이러한 개입은 트라우마와 다미주이론polyvagal theory의 신경생리학에 대한 우리의 이해를 치료에 적용한다. 여기서 치료자는 과각성이나 저각성을 나타내는 어떤 소매틱 단서라도 관찰함으로써 내담자의 인내의 창을 조율한다. 게다가 치료자 자신의 체화된 인식은 내담자에게 일어나고 있는 것의 가능한 지표로서 개인의 신체 감각에 주의를 기울일 수 있게 해 준다. 치료자는 내담자가 필요에 따라 호흡과 움직임을 통해 조절하도록 모델링할 수 있다. 처음에 치료자는 따뜻함, 진정성 및 일관성을 제공하는 신뢰 관계를 통해 내담자의 사회적 신경계social nervous system를 참여시켜 외부의 정신생물학적 조절을 제공할 것이다. 여기에는 눈 맞춤을 의식적으로 사용하고 목소리를 관계적 연결을 회복하기 위한 도구로 사용하는 것이 포함된다. 또한 치료자는 내담자가 안전하게 느끼고 현재 순간에 지향하게 도와 그들의 사회적 신경계에 연결되도록 돕는다. 시간이 지남에 따라 내담자는 자신의 미묘한 조절장애 징후에 대한 자각self-awareness을 발달시킬 수 있다. 예를 들어 고통의 초기 징후는 과민성irritability, 호흡의 변화, 위의 답답함이나 집중력의 상실일 수 있다. 내담자가 신체의 미세한 변화를 인지할 수 있을 때 그들은 압도되거나 해리되기 전에 자원을 더 잘 활용할 수 있다.

경우에 따라 내담자가 재처리에 사용 중인 BLS/DAS의 유형을 조정해야 할 수 있다. 과각성 교감신경계 상태로 인내의 창 위에 있는 내담자는 너무 빨리 올라오는 감정으로 넘쳐날 수 있다. 그들은 화가 나거나, 초조하거나, 방어적이거나, 불안하게 보일 수 있다. 이러한 내담자는 정지 신호가 있다는 것을 잊거나 사용하는 것을 잊어버릴 수 있다. 내담자가 압도되는 것을 막기 위해 BLS/DAS로 안구운동을 사용하지 않는 경우 눈 뜨는 것을 유지하게 격려하는 것이 도움 될 수 있다. 눈을 뜨게 하는 것은 현재의 인식을 촉진하고 관계적 연결을 강화하여 안전감과 그라운딩 된 느낌을 높일 수 있다. 이것은 모든 형태의 BLS/DAS로 가능하다. 반면에 저각성 부교감 상태로 인내의 창 아래에 있는 내담자는 셧다운, 무감각numb, 피로감, 우울감처럼 감정적으로 단절될 수 있다. 이러한 내담자는 그들의 감정과 신체 감각에 연결하기 위해 더 많은 시간이 필요 수 있다. 해리를 피하기 위해 때때로 이러한 내담자는 매우 짧은 BLS/DAS 세트가 도움 된다. 때때로 해리 경향의 내담자는 BLS/DAS 동안 왕복 횟수를 세기 시작할 수 있다. 이러한 일이 발생하면 내담자는 처리에 대항하여 주지화intellectualize와 방어를 하고 있을 가능성이 높다. 지시적인directive 조율 진술을 사용해야 할 수도 있다. 예를 들어 내담자가 주지화하고 감정과 단절된 경우 "지금 당신의 몸에서 무엇을 알아차리나요?"라고 말하며 BLS/DAS 세트 사이에 신체로 주의를 돌리도록 돕는다. 때때로 저각성의 내담자는 Tac/AudioScan의 진동기pulsers를 더 높게 설정하거나 헤드폰과 진동기를 동시에 사용하는 것과 같은 더 많은 자극을 원할 수 있다. 그러나 내담자가 감각이나 감정을 무시하기 위해 BLS/DAS의 자극을 사용하고 있지 않은지 주의 깊게 평가한다.

다음의 개입인 '정신생물학적 조절을 위한 인터위브Interweaves for Psychobiological Regulation'는 민감소실 동안에 사회적 참여social engagement를 강조하는 관계적, 감각적, 움직임적인 인터위브를 제공한다. 이 과정은 트라우마 내용을 재처리하는 동안 내담자가 현재에 머물 수 있도록 자원의 층을 쌓는 것으로 생각할 수 있다. 내담자에게 과거를 재처리하는 동안 한 발을 현재에 유지할 수 있는지 주기적으로 물어본다. 내담자가 그라운딩 되고 현재 지남력을 느끼고 있음을 보고하는 것을 확실히 하기 위해 각 인터위브 후에 신체에 맞추게 한다. 일부 내담자는 트라우마를 재처리할 수 있을 만큼 안전하다고 느끼기 위해 몇 가지 자원을 필요로 한다. 예를 들어 내담자에게 만지작거리는 장난감fidget toy, 퍼티putty(역자주: 고무찰흙처럼 갖고 노는 장난감의 일종), 부드러운 공과 같은 촉각의 물체를 주어 재처리 동안 손이 계속 참여하게 할 수 있다. 또는 작은 베개를 앞뒤로 던져 이중 인식을 도울 수도 있다. 내담자에게 움직이도록 요청하는 경우 때때로 당신이 그들과 함께 움직이는 것이 그들의 자의식self-consciousness을 줄이는 데 도움 될 수 있다. 예를 들어 만약 내담자에게 팔과 다리를 흔들어보도록 초대한다면 당신의 몸으로 이 과정을 모델링한다. 마찬가지로 내담자가 일어서는 경우 당신도 안전을 만들기 위해 약간 옆으로 일어설 수 있다. 벽을 밀 때 내담자가 관절이 과도하게 늘어나지 않도록 무릎과 팔을 약간 구부리도록 권장한다. 만약 내담자가 안전하다고 느끼지 않는다면 트라우마 재처리를 진행하지 않는다. 개입 3인 '소매틱 고통의 컨테인먼트'를 사용하여 회기를 종료하고 트라우마 내용을 재처리하는 것으로 돌아오기 전에 더 많은 자원 개발을 지속한다.

■ 개입 27: 정신생물학적 조절을 위한 인터위브

관계적 인터위브Relational Interweaves

- 나는 바로 여기 당신과 함께 있어요.
- 당신은 지금 혼자가 아니에요.
- 당신이 이 경험을 하는 동안 내가 여기 당신과 함께 있어도 괜찮을까요?

- 지금 내가 당신을 봐도 괜찮을까요?
- 당신은 나를 보고 내가 바로 여기 당신과 함께 있다는 것을 알 수 있나요?
- 지금 당장은 나를 볼 수 없더라도 내가 바로 여기에 당신과 함께 있다는 것을 느낄 수 있는지 보세요.
- 당신은 조절할 수 있어요. 시선을 돌려 원하는 만큼 많이 혹은 적게 나와 접촉할 수 있어요. 나에게 당신을 보라고 할 수도 있고, 다른 것을 보라고 할 수도 있어요. 당신이 조절하는 사람이라는 것을 기억하세요.

감각 인터위브Sensory Interweaves

- 지금 당신의 몸을 감지하고sense 느낄 수 있나요?
- 잠시 시간을 내어 방안을 둘러보고 무엇이 보이는지 말해 주세요.
- 눈을 뜨고 이 방에서 당신이 현재를 느끼도록 돕기 위해 바라볼 장소나 무언가를 찾아보세요.
- 길게 심호흡을 여러 번 하세요.
- 잠시 시간을 갖고 바닥에 닿아 있는 발을 느껴 보세요.
- 그라운딩 도구 키트에서 지금 바로 잡거나, 향을 맡거나, 맛볼 수 있는 물품을 선택하세요.
- 당신이 현재에 머물도록 돕기 위해 만지작거리는 장난감fidget toy이나 퍼티putty 또는 부드러운 공을 선택하세요.
- 나는 이 작은 베개를 당신에게 던져 잡게 할 거고 당신은 그것을 나에게 다시 던져줄 수 있어요.

움직임 인터위브Movement Interweaves

- 함께 일어서서 당신의 발이 바닥에 닿는 것을 느낄 수 있게 해보세요. 당신의 발과 다리에 주목하세요.

- 당신의 몸에 많은 감각이 있는 것 같아요. 지금 바로 움직여 본다면 기분이 좋을까요? 당신이 필요한 만큼 움직일 수 있어요. 나는 당신이 하는 것을 따를 거예요.
- 스스로 팔과 다리를 흔들어 보세요.
- 당신의 손이 밀고 싶어 하는 것처럼 보여요. 벽을 밀어 보면서 그 느낌이 어떤지 보세요. 팔에서 발까지 연결감을 느껴 보세요.

참고: 내담자가 막힌 처리에서 벗어나 변화나 움직임을 보고하면, 30-45초 세트의 표준 프로토콜을 사용하여 정상적인 BLS/DAS 세트를 다시 시작한다. 만약 내담자가 안전하다고 느끼지 않는다면, 개입 3인 '소매틱 고통의 컨테인먼트'를 사용하여 재처리를 중단하는 것이 중요하다. 트라우마 내용을 재처리하는 것으로 돌아오기 전에 더 많은 자원 개발을 지속한다.

복합 PTSD 및 애착 트라우마의 회복 시나리오

REPAIR SCENARIO FOR C- PTSD AND ATTACHMENT TRAUMA

내담자가 민감소실 단계에서 막혔다고stuck 느낀다면 회복 시나리오를 개발하는 것도 도움이 될 수 있다. 이를 위해 치료자는 내담자가 어린 자신을 위해 잃어버린 자원을 확인하고 그 요구need를 충족시키기 위한 회복 시나리오를 만들도록 도울 것이다. 이 과정에는 내담자가 준비 단계에서 개발한 협력팀이 포함될 수 있다.

회복 시나리오의 예는 다음과 같다.

- 학대자로부터 아이 보호하기

- 안전하지 않은 상황에서 아이를 구조하기 또는 이동시키기
- 아이가 목소리를 내거나 부당한 상황에 맞서게 돕는 협력자 갖기
- 방임되거나 버려진 아이를 위한 양육하는 협력자 데려오기
- 새로운 양육하는 출생 장면 만들기

내담자가 회복 시나리오를 개발하는 과정에서 창의력을 발휘하도록 격려한다. 때로는 내담자가 "하지만 실제로는 이런 일이 없었다."라고 말하며 이 과정에 저항할 수 있다. 여기서 치료자는 내담자가 말하고 느끼는 것이 사실이라는 것을 인정할 수 있다. 그러나 지금은 그때와 다를 수 있다. 치료자는 내담자에게 어린 시절의 요구가 주의를 기울일 가치가 있다는 것을 상기시킬 수 있으며, 어떤 일이 일어났어야 했는지를 확인함으로써 내담자가 현재 그러한 요구에 주의를 기울이도록 도울 수 있다. 이 과정에서 슬픔이 생기는 것은 정상이며, 내담자는 슬픔이나 원망, 분노의 감정을 경험할 수 있다.

정서적 방임의 어린 시절을 묘사한 한 남자 내담자의 사례를 살펴보자. 그는 어렸을 때 혼자 많은 시간을 보냈던 것을 회상하고 자신을 위로하기 위한 대처기제coping mechanism를 개발했다. 그는 자신의 방에 혼자 있는 어린 소년이 절망감을 느끼고 있는 모습을 묘사했다. 그는 민감소실 동안에 갇힌stuck 느낌이 들었다. 치료자는 "당신의 방임되었던 어린 파트를 떠올려보세요. 이 파트가 무엇이 필요했는지 상상할 수 있나요?"라고 말했다. 내담자는 "모르겠어요."라고 말하며 어깨를 으쓱했다. 그는 절망감을 느끼며 창밖을 바라보았다. 치료자는 그곳에 누군가가 그와 함께 있는 것이 어땠을지 물었다. 내담자는 "어렸을 때 혼자 있고 싶지 않았어요."라고 주저하며 인정했다. 치료자는 "당신이 어린 소년이었을 때로 와서 당신과 함께할 수 있는 누군가를 상상할 수 있나요?"라고 물었다. 처음에는 내담자가 어린 자신을 위해 누군가가 그 자리에 있을 수 있다고 상

상하기 어려웠다. 그러나 격려와 함께 그는 자신의 협력팀을 떠올리고 어린 시절의 자신을 지지해 줄 현명한 친구를 상상하기 시작했다. 결국, 내담자는 시선을 치료자에게 되돌렸고, 눈물을 글썽이며 "나는 그저 보여지고 이해받기를 원했어요."라고 말했다. 그는 이제 이 현명한 친구가 자기를 보고 이해하는 것을 상상할 수 있었다. 그는 스스로에게 "나는 더 이상 혼자가 아니야."라고 말했다.

상상의 협력팀을 불러와서 산전prenatal 회복 과정을 용이하게 하는 것도 가능하다. 예를 들어 한 여성은 잦은 메스꺼움에 시달렸고 그녀의 어머니가 임신과 유아기 동안 담배를 피웠던 연관성을 떠올렸다. 그녀의 메스꺼움은 민감소실 동안 증가하여 재처리를 계속할 수 있는 능력을 방해했다. 회복 인터위브 동안 어머니 자궁 안의 그녀 주변에 보호자 팀을 데려왔다. 그녀는 그들이 독성이 있는 니코틴을 자신에게서 멀리 떨어뜨리는 힘의 장forth field을 만드는 것을 상상했다. 그런 다음 그녀는 출생 후 그 팀을 데려와서 어린 시절 집에서 그녀를 연기로부터 보호해 주는 것을 돕게 했다. 신체적으로 그녀는 목표기억을 성공적으로 민감소실시킬 만큼 혐오감을 견딜 수 있었다.

다음 개입인 '애착 회복 인터위브Attachment Repair Interweave'는 내담자가 재처리 중에 고착되거나stuck 맴돌looping 때, 상상의 회복 마음의 영화mental movie을 제안한다. 이 개입은 3단계로 이루어지며, 어린 시절 트라우마와 관련된 잃어버린 경험을 회복하는 자원을 개발한다. 1단계는 잃어버린 경험을 파악한다. 2단계는 내담자가 자기self의 어린 파트를 위한 협력팀을 만드는 것을 돕는다. 개입 26인 '협력팀으로 자기 파트의 자원만들기'를 검토하면 도움이 될 수 있다. 3단계는 내담자가 회복 시나리오를 상상하는 것을 돕는다. 이 과정 내내 내담자가 신체 인식과 함께 체크인하도록 초대하여 내담자가 그라운딩 되고, 현재에 지향하며 안전하다고 느끼는지 확실히 한다. BLS/DAS를 사용하여 협력팀을 강화할 수 있지만,

회복 시나리오를 개발하는 동안에는 BLS/DAS를 사용하지 않는다. 내담자가 자원이 있다고 느끼면 표준 EMDR 치료 프로토콜을 사용하여 재처리를 다시 진행한다.

■ 개입 28: 애착 회복 인터위브

1단계: 잃어버린 경험 및 회복 기술어descriptor 확인하기

[잃어버린 경험을 진술하는] 당신의 어린 파트를 떠올려 보세요.

그때 이 어린 파트가 정말로 무엇을 필요로 했는지 상상할 수 있나요?

참고: 확인된 요구need는 회복 기술어가 될 것이다. 만약 내담자가 요구를 확인할 수 없다면, 잃어버린 경험이라고 느끼는 이름을 지정하여 도움을 준다.

나는 당신이 [회복 기술어]가 필요했다고 생각해요.

2단계: 파트를 위한 협력팀 구성

협력팀이 들어와 [회복 기술어]를 제공하면 기분이 좋을지 궁금하네요. 이 파트의 협력자로 누구를 데려오고 싶나요? 시간을 내어 어린 파트 주위에 각 협력자를 공간적으로 배치하고 싶은 곳을 선택해 보세요. 이 협력자를 이 파트의 앞이나 한쪽 옆 또는 뒤에 두고 싶나요?

참고: 내담자가 협력자를 둘 자세를 찾으면 3~5회, 8~15초의 짧은 BLS/DAS 세트를 추가한다. 내담자가 자신의 어린 파트를 위한 협력팀을 찾을 때까지 필요한 만큼 협력자-구축 과정을 반

복한다. 각 협력자를 공간적으로 배치함에 따라 내담자가 체화된 인식을 가지고 체크인하도록 초대한다. 내담자의 신체 및 신경 시스템에서 그들이 안전하고 그라운딩 되게 느끼는 신호를 주의 깊게 관찰한다. 내담자는 자신의 팀에 원하는 만큼 많은 협력자를 둘 수 있으므로 완료되게 느낄 때까지 그 과정에 머문다.

이제 당신의 주위에 협력팀이 있으니, 당신의 인식을 몸 전체로 되돌리세요. 당신은 지금 무엇을 알아차리나요? 잠시 시간을 내어 당신 몸의 감각과 호흡을 알아차려 보세요.

참고: 내담자가 협력팀으로 자원이 제공된 느낌을 보고할 때 3~5회, 8~15초의 짧은 BLS/DAS 세트를 추가하여 긍정적인 상태의 감각느낌felt sense을 고정시킨다. 내담자가 협력자 개발 과정에 어려움을 겪고 있다면 BLS/DAS를 추가하지 말고 협력팀을 찾는 작업을 계속한다. 이 개입의 3단계로 진행하지 않는다.

3단계: 회복 시나리오

이제 당신의 이 파트에 대한 회복 시나리오 개발하는 것을 살펴봅시다. 협력자의 지지를 받는다는 것이 어떤 기분인지 주목해 보세요. 지금 당신의 몸에서 무엇을 알아차리나요? 협력자가 당신이 새로운 경험을 할 수 있게 돕도록 해요. 기억하세요, 지금은 그때와 다를 수 있어요.

영화를 보는 것처럼 이 장면을 상상해 보세요. 이 파트의 요구need를 충족시키는 데 도움이 되는 협력자를 만나 보세요. 마침내 [회복 기술어]가 있을 거라고 상상하면서 지금 기분이 어떤가요?

참고: 내담자가 이미지, 감각 또는 감정에서 긍정적인 변화를 보

고하면, 30 - 45초 세트의 표준 프로토콜을 사용하여 정상적인 BLS/DAS 세트를 다시 시작한다. 만약 내담자가 긍정적인 감정에 연결될 수 없다면, 내담자가 어린 자신을 위한 충분한 자원을 가질 때까지 그 과정에 머문다. 만약 내담자가 자신의 어린 파트를 위한 자원을 개발할 수 없다면, 개입 3인 '소매틱 고통의 컨테인먼트'를 사용하여 재처리를 중단한 후, 트라우마 내용을 재처리하는 것으로 돌아오기 전에 더 많은 자원 개발을 지속한다.

불완전한 민감소실INCOMPLETE DESENSITIZATION

이 부분에서는 미완결 회기를 종료하는 데 도움이 되는 두 가지 개입인 '파트를 위한 안전지대Safe Place for a Part'와 '금괴Golden Nugget'를 제공한다. 이 과정은 내담자가 안전하지 않은 상황에 있었던 자신의 어린 파트의 기억과 작업할 때 특히 중요하다(Twombly, 2000). 예를 들어 버려진 아이 파트와 작업하는 경우 해당 어린 파트와 적절한 컨테인먼트 및 종료를 만들어 회기를 완료하는 것이 중요하다. 첫 번째 개입인 '파트를 위한 안전지대'는 미완결 회기에서 사용되며, 내담자에게 파트 자신의 안전지대를 찾도록 도울 수 있을 만큼 충분히 강력한 협력자 또는 협력팀을 찾도록 안내하는 두 가지 단계가 있다. 첫 번째 단계는 파트를 위한 안전을 만들며, 두 번째 단계는 내담자가 그라운딩 되고, 현재에 지향하며, 안전하고, 치료실을 떠날 준비가 되어 있다고 느끼도록 지지한다. 필요한 경우 내담자의 각 파트는 컨테인먼트를 만들기 위해 협력팀과 개별적인 안전지대를 가질 수 있다. 내담자가 그라운딩 도구 키트grounding toolkit를 사용하거나, 방을 돌아다니거나, 물을 마시거나, 성인 자기adult self로서 존재하는 것을 확실히 하기 위한 다른 어떤 방법이든지 사용하도록 초대한다. 두 번째 개입인 '금괴Golden Nugget'는 SUDS가 0으로 해결되지 않더라도 회기의 긍정적인 요소에 초점을 맞춘다. 금괴는 내담자가 회기밖에 가져갈 수 있는 새로운 통찰을 인정할 수 있게 도와주는 방법으로 주입될 수 있는 RDI이다. 완료되면, 개입 3인 '소매틱 고통의 컨테인먼트'를 사용하여 내담자가 남아 있는 고통을 치우게 해서 회기 종료 시까지 그라운딩 될 수 있게 한다.

■ 개입 29: 파트를 위한 안전지대

1단계: 파트를 위한 안전한 장소 찾기

나는 우리가 시간이 거의 다 되었다는 것을 알고 있어요. [파트]를 위한 안전지대를 찾아봐요 누가 와서 그 파트가 위로가 되고 보호가 되고 안전하다고 느끼는 장소를 찾도록 도와줄 수 있을까요?

참고: 내담자가 어린 파트를 안전지대로 데려가는 데 도움을 줄 수 있는 협력자 또는 협력팀을 상상하도록 한다.

시간을 내어 [파트]가 위로받고 보호되며 안전하다고 느끼는 데 필요한 모든 것을 가지고 있는지 확인하세요.

2단계: 현재에 그라운딩하기Grounding in the Present

잠시 시간을 내어 당신의 성인 자기adult self가 지금 여기에 있는 것을 느끼면서 당신 자신이 현재로, 다시 방으로 돌아오게 하세요. 몸은 어떤가요? 당신이 지금 여기에서 그라운딩 되고 안전감과 연결되게 느낄 때까지, 이 과정을 천천히 진행하세요. 당신은 100% 여기로 돌아온 기분인가요? 한 주를 지내는 동안 파트가 여전히 안전지대에 있고, 위로받고, 보호되며, 안전하다고 느끼는지 확인하면서 당신의 파트를 확인하세요. 지지가 더 필요하면, 가서 해당 파트에 필요한 자원을 추가하세요. 계속해서 당신의 성인 자기adult self와 확인하고, 그라운딩과 현재에 머물기 위해 기분이 좋은 것을 하세요. 부정적인 내용이 떠오르는 경우 컨테인먼트 이미지를 사용하세요.

■ 개입 30: 금괴

당신이 지금 바로 체화하고embody 회기에서 가져갈 수 있는 오늘 자신에 대해 배운 긍정적인 점이 있나요?

참고: 내담자가 회기에서 긍정적인 것에 대해 성찰하는 데 어려움을 겪는 경우, 당신은 새로운 인식이나 긍정적인 변화로 느꼈던 회기 중에 당신이 목격한 순간을 금괴로 제공할 수 있다.

[새로운 인식 또는 긍정적인 변화]를 생각할 때 당신의 몸에서 어떻게 느끼는지 주목하세요.

참고: 내담자를 그라운딩 시키기 전에 긍정적인 부분을 주입하기 위해 3~5회, 8~15초의 짧은 BLS/DAS 세트를 추가한다. 완료되면, 개입 3인 '소매틱 고통의 컨테인먼트'를 사용하여 내담자가 남아 있는 고통을 치우게 해서 회기 종료 시까지 그라운딩 될 수 있게 한다.

복합 PTSD 및 애착 트라우마의 주입

INSTALLATION FOR C- PTSD AND ATTACHMENT TRAUMA

유아기 관련 목표기억의 민감소실이 완료되었을 때, 이 경험을 내담자의 성인 파트에 통합하는 시간을 갖는 것이 유익할 수 있다. 논의된 바와 같이, 세-갈래 프로토콜Three- Prong Protocol은 새로운 PC와 관련된 소매틱 경험을 과거, 현재, 미래의 상황에 주입하는 것을 돕는다. 여기에는 이 새로운 경험을 몸에 고정시켜anchoring 새로운 체화된 PC를 주입하고, 내담자가 자신의 소매틱 경험을 알아차리도록 초대하는 것이 포함된다.

다음 개입인 '어린 파트를 성인 자기로 성장시키기Growing Up a Young Part Into the Adult Self'는 내담자가 어린 파트가 성인 자기adult self로 성장하는 것을 상상함으로써 어린 시절 기억과 관련된 체화된 PC를 통합할 수 있게 돕는다. 내담자가 5세, 초등학교, 10대였을 때 등 다양한 발달 단계를 통해 내담자를 안내한다. 내담자가 새로운 PC를 어떤 발달 단계이든지 통합하는 데 어려움을 겪는 경우, 당신은 이 차단이 다른 목표기억이 있음을 나타낼 수 있다는 것을 인지하며 시각화를 중지할 수 있다. 성장 통합 과정을 진행하기 전에 이 목표기억을 설정하고 완전히 재처리하는 시간을 갖는다. 내담자가 이 새로운 믿음으로 견고하고 체화되게 느끼도록 돕는다.

■ 개입 31: 어린 파트를 성인 자기로 성장시키기

이제 당신이 [원래 목표기억과 관련된 나이]였을 때 [PC]와 강하게 연결되었다고 느끼므로, 우리는 당신 자신이 성인 자기로 성장하는 것을 상상하면서 나중에도 자신에 대한 이러한 믿음을 간직하고 있는 것이 어떻게 느껴질지 탐색해 보려고 해요.

[PC]라는 말을 떠올릴 때 지금 당신 몸에서 느껴지는 느낌과 연결해 보세요.

이제 당신 삶의 각 단계를 통해 이 긍정적인 믿음을 당신에게 가져오는 것을 상상해 보세요. 당신이 [한 발달 단계 언급]에 있을 때 이렇게 느끼는 것은 어떨 것 같나요?

이 시나리오를 상상하면서 당신의 몸에서 무엇을 알아차리나요?

참고: 내담자가 무엇을 생각하고 느끼고 몸에서 감지하는지 sensing를 알기 위해 각 단계에서 잠시 멈추면서, 다양한 발달 단계를 통해 내담자를 안내한다. 내담자가 한 나이에서 새로운 PC를 느낄 수 없는 경우, 이것이 재처리되어야 하는 가능한 목표기억이 될 수 있다는 것에 유의하면서 그 차단을 더 탐색한다. 차단이 재처리되고 나면, 내담자가 성인 자기와 통합되었다고 느낄 때까지 파트를 계속 성장시킨다.

복합 PTSD 및 애착 트라우마의 통합 및 재평가

INTEGRATION AND REEVALUATION FOR C- PTSD AND ATTACHMENT TRAUMA

EMDR 치료의 마지막 단계에서 치료자는 내담자가 회기를 종료하기 전에 남아 있는 고통스러운 신체 감각을 다루도록 도울 수 있다. 내담자가 남아 있는 감각에 초점을 맞추는 동안 그것이 해결될 때까지 BLS/DAS를 추가한다. 만약 그것이 내담자를 다른 기억이나 목표기억으로 데려갈 경우, 회기가 거의 끝나가는 경우라면 컨테인먼트를 사용하고, 회기 시간이 남아 있는 경우라면 이 기억을 새 목표기억으로 설정할 수 있다. 마무리를 위한 일종의 그라운딩과 현재-중심의 개입으로 모든 회기를 끝내는 것이 중요하다. 회기를 종료하기 전에 성인 자기가 존재하는지 확인한다.

재평가 단계에서 EMDR 치료자는 이전 회기를 검토하고 추가 목표기억으로 이어질 수 있는 남아 있는 정서적, 인지적 또는 소매틱 고통을 찾는다. 유아기와 애착 트라우마는 종종 통합을 위한 지속적인 치료적 지지를 필요로 하는데, 이는 습관적인 소매틱 패턴과 핵심 믿음이 수년 동안 제자리를 지켜왔기 때문이다. 언어 이전preverbal의 기억과 비언어적인 nonverbal 기억은 종종 접근하기 어렵기 때문에 이 과정에는 인내심이 필요하다. 재평가 단계에서는 회기-내 변화가 회기 밖에서 내담자의 자신 및 타인과의 관계로 어떻게 동화되고 있는지에 대한 지속적인 대화를 포함한다.

결론CONCLUSION

이 장에서 우리는 복합 PTSD 및 애착 트라우마에 대한 EMDR 치료와 소매틱 심리학의 통합을 제공했으며, 이는 파트 확인 및 작업, 언어 이전preverbal의 목표기억 개발, 민감소실 단계 동안의 정신생물학적 조절에 대한 소매틱 접근법을 강조했다. 모든 EMDR 치료와 마찬가지로 그 과정이 선형적이지 않다는 것을 아는 것이 중요하다. 이것은 특히 초기 발달 트라우마에 해당되는데, 그 과정이 종종 느리게 진행되며 지속적인 안정화와 자원 개발이 필요하기 때문이다. 치료자로서 당신 자신의 작업을 하는 것이 필수적인데, 왜냐하면 당신 자신의 치유되지 않은 애착 상처가 내담자가 나타내는 문제에 깨어 있는 당신의 능력을 방해할 수 있기 때문이다. 당신 자신의 취약점을 알고 체화된 자기-탐구에 참여하는 것이 중요하다. 당신의 체화는 상호 조절을 가능하게 한다.

제6장
만성 통증 및 질병
Chronic Pain and Illness

정서적 스트레스가 두통, 복통, 잦은 감기의 원인이 된다는 것은 일반적으로 받아들여지고 있다. 스트레스와 질병의 관계는 내담자가 트라우마 과거력이 있을 때 증폭된다. 해결되지 않은 트라우마 기억과 그와 관련된 정신적 고통은 증상의 악화로 이어질 수 있으며, 어떤 상황에서는 전환 장애conversion disorders의 발달을 초래할 수 있다(Gupta, 2013). 해결되지 않은 PTSD는 자율신경계 불균형에 기여할 수 있고, 신체 염증과 상관관계가 있으며, 소화기 문제, 자가면역 상태 및 수면 장애를 포함한 건강 문제와 관련이 있다(Boscarino, 2004; Bergmann, 2012; O'Donovan et al., 2016; Scaer, 2005; Vachon- Presseau et al., 2013). PTSD와 질병의 연관성은 어린 시절에 트라우마 사건에 노출되었을 때 특히 강하다(Felitti et al., 1998). 더욱이 만성적인 통증이나 질병은 직업 상실, 소득 손실, 부부간의 스트레스 증가와 같은 변화하는 사건으로 이어질 수 있다(Grant & Threlfo, 2002). 일부 내담자는 침습적인 의료 시술에 직면했거나 향후 의료 시술과 관련된 불안을 느낄 수 있다. 나아가 오진, 과소복용, 과대복용 등의 의료적인 잘못된 관리는 모두 통증을 악화시키고, 더 많은 정서적 고통을 유발하며, 최악의 경우 장애disability를 초래할 수 있다(Grant, 2016).

EMDR 치료와 소매틱 심리학은 모두 내담자의 증상이 생화학적, 심리적, 사회적, 문화적 요인의 상호작용에서 발생한다는 것을 이해하는 생물정신사회적biospychosocial 치료 모델에 기초하고 있다. 생물정신사회적 접근 방식은 통증과 질병의 객관적인 물리적, 생물학적 요인뿐만 아니라 기원에서 심리적 또는 심인성 요인도 고려한다(Gatchel, 2004). 생물정신사회적 접근 방식은 내담자가 불편한 신체 증상의 강도와 지속시간에 대한 통제감, 자기-효능감, 자기-조절을 높일 수 있도록 돕는다. EMDR 치료는 만성 통증 및 질병의 증상을 줄이는 데 효과적인 것으로 나타났다(Gerhardt, Eich, Seidler, & Tesarz, 2013; Grant, 2016; 2016; Mazola et al., 2009; Ray & Page, 2002; Salehian et al., 2016; Shapiro, 2014). 가장 주목할 만한 것은 유쾌하거나 중립적인 감각에 집중하도록 마음을 재훈련시키기 위해 자원 개발과 함께 양측성 자극을 적용한 마크 그랜트 박사(2016)의 작업이다. 또한 그랜트는 통증과 질병의 정서적, 기억적 요소를 재처리하여 통증 상태를 악화시키는 트라우마 기억을 민감소실desensitization시키는 것의 중요성을 강조한다. 통증에 대한 EMDR 치료에 대한 추가 연구는 환지통phantom limb pain과 작업한 사례 연구에서 나왔는데, 여기서 양측성 자극은 유의미한 감소를 가져오고 일부 상황에서는 통증 증상을 제거했다(de Roos et al., 2010; Schneider, Hofmann, Rost, 2008; Tinker & Wilson, 2005; Wilensky, 2006). 게다가, 연구는 현재 나타나고 있는 편두통의 빠른 완화에 복식 호흡과 접촉touch을 결합한 EMDR치료가 효과적이라는 것을 보여 주었다(Marcus, 2008). 또한 EMDR 치료는 화학요법chemotherapy, 수술 및 기타 연관 증상과 관련된 의료적 트라우마를 치료하기 위한 목적으로 적용될 수 있다(Shapiro, 2009).

이 장에서는 체화embodiment와 움직임의 회복탄력성에 중점을 두고 만성 통증 및 질병에 대한 기존 EMDR 치료의 적용을 확장한다. 소매틱 심리학은 내담자가 감각과 감정을 연결하고 치유 운동을 회복하도록 안내함으로써 내부수용감각interoceptive 인식awareness을 강화한다(Aposhyan, 2007; Caldwell, 1997; Geuter, 2015; Fogel, 2009). 또한 신체인식치료body awareness therapy라고 불리는 비정신치료적인 소매틱 접근의 하위집합subset은 내담자에게 만성 통증 및 질병을 완화시켜 줄 수 있다. 예로는 한나 소매틱스Hanna Somatics(Hanna, 2004), 펠덴크라이스Feldenkrais(Feldenkrais, 2009), 요가 치료(Jeter, Slutsky, Singh, & Khalsa, 2015), 마사지 치료(Field, 2014) 등이 있다. 신체인식치료의 일차적인 목표는 내담자가 자신의 주관적인 통증 경험을 마음챙김mindful 움직임이나 접촉touch을 통해 줄일 수 있는 자신의 능력을 인지하도록 돕는다. 그러나 신체인식치료의 긍정적인 영향은 내담자의 현실을 있는 그대로 함께할 수 있는 능력을 높이고 자기self와 함께할 수 있는 능력을 증가시키며 대인 관계를 개선시키는 것으로 나타났다(Gard, 2005). 일반적으로 이와 같은 보완대체의학 접근 방식은 정신치료를 포함하는 통합건강관리팀integrative health care team의 일부로 사용될 때 가장 효과적이다(Astin, Soeken, Sierpina, & Clarridge, 2006). 마찬가지로 소매틱 심리학은 내담자가 고통스러운 경험이 도피 전략이나 반응성을 필요로 하지 않는다는 것을 인지하도록 돕기 위해 마음챙김mindful 신체 인식에 관여하도록 격려한다. 이러한 접근은 미주신경 톤vagal tone의 개선, 자율신경계의 유연성 및 통증 감소와 관련이 있다(Kok & Fredrickson, 2010; Kok 등, 2013; Carson 등, 2005). 때때로 소매틱 심리학은 내담자가 통증 증상에 대한 인식을 집중하도록 장려할 수 있다. 이 과정은 불편함을 피하는 데 상당한 시간을 소비하는 내담자에게 반직관적으로 느껴질 수 있다. 그러나 통증 감각의 기술 경험을 마음챙김으로 관찰하는 것은 내담자의 주관적인 통증 수준에 변화를 일으키는 하나의 도구이다(Freeza, 2008; Price, et al., 2007).

만성적인 통증이나 질병이 있는 내담자는 신체에 배신감을 느낄 수 있고, 그 결과 그들은 감각을 두려워할 수 있다. 소매틱 개입은 내담자가 신체에 천천히 안전하게 다시 연결되도록 돕는다. 이 장에서는 내담자가 압도되는 것flooding을 줄이면서 고통스러운 감각에 대한 내부수용감각interoceptive 인식에 초점을 맞출 수 있게 돕는 도구를 제공한다. 게다가, 이 과정은 긍정적이고 심지어 즐거운 감각의 원천으로서 신체를 재발견하도록 내담자를 초대한다. 만성 통증 및 질병의 증상은 기억 네트워크 및 정서적인 과정과 통합되기 때문에 EMDR 치료와 소매틱 심리학의 통합이 중요하다. 우리는 내담자가 자기-돌봄 일상을 만들고 마음챙김을 고통스러운 증상을 다루고 심지어 경청하는 도구로 적용하도록 돕는 개입을 제공한다. 추가 개입으로 신체적 고통에 기여하는 트라우마 기억을 다루기 위해 기존 및 수정된 EMDR 치료 프로토콜의 사용을 탐색한다.

통증의 이해UNDERSTANDING PAIN

정의상 만성 통증은 신체적 병리만으로는 설명할 수 없는 통증 증상을 말한다. 진단을 받는 것은 종종 그 문제를 해결할 수 있다는 희망과 명료함을 제공한다. 따라서 만성 통증 및 질병을 가진 내담자는 종종 약함이나 무력감을 느끼고 그 결과 우울증, 수면장애, 자살의 위험이 더 크다 (Gatchel, 2004). 요컨대, 이 연관성은 치료적으로 다루지 않는다면 시간이 지남에 따라 악화될 수 있는 악순환으로 설명될 수 있다.

통증은 신체적, 감각적인 과정이자 정서적이고 주관적인 현상이다. 지각, 기억, 감정, 믿음은 통증의 결과일 뿐만 아니라 통증의 핵심 요소이다. 스트레스, 미해결된 트라우마, 미해결된 아동기 애착 트라우마, 불안, 수면 부족, 좌식 생활 방식, 사회적 고립, 잘못된 식습관 등 많은 요인이 만성적인 통증 상태를 악화시킬 수 있다(Grant, 2016). 예를 들어 연구에 따르면 사회적 배제는 통증과 동일한 신경 회로를 활성화시킨다(Eisenberger, 2012). 게다가 상실이나 손상을 예상하는 것은 비록 그것이 전혀 발생하지 않더라도 신체의 통증 감각으로 이어질 수 있다(Bernatzky, Presch, Anderson, & Panksepp, 2011).

신경생리학적 관점에서 보면 통증은 처음에는 근육, 장기, 관절, 피부에서 몸 전체에 존재하는 감각수용체인 통각수용기nociceptor를 통해 몸에서 감지된다. 이 감각 신경 세포neurons는 척수spinal cord와 뇌에 통증 신호를 보낸다. 여기에서 뇌의 변연계 센터는 통증에 감정적인 가치valence를 부여한다. 통증의 강도는 우리의 지각에 의해 형성되는데 여기에는 둔감한, 날카로운, 퍼지는, 견딜 수 없는, 또는 참을 수 없는 것과 같은 정신적 인상mental impression이나 묘사에 기인하는 것이 포함된다. 통증은 우리의 감정적 반응에 의해 더욱 형성된다. 예를 들어 통증의 감각은 위협적이거나 두려운 것으로 간주될 수 있다. "나는 통증을 감당할 수 없다."거나 "나는 통증에 무력감을 느낀다."는 식의 생각과 믿음도 통증의 경험을 형성한다. 또한 기억은 뇌의 통증 신호의 정서적 부하를 통해 통증의 현재 지각을 증가시킬 수 있다. 예를 들어 섬유근육통fibromyalgia이 있는 사람은 이전 재발에 대한 기억이 현재 증상의 지각을 알려 주고 향후 재발에 대한 두려움으로 이어질 수 있다. 이전의 손상이나 통증을 기억하는 것은 보호적인 반응인데, 왜냐하면 인간으로서 우리는 스스로를 보호하도록 신경계가 연결되어wired 있기 때문이다. 즉, 뇌의 관점에서 보면 과거의 위협적인 순간의 통증을 회상하는 것은 비슷한 위협에 직면할 수도 있는 미래 상황에 대비하는 데 도움이 된다. 어떤 경우에는 실제로 위험이 없을 때 자기-방어를 위한 준비로 근육이 조여진다. 불행히도 수축된 근육은 통증의 감각을 증폭시킬 수 있다. 만성적인 긴장은 참을 수 없는 감정을 밀어내는 기능도 할 수 있다. 시간이 지나면 만성적인 근육 긴장은 의식적 인식 아래에 유지될 수 있다(Sarno, 1999). 즉, 만성적인 통증은 종종 감각 인식의 단절과 관련이 있다. 설명되겠지만, 통증을 목표기억으로 처리하는 것targeting은 압도적이거나 고통스러운 홍수flooding로 이어지지 않도록 내부수용감각 인식을 천천히 회복하는 것을 포함한다.

일부 내담자는 통증 증상으로 벤조디아제핀을 처방받았을 수 있다. 그러나 이러한 종류의 약물은 트라우마를 해결하는 데 필요한 생리적, 심리적 과정을 더 억제하기 때문에 PTSD에 금기로 간주된다(Yehooda, 2008; Brewin, Huntley, 2012). 그러한 약물은 EMDR 치료 중 치료의 장벽으로 작용할 수 있다. 가능하면 치료자가 내담자의 고통을 최소화하거나 무시하지 않는 방식으로 통증 및 질병의 심리사회적 요인을 다루기 위해 내담자의 의료진과 협력하는 것이 좋다. 질병 및 만성 통증 증상의 사회적, 문화적 요인을 고려하는 것도 중요하다. 부정적인 아동기 사건에 노출된 성인은, 또한 가정에서 일관된 의료 서비스의 부족, 위생 습관에 대한 불충분한 모델링, 건강-증진 행동(운동, 잘 먹기 등)의 불충분한 모델링, 고-위험 행동에 대한 과도한 모델링(흡연, 물질 사용 등)이 있었을 수 있다. 게다가, 일부 내담자는 그들이 신뢰하거나 감당할 수 있는 의료 서비스를 찾는 데 계속해서 어려움을 겪을 수 있다. 의학적으로 설명할 수 없는 증상을 가진 내담자는 증상을 이해하고 치료하기 위해 수많은 의사를 찾았지만 의사가 도울 방법이 없다는 것만 알게 되었다. 또한 만성 통증 및 질병을 가진 개인은 자기-비난, 수치심이나 무력감의 감정을 품고 있어 의료 서비스를 기피하게 되거나 사회적으로 지역사회로부터 고립될 수 있다. 결과적으로 일부 내담자는 통증에 기여하는 심리적, 심인성 요인을 다루는 것에 저항할 수 있는데, 왜냐하면 이것이 그들의 고통의 진실성을 최소화하거나 부정한다고 믿기 때문이다.

만성 통증 및 질병의 개입

INTERVENTIONS FOR CHRONIC PAIN AND ILLNESS

만성 통증 및 질병 치료의 일차적인 목표는 내담자가 증상의 강도와 지속 기간에 대한 통제감을 갖도록 돕는 것이다. 나아가 소매틱 정보에 입각한 somatically informed 민감소실 전략은 통증의 주관적 경험을 줄이는 데 도움이 될 수 있다. 또한 EMDR 치료는 내담자가 일부 증상은 변경될 수 없다는 것을 수용하도록 돕는 데 사용될 수 있다. 여기서 치료자는 수용이나 현실을 있는 그대로 받아들일 수 있는 능력에 초점을 맞춘 개입에 관여할 수 있다. 만성 통증은 운동 패턴, 정서, 정신생리학적 상태를 나타내는 신경 네트워크에서 절차적 기억procedural memory으로 저장되기 때문에 소매틱 접근이 필수적이다. 따라서 회기에서 움직임을 환영하는 환경을 만드는 것은 치료의 필수적인 부분이다. 이 장에서 소매틱 개입은 EMDR 치료의 8단계 모두에서 만성 통증 및 질병의 증상을 다루기 위해 조정되었다. 예를 들어 과거력-청취 단계는 치료자가 내담자가 경험하고 있을 수 있는 만성 통증이나 질병의 모든 증상에 대해서 잘 알 수 있는 기회를 제공한다. 치료자는 내담자의 병력을 검토하고 증상 악화에 기여할 수 있는 건강관리에 대한 잠재적인 장벽을 탐색한다. 준비 단계는 자원으로 개발할 수 있는 요가, 연민, 감사 연습과 같은 심신치료mind-body therapy를 통해 내담자의 자기-돌봄을 강화할 수 있는 기회를 제공한다. 평가 단계에서 치료자는 만성적인 통증이나 질병의 증상과 관련된 목표기억targets을 민감하게 개발하는 방법을 탐색할 것이다. 여기서 체화에 대한 강조는 신체 증상을 직접적인 목표기억으로 하는 접근법을 제공한다. 일단 목표기억이 개발되면 치료자는 내담자가 신체의 소매틱 고통과 중립적이거나 즐거운 감각 사이에서 진자운동pendulation을 할 수 있게 하는 수정된 프로토콜로 민감소실을 진행할 수 있다. 마지막 단계에서는 내담자가 새로운 자기감sense of self

을 세상에 통합하는 데 방해가 되는 모든 장벽을 극복하도록 돕는 데 중점을 두고 만성 통증 및 질병의 사회적 및 정체성 요인을 탐색한다.

만성 통증 및 질병의 과거력 청취

HISTORY TAKING FOR CHRONIC PAIN AND ILLNESS

과거력-청취 단계는 치료자가 내담자의 건강과 병력에 관해 물어볼 수 있는 기회를 제공한다. 이 과정은 치료자가 의학적 진단, 내담자가 현재 복용하고 있는 약물, 만성 통증을 포함한 현재 신체 증상에 관해 잘 알고 있도록 한다. 통증이 적절하게 관리되는지를 포함하여 내담자가 현재 받는 의학적 치료를 이해하는 것이 중요할 수 있다. 또한 치료자가 주치의, 내분비 전문의, 종양전문의, 면역학자 또는 대체 치료 제공자와 같은 의료 제공자와 협력할 수 있도록 정보를 공개하는 것이 좋다. 내담자에게 침습적 의료 시술의 이력에 관해 물어보는 것이 중요할 수 있다. 또한 치료자는 치료에 대한 장벽이나 의료적 실수, 오진이 있는지 이해하기 위해 내담자의 의료 서비스에 대한 평가를 탐색할 수 있다. 또한 내담자의 다른 가족 구성원에게 영향을 준 의학적 증상이나 진단에 대한 세대 간 패턴에 주의를 기울여서 가족 건강 가계도genogram를 작성하는 것이 유익할 수 있다.

EMDR 치료에서 사례 개념화를 개발할 때 추가적인 고려사항은 문화적 정체성이 내담자의 통증과 질병의 표현, 설명 및 해석에 중요한 영향을 미칠 수 있다는 것이다. 예를 들어 어떤 문화는 내담자가 높은 수준의 고통에도 불구하고 냉정을 유지해야 한다고 강조하는 반면, 다른 문화는 통증 증상을 더 크게 표현하게 모델링한다. 또한 유전적 기원이 있을 수 있는 통증에 대한 인종 및 민족적 반응의 차이가 보고되었다(Anderson, Green, & Payne, 2009). 중요한 것은 일부 문화권에서는 고통을 그림으로 표현하지 못하기 때문에 통증 증상을 0-10 SUDS 척도로 평가할 수 없다는 것이다. 대안적 접근 방식은 내담자가 다양한 수준의 고통을 표현하는 얼굴을 가리키도록 초대한다(Ellis et al., 2011). 어떤 경우에는 내담자의 통증 및 질병 증상 표현의 이러한 차이가 의학적, 심리적 환경 모두에서 내담자에 대한 돌봄의 불균형을 초래한다. EMDR 치료와 소매틱 심리학의 문화적 측면에 대한 자세한 내용은 7장에서 다룬다.

또한 과거력 청취는 잠재적으로 긍정적인 자원이 될 수 있는 내담자의 보호 요인을 평가할 수 있는 기회를 제공한다(Dolbier, Smith, & Steinhardt, 2007). 예를 들어 내담자는 규칙적인 운동을 하거나, 명상 연습을 하거나, 일기 쓰기를 즐길 수 있다. 이러한 행동들은 준비 단계를 통해 격려되고 강화될 수 있다.

다음의 과거력-청취 도구인 '만성 통증 및 질병 조사'는 내담자의 요구에 맞게 조정될 수 있다. 이러한 질문은 사례 개념화를 명확히 하고 민감소실을 위한 추가 목표기억을 확인하는 데 도움이 될 수 있다. 치료자는 이러한 질문의 진행 속도를 조절하기 위해 소매틱 및 정서적 단서를 관찰할 수 있다. 질문은 지침의 역할을 하지만 모든 질문이 모든 내담자와 관련이 있는 것은 아니다. 몇 가지 질문만 하거나 내담자를 위해 질문 문구를 수정하는 것이 필요할 수 있다. 내담자가 정서 조절이나 통증 수준으로 어려움을 겪고 있는 경우, 과거력 청취 속도를 늦추거나 멈추고 내담자가 컨테인먼트 및 그라운딩에 집중하도록 돕는다.

과거력-청취 도구: 만성 통증 및 질병 조사

- 당신은 현재 또는 과거의 의학적 진단이나 질병이나 통증의 증상이 있나요?
- 당신은 과거에 상해를 입은 적이 있나요?
- 당신은 얼마나 오랫동안 질병이나 통증의 증상을 겪어왔나요?

- 통증이 있다면, 당신의 몸 어디에서 이것을 느끼나요?
- 감정적으로 당신은 통증을 어떻게 다루고 있나요?
- 당신의 고통은 과거의 트라우마 또는 손상과 관련이 있나요?
- 당신은 통증을 악화시키는 현재 유발 요인을 알아차리나요?
- 당신의 통증은 관리될 수 있거나 치료로 조절되나요?
- 당신은 현재 복용 중인 약물이 있나요?
- 당신의 의료 경험은 어땠나요?
- 당신은 침습적인 의료 시술 이력이 있나요?
- 당신은 의료 서비스에서 오진이나 어려움을 경험한 적이 있나요?
- 당신은 현재 의료 서비스를 이용하는 데 장벽이 있나요?
- 당신은 부모 또는 조부모의 건강 과거력에 대해 무엇을 알고 있나요?
- 당신은 다른 가족 구성원이 겪고 있는 건강 문제를 알고 있나요?
- 어린 시절 가정에서 어떤 개인 건강 행동을 모델로 삼았나요?
- 어린 시절에 당신의 의료적 요구는 충족되었나요?
- 당신이 자랄 때 가족 구성원이 담배를 피웠나요?
- 자라면서 당신의 영양은 어땠나요? 영양가 있는 식사를 하도록 권장되었나요?
- 자라면서 건강한 생활 방식을 위해 어떤 긍정적인 지지를 받았나요? 운동이 권장되었나요?
- 자라면서 가족 구성원이나 문화에서 자기-돌봄에 대해 어떤 태도를 취했나요? 지금 당신은 자기-돌봄에 대해 어떻게 생각하나요?
- 당신의 몸에 대해 어떻게 느끼나요?
- 당신의 몸을 어떻게 대하나요?
- 당신의 건강을 지지하기 위해 어떤 생활방식을 이미 선택하고 있나요? 예를 들어 규칙적인 운동을 하거나, 건강한 식습관에 초점을 맞추거나, 마음챙김 연습을 유지하고 있나요?

만성 통증 및 질병의 준비 단계 및 자원 개발

PREPARATION PHASE AND RESOURCE DEVELOPMENT

FOR CHRONIC PAIN AND ILLNESS

준비 단계는 내담자가 천천히 안전하게 신체에 다시 연결될 수 있도록 돕는 것의 중요성을 강조한다. 치료자는 내담자에게 자기-돌봄 행동을 강화하고, 회복 수면을 증진하며, 수용에 초점을 맞춘 RDI를 제공할 수 있다. 이 단계의 추가 목표는 내담자가 적합한 포커싱focusing(Gendlin, 1982년) 훈련을 통해 아픈 감각의 고통에 대한 내성을 높이도록 돕는 것이다.

자기-돌봄 연습하기

준비 단계의 한 가지 목표는 내담자가 조절, 적응 또는 변화할 수 있는 통증과 질병의 측면을 발견하도록 돕는 것이다. 예를 들어 내담자는 건강한 수면 패턴을 개발하고, 영양가 있게 섭취하고, 운동 루틴을 개발하거나, 이완 전략을 배우는 데 집중할 수 있다. 어려운 삶의 사건에 적응할 때 더 큰 회복탄력성resilience과 관련된 몇 가지 요인이 있다. 이러한 "강인hardiness 요인"은 통제control, 전념commitment, 도전challenge이다(Maddi, 2013). 이것은 내담자가 희망을 유지하고 증상을 개선하는 자기-돌봄 활동에 적극적으로 머물 수 있도록 도와줌으로써 만성 질환에 대한 반응에서 적응력과 회복탄력성을 높이도록 돕는다(Brooks, 2003; Farber et al., 2000). 통제 요인은 자신이 삶의 결과를 형성할 수 있는 능력이 있다고 믿는 것을 말한다. 도전이란 고통스러운 삶의 사건이 삶의 정상적인 부분이며 개인적인 성장의 기회를 제공할 수 있다는 인식을 말한다. 전념이란 삶에 계속 참여하면서 오는 목적의식을 말하며, 위축되거나 고립될 가능성을 감소시킨다.

EMDR 치료자는 내담자가 회기 밖에서 자기-돌봄 및 수용 연습에 참여하도록 지지하여 자기-효능감을 높이고 사회적 참여를 느끼도록 도울 수 있다. 자기-돌봄 활동은 내담자를 안정화시키는 데 도움을 줄 수 있으며, 민감소실 및 재처리 준비를 가속화할 수 있다. 아래의 '자기-돌봄 연습' 목록은 내담자가 집에서 스스로 할 수 있는 활동의 예를 제공한다. 또한 자기-돌봄 연습에 대한 내담자의 참여는 자기-돌봄을 위한 다음의 개입으로도 지지될 수 있다.

자기-돌봄 연습

- 명상, 요가, 또는 태극권tai chi과 같은 마음챙김과 이완 연습에 참여한다.
- 일기를 쓴다.
- 예술, 음악, 춤과 같은 창의적이거나 예술적인 표현에 참여한다.
- 규칙적인 운동 루틴에 참여한다.
- 건강한 영양을 개발한다.
- 수면 위생 루틴을 연습한다.
- 고립을 줄이기 위해 친구에게 연락하거나 사교 행사에 참석한다.

자기-돌봄 마음의 영화SELF- CARE MENTAL MOVIES

다음 두 가지 개입인 '자기-돌봄 마음의 영화Self-Care Mental Movie'와 '편안한 수면 마음의 영화Restful-Care Mental Movie'는 회기 밖에서 내담자를 지지하는 데 도움이 되는 마음의 영화를 개발하는 것을 포함한다. '자기-돌봄 마음의 영화'는 내담자가 자신을 돌보는 모습을 일상적으로 시각화할 수 있도록 돕는 것으로 구성된다. 내담자가 성공적이고 현실적인 계획을 방해할 수 있는 장벽이나 차단을 처리할 수 있는 자원을 확인하도록 돕는다. 내담자가 견고하고, 그라운딩 되며, 이 계획을 실행에 옮길 수 있다고 느낄 때까지 내담자와 이것을 얘기 나눈다. 두 번째 개입인 '편안한 수면 마음의 영화'는 두 단계로 이루어진다. 첫 번째 단계는 내담자를 밤에 깨어 있게 할 수 있는 어떤 불안하게 하는 사고, 이미지 또는 감각을 담을 수 있을 만큼 충분히 강한 협력자나 협력팀을 찾는 것으로 구성된다. 두 번째 단계는 내담자가 그 방해물을 협력자나 협력팀에게 넘겨주고 밤새 잠을 자는 모습을 상상하는 마음의 영화를 만드는 것이다. 내담자에게 일단 잠에서 깨면 괴롭히는 것은 무엇이든 되찾을 수 있음을, 아니면 그들이 치료로 돌아올 때까지 보호자가 그 방해물을 보관하는 것을 선택할 수도 있음을 상기시키는 것이 중요할 수 있다. 두 개입 모두 마음속 영화의 전체 길이 동안 BLS/DAS를 추가하고 이를 3~5회 반복하며 매번 체크인 시 내담자가 긍정적인 상태를 유지하는지 확인한다. 이러한 개입을 통해 내담자가 긍정적인 사고, 느낌 및 신체 감각을 고정시키는 감각느낌felt sense에 연결할 수 있도록 돕는다.

■ 개입 32: 자기-돌봄 마음의 영화

당신의 자기-돌봄 계획을 생각해 보고, 당신의 몸에서 보고, 느끼고, 감각하는 것에 주목해 보세요. 이 계획을 실행하기 위해 애쓰는 자신의 모습을 보는 장소가 있나요? 당신 자신이 이 계획을 성공적으로 실행하는 것을 보기 위해 어떤 자원이 필요한가요?

이제 당신의 모든 자원을 동원해서 자기-돌봄 계획을 실천하는 영화를 마음속으로 상상해 보세요. 당신이 무엇을 느끼고, 무엇을 생각하고 있으며, 당신의 몸에서 무엇을 경험하고 있는지 주목해 보세요.

참고: BLS/DAS를 추가하기 전에 내담자가 몸에서의 긍정적인 감각느낌felt sense에 연결되어 있는지 확인한다. 내담자가 압도된다고 느낄 경우, 한 번에 한 가지 자기-돌봄 활동에만 집중함으로써 이 과정을 천천히 진행한다. 내담자가 마음속에 성공적으로 마음의 영화를 돌릴 수 있다면, 전체 길이 동안 BLS/DAS를 추가하고 이를 3~5회 반복한다. 매번 체크인 시 내담자가 긍정적인 상태를 유지하는지 확인한다. 긍정적인 상태가 증가하는 한 계속한다. 만약 내담자가 긍정적인 상태의 오염에 직면한다면, 마음의 영화가 다시 강해질 때까지 자원을 가져온다.

이제 우리가 BLS/DAS를 추가하는 동안 이 영화를 마음속으로 상상해 보세요. 당신이 생각하고, 느끼고, 몸에서 감각하고 있는 것에 주목해 보세요. 언제 BLS/DAS는 시작하고 언제 BLS/DAS는 중지해야 하는지 알려 주세요. 우리는 나중에 확인할 거예요.

참고: 일단 마음의 영화가 성공하면, 이루어 나가는 길에서 발생할 수 있는 장애물이 있는 새로운 마음의 영화를 만든다. 장애물은 자기-돌봄 계획을 성공적으로 사용하는 데 방해가 되는 일이 일어날 수 있다고 내담자가 두려워하는 모든 것이다. 내담자에게 이 상황을 설명하도록 하고 도움이 되는 자원을 찾도록 한다.

■ 개입 33: 편안한 수면 마음의 영화

1단계: 협력팀 만들기

당신이 자는 동안 지켜줄 수 있는 협력자나 협력팀에 대해 생각해 보세요. 밤새 불안하게 하는 사고나 이미지 또는 고통을 담을 수 있을 만큼 강한 협력자들을 선택하세요. 당신의 협력자들이 당신을 괴롭히는 어떤 방해물도 담당함으로써 당신을 밤새도록 보호할 수 있다고 상상해 보세요. 목표는 당신이 편안한 밤 수면을 하는 것을 상상하는 것이에요.

협력자들은 아침까지 방해물을 담아둘 거예요. 당신은 협력자들이 아침에 당신에게 힘들게 하는 것을 돌려주길 원하는지, 아니면 다음 회기에 돌아올 때까지 협력자들이 방해물을 갖고 있게 할 것인지 결정할 수 있어요. 당신이 이 영화를 담당하고 있다는 것을 기억하세요. 어떤 것이 당신에게 맞게 느껴지는지 보세요.

그런 중요한 일을 할 수 있는 협력자를 찾아보세요. 협력자를 찾으면 시간을 내어 협력자를 당신의 주위에 공간적으로 배치하고 싶은 곳을 선택해 보세요. 이 협력자를 당신의 앞이나 한쪽 옆 또는 뒤에 두고 싶나요?

참고: 내담자가 협력자를 둘 자세를 찾으면 3~5회, 8~15초의 짧은 BLS/DAS 세트를 추가한다. 내담자가 지지해 주고 자원을 주게 느끼는 협력팀을 찾을 때까지 필요한 만큼 협력자-구축 과정을 반복한다. 각 협력자를 공간적으로 배치함에 따라 내담자가 체화된 embodied 인식을 갖고 체크인하도록 초대한다. 내담자의 신체 및 신경 시스템에서 그들이 안전하고 그라운딩 되게 느끼는 신호를 주의 깊게 관찰한다. 내담자는 자신의 팀에 원하는 만큼 많은 협력자를 둘 수 있으므로 완료되게 느낄 때까지 그 과정에 머문다.

2단계: 마음의 영화

이제 당신이 잠자리에 들 준비를 하고 불안하게 하는 이미지, 생각, 감정 또는 감각을 협력자들에게 넘겨주는 것을 보면서 마음속으로 영화를 상상해 보세요. 일단 협력자들이 방해물을 담당하게 되면 당신의 몸이 어떻게 느끼는지 주목하세요. 당신은 무엇을 생각하고 있나요? 당신은 어떻게 느끼고 있나요? 당신은 밤새 평화롭게 자고 있는 자신의 모습을 볼 수 있나요? 만약 그렇지 않다면 당신의 몸에서 이것을 보고 느끼기sense 위해 당신은 무엇이 필요할까요?

참고: 내담자가 고요하고 평화롭게 느끼며 숙면을 취하는 자신을 볼 수 있도록 필요한 자원을 찾을 수 있도록 지지한다. 내담자가 협력자들에게 방해물을 성공적으로 넘겨주는 마음의 영화를 만들도록 한다. 마음의 영화가 긍정적이고 문제가 발생하지 않는지 확인한 다음 전체 길이 동안 BLS/DAS를 추가하고 이를 3~5회 반복한다. 전체 마음의 영화가 긍정적인 경우가 아니면 BLS/DAS를 추가하지 않는다. 각 세트 사이에 체크인하여 내담자가 마음의 영화에 대해 그라운딩 되고, 견고하고, 긍정적으로 느끼는지 확인한다.

이제 우리가 BLS/DAS를 추가하는 동안 이 영화를 마음속으로 상상해 보세요. 당신이 생각하고, 느끼고, 몸에서 감각하고 있는 것에 주목해 보세요. 언제 BLS/DAS는 시작하고 언제 BLS/DAS는 중지해야 하는지 알려 주세요. 우리는 나중에 확인할 거예요.

EMDR 치료에서의 요가YOGA IN EMDR THERAPY

베셀 반 데어 콜크Bessel van der Kolk 박사와 데이비드 에머슨David Emerson 박사는 PTSD 증상 완화를 위한 트라우마-민감성 요가trauma-sensitive yoga의 효능에 관한 연구에 참여했다(Emerson & West, 2015). 연구에 따르면 요가는 자율성 교감신경계 활성화를 줄이고, 혈압을 낮추며, 신경내분비 활동을 개선하고, 보고된 PTSD 증상을 감소시키는 데 도움이 된다고 한다(Price et al., 2017; Rhodes, Spinazzola, & van der Kolk, 2016; van der Kolk et al., 2014). 그들의 치료 모델에는 PTSD를 위한 정신치료와 함께 트라우마-민감성 요가 수업 참여가 보조 치료로 포함된다. 그룹 요가에 참여하는 것은 공동체를 발전시키고 PTSD와 관련된 고립을 줄이는 이점이 있다. 에머슨(2015년)은 트라우마-민감성 요가를 순간의 경험에 초점을 맞추고, 지금 여기에서 가능한 선택을 인식하고, 이러한 선택에 따라 행동을 취하는 것을 목표로 하는 소매틱 심리학 운동의 일부로 설명한다.

트라우마-민감성 요가 수업은 모든 영역에서 이용 가능한 것은 아니다. 일부 내담자는 여전히 정서적으로나 신체적으로 안전하다고 느끼는 환경을 갖춘 수업을 찾을 수 있을 것이다. 다른 내담자는 처음에는 그룹 수업이 두렵거나 압도적이라고 생각할 수 있다. 이런 경우에 치료자는 내담자에게 집에서 수행하는 가벼운 요가 연습을 개발하도록 격려할 수 있다. 요가 교사 자격증이나 트라우마-민감성 요가 훈련을 받은 치료자는 개별 내담자에 맞춘 자세 순서sequences를 설계해 치료 요가와 EMDR 치료의 통합을 탐색할 수 있다. 요가 교육 경력이 없는 치료자의 경우 간단한 치료 요가 연습을 준비 단계에서 내담자를 위한 잠재적인 자원으로서 EMDR 치료에 쉽게 통합시킬 수 있다.

요가는 다른 마음챙김 연습과 마찬가지로 현재-중심의 인식, 비판단적인 마음가짐mind-set, 신체 감각느낌felt sense에 대한 인식, 호흡 패턴에 대한 인식에 기초를 두고 있다. 요가는 시시각각의 경험에 대해 호기심을 갖고 생각, 신체 감각, 감정 사이의 연결을 알아차리는 자기-성찰self-study의 한 형태다. 요가는 그라운딩과 활력을 줄 수 있는 연습을 포함한다. 예를 들어 요가 호흡은 스트레스 반응 시스템의 유연성을 증가시키기 위한 도구로서 들숨과 날숨의 리듬과 길이를 변화시킨다. 이런 식으로 요가는 내담자가 불안이나 공황, 절망의 통제 불능 느낌 상태에 대해 선택 감각sense of choice을 높일 수 있도록 돕는다. 내담자가 과각성 신경계 상태로 긴장되게 느끼는지 아니면 저각성 신경계 상태로 피곤하다고 느끼는지에 따라 이러한 연습은 몸과 마음의 균형equilibrium을 촉진하도록 조정될 수 있다. 중요한 것은 치료 요가는 자세의 외관을 강조하지 않는다는 것이다. 오히려 자세는 개인적인 탐색의 기초를 제공한다.

EMDR 치료에서 치료 요가에 대한 다음 지침은 개인 및 그룹 형식 모두에 적용될 수 있다.

- **안전한 경험 만들기:** 안전은 치료 요가의 전제 조건이다. 내담자가 외부 환경에서 안전하다고 느끼지 못하면 치유되는 내적 경험을 하기 어렵다. 안전을 위해 자세가 보이는 방식보다 몸의 느낌에 중점을 둔다. 또한 안전은 치료자가 내담자에게 무엇을 하라고 말하기보다는 초대로서 요가 자세를 제안하기 위해 사용하는 언어가 포함된다. PTSD를 가진 내담자는 흔히 잠재적인 위험에 대해 끊임없이 환경을 살피면서 세상에서 과도하게 경계한다. 요가에는 이런 조심스러운 자세에 들어가고 나오는 초대가 있어, 결과적으로 몸에 더 큰 편안함을 가져다준다. 예를 들어 '아기 자세child's pose'에서 이마는 접힌 담요나 바닥에 놓인다. 내담자는 안전한 환경에서 목과 등의 근육이 이완되도록 하는 것

이 어떤 느낌인지 탐색하도록 초대받는다.

- **의도 설정하기Set an intention:** 치료 요가의 중요한 부분은 의도를 설정하는 것이다. 의도는 요가 연습 동안 한 가지 목표나 아이디어에 집중함으로써 마음의 닻을 제공한다. 의도의 예로는 자기-연민self-compassion, 감사, 순간에 머묾being in the moment 또는 균형balance에 초점을 맞추는 것을 들 수 있다. 내담자에게 주의가 산만해지는 것이 정상이며, 요가 연습 내내 주기적으로 선택된 의도에 돌아오는 것이 과정의 일부임을 상기시키는 것이 도움이 될 수 있다.
- **선택에 집중하기Focus on choice:** 내담자는 트라우마 과거를 선택하지 않았으며, 흔히 PTSD의 증상에 대한 반응으로 약하고 무력하다고 느낀다. 따라서 내담자는 요가 연습 전반에 걸쳐 선택권이 있다는 것을 아는 것이 중요하다. 그런 다음 내담자는 호흡, 움직임 또는 자세의 미묘한 변화가 신체적, 감정적으로 느끼는 방식에 어떻게 영향을 미치는지 탐색할 기회를 얻게 된다. 예를 들어 한 가지 선택에는 눈을 뜨고 있을 것인가, 감을 것인가가 포함된다. 또 다른 선택은 도전적인 신체 자세를 더 오래 유지할지 아니면 뒤로 물러서서 휴식을 취할지가 될 수 있다.
- **호흡 탐색하기:** 호흡은 요가 연습의 기초이며, 신경계를 조절할 수 있는 능력을 갖는다. 종종 PTSD가 있는 사람은 숨을 참거나 가슴 위쪽으로 얕게 숨을 쉰다. 이 과정을 늦추고 횡격막과 복부 근육을 가로지르는 개방opening에 집중함으로써 호흡이 깊어지는 것을 탐색하는 것이 유익할 수 있다. 코나 입을 통해 호흡하는 것, 숨을 들이쉬고 참거나 내쉬고 참으며 과장하는 것, 빠르게 또는 천천히 호흡하는 것과 같은 선택의 폭을 넓히는 데 중점을 둔다. 이러한 탐색에 이어 소매틱 인식somatic awareness과 함께

내담자가 다양한 호흡 비율과 방식의 영향을 알아차리도록 초대할 수 있다. 이런 방식으로 요가는 내담자가 불안, 공황 또는 절망의 느낌 상태에 어떻게 반응하는지에 대한 선택의 폭을 넓힐 수 있게 돕는다.

- **고통에 대한 내성 개발하기:** 고통스러운 감각은 압도적일 수 있고 트라우마 기억은 종종 신체와 연결된다. 정서적 또는 신체적 불편함에 주의를 기울이는 것은 홍수flooding와 압도되는 것을 피하기 위해 통증과 관련되지 않은 자극에 주의를 기울이는 것과 균형을 이룰 필요가 있다. 요가는 주의를 이끌고 집중하는 기술을 연습할 수 있는 기회를 제공한다. 따라서 내담자는 통증에 대한 인식과 중립적인 감각에 대한 인식을 번갈아 할 수 있다. 예를 들어 내담자는 어깨의 통증을 감지한 다음 코끝에 주의를 기울여 숨을 들이쉬고 내쉬는 동안 공기의 움직임에 주의를 기울일 수 있다. 또는 내담자는 통증 감각과 외부 물체를 응시하는 것과 같은 외부 관찰 사이를 번갈아 보는 것을 선호할 수 있다.
- **자세를 자원으로 사용하기:** 일단 내담자가 고통스러운 감각에 대한 내성을 갖게 되면 치료자는 신체적인 요가 자세를 자기-발견의 기회로 사용할 수 있다. 치료 요가는 내담자가 산 자세mountain pose, 팔을 하늘을 향해 들어 올리는 자세, 또는 한쪽 다리로 균형을 잡는 나무 자세tree pose와 같은 요가 자세에 참여할 수 있는 기회를 제공한다. 자세를 자원으로 사용하는 것은 내담자가 임파워먼트empowerment 느낌을 증가시키는 자세를 발견하도록 돕는 것을 포함한다. 이 과정은 힘, 연민, 균형 등과 같은 내담자의 명시적 의도와 연결될 수 있다. 요가는 내담자가 힘을 부여하는empowering 자세를 유지하는 동안 BLS/DAS의 짧은 세트를 추가함으로써 치료 초기에 내담자를 위한 자원으로 EMDR

치료에 통합될 수 있다.

- **처리processing 허용하기:** 내담자가 치료 요가 연습 중에 감정과 기억을 처리하는 것은 정상이다. 취약한 감정이 발생하면 내담자에게 잠시 멈추고 처리할 시간을 갖도록 초대한다. 예를 들어 내담자가 균형 잡힌 자세를 유지할 수 없어 당황스럽다고 보고하며, 자신이 노출되었거나 당황했던 다른 시간을 회상하게 될 수 있다. 요가 연습에서 어려운 순간을 다루는 것은 내담자에게 세상에서의 스트레스를 다루는 연습을 할 수 있는 기회를 준다.
- **직관적인 움직임 찾기:** 또한 치료자는 내담자가 감각에 대한 반응으로 움직임 충동을 알아차림으로써 자세를 심화하도록 초대할 수 있다. 감각에 대한 인식은 트라우마 사건 당시 억압되었던 움직임을 되찾을 수 있는 기회를 제공할 수 있다. 치료자는 내담자가 신체에 귀를 기울이도록 제안함으로써 움직임을 장려할 수 있다. 내담자가 낮잠에서 막 깨어난 순간 온몸으로 하품하는 동물처럼 움직인다고 상상하도록 제안하는 것도 도움이 될 수 있다. 이 과정을 기지개pandiculation라고 하며 일반적으로 스트레칭과 수축을 교대로 경험한다. 팬디큘라pandicular 움직임은 신경계가 감각-운동 시스템을 깨우는 방식이기 때문에 깊게 치유한다(Hanna, 2004). 이러한 치유 움직임은 만성적인 근육 긴장의 축적을 줄이고 자신의 근육에 대한 자발적인 조절을 증가시킨다. 자세의 외형에 대한 강조가 줄어들고 직관적인 움직임을 안내하는 감각적 인식에 대한 집중이 증가하기 때문에 개인적인 탐구inquiry가 가장 중요한 초점이 된다. 종종 직관적인 움직임의 해결은 모든 소매틱 치료에서의 움직임 순서sequence를 완성하는 느낌과 비슷하며, 그 결과 내담자는 그라운딩 되고 고요하게 느낀다.

다음의 네 가지 개입인 '산 자세Mountain Pose, 앉은 고양이와 소 자세Seated Cat and Cow, 균형 잡기Balancing, 아기 자세Child's Pose'는 내담자에게 간단한 요가 자세를 소개함으로써 요가를 EMDR 치료에 통합시킨다. 이러한 개입은 치료 초기에 RDI로 사용하거나 나중에 주입 단계에서 체화된 PC를 더욱 통합하기 위해 도입할 수 있다. 이러한 자세는 내담자의 요구에 맞게 조정되거나 수정될 수 있다. 개별 내담자의 목표 또는 PC에 맞는 변형을 탐색한다. 한 회기에서 하나의 자세만 탐색하는 것이 적절할 수도 있고 또는 이러한 개입 중 몇 가지를 연속으로 탐색할 수도 있다. 이러한 자세 중이나 후에 느낌이 강하고 긍정적인 경우, BLS/DAS의 짧은 세트를 추가한다. BLS/DAS는 손에 진동기pulsers를 들고 자세 중에 추가할 수도 있고, 자세가 완료된 후 내담자가 고요해지면 BLS/DAS를 추가할 수도 있다. 먼저, 이러한 간단한 요가 동작에 참여하기 위해 내담자의 동의를 구한다. 동의 없이 진행하지 않는다. 내담자와 함께 자세에 참여하는 것이 도움이 될 수 있다.

■ 개입 34: 산 자세

지금 요가를 조금 탐색해 봐도 될까요?

당신의 몸을 스캔하면서 시작해 보세요. 신체, 감정, 또는 생각에서 무엇을 인식하고 있나요?

원한다면 키가 큰 척추를 발견할 때 어떤 느낌인지 살펴보세요. 의자에 앉은 상태에서 이것을 시도해볼 수 있어요. 앉은키를 늘리는 느낌으로 척추를 늘리면 어떤 것이 주목되는지 보세요. 눈은 뜨거나 감을 수 있어요. 가슴과 시선을 통해 들어 올리는 것이 어떻게 느껴지는지 주목해 보세요. 원한다면 팔을 머리 위로 들어 올릴 수 있어요. 발이 땅과 연결되는 감각을 느껴 보세요. 당신 아래에 발을 느낄 수 있나요? 이제 원한다면 서서 이 자세를 탐색해 볼 수 있어요. 다시, 일어서면서 척추의 길이를 느끼고 원한다면 두 팔을 머리 위로 올려보세요. 당신의 발이 땅과 연결되는 감각을 느껴 보세요. 다리가 참여하는 느낌이 드나요? 지금 당신의 몸에서 무엇을 주목하나요? 이 자세에 대한 탐색을 완료하면 중립의 자세로 돌아오세요. 지금 당신은 무엇을 알아차리나요? 연습에 대한 신체적, 감정적, 또는 정신적 반응을 기록하세요.

참고: 내담자가 긍정적인 변화를 느낀다고 보고할 경우 내담자가 자세를 유지하거나 자세를 완료할 때 3~5회, 8~15초의 짧은 BLS/DAS 세트를 추가할 수 있다.

■ 개입 35: 앉은 고양이와 소 자세

지금 요가를 조금 탐색해 봐도 될까요?
당신의 몸을 스캔하면서 시작해 보세요. 신체, 감정, 또는 생각에서 무엇을 인식하고 있나요?
원한다면 당신의 척추를 움직이는 것이 어떻게 느껴지는지 살펴보세요. 의자에 앉은 상태에서 이것을 시도해볼 수 있어요. 척추를 늘리고 아치를 그리면서 숨을 들이마시고 가슴과 시선을 들어 올리세요. 이제 몸을 앞으로 구부리고 등을 둥글게 하면서 숨을 내쉬어요. 원한다면 앞뒤로 움직이기 시작하면서 척추를 늘릴 때 숨을 들이쉬고 앞으로 구부리면서 숨을 내쉬어 보세요. 빠르든 느리든 당신 자신의 리듬으로 계속 움직여 보세요. 당신에게 맞는 리듬을 찾아보세요. 일단 완료되게 느끼면 중립 자세로 돌아오세요. 지금 당신은 무엇을 알아차리나요? 연습에 대한 신체적, 감정적, 또는 정신적 반응을 기록하세요.

참고: 내담자가 긍정적인 변화를 느낀다고 보고할 경우 내담자가 자세를 유지하거나 자세를 완료할 때 3~5회, 8~15초의 짧은 BLS/DAS 세트를 추가할 수 있다.

■ 개입 36: 균형 잡기

지금 요가를 조금 탐색해 봐도 될까요?
당신의 몸을 스캔하면서 시작해 보세요. 신체, 감정, 또는 생각에서 무엇을 인식하고 있나요?
원한다면 한쪽 다리로 균형을 잡는 것이 어떻게 느껴지는지 살펴보세요. 이 자세는 엉덩이 너비로 발을 벌리고 서 있는 자세로 시작할 수 있어요. 당신의 몸을 스캔하고 바닥에 있는 두 발의 감각느낌felt sense에 주목하세요. 이제 체중을 한 발로 옮기고 반대편 다리를 들어 올리세요. 무릎을 바깥쪽으로 돌리고 들어 올린 발을 서 있는 다리 안쪽의 무릎 아래나 위로 가져오되 무릎 관절에 직접 닿지 않게 하세요. 원한다면 발을 땅에 가까이 놔두거나 벽을 붙잡을 수 있어요. 일단 하체에서 균형을 찾으면 팔과 손의 표현을 탐색할 수 있어요. 가슴 앞에서 손을 모아 가져오는 것을 탐색하거나 나뭇가지처럼 머리 위로 팔을 들어 올릴 수도 있어요. 균형을 잃으면 이것을 당신이 어떻게 느끼는지 알아차리는 기회로 삼아보세요. 이쪽에서 몇 번 호흡하고 나서 준비가 되면 다른 쪽으로 바꿀 수 있어요. 양쪽을 모두 완료하고 나면 두 발을 엉덩이 아래 바닥에 대고 서 있는 상태로 돌아오세요. 고요함으로 돌아가서 당신의 경험에 대해 마음챙김 하세요. 지금 당신의 몸에서 무엇을 알아차리나요? 연습에 대한 신체적, 감정적, 또는 정신적 반응을 기록하세요.

참고: 내담자가 긍정적인 변화를 느낀다고 보고할 경우, 내담자가 자세를 유지하거나 자세를 완료할 때 3~5회, 8~15초의 짧은 BLS/DAS 세트를 추가할 수 있다.

■ 개입 37: 아기 자세

지금 요가를 조금 탐색해 봐도 될까요?
당신의 몸을 스캔하면서 시작해 보세요. 신체, 감정, 또는 생각에서 무엇을 인식하고 있나요?

참고: 내담자가 바닥에 내려올 때 안전과 편안함을 만들기 위해 이 자세에 사용할 수 있는 담요를 몇 개 준비한다.

원한다면 아기 자세를 탐색해 볼 수 있어요. 손과 무릎으로 다가서며 당신 방식의 아기 자세를 취할 수 있어요. 이제 엉덩이로 발뒤꿈치 쪽 뒤를 누르고 이마를 땅이나 접힌 담요 위로 내리기 시작하세요. 무릎을 모으고 있거나 벌리고 싶을 수 있어요. 필요하면 엉덩이와 발뒤꿈치 사이에 접힌 담요를 넣어 무릎의 압력을 줄입니다. 몸에서 편안하게 느끼는 것에 귀를 기울여 보세요. 일단 당신의 아기 자세 버전을 찾으면 눈을 감는 것을 선택할 수 있어요. 입이나 턱에 힘이 들어가 있는지 주목하고 그 긴장을 풀어줄 수 있는지 살펴보세요. 머리의 무게를 허락하고 바닥이나 접힌 담요가 지지해 주게 하세요. 목 뒷부분의 근육이 부드러워지고, 이완되도록 하여 머리의 무게를 중력으로 풀어주는 것이 어떻게 느껴지는지 주목하세요. 여기서 심호흡을 몇 번 할 수 있어요. 아기 자세 탐색을 마치면, 다시 의자에 앉아 당신의 경험에 대해 다시 한번 마음챙김 하세요. 연습에 대한 신체적, 감정적, 또는 정신적 반응을 기록하세요.

참고: 내담자가 긍정적인 변화를 느낀다고 보고할 경우, 내담자가 자세를 유지하거나 자세를 완료할 때 3~5회, 8~15초의 짧은 BLS/DAS 세트를 추가할 수 있다.

자기-연민SELF- COMPASSION

많은 내담자들이 자기-비판과 관련된 수치심으로 어려움을 겪고 있으며, 이는 자기-연민을 느끼기 어렵게 만들 수 있다. 마음챙김과 연민-기반 치료는 내담자가 그러한 자기-공격성self-aggression을 치유하는 데 도움을 준다.(Neff, 2011) 자기-연민과 유사한 개념은 자신과 타인에 대한 친절의 행동인 자애loving-kindness 연습이다Beaumont & Hollins Martin, 2013; Kornfield, 2008). 연구에 따르면 자애loving-kindness 명상을 실천하는 개인은 미주신경 톤vagal tone이 증가하고, 자율신경계의 유연성이 향상하며, 사회적 유대감이 증가하고, 긍정적인 감정이 증가했다(Kok & Fredrickson, 2010; Kok et al., 2013). 자애 명상은 만성 통증의 개선과 관련이 있다(Carson et al., 2005). 이 과정은 결국 자신과 타인에 대한 내담자의 따뜻한 느낌을 증가시킬 수 있다.

다음의 개입인 '자기-연민Self-Compassion'은 세 단계로 이루어진다. 첫 번째 단계는 내담자가 직면하고 있는 도전에 집중하고 비슷한 도전에 직면한 다른 사람에 대해 생각하도록 한다. 내담자가 비슷한 도전에 직면한 사람을 생각하는 데 어려움을 겪는다면, 조사를 확대하여 내담자가 뉴스 속 인물, 영화와 책의 등장인물, 혹은 자신 삶에서의 인물이 직면하는 도전에 대해 성찰하도록 초대한다. 두 번째 단계는 내담자가 다른 사람에 대한 연민을 느끼도록 초대한다. 이 개입의 마지막 단계는 내담자가 다른 사람에 대한 연민을 자신에게로 돌리도록 초대한다. 이 과정은 자기-연민을 격려하고 내담자가 자기-비판적인 사고를 놓아주게 초대한다.

■ 개입 38: 자기-연민

1단계: 도전에 집중하기 Focus on the Challenges

편안히 앉는 자세를 찾으세요. 눈을 지그시 감거나, 당신의 인식이 당신의 몸 안에서 움직일 수 있도록 해 주는 부드러운 시선을 선택하세요. 당신의 몸이 의자와 접촉하는 것을 주목하세요. 숨을 들이쉬고 내쉬는 것을 인식해 보세요. 현재 당신의 삶에서 직면하고 있는 도전을 생각해 보세요. 당신의 몸에서 무엇을 생각하고 느끼고 알아차리고 있나요?

2단계: 다른 사람에 대한 연민 Compassion for Other

이제 비슷한 도전에 직면하고 있는 다른 사람을 생각해 보세요. 이 사람은 자신의 몸에서 무엇을 생각하고 느끼고 경험하고 있을까요?

참고: 내담자가 비슷한 도전에 직면한 사람을 생각하는 데 어려움을 겪는 경우, 조사를 확대하여 내담자가 뉴스 속 인물, 영화와 책의 등장인물, 혹은 내담자 삶에서의 인물이 직면하는 도전에 대해 성찰하도록reflect 초대한다.

당신과 비슷한 도전에 직면하고 있는 이 [사람의 이름]을 생각할 때 당신은 몸에서 무엇을 생각하고 느끼고 감지하고sensing 있나요? 잠시 시간을 내어 [사람의 이름]이 겪고 있는 힘든 일에 대해 연민을 느낄 수 있는지 알아보세요. [사람의 이름]에 대해 생각할 때 연민이 당신의 몸에서 어떻게 경험되나요? 자신이 이것을 느끼도록 허락하세요.

참고: 내담자가 연민과 연결되었다고 느낀다면, 3~5회, 8~15초의 짧은 BLS/DAS 세트를 추가한다. 내담자가 다른 사람에 대한 연민을 느끼는 것으로 연결될 수 있는 경우에만 다음 부분으로 진행한다.

3단계: 자신에 대한 연민Compassion for Self

이제 이 연민이 자신을 향해 움직이도록 해 보세요. 이 느낌을 당신에게 전달하는 것은 어떤 느낌인가요? 당신의 몸에서 무엇을 알아차리나요? 시간을 내어 자기-연민의 느낌이 당신의 온몸으로 확장될 수 있도록 하세요.

참고: 내담자가 자기-연민과 연결되었다고 느낀다면, 3~5회, 8~15초 동안 짧은 BLS/DAS 세트를 추가한다. 만약 내담자가 자기-연민을 경험한다고 보고하지 않는다면, 내담자가 다른 사람에 대한 연민과 자기-연민 사이에서 왔다 갔다 진자운동을 하도록 초대한다. 자원을 키우기 위해서는 더 오랜 시간 동안 다른 사람에 대한 연민에 머물러 있어야 할 수도 있다. 일부 내담자에게는 이 과정이 어렵고 자기-판단으로 이어질 수 있다. 내담자에게 이 연습에 실패는 없으며 어떤 저항의 느낌이 있다면 연민을 갖기가 어렵다는 점을 상기시킨다.

감사와 건강GRATITUDE AND HEALTH

다음 개입인 '감사Gratitude'는 RDI로서 감사 연습을 유지함으로써 얻을 수 있는 긍정적인 건강상의 이점에 초점을 맞춘다. 감사 일기를 유지한 신경근육질환neuromuscular disease을 앓고 있는 성인을 대상으로 한 연구에서 대조군에 비해 긍정적인 기분이 증가하고 타인과의 연결감이 커지며 수면이 개선된 것으로 나타났다(Emmons & McCullough, 2003). 일반적으로 감사를 실천하는 사람은 중립적이거나 고통스러운 사건에 집중하는 사람에 비해 다음 주에 대해 더 낙관적이고, 신체적인 증상을 적게 보고하며, 자신의 삶에 대해 더 좋게 느낀다(Emons, 2007). 중요한 것은 감사할 것을 찾기가 어렵더라도 긍정적인 결과는 단순히 감사할 것을 찾는 것을 기억하는 것과 관련이 있다는 점이다(Korb, 2015). 매일 감사 일기를 쓰도록 내담자를 초대하는 것도 개입 32인 '자기-돌봄 마음의 영화'의 초점이 될 수 있다. 다음의 개입은 내담자가 그 순간에 체화된 감사의 경험을 관찰하도록 안내한다.

■ 개입 39: 감사

다음 5~10분 동안 편안히 유지할 수 있게 앉는 자세를 찾으세요. 눈을 지그시 감거나, 당신의 인식이 당신의 몸 안에서 움직일 수 있도록 해 주는 부드러운 시선을 선택하세요. 호흡과 당신 몸의 감각을 인식하세요. 무엇을 알아차리나요? 이제 오늘 당신이 감사하게 생각하는 한 가지를 생각해 보세요. 햇빛이 비치고 있거나, 차 한 잔을 들고 있는 손에서 느껴지는 따뜻함, 또는 당신을 사랑하는 사람에게 감사하는 마음처럼 간단한 것일 수도 있습니다. 아무것도 생각나지 않으면 이번 주에 있었던 좋은 일에 대해 말해줄 수 있을까요?

참고: 내담자가 감사한 점이나 이번 주에 있었던 좋은 일에 관해 얘기할 수 있게 초대한다.

[내담자가 한 말을 반복]에 대해 감사하는 경험에 주목하세요.
무슨 생각을 하고 있나요? 어떤 감정을 느끼나요? 당신의 몸에서 무엇을 알아차리나요? 이러한 감사의 느낌을 온몸에서 느낄 수 있게 할 수 있나요?

참고: 내담자가 긍정적인 상태를 느낀다고 보고할 경우 3~5회, 8~15초의 짧은 BLS/DAS 세트를 추가한다. 감사의 또 다른 경험이나 내담자의 삶에서 좋은 것에 초점을 맞추면서 이러한 개입을 반복할 수 있다. 내담자가 긍정적인 상태에 연결할 수 없는 경우 BLS/DAS를 사용하지 않는다. 내담자가 긍정적으로 느끼기 시작했지만 BLS/DAS를 추가할 때 이 상태를 잃게 되는 경우 양측성 자극을 멈추고 이 감사 개입 중에 발생하는 장벽을 탐색한다. 이 경험을 정상화하는 것이 중요하다. 내담자가 감사의 느낌과 연결하는 데 어려움을 겪는 것은 드문 일이 아니며, 이것은 강요되어서는 안 된다. 이 개입을 늦출 필요가 있다면 내담자가 감사의 느낌을 견딜 수 있을 때까지 BLS/DAS를 추가하지 말고 나중에 BLS/DAS를 재도입하는 실험을 해 본다.

고통에 집중하고 듣기FOCUSING AND LISTENING TO PAIN

준비 단계에서 추가적인 목표는 내담자가 고통스러운 감각에 대한 고통의 내성을 증가시키도록 돕는 것이다. 내담자는 수년 동안 감각을 두려워하거나 통제할 수 없는 느낌과 무력감을 느끼면서 지내왔을 수 있다. 그들은 통증 증상의 예측할 수 없는 성질에 대해 분노를 느끼거나, 그것을 나쁘거나 그르다고 판단하여 습관적으로 감각을 거부할 수도 있다. 내담자는 증상을 없애려고 많은 시간을 헛되이 보냈을 수도 있고, 혹은 대처하기 위해 신체로부터 분리하는 법을 배웠을 수도 있다. 이와 대조적으로 고통과 작업하는 한 가지 방법은 감각에 직접적으로 마음챙김 주의를 집중시키는 것이다(Mehling et al., 2011; Price, et al., 2007). 처음에 이 과정은 고통을 없애기 위해 애쓰며 수년을 보내왔던 내담자에게 반직관적으로 느껴질 수 있다. 그러나 통증 감각의 서술적 경험을 마음챙김으로 관찰하는 것은 내담자의 주관적인 통증 수준에 변화를 일으키는 하나의 도구이다(Freeza, 2008).

다음 개입은 포커싱focusing 기술을 통합한 것이다(Gendlin, 1982). 만성 통증의 치료에 적용되는 것처럼 고통의 증상에 호기심을 가지고 듣는 것이 강조된다(Freeza, 2008). 포커싱은 일반적으로 다음의 6단계를 포함한다.

1. **공간 비우기Clearing a space:** 이 단계는 현재 순간에 몸으로 마음챙김 인식을 가져오고 관찰하는 목격자를 발달시키는 것을 포함한다. 여기서 치료자는 내담자에게 기분을 좋게 하는 데 방해하는 어떤 것이라도 주목해 보도록 요청할 수 있다. 내담자가 일어나는 어떤 감각이든 간단히 알아차리도록 요청한다.

2. **감각느낌felt sense 관찰하기:** 작업할 문제를 하나 선택한다. 이것은 불편한 감각이나 통증의 영역일 수도 있고 일반적인 어려움의 영역일 수도 있다. 여기서 치료자는 문제를 해결하려고 애쓰지 않고 문제와 관련된 감각느낌felt sense을 관찰하도록 내담자를 초대한다.
3. **명칭 선택하기Choosing a handle:** 치료자는 내담자가 그 감각느낌felt sense에 맞는 암시 단어cue word나 문구를 제공하도록 초대한다. 암시 단어는 무겁거나, 따끔거리거나, 꿈틀거리거나, 꽉 조이거나, 씰룩거리는 것일 수 있다.
4. **공명하기Resonating:** 치료자는 내담자를 초대하여 암시 단어가 신체의 감각느낌felt sense과 함께 공명하는지를 확인한다. 단어 또는 문구가 소매틱 경험의 질을 잘 포착하는지 확인한다.
5. **질문하기:** 여기서 치료자는 내담자에게 조사에 참여하도록 초대하는 다양한 질문을 할 수 있다. 이 과정은 내담자에게 반응을 검열하지 않고 일어나는 응답을 단순히 수신하도록 요청하는 것을 포함한다. 종종 지시사항에는 마음이 아닌 몸에서 응답이 나오도록 하는 것이 포함된다. 일반적인 질문으로는 "이 느낌이나 감각의 가장 중요한 부분은 무엇인가요?" "이 느낌의 가장 나쁜 부분은 무엇인가요?" "이 느낌은 무엇이 필요한가요?" "어떤 행동을 취하는 것이 필요한가요?" 또는 "만약 이것이 해결된다면 당신의 몸은 어떻게 느낄까요?"가 있다.
6. **수신하기Receiving:** 여기서 치료자는 비록 그것이 약간의 방출일 뿐일지라도 긍정적인 변화를 알아차리도록 내담자를 초대할 수 있다. 치료자는 내담자에게 신체에 대한 고마움을 표

현함으로써 긍정적인 변화를 환영하도록 격려한다. 또한 치료자는 긍정적인 변화를 성찰하는 어떤 자세로든 몸을 움직이도록 내담자를 초대할 수 있다. 또한 치료자는 내담자에게 이 연습이 포커싱focusing을 연습할 수 있는 많은 기회 중 하나이며 향후 더 많은 방출이 올 수 있다는 것을 상기시킬 수 있다.

'통증에 대한 포커싱'은 몸에서의 고통스럽거나 불편한 감각을 가지고 작업한다. 내담자가 감각에 긍정적인 변화를 보고하는 경우 RDI로서 자원을 강화하기 위해 짧은 BLS/DAS 세트를 추가할 수 있다.

■ 개입 40: 통증에 대한 포커싱

호흡을 몇 번 하면서 당신의 몸에 인식을 가져오세요. 당신의 경험을 판단하지 않고 감각을 관찰할 수 있는지 알아보세요. 당신이 괜찮다고 느끼는 데 방해가 되는 어떤 것이든 알아차리기 시작하세요. 이것은 당신의 삶에서 일어나고 있는 문제일 수도 있고 당신의 몸에서 불편하거나 고통스러운 어떤 증상일 수도 있어요.

이제 탐색할 문제나 감각 중 하나를 고르세요. 이것에 대해 성찰할 때 일어나는 감각느낌felt sense을 관찰하기 시작하세요. 모양, 색상, 온도, 또는 질감이 있나요? 그것은 얼마나 큰가요?

이제 당신이 감각느낌felt sense에 맞는 암시 단어나 문구를 선택할 수 있는지 확인하세요. 예를 들어 당신은 무겁거나, 따끔거리거나, 꿈틀거리거나, 꽉 조이거나, 씰룩거리는 것을 선택할 수 있어요. 내가 [암시 단어]를 말할 때 무슨 일이 일어나는지 주목하세요. 그것은 당신의 몸에 있는 감각느낌felt sense

과 공명하나요?

이제 내가 몇 가지 질문을 할 때 당신이 가지는 반응에 주목하세요. 당신의 반응을 검열하지 않고 일어나는 응답을 단순히 수신해 보세요. 마음이 아닌 몸에서 응답이 나오도록 하세요.

참고: 이 질문들은 단지 일반적인 포커싱 질문의 예일 뿐이다. 내담자에게 적절하다고 느끼는 것에 따라 자유롭게 조정하거나 개발한다.

- [암시 단어]에서 가장 중요한 부분은 무엇인가요?
- [암시 단어]에서 가장 고통스러운 부분은 무엇인가요?
- [암시 단어]는 무엇이 필요한가요?
- [암시 단어]를 위해 당신은 어떤 지지를 가져올 수 있을까요?
- 다음에 무엇이 일어나는 게 필요할까요?
- [암시 단어]가 해결되면 당신의 몸은 어떻게 느낄까요?

참고: 조사 과정이 완료된 후 약간의 방출일 뿐일지라도 긍정적인 변화를 알아차리도록 내담자를 초대한다.

이제 잠시 당신의 몸 전체를 주목해 보세요. 방출 또는 긍정적인 변화를 인식하나요? 비록 이것이 약간의 변화일지라도 이 경험을 환영할 수 있는지 확인해 보세요. 당신의 몸이 당신에게 이 새로운 인식을 제공하고 있다는 것을 스스로 알아차리도록 해 보세요. 원한다면 당신은 지금 당신이 느끼고 있는 긍정적인 변화를 반영하는 자세를 몸에 가져올 수 있어요. 마치기 전에 이러한 내면 포커싱의 경험은 언제든지 혼자서 연습할 수 있다는 것을 기억하기 바랍니다.

참고: 내담자가 긍정적인 경험을 느낀다고 보고할 경우 3~5회, 8~15초의 짧은 BLS/DAS 세트를 추가하여 긍정적인 느낌을 강화한다.

만성 통증 및 질병의 평가 단계 및 목표기억 개발

ASSESSMENT PHASE AND TARGET DEVELOPMENT FOR CHRONIC PAIN AND ILLNESS

EMDR 치료에 대한 체화된 접근 방식은 치료자가 만성 통증 및 질병 증상 주변의 목표기억을 개발할 수 있게 해 준다. 고통스러운 신체 감각이나 질병의 증상으로부터 목표기억을 설정하는 것은 내담자에게 관련된 믿음, 감정 또는 기억을 관찰하도록 요청하는 것을 포함한다. 예를 들어 왼쪽 어깨에 만성적인 긴장을 가진 한 여성 내담자가 몇 년 전에 일어난 자동차 사고에 관해 이야기했다. 그녀는 항상 이것이 자신의 고통의 원인이라고 생각했었다. 그러나 역류 기법/정동 브리지float-back/affective bridge 기법을 사용하여 자신의 연관성을 계속 탐색하면서 어렸을 때 어머니에게 어깨를 얻어맞았던 기억을 떠올리기 시작했을 때 그녀는 깜짝 놀랐다. 이것은 어린 시절 사건과 관련된 신경망에 대한 접근을 제공하여 그녀의 고통에 대한 긍정적인 변화를 가져왔다. 통증 증상 및 이와 관련된 과거 기억을 직접 작업하는 것 외에도 손상으로 인해 일할 수 없는 것이나 가까운 관계의 변화와 같은 현재 상실과 관련된 목표기억을 평가하는 것도 중요하다. 다음 목록은 만성 통증 및 질병과 작업할 때 나타날 수 있는 가능한 목표기억을 탐색한다.

만성 통증 및 질병의 목표기억

- 통증의 현재 감각
- 질병의 증상
- 만성적인 통증 또는 기능 상실을 초래한 모든 트라우마 사건
- 과거 관련 기억 및 트라우마 사건
- 부정적인 아동기 경험
- 증상 주변의 고통
- 기능 상실 또는 장애
- 진단 및 오진
- 의료 시술, 병원 사건, 불쾌한 의사 방문
- 수치심 또는 자기-비난
- 무력감과 무기력감
- 의료 서비스 회피
- 운동 부족이나 식습관 불량과 같은 증상을 악화시키는 행동
- 침습적이거나 원치 않는 의료 중재 이력
- 의사에 의해 오해받거나 무시당한 느낌
- 과소 또는 과다 복용과 같은 잘못된 약물 관리
- 일할 수 없음, 소득 손실, 또는 부부/가족 스트레스와 같은 관련된 상실
- 예정된 의료 중재 또는 진료 예약과 같은 예상 사건
- 결코 해결되지 않는 통증이나 질병에 대한 두려움
- "어머니를 용서하지 않아 암을 유발했다"와 같은 해로운 메시지나 근거 없는 믿음

만성 통증 및 질병과 관련된 부정적 인지

NEGATIVE COGNITIONS RELATED TO CHRONIC PAIN AND ILLNESS

NC를 파악하는 것은 EMDR 치료의 핵심 요소이다. 때로는 지속적인 NC가 만성 질병이나 통증에서 회복하는 내담자의 능력을 방해할 수 있다. 예를 들어 심각한 위 질환을 앓고 있는 한 내담자는 "나는 결코 이것을 극복하지 못할 거예요! 내 삶은 끝났어요."라고 반복적으로 말하며 회기에 올 수 있다. 때로는 만연한 NC가 민감소실 전에 다뤄지지 않으면 EMDR 치료의 성공을 방해할 수 있다. 내담자가 스트레스, 불안, 또는 통증이나 질병의 증상에 대한 부정적인 반응을 증폭시킬 수 있는 일반적인 사고 오류를 인식하도록 돕는 것이 도움이 될 수 있다. 몇 가지 일반적인 사고 오류에 대해 자세히 살펴보자:

- **흑백논리적 사고(이분법적 사고All-or-nothing):** 상황을 연속적으로 보기보다는 흑백으로 보는 경향. 예를 들면, "내 병 때문에 나에게 나쁜 일만 일어난다."
- **파국화(재앙화Catastrophizing):** 대안적 가능성을 고려하지 않고 최악의 상황이 발생할 것이라고 믿음. 예를 들어 "나는 결코 나아지지 않을 거야!"
- **긍정성 무시Discounting the positive:** 긍정적 생각이나 가능성을 배제함. 예를 들어 "이것에서 어떤 좋은 것도 나올 수 없어."
- **정서적 추론Emotional reasoning:** 단순히 무언가를 강하게 느끼고 반대되는 증거를 무시하기 때문에 그 무언가가 사실이라고 믿음. 예를 들어 "나는 암에 걸린 것이 확실해, 검사에서 아직 그것이 발견되지 않았을 뿐이야."
- **강제성Imperatives:** 비현실적인 기준과 자기 자신이나 타인에

대해 "해야 한다"를 유지함. 예를 들어 "나는 지금쯤이면 이것을 끝냈어야 해!"

치료자는 내담자가 자기 신념의 진실성을 탐색하는 데 도움이 되는 질문으로 사고 오류에 도전하도록 도울 수 있다. 예를 들어 치료자는 "최악의 일이 일어나리라는 것을 확실히 알고 있나요?" 또는 "정말 미래를 예측할 수 있나요?"라고 물을 수 있다. 더욱이 내담자가 부정적인 사고 패턴에 사로잡혔을 때 내담자 스스로 사용할 수 있는 긍정적인 진술을 탐색하는 것이 중요할 수 있다. 또한 치료자는 내담자가 사고 오류를 고정시키는 만연한 NC가 있는지 확인하도록 돕는다. 예를 들어 내담자가 "나는 결코 이것을 극복하지 못할 거예요! 내 삶은 끝났어요!"라고 말한다면, 치료자는 "그것이 당신이 어떤 사람이라는 것을 말하나요?What does that say about you?"라고 물어봄으로써 응할 수 있다. 당신은 "나는 무력하다"라는 근본적인 NC를 발견할지도 모른다. 만성 통증 및 질병에 특화된 NC는 종종 손상되었다는 염려와 상황을 바꾸는 데 무력감을 느끼는 것과 연결된다. 다음 목록은 NC의 몇 가지 예를 해당 PC와 함께 제공한다. 지속되는 NC를 사용하여 목표기억을 개발할 수 있다.

만성 통증 및 질병의 NC와 PC

부정적 인지(NC)	**긍정적 인지(PC)**
나는 손상되었다.	나는 지금 이대로 괜찮다.
나는 망가졌다.	나는 온전하다.
나는 무력하다.	나는 힘이 있다.
나는 내 상황을 바꿀 수 없다.	나는 자신을 위해 좋은 선택을 할 수 있다.

내가 아프다고 인정한다면 나는 나약하다.	나는 무슨 일이 있어도 강하다.
나는 이것을 견딜 수 없다.	나는 생존자다.
나는 통제할 수 없다.	나는 몇 가지를 통제하고 있다.
내가 뭔가 잘못했다.	내 잘못이 아니다.

이차 이득과 손실SECONDARY GAINS AND LOSSES

내담자는 만성 통증 및 질병의 증상과 관련된 이차 이득 때문에 치료에 저항적일 수 있다. 전통적으로 '이차 이득'이라는 용어는 재정적 또는 주거 지원과 같은 특정 이점을 계속 받기 위해 증상을 과장하거나 치료에서의 호전에 실패한 내담자와 연결되어 왔다. 그러나 꾀병을 부리거나 인위적인 증상factitious symptoms을 일으키는 내담자는 실제로 매우 드물다 (Dersh, Polatin, Leeman, & Gatchel, 2004). 더 일반적으로, 이차 이득은 미해결된 의존성에 대한 깊은 요구needs를 처리하는 것을 목표로 하거나 정당한 고통을 인정하는 방법이다(Fishbain, 1994). 이 과정은 내담자 측에서는 일반적으로 의식적인 행동이 아니다. 우리의 목적을 위해 우리는 이차 이득을 신체적 또는 심리적 증상과 동반되는 모든 긍정적인 이점으로 정의한다. 중요한 것은 이차 이득에 관한 이 논의가 내담자를 비난하는 데 목적이 있는 것이 아니라는 점이다. 종종 이차 이득의 이유는 깊고 심리적으로 복잡하다. 결과적으로 내담자는 통증이나 질병의 심리적 원인을 인식하지 못할 수 있다. 내담자는 온갖 노력과 치료 시도에도 불구하고 증상이 사라지지 않을 때 종종 좌절감을 느끼고 덫에 갇힌다. 이상적으로 치료자는 민감하고, 온정적이며, 비난하지 않는 방식으로 내담자와 이차 이득에 대한 논의에 접근할 수 있다. 더욱이 이차 이득의 근본적인 동기는 정당한 요구needs라는 것을 이해해야 한다. 내담자는 진정으로 고통을 겪고 있으며 가능한 한 최선의 방법으로 이러한 요구를 충족시키려 하고 있다. 이러한 동기에 대해 내담자를 비난하는 것은 우리가 내담자가 해결하도록 돕고자 하는 바로 그 문제를 더욱 악화시킨다. 다음 목록은 만성 통증 및 질병과 작업할 때 발생할 수 있는 무의식적이거나 의식적으로 동기가 부여된 흔한 이차 이득의 일부를 탐색한다.

이차 이득의 심리적 원인

- 신체적 증상은 받아들일 수 없는 형태의 고통처럼 느낄 수 있는 심리적 증상을 정당화한다.
- 증상은 미해결된 애착 트라우마의 요구를 충족시키는 방법이 될 수 있다. 내담자는 의사나 치료자와의 친밀감과 유대감을 갈망할 수 있다. 내담자는 나아지는 것이 이러한 관계를 잃는 것을 의미한다고 두려워할지도 모른다. 이것은 친구와 가족에게 그들이 그렇지 않으면 이용할 수 없을 것이라고 두려워하는 동정과 관심을 구하는 것을 포함할 수 있다.
- 증상은 수년간 지나치게 책임져 온 후 권리를 표현하는 방법이 될 수 있다. 병에 걸리면 쉬면서 보살핌을 받을 수 있는 기회가 제공되거나, 증상은 부모, 배우자, 가장 등 삶의 원치 않는 책임에서 벗어날 수 있는 방법을 제공할 수 있다.
- 증상은 부모나 배우자에 대한 해결되지 않은 분노나 복수의 요구needs를 표현하는 방법이 될 수 있다.
- 아픈 것은 일련의 참여 규칙을 가진 사회적 정체성을 제공할 수 있다. 이 채택된 역할은 다른 사람과 관계를 맺는 방법을 제공한다. 때때로 내담자는 증상이 없으면 어떤 사람이 될지 모르기 때문에 증상을 놓아버리는 것을 두려워한다.

- 증상은 배우자나 파트너가 결혼이나 관계에서 떠나지 못하게 하는 하나의 방법이 될 수 있다.
- 증상은 성관계를 피하는 방법이나 피임 수단이 될 수 있다.
- 증상은 필요한 재정적 지원을 제공할 수 있다. 내담자는 생활비를 버는 데 필요한 훈련이나 업무 경험이 없기 때문에 나아지는 것을 두려워할 수 있다. 장애 수당 지원, 주거 보조금 또는 식품 보조금의 상실은 심신을 쇠약하게 할 것이다.
- 증상은 직업적 재교육과 지원을 위한 기회를 제공할 수 있다.
- 증상은 자녀 양육비 지급이나 법정 출석과 같은 원치 않는 책임으로부터 보호를 제공할 수 있다.
- 증상은 약물에 대한 접근을 제공한다.

내담자가 증상이 사라지지 않는다는 좌절을 표현하고 있을 때, 이차 이득에 대해 민감하고 연민 어린 논의를 하는 것이 가치 있을 수 있다. 이차 이득을 확인하는 목표는 치료가 성공하기 위해 해결해야 할 잠재적인 추가 트라우마 목표기억에 대한 명확성을 제공하는 것이다. 이차 이득과 밀접하게 관련된 개념은 이러한 이득과 결합된 이차 손실이 관련된다는 것을 이해하는 것이다(Dersh et al., 2004; Fishbain, 1994). 즉, 이차 이득은 내담자의 세계에서 현재 충족되고 있지 않은 진정한 요구needs와 관련된다. 다음 목록은 질병의 만성적인 통증과 작업할 때 발생할 수 있는 일반적인 이차 손실의 일부를 제공한다. 이러한 관련된 손실은 EMDR 치료의 목표기억에 대한 통찰을 제공할 수 있다.

만성 통증 및 질병과 관련된 이차 손실

- 재정적인 것

- 사회적 관계 및 사회적 지원 네트워크
- 가족 및 친구의 존중
- 의사 또는 치료자의 존중
- 일반적인 가정생활
- 여가 또는 여가 활동
- 업무의 손실로 인한 의미 또는 목적
- 사회적 역할 또는 정체성
- 만성 장애와 관련된 사회적 낙인
- 장애에 대한 죄책감

내담자의 정당한 요구를 해결하는 것이 가장 중요하다. 예를 들어 의존성 요구가 치료를 방해하는 경우 근본적인 애착 트라우마에 주의를 기울이는 것이 필수적일 것이다(5장 참조). 어떤 경우에는 내담자가 의료 서비스 제공자로부터 존중을 상실한 경험이 있는 경우 치료자는 환자 옹호자 역할을 할 수 있다. 치료에서 마지막 고려사항 중 하나는 내담자가 재정적, 직업적 손실 및 관련 목표를 탐색할 수 있도록 도와줄 수 있는 숙련된 전문가인 장애 사례 관리자를 참여시킬 필요가 있다는 것이다. 이러한 협력적인 치료는 긍정적인 결과를 가져온다(Dersh 등, 2004).

만성 통증 및 질병과 관련된 목표기억 순서

ORDER OF TARGETS RELATED TO CHRONIC PAIN AND ILLNESS

때로는 내담자가 만성 통증 및 질병과 관련된 목표기억을 통해 작업할 수 있도록 도울 때 어디서부터 시작해야 할지 아는 것이 어려울 수 있다. 우리는 다음과 같은 목표기억의 순서를 권고한다. 그러나 항상 그렇듯이 개별 내담자의 안내를 따른다.

만성 통증 및 질병과 관련된 목표기억 순서

- 내담자의 손상이나 통증 증상을 유발한 모든 사건을 목표기억으로 삼는다. 여러 사건이 있는 경우 가장 이른 사건부터 시작하여 시간순으로 진행한다. 또는 내담자가 재처리를 견디기 어려워한다면 SUDS 점수가 가장 낮은 목표기억부터 시작하여 점수가 더 높은 목표기억까지 진행하는 것이 유용할 수 있다. 대부분의 경우 전통적인 EMDR 치료 프로토콜이 이러한 목표기억에 효과적이다.
- 통증 또는 질병의 증상에 대한 과거 경험을 목표기억으로 한다. 먼저 내담자가 증상을 처음 경험했을 때를 목표기억으로 한다. 그런 다음 증상 중 최악의 삽화를 목표기억으로 삼는다. 마지막으로 가장 최근에 증상이 나타난 시기를 목표기억으로 한다. 대부분의 경우 증상의 특정 사건을 목표기억으로 할 때는 표준 프로토콜을 사용하는 것이 적절하다.
- "나는 손상되었다", "나는 무력하다", 또는 "나는 통제할 수 없다"와 같은 통증과 관련된 만연한 NC를 목표기억으로 한다. 이 경우 증상과 관련된 NC로 시작하여 역류 기법/정동 브리지float-back/affective bridge 기법을 사용하여 시금석 목표기억touchstone target을 찾는다.
- 일할 수 없는 것, 생활 방식의 변화, 만성적인 통증이나 질병이 친밀한 관계에 미치는 영향과 같은 추가적인 스트레스 요인과 손실을 목표기억으로 한다.
- 이차 이득 및 관련 이차 손실을 목표기억으로 한다.

• 현재의 통증 경험을 목표기억으로 한다.

잦은 두통을 겪고 있던 내담자와 만성 통증의 증상을 기반으로 목표기억을 설정한 예를 살펴보자. 수많은 의학적 검사에도 불구하고 그녀의 의사는 두통의 의학적 원인을 알아낼 수 없었다. EMDR 치료의 과거력-청취 단계에서 그녀의 치료자는 내담자가 어렸을 때 부모 사이의 가정폭력에 노출되었다는 것을 알게 되었다. 또한 그녀는 양친 모두가 자주 술을 마셨다고 말했다. 치료자는 역류 기법/정동 브리지float-back/affective bridge를 사용하여 내담자가 두통의 감각으로부터 목표기억을 만드는 것을 도왔다. 자신의 두통에 대해 어떻게 느꼈는지 설명해 달라는 요청에 그녀는 자신이 통제할 수 없는 것처럼 느꼈고, 두통이 예고 없이 그녀의 삶을 방해할 것이라고 말했다. 그녀는 부모가 싸우는 모습을 보고 있는 어린 시절 자신의 기억을 금방 떠올렸다. 그녀의 NC는 "나는 무력하다"였다. 치료자는 내담자가 어린 시절 자신의 이 이미지를 민감소실시키고 재처리하는 것을 도왔다. 그녀는 민감소실 과정에서 몸의 감각에 연결할 수 있었고, 집을 탈출하는 상상을 하면서 팔과 다리가 움직일 수 있도록 소매틱 방식으로 시퀀스sequence를 시작했다. 완료되자 내담자는 자신이 더 이상 무력하지 않다는 것을 인식했다. 그녀는 지금 자신의 삶을 통제할 수 있는 힘을 느낀다고 말했다. 그런 다음 그녀는 인생의 매우 스트레스가 많았던 시기에 처음 겪었던 심한 두통에 대한 기억을 재처리했다. 또한 치료자는 그녀가 미래의 두통에 대한 두려움을 목표기억으로 처리하는 것을 도왔고, 결국 그녀는 증상의 빈도와 강도가 감소했다고 보고했다.

다음의 목표기억 개발 대본은 내담자가 만성 통증이나 질병의 증상 또는 성공적인 치료를 가로막고 있는 만연한 부정적 믿음에 근거하여 목표기억을 설정하도록 안내한다. '역류 기법/정동 브리지와 함께 만성 통증이나 질병의 증상으로 시작하는 목표기억 개발 대본'은 내담자가 만성 통증이나 질병의 고통스러운 증상과 관련된 기억을 식별하도록 초대한다. '역류 기법/정동 브리지가 없는 만성 통증이나 질병의 증상으로 시작하는 대본'은 내담자가 증상의 서술적 요소를 바탕으로 표현적인 이미지를 개발할 수 있도록 도와줌으로써 만성 통증이나 질병의 증상과 직접 작업한다. 이것은 일반적으로 역류 기법/정동 브리지가 시금석 목표기억을 생성하지 않았거나 내담자가 고통스러운 기억을 견디기 어렵지만, 여전히 만성 통증이나 질병의 증상과 관련된 SUDS를 감소시키기 위한 작업을 할 수 있는 경우에 사용된다. '만성 통증이나 질병의 증상과 관련된 부정적 인지로 시작하는 목표기억 개발 대본'은 치료를 방해하는 차단 믿음을 바탕으로 목표기억을 개발하도록 내담자를 초대한다.

목표기억 개발 대본: 역류 기법/정동 브리지float-back/affective bridge와 함께 만성 통증이나 질병의 증상으로 시작하기

신체 증상 암시 단어cue word: 이제 탐색할 문제나 감각 중 하나를 고르세요. 이것에 대해 성찰할 때 생기는 감각느낌felt sense을 관찰하기 시작하세요. 모양, 색상, 온도 또는 질감이 있나요? 그것은 얼마나 큰가요? 이제 당신이 감각느낌felt sense에 맞는 암시 단어나 문구를 선택할 수 있는지 확인하세요. 예를 들어 당신은 무겁거나, 따끔거리거나, 꿈틀거리거나, 꽉 조이거나, 씰룩거리는 것을 선택할 수 있어요. 내가 [암시 단어]를 말할 때 무슨 일이 일어나는지 주목하세요. 그것은 당신의 몸에 있는 감각느낌felt sense과 공명하나요? [암시 단어]를 느낄 때, 최근에 당신이 이런 식으로 느꼈던 때를 말해주세요.

장면/이미지: 어떤 장면이나 이미지가 이것을 대표하나요?

NC: 이 장면을 떠올리면, 자신에 대해 드는 부정적인 믿음은 무엇인가요?

감정: 어떤 감정을 느끼나요?

역류기법/정동 브리지: 이제 [암시 단어]와 그 장면 [내담자의 장면]과 그 부정적인 단어 [NC], 당신이 느끼고 있는 모든 감정과 그것을 당신의 몸에서 느끼는 부분에 집중하세요. 이런 식으로 느낀 것을 기억하는 가장 이른 시간을 마음이 떠올리게 하세요. 당신의 반응을 검열하지 않고 일어나는 반응을 단순히 수신해 보세요. 당신에게 무슨 일이 일어나는지 말해주세요.

*참고: 역류기법/정동 브리지 과정 중에 발생하는 목표기억의 목록을 작성한다. 시금석 목표기억으로 평가 단계를 시작*한다.

장면/이미지: [시금석 기억]의 가장 고통스러운 부분을 나타내는 장면이나 이미지는 무엇인가요?

NC: 이 장면을 떠올릴 때, 자신에 대해 드는 부정적인 믿음은 무엇인가요?

참고: 이 NC는 만성 통증이나 질병의 증상과 관련된 NC와 같지 않을 수 있다.

PC: 이 장면을 떠올릴 때, 자신에 대해 어떻게 믿고 싶은가요?

VoC: 이 장면과 [PC]라는 말을 떠올릴 때, 1은 완전히 거짓이고 7은 완전히 사실인 1부터 7까지의 척도에서 그 말이 얼마나 사실로 느껴지나요?

감정: 이 장면과 [NC]를 떠올릴 때, 당신은 지금 어떤 감정을 느끼나요?

SUDS: 0은 별다른 느낌이 없거나 불편함이 없고 10은 상상할 수 있는 최악의 고통이 느껴지는 상태인 0에서 10까지의 척도에서, 지금 이 사건은 당신에게 얼마나 고통스럽게 느껴지나요?

신체: 지금 몸의 어느 부위에서 그 고통이 느껴지나요?

참고: 일단 목표기억이 개발되면 과거의 모든 목표기억, 현재 목표기억 및 모든 유발요인에 대한 민감소실과 주입 및 신체검색 단계를 완료하고, 통증이나 질병을 다루는 새로운 PC를 통합하는 미래

템플릿future template으로 종료한다.

목표기억 개발 대본: 역류 기법/정동 브리지float-back/affective bridge 없이 만성 통증이나 질병의 증상으로 시작하기

신체 증상 암시 단어cue word: 이제 탐색할 문제나 감각 중 하나를 고르세요. 이것에 대해 성찰할 때 생기는 감각느낌felt sense을 관찰하기 시작하세요. 모양, 색상, 온도 또는 질감이 있나요? 그것은 얼마나 큰가요? 이제 당신이 감각느낌felt sense에 맞는 암시 단어나 문구를 선택할 수 있는지 확인하세요. 예를 들어 당신은 무겁거나, 따끔거리거나, 꿈틀거리거나, 꽉 조이거나, 씰룩거리는 것을 선택할 수 있어요. 내가 [암시 단어]를 말할 때 무슨 일이 일어나는지 주목하세요. 그것은 당신의 몸에 있는 감각느낌felt sense과 공명하나요? [암시 단어]를 느낄 때, 최근에 당신이 이런 식으로 느꼈던 때를 말해주세요.

장면/이미지: 자, [암시 단어]의 가장 고통스러운 부분을 나타내는 장면이나 이미지는 무엇인가요?

NC: [암시 단어]를 느끼고 그 장면을 떠올릴 때 자신에 대해 드는 부정적인 믿음은 무엇인가요?

PC: [암시 단어]를 느끼고 그 장면을 떠올릴 때 자신에 대해 어떻게 믿고 싶은가요?

VoC: [암시 단어]를 느끼고 [PC]라는 말과 함께 그 장면을 떠올릴 때 1은 완전히 거짓이고 7은 완전히 사실인 1부터 7까지의 척도에서 그 말이 얼마나 사실로 느껴지나요?

감정: [암시 단어]를 느끼고 [NC]라는 말과 함께 그 장면을 떠올릴 때 당신은 지금 어떤 감정을 느끼나요?

SUDS: 0은 별다른 느낌이 없거나 불편함이 없고 10은 상상할 수 있는 최악의 고통이 느껴지는 상태인 0에서 10까지의 척도에서 지금 [암시 단어]는 당신에게 얼마나 고통스럽게 느껴지나요?

신체: 지금 몸의 어디에서 그 고통이 느껴지나요?

참고: 일단 목표기억이 개발되면 과거의 모든 목표기억, 현재 목표기억 및 모든 유발요인에 대한 민감소실과 주입 및 신체검색 단계를 완료하고 통증이나 질병을 다루는 새로운 PC를 통합하는 미래 템플릿future template으로 종료한다.

목표기억 개발 대본: 만성 통증이나 질병의 증상과 관련된 NC로 시작하기

NC: 당신은 당신의 통증/질병에 대해 생각할 때 [NC]를 믿는다고 나에게 말했어요.

장면/이미지: [NC]를 나타내는 장면이나 이미지는 무엇인가요? 이 장면은 실제 장면이 아니어도 되고 어떤 모습으로도 보일 수 있어요.

감정: 그 장면과 그 말[NC]을 생각할 때 지금 어떤 감정을 느끼나요?

신체: 몸의 어디에서 그 고통이 느껴지나요?

역류기법/정동 브리지: 이제 [NC]와 그 장면 [장면을 반복함]과 당신이 느끼고 있는 모든 감정과 그것을 당신의 몸에서 느끼는 부분에 집중하세요. 이런 식으로 느낀 것을 기억하는 가장 이른 시간을 마음이 떠올리게 하세요. 당신의 반응을 검열하지 않고 일어나는 반응을 단순히 수신해 보세요. 당신에게 무슨 일이 일어나는지 말해주세요.

참고: 역류기법/정동 브리지 과정 중에 발생하는 목표기억의 목록을 작성한다. 시금석 목표기억으로 평가 단계를 시작한다.

장면/이미지: [시금석 기억]의 가장 고통스러운 부분을 나타내는 장면이나 이미지는 무엇인가요?

NC: 이 장면을 떠올릴 때 자신에 대해 드는 부정적인 믿음은 무엇인가요?

참고: 이 NC는 만성 통증이나 질병의 증상과 관련된 NC와 같지 않을 수 있다.

PC: 이 장면을 떠올릴 때 자신에 대해 어떻게 믿고 싶은가요?

VoC: 이 장면과 [PC]라는 말을 떠올릴 때 1은 완전히 거짓이고 7은 완전히 사실인 1부터 7까지의 척도에서 그 말이 얼마나 사실로 느껴지나요?

감정: 이 장면과 [NC]를 떠올릴 때 당신은 지금 어떤 감정을 느끼나요?

SUDS: 0은 별다른 느낌이 없거나 불편함이 없고 10은 상상할 수 있는 최악의 고통이 느껴지는 상태인 0에서 10까지의 척도에서 지금 이 사건은 당신에게 얼마나 고통스럽게 느껴지나요?

신체: 지금 몸의 어디에서 그 고통이 느껴지나요?

참고: 일단 목표기억이 개발되면 과거의 모든 목표기억, 현재 목표기억 및 모든 유발요인에 대한 민감소실과 주입 및 신체검색 단계를 완료하고 통증이나 질병을 다루는 새로운 PC를 통합하는 미래 템플릿future template으로 종료한다.

만성 통증 및 질병의 민감소실 단계

DESENSITIZATION PHASE FOR CHRONIC PAIN AND ILLNESS

일단 평가 단계에서 목표기억이 개발되면 치료자는 민감소실 단계를 진행할 수 있다. 내담자가 고통스러운 감각이나 감정에 의해 압도되지 않는 한 표준 EMDR 치료 프로토콜을 적용하는 것이 적절하다. 그러나 내담자가 고통스러운 감각을 견딜 수 없을 때 치료적인 강조점은 내담자가 인내의 창window of tolerance 안에서 작업할 수 있도록 돕는 것이다. 이전 장에서 논의한 바와 같이 이것은 하향식 거리두기top-down distancing 기술, 인지적 인터위브cognitive interweaves, 내담자가 고통과 자원 사이에서 진자운동하도록 돕는 수정된 프로토콜을 통해 달성될 수 있다. 다음 개입인 '고통스러운 감각과 긍정적 또는 중립적 감각 사이의 진자운동Pendulation Between Distressing and Positive or Neutral Sensations'에서 치료자는 내담자가 고통스러운 감각과 신체의 긍정적 또는 중립적 감각 사이에서 진자운동하도록 초대한다. 예를 들어 내담자는 가슴의 따뜻한 느낌, 다리의 강한 느낌, 또는 코끝, 손가락 끝이나 발가락의 중립적인 감각에 주의를 기울임으로써 두통의 감각으로부터 인식을 전환할 수 있다. 이 접근법은 통증 감각에 지나치게 집중하는 경향을 감소시키는 데 도움이 될 수 있다. 인내의 창과 관련된 신체의 활성화 수준에 세심한 주의를 기울여 내담자의 요구에 맞게 이 개입을 개인화한다. 체화를 향상시키기 위한 모든 개입과 마찬가지로 내담자가 고통스러운 소매틱 감각에 대해 말하기 위해 기술어를 사용하도록 권장한다. 이 개입에는 세 가지 단계가 있다.

■ 개입 41: 고통스러운 감각과 긍정적 또는 중립적 감각 사이의 진자운동

1단계: 고통의 감각

나는 당신이 느끼고 있는 감각이 당신에게 매우 고통스럽다는 것을 알 수 있어요. 우리가 이 내용을 작업해 나가는 동안 당신이 안전하고 몸과 연결되어 있다고 느끼도록 돕는 몇 가지 제안을 하고 싶어요.

통증을 느끼는 신체 부위에 주의를 기울이세요. 거기에서 당신이 인식하고 있는 것을 설명할 수 있는지 확인해 보세요. 모양, 색상, 온도 또는 질감이 있나요? 그것은 얼마나 큰가요? 이제 당신이 감각느낌felt sense에 맞는 암시 단어나 문구를 선택할 수 있는지 확인하세요. 예를 들어 당신은 무겁거나, 따끔거리거나, 꿈틀거리거나, 꽉 조이거나, 씰룩거리는 것을 선택할 수 있어요. 내가 [암시 단어]를 말할 때 무슨 일이 일어나는지 주목하세요. 그것은 당신의 몸에 있는 감각느낌felt sense과 공명하나요?

2단계: 긍정적 또는 중립적 감각

이제 나는 당신이 당신의 몸을 스캔해서 긍정적이거나 중립적으로 느껴지는 곳을 찾을 수 있는지 확인하기 바랍니다. 시간을 내어 이 새로운 감각의 특징에 주목해 보세요. 모양, 색상, 온도 또는 질감이 있나요? 그것은 얼마나 큰가요? 이제 당신이 감각느낌felt sense에 맞는 암시 단어나 문구를 선택할 수 있는지 확인하세요. 내가 [암시 단어]를 말할 때 무슨 일이 일어나는지 주목하세요. 그것은 당신의 몸에 있는 감각느낌felt sense과 공명하나요?

참고: 내담자가 긍정적인 감각에 연결할 수 있는 한 3~5회, 8~15초의 짧은 BLS/DAS 세트를 추가한다. 내담자가 압도되거나 해리를 느끼기 시작하면 BLS/DAS를 중지한다. 각 세트 사이에 내담자가 심호흡을 하도록 하고, 내담자가 여전히 긍정적이거나 중립적인 것을 느끼고 있는지 확인한다. 긍정적인 감각에 연결할 수 없는 내담자는 좀 더 중립적인 영역을 찾기 위해 신체를 스캔하는 약간의 코칭이 필요할 수 있다. 예를 들어 내담자가 코끝, 손가락 끝 또는 발가락을 감지하도록 초대한다. 내담자가 BLS/DAS를 추가하는 동안 긍정적이거나 중립적인 감각에 연결할 수 없다면 3단계인 진자운동으로 진행하지 않는다.

3단계: 진자운동Pendulation

이제 우리는 [긍정적인 감각의 암시 단어]와 [고통스러운 감각의 암시 단어] 사이를 왔다 갔다 할 거예요. 먼저 [긍정적인 감각의 암시 단어]부터 시작해요. 잠시 시간을 내어 그 감각느낌felt sense에 연결하세요.

참고: 짧은 세트의 BLS/DAS를 추가한다.

이제 나는 당신이 [고통스러운 감각]에 다시 초점을 맞추기 바랍니다. 이것이 당신에게 너무 고통스럽다고 느껴지면 즉시 정지 신호를 사용하세요.

참고: 이 시점에서 고통스러운 감각에 BLS/DAS를 추가하지 않는다. 내담자가 멈출 필요가 있다고 표시하는 즉시 긍정적이거나 중립적인 감각으로 인식을 되돌리도록 한다. 공황 또는 압도와 같은 과각성 징후뿐만 아니라 졸음이나 안개 낀 것과 같은 저각성 해리 상태의 징후가 있는지 내담자를 주의 깊게 추적한다. 어떤 상황에서는 내담자가 인내의 창을 벗어나고 정지 신호를 사용하지 않는 것을 감지하는 경우 치료자가 내담자를 확인하는 것이 필요할 수 있다.

이제 당신의 인식을 [긍정적인 감각의 암시 단어]로 다시 가져오세요.

참고: 내담자가 긍정적인 자원에 연결되면 3~5회, 8~15초의 짧은 BLS/DAS 세트를 추가한다. 긍정적인 감각과 고통스러운 감각 사이를 계속 왔다 갔다 하면서 긍정적인 상태에만 짧은 BLS/DAS 세트를 추가한다. 일단 내담자가 트라우마 내용과 함께 현재에 머물며 지남력을 유지할 수 있다면 표준 프로토콜을 사용한

재처리로 돌아간다.

나는 당신이 이제 그 불편한 감각에 조금 더 머무를 수 있다는 것을 알아차렸어요. 만약 괜찮지 않다면 정지 신호를 사용할 수 있다는 점을 염두에 두면서 고통을 재처리하는 방법을 살펴봅시다.

참고: 30-45초 세트의 표준 프로토콜을 사용하여 트라우마 목표기억의 재처리를 계속한다.

마음챙김 움직임 탐색하기EXPLORE MINDFUL MOVEMENT

진자운동은 일반적으로 재처리 속도를 늦추고 홍수flooding의 가능성을 줄인다. 이와는 대조적으로 움직임movement, 시퀀싱sequencing, 소매틱 리패터닝repatterning를 강조하는 소매틱 개입은 재처리를 심화시키거나 증진시킬 수 있다. 트라우마 과거력이 있는 내담자는 특히 트라우마 사건으로 인해 무기력감이나 무력감을 느끼게 된 경우 감각 및 움직임 충동을 억제하는 경향이 더 클 수 있다(Fogel, 2009). 더욱이 만성 통증을 가진 개인은 회피 전략으로서 감정 표현을 억제할 가능성이 더 높다(Lumley et al., 2011; van Middendendorp et al., 2008). 그러나 포겔Fogel은 신체의 통증이나 질병의 증상이 신체의 만성적인 긴장 패턴을 해소하는 움직임, 감정, 호흡 패턴 또는 소리를 내담자가 직관적으로 감지할 수 있도록 도와주는 기상 알람wake-up call으로 볼 수 있다고 제안한다. 내담자가 소매틱 고통을 견딜 수 있을 때 내부수용감각interoceptive 인식은 불편함을 해소하는 움직임을 안내할 수 있다. 예를 들어 편두통의 초기 신호에 맞춰 조정하면 내담자가 두통의 지속시간을 예방하거나 단축시키는 방식으로 호흡,

스트레칭 또는 이완을 취할 수 있다. 중요한 것은 내부 감각에 대한 인식을 강요할 수 없다는 점이다. 대신 치료자는 단순히 내담자에게 몸을 감지하고 느낄 수 있는 기회를 제공한다. 때때로 내담자는 고통스러운 증상을 없애려는 의도로 신체에 인식을 가져올 것이다. 증상을 없애려고 하는 이러한 접근은 종종 역효과를 내고 더 많은 고통을 초래한다. 반대로 치료자는 내담자가 고통스러운 소매틱 경험에 대해 호기심을 갖도록 장려할 수 있다. 일단 아프거나 고통스러운 증상이 느껴지면 치료자는 내담자가 어떤 관련 감정이라도 말이나 소리 또는 움직임을 통해 표현하도록 격려하는 것이 권장된다.

전통적인 심리 치료에서 그리고 심지어 많은 EMDR 치료 회기 동안에도 내담자는 트라우마 내용을 재처리하는 동안 상대적으로 가만히 있는 경향이 있다. 이러한 경향은 영화나 텔레비전에서 치료 회기의 전형적인 묘사에 의해 강화된 기대에 기인한다. 게다가 많은 치료자 자신도 비교적 가만히 앉아 있는 경향이 있어 이러한 기대를 강화할 뿐이다. 그러나 움직임 충동의 억제는 우리의 자연 치유 능력을 방해할 수 있다. 우리는 치료자가 EMDR 치료의 민감소실 단계 동안 내담자에게 움직임을 위한 언어적 초대와 움직임의 비언어적 모델링을 모두 적극적으로 제공해야 한다는 것을 발견했다. 여기서 치료자는 내담자가 움직이거나, 호흡하거나, 소리를 내고자 하는 본능적인 요구를 따르도록 격려하기 위해 개입 18 '민감소실 동안 시퀀싱 및 소매틱 리패터닝Sequencing and Somatic Repatterning During Desensitization'으로 돌아온다. 이 과정은 흔들림이나 떨림을 통한 자발적인 소매틱 방출을 포함할 수 있다. 또한 내담자는 하품이나 교대로 스트레칭과 수축 움직임을 하는 것과 같은 자발적인 팬디큘라pandicular 움직임을 탐색하기 시작할 수 있다. 이러한 직관적인 움직임은 만성적인 근육 긴장의 축적을 막고 근육에 대한 자발적인 통제를 증가시킨다.

만성 통증 및 질병의 파트 작업

PARTS WORK FOR CHRONIC PAIN AND ILLNESS

만성 통증 및 질병의 증상을 가진 내담자는, 또한 유아기early childhood 애착 트라우마를 가질 수 있다. 이 경우 신체적 증상은 내담자의 어린 파트와 연결된 정서적 내용과 관련될 수 있다. 어떤 경우에는 내담자의 성인 파트가 자기-돌봄과 증상 감소를 위해 노력하고 있을 수 있다. 그러나 내담자의 어린 파트는 이러한 노력을 방해하거나 통증 증상을 내려놓기를 꺼릴 수 있다. 치료자가 민감소실 과정에서 처리를 방해하는 내담자의 파트가 있음을 감지할 때 5장의 '파트와 작업하기 위한 개입'을 재검토하는 것이 유용할 것이다. 또한 파트 작업을 전문적으로 하는 여러 EMDR 치료자는 의료 시술에 대해 활성화되거나 걱정하고 있는 것이 자기self의 어린 파트인지 여부를 평가하여 침습적인 의료 시술에 대해 내담자를 준비시키는 것이 도움이 된다는 것을 발견하였다(Forgash & Copeley, 2008; Twombly, 2000). 이 경우에 그들은 성인 파트가 진료 예약이나 시술에 참여하는 동안 자기self의 어린 파트를 안전한 장소로 초대하는 것이 도움 된다고 제안한다.

만성 통증 및 질병의 주입, 통합 및 재평가

INSTALLATION, INTEGRATION, AND REEVALUATION FOR CHRONIC PAIN AND ILLNESS

EMDR 치료의 마지막 단계는 내담자가 몸과 마음에 긍정적인 변화를 통합하도록 초대한다. 논의된 바와 같이 세 갈래three-prong 프로토콜은 새로운 긍정적 인지와 관련된 소매틱 경험을 과거, 현재, 그리고 미래의 상황에 주입하는 것을 돕는다. 재평가 단계에서는 회기 내 변화가 회기 외부의 내담자의 만성 통증이나 질병의 증상과의 관계에 어떻게 동화되고 있는지에 대한 지속적인 대화를 포함한다. 이 과정을 통해 치료자는 추가 목표기억으로 이어질 수 있는 정서적, 인지적 또는 소매틱 고통을 관찰할 수 있다.

장기간의 통증이나 질병의 경험을 가진 내담자는 종종 이러한 장애 상태를 반영하는 삶을 산다. 긍정적인 변화는 종종 원하고 환영받지만, 그것은 내담자에게 도전적일 수 있다. 예를 들어 '나는 나 자신을 병자로 알고 있는데, 이제 나는 누구일까?'와 같은 실존적 우려가 생길 수 있다. 치료의 이 단계에서 사회적 및 정체성 요소를 고려하는 것이 중요하다. 예를 들어 어떤 내담자는 직장을 벗어났을 수 있고 다른 내담자는 사회적으로 고립되었다고 느꼈을 수도 있다. 직장에 복귀하거나 사회적으로 다시 연결하는 것은 긍정적인 변화임에도 불구하고 두려움을 느낄 수 있다. 그러므로 치료의 최종 단계는 내담자가 새로운 혹은 새롭게 떠오르는 자기감sense of self을 세상에 통합하는 데 있어 어떠한 잠재적 장벽도 극복하도록 돕는다.

중요한 것은, EMDR 치료는 내담자가 통증이나 질병의 어떤 증상은 바꿀 수 없다는 것을 받아들이도록 지지할 수 있다. 내담자가 통제할 수 없는 만성 통증 및 질병의 증상을 수용하도록 돕는 것이 필요할 수 있다. 수용이란 현실을 저항하거나 바꿀 필요 없이 있는 그대로 받아들일 수 있는 능력을 말한다. 변증법적 행동치료(DBT; Linehan, 1993)는 수용이 모든 변화와 성장에 필요한 조건임을 제시한다. 마찬가지로 타라 브라흐 박사Tara Brach(2004)는 급진적인 수용을 적용하고 몸과 친해짐으로써 자신의 가장 친한 친구가 되도록 격려한다. 수용은 고통스러운 경험이 탈출 전술이나 반응을 필요로 하지 않는다는 것을 인식하는 것을 포함한다. 마음챙김은 호기심과 비판단으로 경험을 관찰할 수 있는 능력을 개발하는 데 중점을 두고 있어 수용 개념과 밀접한 관련이 있다. 다음의 개입인 '자기-수용Self-Acceptance'은 만성적인 통증이 있는 신체 부위에 집중된 주의와 자애loving-kindness를 가져오는 것을 포함한다.

■ 개입 42: 자기-수용

당신 몸의 통증이나 불편함의 한 부분에 당신의 인식을 가져오고 이곳에 수용을 가져오려는 의도를 설정해 보세요. 이 부분에 한 손이나 양손을 가져오세요. 아무것도 바꾸려고 하지 말고 단순히 당신의 경험을 관찰해 보세요. 당신의 몸에서 생각, 감정, 그리고 감각을 주목하세요.

이제 몸의 이 부분에 깊게 숨을 들이마시고 내쉬면서 눈에 띄는 것은 무엇이든지 함께할 수 있도록 하세요. 통증을 바꾸거나 조절하거나 고칠 필요 없이 단순히 경험에 머무르세요, 다시 한번 그 감각에 깊게 숨을 들이마시고 내쉬는 동안 무엇이 일어나든 스스로 알아차려 보세요.

당신의 인식을 다시 당신의 몸 전체로 넓혀보세요. 여기서 한 번 더 숨을 들이쉬고 내쉬면서 "나는 나 자신의 이 부분을 받아들일(받아들이는 것을 배울) 수 있다."라고 자신에게 말해 보세요.

참고: 내담자가 단순히 자신의 경험에 주의를 기울이면서 신체의 그 감각으로 호흡하도록 계속 초대한다. 내담자가 이 연습에 압도되거나 어려움을 느끼면 개입 3 '소매틱 고통의 컨테인먼트'로 돌아간다.

결론CONCLUSION

EMDR 치료와 소매틱 심리학의 통합된 접근 방식은 내담자가 통증과 질병의 증상, 감정, 과거 트라우마 사건 사이의 관계를 탐색하도록 초대한다. 이 과정은 트라우마에 뿌리를 둔 만성 통증 및 질병의 구성 요소를 해결하기 위한 하향식 및 상향식 접근 방식을 제공한다. 진자운동은 민감소실 단계에서 처리 속도를 늦추어 홍수flooding의 가능성을 줄인다. 대조적으로, 시퀀싱sequencing과 소매틱 리패터닝somatic repatterning는 재처리를 향상시킬 수 있다. 전체적으로 이러한 통합 방식의 의도는 내담자가 EMDR 치료 내에서 체화된 인식과 움직임의 치유력에 접근할 수 있도록 돕는 것이다.

제7장
문화적 맥락
A Cultural Context

체현은 문화와 불가분의 관계이다. 태어나는 순간부터 아기들은 사회적 환경에 의해 영향받고, 수용되며, 형성된다. 모든 사람은 자신의 움직임, 자세, 몸짓, 상호작용 스타일 및 행동을 통해 표현되는 문화를 계승한다. 그러므로 체현은 세대에 걸쳐 전해지는 문화적 유산의 한 형태이다. 치료적 교류 내에서, 우리는 체현을 치료자와 내담자의 문화적 과거력에 의해 알게 되는 현재 중심의 관계 형성으로 본다. 따라서 EMDR 치료와 소매틱 심리학의 문화적인 맥락은 이 트라우마 치료에 대한 통합적인 접근법의 핵심이다. 치료자가 치료 관계 내에서 문화적 요인을 식별하고 민감하게 작업할 수 있을 때, 성공적인 치료 결과를 더 잘 이끌어 낼 수 있다. 이 장에서는 EMDR 치료 8단계 전반에 걸쳐 치료자의 문화적 인식과 역량을 증가시키기 위해 체현을 강화하기 위한 개입들이 제시된다.

정신치료의 문화적 역량

CULTURAL COMPETENCE IN PSYCHOTHERAPY

문화적 인식, 지식 및 기술은 효과적이고 유능한 정신치료의 핵심 요소이다. 문화는 여러 가지 방법으로 정의될 수 있지만, 우리의 목적을 위해 여기서는 세상에 소속감을 만들고 우리의 자기-정체성을 정의하는 사회적으로 공유된 행동의 집합으로서 문화에 초점을 맞춘다. 문화적 요인으로는 인종, 민족성, 사회경제적 지위, 성별, 성 정체성, 성적 지향성, 연령, 장애, 종교 등이 있다.

심리 서비스를 찾는 내담자들의 점점 더 다양해지는 인구 통계학적 요구들을 충족시키기 위해 문화적으로 민감한 치료가 절실히 필요하다. 이런 접근 방식을 통해 치료자는 트라우마 치료에서 문화적 요인을 고려하고 편견, 차별, 억압에 뿌리를 둔 트라우마 사건을 해결할 수 있다(Nickerson, 2017). 미국심리학회American Psychological Association(APA)와 미국상담학회American Counseling Association(ACA)와 같은 인증기관들은 정신치료에서 다양한 내담자들을 존중하고 효과적으로 대응할 수 있는 치료자의 능력을 증가시키기 위해 배우고 연습할 수 있는 일련의 문화 및 사회 정의justice 역량을 확인해 왔다(Arredondo et al., 1996; American Psychological Association 2002; Lee, 2008). 마찬가지로, "다양성과 문화적 역량에 관한 EMDR국제학회EMDRIA 성명"은 다문화 훈련을 포함시키고 장려한다(EMDR International Association, n.d.). 치료자는 내담자의 권리에 대해 공감하며 필요할 때 이를 옹호할 수 있는 독특한 위치에 있다. 그러므로 치료자는 소외된 사람들의 권리를 보존하기 위한 사회 정의의 행동을 통해 치료실을 넘어 세상으로 확장해 나가는 의무를 지니고 있다.

마크 니커슨Mark Nickerson(2017)은 EMDR 치료에서 다양성 문제를 다루는 데 꼭 필요한 기여를 한다. 그의 저서는 문화적 영향에 대한 치료자 자각의 중요성, 치료자가 내담자와 다양성 역동을 능동적으로 다룰 필요성, 내담자 개인의 문화적 과거력에 대해 진정한 관심과 호기심을 표현하는 것의 가치를 강조한다. 니커슨은 또 낙인이 된 사건이 내담자에게 내면화되어 자신에 대한 뿌리 깊은 부정적 인지(NC)의 근간을 형성할 수 있고, 타인에 대한 편견의 기초가 될 수 있다고 강조한다. 기존 문헌에서 추천한 문화적 역량의 일부를 자세히 살펴보자(American Psychological Association, 2002; Arredondo et al., 1996; Hansen et al., 2006; Lee, 2008).

- **치료자의 자각self-awareness:** 치료자는 자신의 인종적, 민족적 정체성을 인지하는 것과 자신의 문화적 조건화가 다른 사람들에 대한 지각을 어떻게 형성하는지에 대해 작업한다. 목표는 추측이나 편견이 치료에 부정적인 영향을 미칠 수 있는 방식에 대한 자신의 인식을 높이는 것이다.
- **치료자의 내담자 세계관에 대한 이해:** 치료자는 내담자의 문화적 배경이 그들의 가치와 생각에 어떻게 영향을 미치는지에 대한 이해를 높인다. 목표는 사회적 또는 제도적 수준에서 발생하는 고정관념, 편견, 억압 또는 차별이 어떻게 내담자의 삶에 중대한 장벽이 될 수 있는지를 인식하는 것이다. 이 정보는 문화적으로 관련된 사례 개념화를 개발하는 데 중요하다.
- **치료자의 문화적 기술 및 개입 개발:** 치료자는 내담자와 자신 사이의 차이를 탐색하는 대화를 시작함으로써 회기에서 다양성 문제를 능숙하게 다룰 수 있는 능력을 개발한다. 치료자는 또한 치료 중에 발생한 문화적 불감증을 능숙하게 바로잡을 수 있는 능력을 개발한다. 목표는 내담자의 문화적, 종교적 또는 영적 믿음을 치료에 통합시키고, 내담자에게 영향을 미치는 사회정치적 사건을 고려하여 개입을 수정하고, 내담자가 제도적, 사회적 장벽에 대한 효과적인 대응을 개발할 수 있도록 지원하는 것이다.

일반적으로 다문화적 관점을 능숙하게 통합하는 치료자는 성공적인 치료 결과를 촉진할 수 있다. 아리엘 슈와르츠Arielle Schwartz 박사는 심리학자들의 다문화적 믿음과 연습을 탐색하는 연구팀의 일원이었다. 이 연구의 결과는 정신치료에서 다문화적 역량으로 이끄는 행동을 인정함에도 불구하고 대부분의 치료자는 정기적으로 이러한 연습에 참여하지 않는다는 것을 보여주었다(Hansen et al., 2006). 나아가 이 연구는 다문화 역량의 개발은 단순히 규정과 지침에 대한 지식을 갖기보다는 경험적 교육이 필요하다는 것을 제시했다.

체화된 문화EMBODIED CULTURE

소매틱 심리학은 치료자와 내담자 사이의 문화적 교류의 한 종류로서 체현의 역할에 초점을 맞춤으로써 트라우마 치료에서 문화적 문제를 다루는 미묘한 접근 방식을 탐색한다. 그랜드Grand(2015)는 심리적인 갈등의 사회문화적 측면을 다루는 치료에 대한 "사회-소매틱" 접근법을 설명한다. 그는 문화를 신체를 통해 표현하는 그리고 태어난 순간부터 이전 세대들로부터 물려받은 유산의 형태로 본다. 유아는 그들의 사회적 환경에 의해 형성되며, 신체적으로 기반을 둔 자기감sense of self은 그들이 어떻게 만져지는지와 시선의 질, 양육자의 목소리 톤에서 온다. 감정 표현은 또한 개인의 사회적 및 문화적 환경의 영향을 받는다(Matsumoto, 2009). "보이기 규칙Display rules"은 원가족에서 받아들일 수 있는 감정과 행동의 종류에 대해 배우는 암묵적인 규칙이다. 결과적으로 어떤 감정은 강화되고 어떤 감정은 강화되지 않는다. 감정과 움직임의 억제도 이 시기에 학습되어 자율신경계의 톤을 형성한다(Fogel, 2009). 후기 아동기에는 얼굴 표정, 자세, 몸짓, 상호작용 스타일, 행동을 통해 물려받은 문화를 표현한다. 이 물려받은 문화는 학교와 지역사회에서 새로운 하위문화로서 사회적으로 영향 받는 것을 지속한다. 여기서 신체 언어와 감정 표현은 개인이 소속감을 추구함에 따라 조정될 수 있다. 이러한 전체적으로 학습된 체화는 사회적 및 문화적 정체성의 토대를 제공한다.

체화된 문화(Bennett & Castigioni, 2004; Kimmel, 2013)는 시간이 지남에 따라 의식적으로 습득되고 수동적으로 유전되는 문화 및 사회적 정보에 입각한 소매틱 경험의 총체를 설명하는 관련 용어이다. 체화된 문화는 감정 표현, 습관적인 움직임, 익숙한 자세나 몸짓의 패턴을 통해 유지된다. 체화된 문화는 권력과 특권의 지위를 반영하는 것이다. 지위에 대한 자신의 지각은 공간 활용과 자세, 몸짓을 통한 자기-표현, 얼마나 자주 말을 하거나 대화를 시작하는지를 통해 표현된다. 그러므로 체화된 문화는 모든 언어적 및 비언어적 의사소통을 알려 준다. 이와 비슷하게 프랑스의 사회학자이자 철학자인 피에르 부르디유Pierre Bourdieu(2010)도 사회집단의 일원으로서 습득되는 행동과 자세, 몸짓의 집합체를 일컫는 "체화된 상태의 문화 자본" 개념을 소개했다(Bourdieu, pg. 83). 이 문화 자본은 재정 상태, 재산 또는 교육과는 무관한 소속감, 정체성 및 가치를 촉진한다. 예를 들어 체화된 문화 자본은 세상 물정에 밝거나, 가난했던 어린 시절을 견뎌냈다는 인식, 또는 목적의식을 제공하는 문화적 전통을 가진 가족 내에서 성장하는 것에서 볼 수 있다.

중요한 것은 체화된 문화는 타인과 세상에 대한 사람들의 지각을 알려 준다(Bennett & Castiglioni, 2004). 신체적으로 기반을 둔 행동 패턴은 자기 민족 중심적이거나 엄격하게 배타적일 때 부적응적일 수 있다. 그러한 패턴들은 고정관념, 편견, 내면화된 인종차별, 동성애 혐오, 성차별 등의 체화된 기초를 제공한다. 누구나 자신의 체화된 문화에 뿌리를 둔 암묵적 반응이 있어 이를 방치하면 편견으로 이어질 수 있다. 니커슨Nickerson(2017)은 변연계에 의해 유지되는 편견의 신경생리학을 검토한다. 그는 편도체가 관찰자와 인종적으로 다른 사람들의 얼굴인 "집단 밖의" 이미지에 노출되면 활성화된다는 점에 주목한다. 그러나 이러한 반응성은 전전두엽피질의 관여를 통해 매개되고 감소할 수 있으며, 이는 학습된 명시적 정보로 편견적인 감정이나 믿음에 대항할 수 있게 한다. 마음챙김과 체화 연습은 전전두엽피질의 기능을 강화해 편견적인 느낌에 대한 책임감을 갖게 한다. 이 과정은 다른 사람들과 어떻게 상호작용할 것인지에 대한 의식적이고 성찰적인 선택을 할 수 있도록 도와준다.

또한 체현은 현재 환경의 반영이므로 현재-순간의 상황에 대한 피드백을 제공한다(Cordas, 1994; Kimmel, 2013). 예를 들어 사람들이 안전하고 편안함을 느낄 때, 몸은 이완된다. 반면 위협을 느낀다면 몸은 방어반응과 교감신경계 활성화로 자기-보호를 준비할 것이다. 치료적 교류 안에서 체현은 치료자와 내담자 모두의 문화적 과거력에 의해 영향받는 현재-중심의 관계 형성으로써 일어난다. 프랑스 현상학 철학자 메를로 퐁티Merleau-Ponty(1962)가 도입한 용어인 상호신체성intercorporeality은 치료자와 내담자의 이원dyadic 체계와 관련이 있으며, 별개의 내적 자기self라는 개념에 도전한다. 오히려 체화된 자기self는 자신과 다른 사람, 그리고 환경 사이의 끊임없이 변화하는 역동적인 얽힘으로 더 잘 이해된다. 치료자의 체화된 경험은 내담자와의 시시각각의 교류와 직접적으로 관련되고 영향을 받으며, 그 반대의 경우도 마찬가지다. 치료에 적용할 때, 치료자와 내담자는 서로에게 영향을 미치는 것으로 이해된다. 체화된 유산으로서 치료자 개인의 문화적 과거력에 대한 자각self-awareness은 치료자가 이러한 교류의 일부에 대한 책임을 지고 치료적 관계에 가져오는 비언어적인 영향을 의식할 수 있도록 한다.

문화적 맥락에서의 비언어적 의사소통

NONVERBAL COMMUNICATIONS IN A CULTURAL CONTEXT

EMDR 치료에 대한 체화된 접근 방식은 치료자가 비언어적 의사소통을 통해 경험적인 방식으로 작업하는 지금-여기here-and-now의 지향이 필요하다. 비언어적 단서를 읽는 능력은 때때로 언어적 의사소통보다 내담자의 태도와 감정을 더 잘 이해할 수 있게 한다(Goleman, 1995). 비언어적 단서에 대한 인식은 내담자의 태도와 감정에 대한 이해를 높일 수 있지만, 이러한 행동을 문화적, 사회적, 내담자-중심의 맥락에서 이해하는 것이 중요하다. 내담자의 비언어적 의사소통에 대한 해석에는 내담자와의 열린 대화가 포함되어야 한다. 이러한 대화는 신체 언어에 대해 호기심을 갖고, 내담자의 주관적인 경험에 대해 질문하고, 문화, 민족, 인종과 같은 맥락화된 요소를 고려하는 것을 포함한다. 예를 들어 문화적 맥락이 고려되지 않는다면, 치료자는 내담자의 눈맞춤 부족을 오해할 위험이 있을 수 있다. 아마도 눈을 마주치지 않는 것은 존경의 문화적 신호일 것이다. 그러나 그러한 행동은 무례한 것으로 잘못 해석되거나 부적응적인 행동으로 잘못 진단될 수 있다. 치료자로서 우리는 내담자의 비언어적 행동이 그들에게 진실한 것이므로 그것을 정확하게 이해하기를 원한다.

치료자가 자신의 비언어적 의사소통에 대한 인식을 높이는 것도 마찬가지로 중요하다. 이러한 자각은 언어적 표현과 비언어적 행동 사이의 일관성을 촉진하여 치료자의 신뢰도를 높인다. 내담자는 언어적 의사소통보다 비언어적 행동을 더 신뢰하는 경향이 있으며, 신체 언어는 치료자의 진심을 드러내는 것으로 해석될 가능성이 높다. 예를 들어 치료자는 암묵적 또는 무의식적인 편견적 반응에 기초하여 자신과 다른 내담자와 더 멀리 앉거나 신체 언어의 긴장을 표현할 수 있다. 이러한 소매틱 단서는 문화적 민감성에 대한 개인적인 장벽을 해결하기 위해 개인적인 지도감독, 자문 또는 치료의 필요성을 나타낼 수 있다. 그렇지 않으면 이러한 불편함을 느끼는 내담자는 치료자에 대한 신뢰를 잃거나 트라우마 기억의 재처리로 진행하는 것이 안전하지 않다고 느낄 수 있다.

비언어적 의사소통은 얼굴 표정, 공간의 사용, 몸의 움직임, 자세, 그리고 목소리 톤이나 강도를 포함한다. 이러한 영역은 학습된 표준과 같은 문화적 요인과 권력과 특권과 같은 사회적 요인에 의해 크게 영향을 받는다. 특권 있는 사람들은 더 많은 공간을 차지하고 더 큰 자세와 몸짓을 사용하며 더 많은 언어적 의사소통을 시작하는 경향이 있다(Matsumoto, 2009; Matsumoto, Frank, 2013). 특권과 권력 역동은 사회의 모든 수준에서 일어나고 치료에서 나타날 수 있다. 치료자의 역할과 함께 오는 권력의 고유한 위치가 있다. 치료자는 다년간의 교육을 받았고 전문가로 인식될 수 있다. 내담자에게 진단을 내리는 것은 내담자의 삶에 광범위한 영향을 미칠 수 있다. 어떤 내담자는 원치 않는 또는 몰이해한 심리 또는 의료 서비스의 과거력을 가지고 치료에 올 수 있다. 치료자가 치료적 관계에서 권력과 특권 역동 관계에 대한 인식을 유지하는 것이 중요하다. 이 과정에 대한 체화된 접근 방식은 치료자가 어떻게 근접성, 자세 및 좌석 배치가 치료실에서 힘의 차이에 대한 반영이 될 수 있는지를 인식할 수 있게 한다. 예를 들어 많은 치료자는 카우치에서 고정된 거리에 위치한 의자에 앉는 것에 익숙해져 있는데, 이것은 치료실 안에서 앉는 위치의 유연함을 허용하지 않는다. 여기서 치료자는 내담자에게 앉을 자리를 말해 주기보다는 치료실의 어떤 자리든 선택하게 초대함으로써 힘과 특권에 관련하여 개입 2, '근접 인식'을 이용해 서로로부터 얼마나 멀리 혹은 가까이 앉는지 내담자와 탐색해 볼 수 있다. 여기에는 치료자의 의자가 동등하게 실행 가능한 옵션이라는 것을 내담자에게 명시적으로 알리는 것도 포함될 수 있다. 목표는 내담자가 치료자와 함께 현재 순간에 임파워먼트empowerment의 감각느낌felt sense을 발전시킬 수 있도록 돕는 것이다. 또한 치료자는 내담자의 체화된 문화의 요구를 충족시키기 위해 목소리 톤, 말의 속도 조절, 눈맞춤의 사용과 같은 비언어적인 행동을 적응시킬 수 있다.

치료자와 내담자 간의 문화적 차이가 상당할 때가 있다. 보다 적절한 치료자에게 의뢰할 수 없다면, 내담자의 친구가 치료 회기에서 문화의 다리 역할을 하도록 하는 것이 유익할 수 있다. 문화적 다리는 신뢰할 수 있는 친구처럼 내담자의 문화와 치료자의 문화에 발을 들여놓는 사람을 말한다. 또한 내담자가 영어를 잘 못하는 경우 통역사와 작업하는 것이 유익하다. EMDR 치료 절차를 설명할 때 통역사가 당신이 요구하는 바를 이해했는지 확인한다. 더 나아가 어떤 경우에는 내담자가 몇 개의 언어를 말할지라도 그 기억의 신경망에 접근하는 방법으로 목표기억을 모국어로 논의하고 처리하는 것이 중요할 수 있다. 경험을 제2 외국어로 통역하는 데 필요한 노력은 내담자의 체화된 문화로부터 연결을 끊고 재처리를 억제할 수 있다. 다음 목록은 치료에서 비언어적 의사소통에 대한 문화적 고려 사항을 요약한 것이다.

치료에서 비언어적 의사소통의 문화적 고려 사항

- 치료자는 내담자와 동일한 언어를 공유하기 때문에 마찬가지로 동일한 비언어적 의사소통이 공유된다고 가정할 수 없다.
- 치료자는 문화가 눈맞춤과 공간의 사용, 감정의 표현, 몸짓의 목적, 미소의 의미, 그리고 음성 사용을 통한 자기-표현을 알려 준다는 것을 인지할 필요가 있다.
- 치료자가 비언어적 행동의 문화적 차이를 모르는 경우 내담자의 신체 언어를 잘못 해석할 위험이 있다.
- 치료자는 문화적 및 내담자-중심의 맥락에서 내담자를 이해하는 것을 목표로 해야 한다.
- 치료자는 언어적 의사소통의 속도에 대한 내담자의 단서를 주의 깊게 듣고 이 정보를 사용하여 말의 잠시 멈춤, 침묵의 시간 또는 중단이 치료적 라포에 어떻게 영향을 미칠 수 있는지 파악할

필요가 있다.

- 치료자는 성공적인 치료를 방해할 수 있는 잠재적인 고정관념의 행동, 편견 또는 성향을 식별하기 위한 방법으로 어떻게 문화가 자신의 비언어적인 의사소통을 알려 주는지에 대한 자각self-awareness을 높일 필요가 있다.

체화된 문화 행동EMBODIED CULTURE IN ACTION

문화적 인식을 통합하는 과정은 단순히 EMDR 치료 프로토콜에 삽입될 수 있는 기술 집합이 아니다. 오히려 문화적 역량은 치료자가 내담자와 처음 접촉하는 것에서부터 치료의 분위기를 조성하는 전반적인 접근 방식이다. 치료 초기에 문화적 역동을 다루는 치료자는 그 주제가 내담자에게 금기시되거나 금지된다고 느낄 가능성을 줄인다. 치료자는 내담자의 문화적 정체성에 대한 진정한 관심, 개방성, 그리고 호기심을 전달하기 위해 작업한다. 치료자는 자신의 편견이나 고정관념을 인지하는 것을 목표로 하지만, 문화적으로 가장 잘 인식하는 치료자조차도 치료에서 미시적인 공격이나 의도하지 않은 차별적인 행동을 할 수 있다는 것을 인지할 필요가 있다. 마음챙김 및 체화 연습은 치료자가 자신 및 내담자와의 관계에서 비언어적 의사소통에 대한 인식을 높이는 데 도움이 된다. 내담자에게 잘못 조율한 치료자는 내담자가 철회 또는 신체적으로 위축된 것을 관찰할 수 있다. 그런 다음 치료적 관계 내에서 안전감을 유지하기 위해 호기심을 갖고 이러한 잘못된 조율을 복구하는 것이 중요하다. 그러한 파열이 해결되지 않은 채 방치될 때, 치료자는 내담자의 요구를 무효화하거나 사회적 불평등과 힘의 불균형의 역동을 재연할 위험이 있다.

치료자의 체화된 문화에 대한 자각은 내담자와의 문화적으로 민감한 작업의 토대가 된다. 예를 들어 치료자는 내담자가 자신과 비슷하거나 다른 방식을 탐색할 수 있다. 또한 치료자는 이러한 차이점이 얼마나 편안하고 불편한지를 탐색할 수 있다. 치료자가 불편할 경우, 내담자와 성공적으로 관계 맺기 위해 필요한 지원 유형을 탐색할 수 있다. 지원은 특정 내담자의 문화적 배경에 대한 추가 교육과 자문을 구하는 형태로 이루어질 수 있다.

치료자를 위한 다음 체화 연습인 '체화된 문화 행동Embodied Culture in Action'은 정신치료에서 문화적 역동에 대한 자각self-awareness을 높이기 위해 치료자가 활용할 수 있는 탐색이다. 이러한 개입은 내담자와의 회기 안팎에서 모두 적용할 수 있지만, 회기 중에 시행하기 전에 내담자와 함께 앉아 있지 않을 때 먼저 연습하는 것을 권장한다. 15분 정도 시간을 내어 이 탐색을 완전히 체험하고, 원한다면 자신에 대해 배운 내용을 기억할 수 있도록 이후에 관찰한 내용을 기록한다. 다른 마음챙김 연습처럼, 그 의도는 판단하지 않고 당신에게 있는 어떤 것이든 알아차리려는 것이다. 이 탐색에는 네 가지 단계가 있다. 첫 번째 단계인 자기-성찰self-reflection은 당신과 문화적으로 다른 내담자와의 관계에서 어떻게 문화가 당신 자신의 몸에 수용되는가에 대한 자각을 증가시키는 것을 포함한다. 두 번째 단계인 책임감은 치료적 관계에서 당신 자신의 경험을 느낄 수 있는 기회이다. 세 번째 단계인 자원은 내담자와 함께 현재에 머물 수 있는 당신의 능력을 지원하는 신체 개입의 종류를 확인할 수 있게 한다. 네 번째 단계인 통합을 통해 치료 관계에 대한 새로운 통찰력이나 인식을 어떻게 가져올지 성찰할 수 있다. 이 과정에 익숙해지면 회기에서 당신의 체화된 문화에 대한 소유권 획득을 탐색하는데 이 단계들을 사용할 수 있다.

치료자를 위한 체화 연습: 체화된 문화 행동

1단계: 자기-성찰

당신의 성별, 인종, 민족, 종교적 배경 또는 나이와 같은 당신 자신의 문화적 정체성을 잠시 생각해 보세요. 어떤 것이 알아차려지는지 당신의 몸을 마음챙김으로 스캔하세요. 자, 당신 자신과 문화적으로 다른 내담자와 함께 앉아 있다고 상상해 보세요. 아마도 당신에게 불편함이나 생소함을 가져다줄 내담자를 선택하세요. 당신의 느낌, 감정, 그리고 소매틱 경험을 인식하세요. 당신의 자세와 당신이 방에서 얼마나 많은 공간을 차지하고 있는지 주목하세요. 당신이 이 내담자와 어떻게 대화하는지, 그리고 당신의 목소리 톤의 질을 상상해 보세요. 호흡은 어떻게 되나요? 당신의 눈을 마주치는 것, 자세, 몸짓에서 무엇을 인식하나요? 몸을 스캔하여 당신이 인식하는 그 어떤 감각이든지 알아차려 보세요. 당신은 편하게 느껴지는 곳이나 불편하거나 낯선 감각들을 알아차릴 수 있습니다. 이 과정에 스스로 호기심을 가지고 머무르세요.

2단계: 책임감

당신이 갖고 있는 생각의 종류를 알아차려 보세요. 당신은 자신에 대해 어떤 판단을 경험하고 있나요? 당신은 내담자에 대한 어떤 판단을 알아차리고 있나요? 뭔가 익숙한 느낌이 드나요? 연상된 기억이나 이미지가 있나요? 당신은 부정적인 자기-신념이나 제한적인 생각을 인식하나요? 당신이 당신의 불편함에 대해 내담자를 비난하고 있는지 주목하세요. 만약 그렇다면, 당신 자신의 경험, 생각, 감정, 감각에 대해 책임지는 것이 어떨 것 같은지 탐색해 보세요.

3단계: 자원

이제 당신의 인식을 몸으로 가져와서 불편한 느낌이 있는지 주목하세요.

감각을 밀어내거나 피하고 싶은 욕망이 있는지 주목하세요. 호흡과 움직임 같은 소매틱 도구를 사용하여, 당신이 몸에서 느껴지는 불편함에 지지를 가져오도록 허락하세요. 당신의 호흡과 움직임이 당신이 감각과 함께 현재에 머물도록 돕게 하세요. 당신은 불편함을 느끼는 신체 부분 위로 손을 가져오거나 고착된 감각을 시퀀싱하는 것을 돕기 위한 움직임을 찾을 수 있습니다. 발을 바닥에 그라운딩하거나, 손가락과 발가락을 감지하거나, 좌우로 부드럽게 흔드는 것처럼 사회적 신경계를 다시 참여시키는 데 도움이 되는 움직임을 탐색하세요. 이전에 피했거나 불편했던 감각에 편안함이 증가될 때까지 체화된 경험과 머무를 수 있는지 확인하세요. 당신은 당신 자신과 더 많이 현재를 느낄 수 있고 더 이상 내담자를 밀어내거나 상호작용을 피할 필요성을 느끼지 않을 때 당신이 성공적이라는 것을 압니다.

참고: 신체의 편안함을 회복할 수 없는 경우, 고통스러운 이미지, 생각, 감정, 또는 신체 감각을 내려놓기 위해 개입 3, '소매틱 고통의 컨테인먼트'를 사용한다. 4단계, 통합으로 진행하지 않는다. 더 많은 지지가 필요한 경우 지도감독, 자문 또는 개인 치료를 받는 것이 권유된다.

4단계: 통합

앞에 앉아 있는 상상의 내담자를 다시 한번 성찰해 보세요. 당신의 생각, 감정, 신체 감각을 확인하세요. 지금 내담자에 대해 어떻게 느끼나요? 당신 자신에 대해서는 어떻게 느끼나요? 지금 이 순간 자신과 내담자에 대해 무엇을 믿고 싶나요? 이러한 경험이 자신과 내담자에게 더 많은 통찰을 제공하는 데 도움이 되었나요? 불편함을 경험하고 그것을 헤쳐 나갈 방법을 찾는 과정에서 나오는 선물이 있을 수 있습니다. 잠시 시간을 내어 이 경험에서 무엇을 배우고 있는지 성찰해 보세요. 이 과정을 헤쳐 나가는 당신의 의지에 스스로 감사할 수 있도록 허락하세요. 잠시 시간을 내어 당신의 체화된 문화를 어떻게 당신의 회기에 가져올 수 있는지 성찰해 보세요.

참고: 이 과정이 긍정적이면, 그 자원의 감각느낌felt sense을 고정하기 위해 3~5회, 8~15초의 짧은 자가-시행 BLS/DAS 세트를 추가한다. 잠시 시간을 내어 이 개입을 통해 배운 내용을 기록한다. 치료실에서의 느낌이나 내담자와 상호작용하는 방식이 어떻게 변화될까? 이 과정을 부드럽게 처리한다. 이 개입을 다른 내담자와 반복하여 당신의 체화된 문화와 이것이 내담자마다 어떻게 다를 수 있는지 자세히 알아볼 수 있다. 더 많은 지지가 필요한 경우 지도감독, 자문 또는 개인 치료를 받는 것이 권유된다.

문화적 맥락에서의 개입INTERVENTIONS IN A CULTURAL CONTEXT

이 장에서는 EMDR 치료의 8단계 전체에 걸쳐 문화적 역량을 증진시키는 소매틱 접근법을 제공한다. 낙인이 된 사건이나 내면화된 인종차별, 동성애 혐오, 성차별의 결과로 발달한 내면화된 부적응적인 NC를 가진 내담자를 돕는 것이 치료의 목표 중 하나다. 과거력-청취 단계는 치료자가 사회적 및 문화적 맥락에서 내담자에 대한 연민 어린 이해를 개발할 수 있는 기회를 제공한다. 준비 단계에서 치료자는 내담자가 임파워먼트empowerment의 체화된 경험과 문화적 협력자 또는 지지자의 개발과 같은 자원에 연결할 수 있도록 도울 수 있다. 평가 단계에서 체화된 문화에 대한 인식은 치료자가 목표기억 및 연관된 인지와 관련된 문화적 요소를 고려하는 것을 돕는다. 또한 이 장에서는 문화에 기반한 트라우마가 내담자의 삶의 많은 부분을 차지하고 있으므로 목표기억으로 삼을 단일 트라우마 사건이 없는 상황에서 적용할 목표기억 개발을 위한 내러티브narrative 접근 방식을 제공한다. 이 장의 민감소실 단계는 무력하거나, 힘이 없거나, 도움을 받을 수 없다는 느낌에 고착되는 내담자를 위한 진자운동 인터위브를 제공한다. 치료의 마지막 단계는 내담자가 새로운 신념 및 관련된 자기감sense of self을 기존의 흔히 변하지 않는 사회 환경에 통합할 수 있도록 돕는 방법을 다룬다.

체화된 문화적 맥락에서의 과거력-청취

HISTORY TAKING IN AN EMBODIED CULTURAL CONTEXT

과거력-청취 단계는 치료자가 사회적 및 문화적 맥락에서 내담자에 대한 연민 어린 이해를 개발할 수 있는 기회를 제공한다. 중요한 것은 현대 사회에서 여러 문화나 하위문화의 일부가 되어 그 결과, 경쟁적인 요구를 경험하는 것이 일반적이라는 것이다. 예를 들어 내담자는 전통적인 문화 규범에 끌리는 원가족의 영향과 다른 수준의 문화 적응을 추구하는 새로운 사회적 정체성을 가질 수 있다.

다음 과거력-청취 도구인 '문화적으로 민감한 조사Culturally Sensitive Inquiry'는 사회적 및 문화적 맥락에서 내담자에 대한 연민 어린 이해를 개발할 수 있는 기회를 제공한다. 치료자는 이러한 질문을 사용하여 RDI로 개발될 수 있는 문화적으로 관련된 자원이나 나중에 재처리 목표 대상으로 확립될 수 있는 트라우마 사건을 식별할 수 있다. 문화적 경험에 대한 조사의 과정은 치료자의 질문이 침해적이지 않도록 내담자의 동의로 진행되어야 한다. EMDR 치료의 어느 과거력-청취 단계와 마찬가지로 진행의 시기 및 속도에 민감하고 내담자의 허락을 받아 계속 조사를 진행하는 것이 중요하다. 이러한 질문은 문화적으로 민감한 조사의 지침이 되지만 모든 질문이 모든 내담자에게 관련되는 것은 아니라는 점을 명심해야 한다. 몇 가지 질문만 하거나 내담자에게 맞춰 이 질문의 문구를 수정해야 할 수도 있다. 내담자는 각 질문에 대해 여러 개의 답변을 가질 수도 있으므로 다음 질문으로 진행하기 전에 살펴볼 시간을 준다. 내담자에게 이것은 질문보다는 대화이며, 내담자가 질문의 진행 속도를 결정한다는 것을 알게 한다. 필요한 경우 내담자를 조절하기 어렵게 하는 것이 있으면 이 조사 진행을 늦추고 다른 질문으로 넘어가기 전에 컨테인먼트를 사용하도록 안내한다. 이 과정에 대한 체화된 접근 방식은 치료자와 내담자 모두 신체 감각과 정서를 정기적으로 확인하도록 장려한다.

과거력-청취 도구: 문화적으로 민감한 조사

당신의 문화적 경험에 대해 몇 가지 질문을 해도 괜찮을까요?

- 어디서 태어났나요?
- 주된 언어는 무엇인가요?
- 영어로 말하고 쓰는 것이 얼마나 편한가요?
- 성장한 가정과 이웃에 대해 당신은 어떻게 설명할까요?
- 지금 사는 곳이 당신이 자란 곳과 비슷한가요 아니면 다른가요?
- 미국에서 얼마나 오래 살아왔나요?
- 가족 모두가 미국에 있나요?
- [내담자의 가족이 살고 있는 곳]으로 얼마나 자주 돌아가나요?
- 사회적 또는 문화적으로 자신을 어떻게 식별하나요? 이 질문에 대한 답변이 하나 이상 있을 수 있습니다.
- [내담자가 사용하는 사회적 또는 문화적 기술어]가 되는 것의 가장 중요한 면은 무엇인가요?
- [내담자가 사용하는 사회적 또는 문화적 기술어]가 되는 것의 싫어하거나 숨기려고 하는 면이 있나요?
- 문화적 유산이나 의식을 실천하거나 이에 관련되어 있나요?
- 당신의 몸이 자세, 몸짓 또는 외모를 통해 문화적 유산을 표현한다는 것

을 어떻게 느끼나요?

- 당신과 당신의 가족은 전통적인 치유 방식을 고수하고 있나요?
- 당신은 학교, 교회 또는 지역사회 센터와 같은 어떤 사회 집단에 현재 참여하고 있나요?
- 이러한 사회 집단과 관련된 긍정적 및 부정적인 특성은 무엇인가요?
- 당신에게 중요한 영적 실천이 있나요?
- 미국 생활에 대한 적응은 어땠나요?
- 이 나라에 온 후 당신의 삶은 어떻게 개선되거나 악화되었나요?
- 이 나라에 온 이후 가족의 사회경제적 지위에 변화가 있었나요?
- 당신의 가족 또는 지역사회에 어떤 종류의 지원 시스템이 있나요?
- 문제에 직면할 때 주로 누구에게 도움을 요청하나요?
- 왜 치료를 받으러 왔고 이 과정에서 무엇을 얻기를 원하나요?
- 치료받으러 오는 것에 대한 두려움이 있나요?
- 가족 중 다른 구성원들은 치료에 대해 어떻게 느끼거나 생각하나요?
- 질병과 웰빙을 어떻게 정의하나요?
- 어떤 충격적인 일을 경험했거나, 당신의 웰빙에 지속적인 영향을 미친 어떤 사건이 있나요?
- [내담자가 사용하는 사회적 또는 문화적 기술어]가 되는 것과 관련된 트라우마 사건을 겪은 적이 있나요?
- [내담자가 사용하는 사회적 또는 문화적 기술어]라는 이유로 차별, 괴롭힘, 따돌림 또는 거부당함을 느낀 적이 있나요?
- 이민 이후 가족 중 차별을 경험한 사람이 있나요?
- 가족의 다른 구성원이나 가족의 이전 세대에 영향을 준 문화적으로 관련된 트라우마 사건(예: 전쟁, 이주, 난민 경험, 추방 우려 또는 차별적 사건)을 알고 있나요?
- 이전 세대의 영향과 경험을 성찰하는 시간을 잠시 가져 보세요. 당신은

부모님과 조부모님의 어린 시절의 경험에 대해 무엇을 알고 있나요? 그들은 어떤 역경을 겪었나요? 그들은 이러한 역경을 어떻게 극복했을까요?

- 당신이 직접 경험했거나 다른 가족 구성원에게 일어났던 트라우마 사건은 당신에게 어떤 영향을 미쳤나요?
- 가족력을 성찰할 때 긍정적인 패턴을 발견하나요? 이것들이 당신의 삶에 어떤 영향을 미쳤나요?
- 우리 사이에 우리가 이야기해야 할 문화적 차이가 있다고 느끼나요?
- 내가 당신과 나 사이에 존재하는 문화적 차이를 존중하며 다루고 있다고 생각하나요?

체화된 문화적 맥락에서의 준비

PREPARATION IN AN EMBODIED CULTURAL CONTEXT

문화적인 트라우마를 가진 많은 내담자는 무력하거나, 힘이 없거나, 도움을 받을 수 없다고 느껴왔다. 일부 내담자는 학교, 직장 등에서 차별, 괴롭힘, 또는 다르게 취급받은 경험이 지속적으로 있을 수 있다. 준비 단계에서 치료자는 내담자가 임파워먼트의 체화된 경험과 문화적 협력자cultural allies 또는 지지자advocates의 개발과 같은 자원에 연결할 수 있도록 도울 수 있다.

다음의 개입인 임파워먼트Empowerment RDI는 내담자가 임파워되게 느꼈던 때로부터 자원을 개발하도록 초대한다. 이것은 가족, 학교, 교회, 직장 또는 친구들과 함께 일어났을 수 있다. 목표는 내담자가 임파워된 기억이 신체에서 어떻게 경험되는지를 느낄 수 있도록 돕고 민감소실에 대비하여 이 신경망을 강화하는 것이다. 만일 내담자가 임파워먼트 경험의 기억을 찾는 데 어려움을 가지는 경우, 내담자가 치료에서 임파워되게 느꼈던 순간을 찾도록 도울 수 있다. 예를 들어 내담자가 당신에게 의견을 말하는 것, 거절할 수 있는 것, 또는 감정을 표현하는 게 안전하다고 느끼는 것을 들 수 있다. 내담자가 순간을 발견할 수 있게 되면, BLS/DAS로 그 감각느낌felt sense을 강화한다.

■ 개입 43: 임파워먼트 RDI

당신이 힘이 있다고 느꼈던 때를 말해 주세요. 이것은 당신의 가족, 학교, 직장, 친구들과 함께 있거나, 당신 인생의 다른 시간으로부터일 수도 있습니다. 어떤 장면이나 이미지가 이 긍정적인 순간을 나타내나요? 어떤 감정을 느끼고 있나요? 몸에서 무엇을 알아차리고 있나요? 어떤 느낌인가요? 당신의 자세가 당신이 어떻게 느끼는지를 반영하도록 할 수 있나요? 이 느낌과 어울리는 당신 자신에 대한 단어나 긍정적인 말이 있나요?

참고: 3~5회, 8~15초의 짧은 BLS/DAS 세트를 추가하여 그 감각느낌felt sense을 고정시킨다. 각 세트 사이에 내담자에게 심호흡을 하게 하고 내담자가 여전히 긍정적인 것을 느끼고 있는지 확인한다.

문화적 협력자와 지지자 구축

BUILDING CULTURAL ALLIES AND ADVOCATES

치료자는 가능한 한 내담자의 종교적 또는 영적 믿음을 치료에 통합하는 것을 목표로 한다. 예를 들어 한 여성은 자신의 문화권에 속한 무당과 함께 작업했고, 어린 시절의 트라우마 기억으로 향했을 때 무속 여행shamanic journeys에서 그녀와 함께할 것이라고 발견한 동물 협력자들을 상상하는 것이 도움이 된다는 것을 알게 되었다. 내담자가 보호자 또는 지지자 역할을 할 수 있는 협력자를 발견할 수 있도록 지원하는 것도 도움이 될 수 있다.

다음 개입인 '문화적 협력자와 지지자Cultural Allies and Advocates'는 치료자가 내담자가 EMDR 치료를 준비하기 위해 협력자로 역할을 할 수 있는 강력한 문화적 역할 모델, 그들을 옹호하는 사람, 또는 존경받는 문화적인 인물을 생각하도록 안내하는 것을 돕는다. 예를 들어 자신을 동성애자라고 밝힌 한 내담자는 그가 괴롭힘을 당했던 고등학교 시절의 특히 힘들었던 때를 떠올렸다. 그는 가족에게 자신이 동성애자라는 것을 밝히지 않았기 때문에 가족들과 대화하는 것을 두려워했었다. 그는 현재의 LGBTQ 커뮤니티에서 그가 알고 있는 친구들을 그의 인생의 어려운 시기로 데려가 그들의 지지를 느끼는 것을 상상했는데, 그들이 자신을 보호하기 위해 무슨 일이든 할 거라는 것을 알고 있었다. 개입 26, '협력팀으로 자기 파트의 자원만들기Resourcing a Part of Self With a Team of Allies'와 마찬가지로, 당신은 내담자가 각 협력자를 그들 주위에 공간적으로 주의 깊게 배치할 수 있도록 지원할 수 있다. 이 개입에는 두 가지 단계가 있다.

■ 개입 44: 문화적 협력자와 지지자

1단계: 협력자 또는 지지자 식별하기

우리는 모두 우리가 지지받고, 안내받고, 보호받는다고 느끼도록 도와주는 사람들이 필요합니다. 당신이 힘들어하는 것에서 당신을 지지하고, 인도하고, 보호할 수 있는 문화적 협력자나 지지자를 당신의 삶으로부터 데려올 의향이 있나요? 협력자는 당신을 지지해 주었던 아는 누군가일 수도 있고, 당신이 존경하는 문화적인 인물일 수도 있고, 당신에게 중요한 권리를 옹호해 온 역사적 인물일 수도 있고, 또는 이러한 자질을 상징할 수 있는 상상 속의 인물일 수도 있습니다. 잠시 시간을 갖고 협력자에 대해 당신이 존경하는 특징이나 자질에 주목해 보세요. 또한 당신은 보호받는다. 안전하다. 또는 힘을 받는다고 느끼는 데 도움이 되는 상징, 단어 또는 은유를 사용할 수도 있습니다. 떠오르는 것이 있나요?

참고: 내담자가 협력자 또는 지지자의 이름을 지정하고 협력자에 대해 존경하는 특성이나 자질을 설명할 수 있도록 돕는다. 또한 내담자가 보호, 안전 또는 임파워먼트를 느끼는 데 도움이 되는 상징, 단어 또는 은유를 사용하도록 할 수도 있다. 내담자가 이러한 협력자, 상징 또는 은유를 발견한 후, 내담자가 추가 지지를 위해 공간적으로 그들 주위에 협력자를 배치하도록 한다.

2단계: 협력자 또는 지지자를 고정시키기

이제 당신의 협력자나 지지자를 가졌으니, 당신의 주위에 공간적으로 이 협력자를 배치하고 싶은 곳을 선택하는 시간을 가져보세요. 이 협력자를 앞에, 한쪽 옆에 또는 뒤에 배치하길 원하나요?

참고: 내담자가 협력자를 배치하면, 3~5회, 8~15초의 짧은 BLS/DAS 세트를 추가하여 그 감각느낌felt sense을 고정시킨다. 내담자가 지지하고 보호한다고 느끼는 협력자 및 지지자 팀을 찾을 때까지 협력자-구축 과정을 필요한 횟수만큼 반복한다. 내담자가 공간적으로 각 협력자를 배치할 때 체화된 인식으로 체크인하도록 초대한다. 내담자의 신체와 신경계에서 안전하고 그라운

딩 되게 느끼는 신호가 있는지 관찰한다. 내담자는 팀에 원하는 만큼 많은 협력자를 둘 수 있으므로, 내담자가 완료되게 느낄 때까지 그 과정에 머문다.

이제 당신 주위에 협력팀이 있으니, 당신의 인식을 당신의 몸 전체로 돌려보세요. 당신은 지금 무엇을 인식하나요? 잠시 시간을 내어 당신의 신체 감각과 호흡에 주목하세요.

참고: 내담자가 협력자 및 지지자의 팀과 함께 자원화되는 느낌을 보고하면, 3~5회, 8~15초의 짧은 BLS/DAS 세트를 추가하여 긍정적인 상태의 감각느낌felt sense을 고정시킨다. 내담자가 협력자 개발 과정에서 어려움을 겪고 있는 경우 BLS/DAS를 추가하지 말고 협력팀을 찾는 작업을 계속한다. 이는 내담자가 보호, 보살핌, 안전함을 느낄 수 없거나 신뢰할 수 있는 관계를 맺을 수 없음을 나타낸다. 이런 경우 개발하는 데 시간이 걸릴 수 있다.

임파워먼트 마음의 영화EMPOWERMENT MENTAL MOVIE

다음 개입인 '임파워먼트 마음의 영화Empowerment Mental Movie'는 내담자가 무력감, 박탈감 또는 소외감을 느끼는 상황에서 스스로가 임파워되는 것을 볼 수 있도록 초대한다. 이러한 개입은 내담자가 자신의 삶에서 더 많은 통제력을 느낄 수 있도록 도울 수 있다. 내담자가 호흡, 그라운딩 도구, 자세 및 신체 인식과 같은 소매틱 자원을 더 많이 활용할 수 있도록 돕는다. 또한 자신의 협력자와 지지자들을 포함할 수 있다. 내담자가 임파워되는 느낌에 연결되면, 마음의 영화 전체 길이 동안 BLS/DAS를 추가하고 이를 3~5회 반복하여 체크인할 때마다 내담자가 긍정적인 상태를 유지하는지 확인한다. 이러한 개입을 통해 긍정적인 생각, 느낌, 신체 감각을 고정시키면서 내담자가 그들의 감각느낌felt sense에 연결하도록 돕는다. 그렇지 않다면 현실적인 마음의 영화가 긍정적으로 보여지고 느껴질 수 있을 때까지 자원 개발을 계속한다.

■ 개입 45: 임파워먼트 마음의 영화

임파워되게 느끼지 못하는 [가정, 직장, 학교, 정부 등]에서 현재 어려움을 겪고 있는 상황에 대해 말씀해 주세요. 당신이 이 [상황]에 효과적으로 대처하는 모습을 상상해 보기 바랍니다. 이 장면에 발을 들여놓는다고 상상해 보세요. 무엇을 보고 당신이 그 상황을 어떻게 다루고 있는지 주목하세요. 당신은 무엇을 생각하고, 느끼고, 당신의 몸에서 경험하고 있나요? 당신의 자세에서 무엇을 알아차리나요? 이러한 상황에 효과적으로 대처하기 위해 필요한 자원은 무엇인가요?

참고: 내담자가 성공적인 마음의 영화를 강화할 수 있는 어떤 자원이든 가져오도록 돕는다. 여기에는 호흡과 그라운딩과 같은 소매틱 자원 또는 협력자 및 지지자 팀을 가져오는 것을 포함할 수 있다. 내담자가 필요한 모든 것을 개발하도록 허용한다. 내담자가 임파워되는 느낌의 감각느낌felt sense을 충분히 체화하는지 확인한다. 내담자가 마음속으로 성공적으로 마음의 영화를 돌릴 수 있다면, 전체 길이 동안 BLS/DAS를 추가하고 이를 3~5회 반복한다. 매번 체크인 시 내담자가 긍정적인 상태를 유지하는지 확인한다. 긍정적인 상태가 증가하는 한 계속한다. 만약 내담자가

긍정적인 상태의 오염에 직면한다면 마음의 영화가 다시 강해질 때까지 자원을 가져온다.

이제 우리가 BLS/DAS를 추가하는 동안 이 영화를 마음속으로 상상해 보세요. 이 영화를 보면서 당신의 감각느낌felt sense에 연결할 수 있는지 보세요. 당신은 이 과정 동안 당신을 지지하는 어떤 방식으로든 자유롭게 몸을 움직일 수 있습니다. 언제 BLS/DAS를 시작할지 알려주고 영화가 완료된 때를 알려주면 BLS/DAS를 중지할 거예요. 우리는 나중에 체크인할 것입니다.

체화된 문화적 맥락에서의 목표기억 개발

TARGET DEVELOPMENT IN AN EMBODIED CULTURAL CONTEXT

EMDR 치료의 평가 단계에서 목표기억을 개발할 때 치료자는 억압, 편견, 차별의 사회적 또는 문화적 요소의 과거력을 고려하는 것이 중요하다. 문화적 트라우마의 예로는 고립, 배제, 괴롭힘 또는 공격이 포함될 수 있다. 지속적인 차별이나 억압은 복합 PTSD의 한 형태로 간주될 수 있는데, 단일 트라우마 사건이 없을 수 있기 때문이다. 대신 내담자는 불확실성, 추방, 빈곤, 장애 또는 사회적 소속감의 부족이라는 만성적인 스트레스에 직면했거나 직면하고 있을 수 있다.

또한 집단 학살, 노예 제도, 분리 및 소수민족, 여성, 성 소수자 공동체 구성원들의 법적인 권리 부정과 같은 관련된 세대 간 문화적 트라우마 유산을 포함하는 것이 중요할 수 있다(Heber & Alter-Reid, 2017; Robinson, 2017). 예를 들어 2세대와 3세대의 홀로코스트 생존자들은 종종 부모나 조부모의 충격적인 과거에 대해 강한 신체적 및 감정적인 반응을 하는데, 이것은 민감소실과 재처리를 위한 목표기억으로 설정될 수 있다. 이것은 미국의 포로수용소에 가족이 있었던 아시아인들, 노예들의 아프리카계 미국인 후손들, 이주한 아메리카 원주민들 등에서도 유사한 사실이다. 다음 목록은 문화적으로 기반을 둔 트라우마 사건의 몇 가지 예를 제공한다.

문화 기반 트라우마 사건

- 학교나 직장 등 지역사회 기관에서의 소외 또는 차별
- 편견을 경험함
- 정서적, 신체적, 성적 폭행 또는 학대
- 스토킹 당함
- 증오 범죄
- 고정 관념화됨
- 미시적 공격 행동 경험
- 따돌림이나 괴롭힘을 당함
- 이하의 취급을 받음
- 직장에서 승진하지 못함
- 바보가 된 느낌
- 자신이 속하지 않거나 소외된 것 같은 느낌
- 가족, 친구, 학교 또는 직장에서 자신의 진정한 모습을 숨겨야 함
- 자신이 다르다는 것에 대해 분노를 느낌
- 집단 학살의 가족력
- 노예 제도의 가족력
- 가족이 난민임
- 이주로 인해 가정, 가족 또는 국가를 상실

- 추방의 공포 속에서 삶
- 빈곤으로 인한 만성 스트레스

문화적 맥락에서의 부정적 인지
NEGATIVE COGNITIONS IN A CULTURAL CONTEXT

사회적 또는 문화적 맥락 안에서 NC를 고려하는 것도 중요하다(Levis & Sinego, 2017). 예를 들어 "나는 다르다" 또는 "나는 속하지 않는다"의 NC는 사회적 억압이나 차별을 경험하는 내담자에서 다른 의미를 가질 수 있다. 다음 목록은 문화 기반 트라우마와 관련된 NC와 PC의 일부를 탐색한다.

문화 기반 트라우마 NC와 PC

부정적 인지(NC)	긍정적 인지(PC)
나는 속하지 않는다.	나는 속해 있다.
나는 어리석다.	나는 똑똑하다.
나는 지금 위험에 처해있다.	나는 지금 나 자신의 안전을 유지하기 위한 선택을 할 수 있다.
나는 내 목소리를 낼 수 없다.	나는 지금 내 목소리를 낼 수 있다.
나는 무력하다.	나는 힘이 있다.
나는 내 상황을 바꾸는데 무력하다.	나는 지금 바꿀 수 있다.
나는 무가치하다.	나는 가치가 있다.
나는 약하다.	나는 강하다.
나는 자신을 보호할 수 없다.	나는 이제 나 자신을 보호할 수[보호하는 것을 배울 수] 있다.
나는 뭔가 잘못했다.	그것은 나의 잘못이 아니다.

나는 무의미하다.	나는 의미가 있다.
나는 중요하지 않다.	나는 중요하다.
나는 다르다.	나는 지금 이대로 괜찮다.

자원 및 목표기억을 찾기 위한 내러티브 접근 방식

A NARRATIVE APPROACH TO FINDING RESOURCES AND TARGETS

내담자와 함께 자원과 목표기억을 찾는 또 다른 방법은 EMDR 치료에 내러티브 접근 방식을 사용한다. 내러티브 노출치료(Schauer, Neuner & Albert 2011년)는 문화 기반 트라우마를 치료하기 위한 귀중한 모델을 제공한다. 왜냐하면 그것은 전쟁과 정치적 고문의 생존자뿐만 아니라 심각한 인권 침해 목격자의 요구를 충족시키기 위해 개발되었기 때문이다. 내러티브 노출치료는 감정적 반응을 처리하고, 인지적 왜곡을 통해 작업하며, 궁극적으로는 내담자가 그들의 개인 역사에 대한 내러티브를 개발할 수 있도록 돕는 것을 포함한다. 어떤 경우에는 완성된 내러티브가 인권 침해 기소에 대한 증언으로 활용되기도 한다. 내러티브 접근은 문화 기반 트라우마가 내담자 삶의 많은 부분을 차지하고 있어서 목표기억이 될 단일 트라우마 사건이 있지 않을 때 가치가 있다. 로빈 샤피로Robin Shapiro(2005)는 여러 세대에 걸쳐 전해 내려온 내담자의 트라우마가 있는 문화적 사건 및 세대 간 내사물transgenerational introjects을 작업하기 위해 내러티브 치료와 EMDR 치료의 통합을 논의한다.

우리는 문화적으로 민감한 조사를 기반으로 치료자가 내담자와의 내러티브를 개발하도록 격려함으로써 기존 모델을 확장하는데, 여기에는 체화된 인식을 포함한다. 내러티브는 어떤 트라우마 사건도 포함할 수 있고, 이상적으로 내러티브는 내담자의 체화된 문화 자본에 대한 감각을 강화하기 위해 긍정적인 문화유산을 포함할 수 있다. 또한 내담자가 이미 어려움을 극복한 방법이나 이전 세대가 분쟁 속에서 인내해 온 방법을 포함할 수 있는데, 그것들이 오늘날 내담자가 살아있을 수 있게 하였다.

세대 간 가족 이야기에 주의를 기울이는 것은 듀크Duke, 레자로스Lazarus, 피부시Fivush (2008)의 연구 주제였으며, 이들은 가족 조상에 대해 더 잘 아는 어린이와 청소년이 외상성 스트레스의 영향을 더 잘 관리할 수 있다는 것을 발견하였다. 그들의 연구는 트라우마 사건과 긍정적인 결과 사이에서 진자운동하는 내러티브는 개인이 역경에서 성장이 나온다는 것을 인식하도록 돕는다는 것을 제시하는데, 이것은 회복탄력성의 핵심 요소이다.

홀로코스트 생존자 가족 3세대인, 30대 유대인 여성의 내담자 사례를 자세히 살펴보자. 그녀는 공황 발작을 경험하고 있었기 때문에 치료를 받으러 왔다. 이 문화적 내러티브는 EMDR 치료의 첫 세 단계 동안 치료자에 의해 만들어졌다.

당신이 태어나기 몇 년 전, 친가 쪽의 증조할아버지는 1930년대에 나치가 유럽을 점령하던 독일에서 살고 계셨습니다. 당신 친가 쪽 할머니가 미국으로 도망간 다른 가족과 함께 유럽에서 탈출했을 때는 겨우 16살이었어요. 그녀가 살아남은 것은 매우 행운이었지만 비극적으로, 그녀는 부모님이나 남동생을 다시는 보지 못했어요. 그녀는 나중에 그들이 죽었다는 것을 알게 되었습니다. 당신의 할머니가 미국에 도착한 후 당신의 할아버지를 만났는데, 그 또한 가족이 1800년대에 유럽을 떠난 유대인이었습니다. 당신은 조부모님들의 젊었을 때 사진을 보는 것을 즐깁니다. 당신은 그들의 얼굴에서 고통을 볼 수 있지만, 아버지와 그의 동생이 태어난 후 그들이 행복해 보였음을 알 수 있습니다. 당신은 친조부모님과 함께 살면서 자랐고 할머니와 친했습니다. 당신은 5년 전 그들이 돌아가셨

을 때 매우 슬펐습니다. 당신의 어머니와 아버지는 학교를 같이 다녔고 어렸을 때 결혼했습니다. 당신의 아버지와 어머니 모두 교육을 잘 받았고, 의사와 선생님으로서의 일에 자부심을 가지고 있습니다. 당신은 태어나기 전에 어머니의 부모님이 돌아가셨기 때문에 결코 만나지 못했지만, 외조부모님의 사진을 본 적이 있고, 그들이 공동체에서 소중하게 여겨졌다는 것을 알고 있습니다. 당신의 어머니는 매우 친절하시지만 흔히 일에 매여 계십니다. 당신의 아버지는 연결되는 것이 어렵고 때때로 거리가 멀게 느껴집니다. 당신은 그에게 화가 난다고 말했지만, 만약 화를 표현한다면 죄책감을 느낍니다. 어린 시절부터 당신이 가장 좋아했던 기억 중 하나는 가족이 해변에서 여름휴가를 보낼 때입니다. 이 시간들은 당신이 편안하고 걱정 없는 시간들이었습니다. 당신은 배우는 것이 쉽게 느껴져서 학교 가는 것을 좋아했는데, 자주 다른 사람의 시선을 의식하고 걱정을 많이 해서 학교가 어려웠습니다. 당신은 완벽주의자이며 자신에게 매우 엄격할 수 있다는 것을 내게 공유해주었습니다. 당신의 가장 어려운 인생사건 중 하나는 대학 때 남자 친구와 헤어진 일입니다. 당신은 세상이 무너지는 것 같았고 2주 동안 아파트를 떠나는 것이 두려웠다고 말했습니다. 부모님과 친구들이 그 힘든 시간을 이겨내는 데 도움을 주었습니다. 당신은 지금 매우 사랑하는 사람이 있고 결혼을 약속했습니다. 최근에 당신을 두렵게 한 공황 발작이 몇 번 있었습니다. 때때로 당신은 약혼자가 불행하다고 생각할 만한 어떤 이유도 당신에게 준 적이 없음에도 불구하고 당신을 떠날 거라고 확신합니다. 지금 당신의 삶에서 당신이 강하고 힘이 있다고 느끼도록 돕는 한 가지는 박사학위 따는 것을 진행하고 있다는 것입니다. 당신은 자신의 성취에 자부심을 느낍니다. 때때로 당신은 할머니와 할머니의 부모님도 당신을 자랑스러워한다고 생각합니다.

가능한 한 내러티브는 연대순으로 쓰인다. 트라우마 사건이 많거나 내담자의 세대 간 유산이 광범위하다면, 내러티브는 여러 회기에 걸쳐 전개될 수 있다. 필요에 따라 치료자는 정확성을 보장하기 위해 내담자와 이야기를 검토할 수 있다. 그런 다음 치료자는 회기 중 또는 여러 회기에 걸쳐 내담자에게 자세한 내러티브를 읽어 줄 수 있다. 천천히 진행하는 것, 내담자가 내러티브에 관련된 소매틱 감각과 감정적 반응을 마음챙김으로 살펴보도록 초대하는 것에 중점을 둔다. 그런 다음 이 내러티브를 사용하여 자원을 찾고 목표기억을 강조하며 민감소실 단계로 진행하기 위한 치료 계획 개발을 지원할 수 있다. 다음은 위의 내러티브에 기초한 일부 예이다.

현재 증상

- 공황 발작
- 현재 관계가 끝나는 것에 대한 두려움
- 완벽주의

긍정 자원

- 박사 과정을 진행하고 있는 것
- 결혼 약속을 한 것
- 조부모가 당신을 자랑스러워하실 거라고 상상하는 것
- 해변에서 보낸 어린 시절의 기억

체화된 문화와 세대 간 유산

- 유대인의 유산
- 친할머니의 홀로코스트로 인한 가족 상실
- 조부모와 함께 살며 성장함
- 열심히 일하는 것의 가치
- 교육 수준

트라우마 목표기억

- 세대를 전해 내려오는 홀로코스트 트라우마 이야기
- 대학 남자 친구와 헤어진 것과 세상이 무너지는 느낌
- 어머니는 일을 많이 하셨고, 당신은 원하는 만큼 어머니와 함께 하지 못했음
- 아버지는 연결되기 어려웠고, 거리가 멀게 느껴졌고, 당신은 분노와 죄책감을 느낌

EMDR 치료는 이 내담자가 체화된 문화유산에 대한 소매틱 인식을 심화시킴으로써 그녀의 과거력을 탐색하는 것을 돕는 데 초점을 맞췄다. 그녀는 공황을 초래한 남겨지는 것에 대한 두려움과 관련된 고통의 영역뿐만 아니라 신체에서의 자원들과도 연결될 수 있었다. 그녀는 임파워먼트의 체화된 경험을 강조한 RDI로 긍정적인 경험을 강화할 수 있었다. 그 후 치료자는 내담자가 대학 시절의 이별, 부모와의 관계 걱정, 세대 간 홀로코스트 트라우마를 성공적으로 목표기억으로 처리할 수 있도록 도와주었다(5장의 세대 간 이야기로 시작하는 목표기억 개발 대본 참조).

다음 개입인 '자원과 목표기억을 찾기 위한 내러티브 접근 방식A Narrative Approach to Finding Resources and Targets'은 문화적으로 민감한 질문들을 사용하여 내담자의 과거력에 대한 일관된 내러티브를 만든다. 이 내러티브는 어떤 역사적인 트라우마 사건 및 긍정적인 기억이든 포함하도록 고안되었다. 일단 내러티브가 개발되면 당신은 그것을 읽어 줄 수 있고, 내담자의 반응에 따라 필요하다면 잠시 멈출 수 있다. 잠시 멈추는 동안 내담자는 자신이 느끼고 있는 것과 신체적으로 경험하는 것에 대해 마음챙김으로 성찰할 수 있다. 내러티브는 내담자와 치료자가 현재의 증상, 자원, 체화된 문화, 트라우마 목표기억 및 세대 간 유산을 인식할 수 있도록 돕는다. 그런 다음 이 정보는 민감소실 단계 동안 진행할 문화적으로 민

감한 치료 계획을 개발하는 데 이용될 수 있다.

■ 개입 46: 자원 및 목표기억을 찾기 위한 내러티브 접근 방식

당신 개인의 이야기와 관련된 소매틱 경험에 대한 인식을 심화시켜 보기 바랍니다. 괜찮으실까요?

참고: 내담자가 이 탐색을 진행해도 괜찮은지 확인한다. 내러티브를 읽기 시작하는데, 필요에 따라 멈추기도 하고 다음 질문을 통해 내담자가 몸을 감지하고 느끼도록 초대한다.

당신의 이야기로부터 이 사건을 성찰해 보면서, 당신의 몸을 스캔하는 시간을 가져 보세요. 당신은 지금 어떤 감각을 인식하고 있나요? 기분이 어떤가요? 자세나 표정의 변화를 느낄 수 있나요? 지금 당신의 과거력과 가족력을 성찰할 때, 당신이 더 충분히 체화하고 싶은 어떤 긍정적인 자질을 알아차리나요? 당신의 몸 어디에서 이것을 느끼나요? 이러한 감각과 일치하는 긍정적인 진술이 있나요?

참고: 느낌이 긍정적이면 3~5회, 8~15초의 짧은 BLS/DAS 세트를 추가하여 긍정적인 상태의 감각느낌felt sense을 고정시킨다. 각 세트 사이에 내담자에게 심호흡을 하게 하고 내담자가 여전히 긍정적인 것을 느끼고 있는지 확인한다.

지금 당신의 과거력과 가족력을 성찰할 때, 당신은 좀 더 주의를 기울이면 유익할 수 있는 도전적이거나 고통스러운 사건을 알아차리나요? 당신은 이 사건과 관련된 어떤 부정적인 믿음, 이미지, 감정 또는 감각을 느끼나요?

참고: 한 번에 하나의 사건을 선택한 다음 기존 EMDR 치료 트라우마 프로토콜을 사용하여 사건을 목표기억으로 처리한다.

막힌 처리를 위한 민감소실 중의 임파워먼트 진자운동

EMPOWERMENT PENDULATION DURING DESENSITIZATION FOR STUCK PROCESSING

민감소실 단계를 위한 기존의 EMDR 치료 프로토콜은 문화 기반 트라우마 사건을 다루기에 충분할 수 있다. 그러나 인터위브가 필요한 경우가 있는데, 특히 트라우마를 재처리하는 동안 인내의 창 내에 머무르기가 어렵거나, 고착된 느낌을 반복적으로 보고하는 내담자에게 그렇다(Knipe, 2015). 진자운동 인터위브를 통해 내담자는 자원에 재연결할 수 있으며, 트라우마 기억을 재처리하는 동안 압도될 가능성을 줄일 수 있다.

다음 개입인 '임파워먼트 자원의 진자운동Pendulation With Empowerment Resource'은 세 단계로 진행되며, 민감소실 중에 무력감이나 힘이 없음, 도움을 받을 수 없다는 느낌에 고착되는 경우 내담자에게 인터위브를 사용할 수 있다. 1단계에서는 개입 43, '임파워먼트 RDI'의 부분으로 치료자는 준비 단계 동안 개발된 체화된 자원을 내담자가 가져오고 연결할 수 있도록 돕는다. 기억하라. 임파워된 소매틱 경험은 암시 단어와 연결되어 있으므로 이 단어를 사용하여 내담자가 체화된 경험에 접근할 수 있도록 도울 수 있다. 임파워먼트 자원을 강화하기 위해 문화적 협력자 또는 지지자를 추가해야 할 수도 있다. 내담자가 임파워된 상태에서 신체의 감각느낌felt sense에 연결되어 있는지 확인한다. 내담자가 감각느낌felt sense을 고정시키기 위해 자세를 바꾸거나 움직여야 하는 경우, 본능을 따르도록 격려한다. 내담자가 임파워되었다고 느끼는 경우에만 짧은 BLS/DAS 세트를 추가한다. 두 번째 단계는 내담자가 무력하거나, 힘이 없거나, 도움을 받을 수 없다고 느끼는 고착된 순간으로 주의를 되돌리도록 초대한다. 이때 고통스러운 내용에 BLS/DAS를 추가하지 않는다. 내담자가 고통스러운 내용이 너무 힘들거나 압도되지는 않는지의 여부를 표현할 수 있게 정지 신호를 사용하도록 초대한다. 3단계에서는 내담자가 임파워먼트 자원으로 인식을 되돌리도록 돕고 다시 한번 BLS/DAS를 추가한다. 내담자가 트라우마 기억에 지향하며 현재 상태에 머물 수 있을 때까지 이 두 상태 사이에서 진자운동 한다. 이 시점에서 표준 프로토콜을 사용하여 목표기억 재처리를 계속한다. 인내의 창과 관련하여 신체의 활성화 수준에 신중한 주의를 기울이며 대본을 내담자 개인에게 맞춘다.

■ 개입 47: 임파워먼트 자원의 진자운동

1단계: 임파워먼트 자원

당신이 고착되고 무력하게 [도움을 받을 수 없게, 힘이 없게] 느끼고 있다는 것을 압니다. 우리가 이전에 함께 작업했던 당신이 임파워되게 느꼈던 때를 생각해 볼 수 있을까요? [임파워먼트 RDI에서 개발한 내담자의 암시 단어를 반복한다.] 이제 [내담자의 임파워먼트 암시 단어]를 들을 때 임파워되는 느낌을 기억할 수 있나요? 당신의 몸에서 이것을 느낄 수 있는 시간을 가져 보세요. 진실로 당신 자신과 감각느낌felt sense이 연결되게 하세요.

참고: 3~5회, 8~15초의 짧은 BLS/DAS 세트를 추가하여 이 임

파워되는 순간에 대한 감각느낌felt sense을 고정시킨다. 각 세트 사이에 내담자에게 심호흡을 하게 하고 내담자가 여전히 긍정적인 것을 느끼고 있는지 확인한다. 필요한 경우 긍정적인 자원을 강화하기 위해 문화적 협력자 또는 지지자를 데려오도록 내담자를 초대한다. 내담자가 자원화되는 느낌을 보고할 때까지 고착된 트라우마 내용으로 진자운동을 진행하지 않는다.

2단계: 고착된 순간

이제 당신의 초점을 [무력하거나, 힘이 없거나, 도움을 받을 수 없다고 느끼는 순간]으로 되돌렸으면 합니다. 이것이 당신에게 너무 고통스럽다고 느끼는 즉시 정지 신호를 사용하세요.

참고: 이 시점에서 고통스러운 순간에 BLS/DAS를 추가하지 않는다. 내담자가 중단해야 한다고 말하는 즉시 임파워먼트 자원으로 내담자의 인식을 다시 초대한다. 내담자의 공황 또는 압도와 같은 과각성의 징후와 졸음이나 안개 낀 느낌과 같은 저각성, 해리 상태의 징후를 주의 깊게 추적한다. 경우에 따라 내담자가 인내의 창을 벗어났지만 정지 신호를 사용하지 않는 것을 감지하는 경우 내담자와 체크인해야 할 수도 있다.

3단계: 진자운동

이제 [내담자의 임파워먼트 암시 단어]와 [무력하거나, 힘이 없거나, 도움을 받을 수 없다고 느끼는 순간] 사이를 왔다 갔다 할 것입니다. [내담자의 임파워먼트 암시 단어]부터 시작하겠습니다. 잠시 시간을 내어 그 감각느낌felt sense에 연결해 보세요.

참고: BLS/DAS의 짧은 세트를 추가한다.

이제 당신의 초점을 [무력하거나, 힘이 없거나, 도움을 받을 수 없다고 느끼는 순간]으로 되돌리기 바랍니다. 이것이 당신에게 너무 고통스럽다고 느끼는 즉시 정지 신호를 사용하세요.

참고: 이 시점에서 고통스러운 순간에 BLS/DAS를 추가하지 않는다. 내담자가 중단해야 한다고 말하는 즉시 내담자의 인식을 임파워먼트 자원으로 되돌리도록 한다.

이제 [내담자의 임파워먼트 암시 단어]로 당신의 인식을 다시 가져오세요.

참고: 내담자가 긍정적인 자원에 연결되면, 3~5회, 8~15초의 짧은 BLS/DAS 세트를 추가한다. 긍정적인 자원과 고통스러운 순간 사이를 계속 왔다 갔다 하면서, 긍정적인 상태에만 짧은 BLS/DAS세트를 추가한다. 내담자가 트라우마 내용에 지향하며 현재 상태에 머물 수 있으면 표준 프로토콜을 사용하여 재처리로 돌아온다.

문화적 맥락에서의 주입, 통합 및 재평가

INSTALLATION, INTEGRATION, AND REEVALUATION IN AN EMBODIED CULTURAL CONTEXT

다른 모든 단계와 마찬가지로 치료의 주입 단계와 관련된 사회적 및 문화적 요소를 고려하는 것이 중요하다. 이 단계는 몸과 마음의 긍정적인 변화의 통합을 촉진한다. 중요한 것은 내담자가 내적인 체화 경험을 변화시켰을 수도 있지만, 외부 사회 환경은 동일할 가능성이 높다는 것이다. 문화적 트라우마는 종종 학교나 직장 같은 장소 또는 다른 사회 집단을 다루는 곳에서 공동체 내의 도전과 관련이 있다. 따라서 내담자가 새로운 신념이나 자기감sense of self을 사회 환경에 어떻게 통합하기를 원하는지를 탐색하는 것이 중요하다. 이러한 통합에는 새로운 PC와 관련된 소매틱 경험을 과거, 현재, 미래의 사회 환경에 주입하는 세-갈래three-prong 프로토콜을 사용하는 것이 포함된다. 내담자의 가족 또는 공동체에서 변화를 원하거나 원하지 않는 방식을 고려하고 이 단계에서 이러한 요인을 포함한다. 내담자가 통합의 잠재적인 장벽과 회기 밖에서 직면해야 하는 이러한 경험에 어떻게 대응하고 싶은지를 상상하게 한다. 필요한 경우 내담자를 초대하여 실제 또는 상상 속의 문화적 협력자와 지지자를 데려오고 미래 템플릿을 개발한다. 내담자가 미래 템플릿에 어려움을 겪는지 주목한다. 만일 그렇다면 이는 미래 템플릿을 완전히 통합하기 전에 재처리되어야 하는 다른 NC를 포함하는 목표기억을 제시하는 것일 수 있다.

문화 기반 트라우마 목표기억은 사회 환경에서 진행 중인 도전으로 인해 통합에 더 많은 시간이 필요할 수 있다. 재평가 단계는 회기 내 변화가 회기 밖의 다른 사람들과의 관계에서 어떻게 동화되는지에 대한 지속적인 대화를 포함한다. 이 과정을 통해 치료자는 추가 목표기억으로 이끄는 남아 있는 정서적, 인지적 또는 소매틱 고통을 관찰할 수 있다.

결론CONCLUSION

치료의 8단계 전체에 걸쳐서 치료자는 트라우마 목표기억에서 문화적 요인을 인지하는 역량을 높이고, 체화된 문화 자본을 자원으로 활용하며, 편견, 차별, 억압에 뿌리를 둔 트라우마 사건을 다루는 것을 목표로 한다. 이 장에서 우리는 체화된 문화가 어떻게 치료자와 내담자 사이에서 시시각각의 교류를 형성하고 모든 행동과 상호작용이 치료자와 내담자의 문화적 과거력에 의해 영향을 받는다는 것을 인지하도록 돕는지 강조해 왔다. 요약하자면 문화적 감수성은 EMDR 치료와 소매틱 심리학의 통합에 필수적인 요소이다. 문화적 요인을 파악하고 다루는 치료자의 능력은 성공적인 치료 결과를 위해 필수적일 뿐만 아니라 차별에 직면하거나 지속적인 위협을 경험하거나 자유에 대한 기본 인권을 박탈당한 사람들의 권리를 위한 옹호자이자 협력자로서 치료자의 영역을 세상으로 확장한다.

제8장

치료자의 자기-돌봄을 위한 도구

Tools for Therapist Self-Care

이 장에서는 EMDR 치료와 소매틱 심리학을 치료자의 자기-돌봄에 적용한다. 자기-돌봄에 대한 전념 없이 PTSD의 치료에 초점을 맞춘 일을 유지하는 것은 치료자의 정신, 감정 및 신체 건강에 상당한 영향을 미칠 수 있다. EMDR 치료자는 내담자가 공유하는 트라우마 내용의 정신적, 정서적, 신체적 무게를 처리하기 위해 충분한 지지를 필요로 한다. 트라우마를 경험한 내담자는 흔히 과각성이나 저각성 상태에 도달한다. 그들은 불안과 공황으로 떨거나, 우울과 절망으로 둔마되거나, 해리로 멍해질 수 있다. 이러한 상태의 정신생리는 치료자에게 유도될 수 있다. 때때로 치료자는 자신도 모르게 내담자의 생리에 동참할 수 있다. 그러나 치료자가 자신이 참여했다는 것을 인지할 때 더 잘 경계를 형성하거나 가치 있는 자기-돌봄 전략을 탐색할 수 있다. 게다가 우리는 먼저 치료자가 사람이라는 것을 기억해야 한다. 우리는 자신의 과거 상처와 손상을 가지고 트라우마 작업 현장에 들어간다. 이 작업은 처리되지 않은 트라우마 기억이나 애착 관련 기억과 같은 개인적인 미완성 일을 표면화시키는 경향이 있다.

전통적인 스트레스 감소 기술은 신체 긴장이나 무거운 감정, 피로와 같은 감정적, 신체적 고통을 줄이거나 없애는 것을 목표로 한다. 이완 전략은 자기-돌봄의 귀중한 한 형태이다. 그러나 이러한 접근은 때때로 신체의 지혜를 무시할 수 있다. 또한 자기-돌봄에 대한 체화된 접근 방식은 치료자가 내담자에게 제공하는 바로 그 도구를 사용하여 스스로 치유할 수 있도록 한다. 이 장의 개입은 치료자에게 개인의 경계 인식을 강화하고 개인 맞춤형 자기-돌봄 계획을 개발하는 데 도움이 되는 자원을 제공한다. 또한 자기-돌봄에 대한 체화된 접근 방식은 치료자가 내담자와의 회기 전, 중, 후에 소매틱 자각 연습에 참여함으로써 스트레스와 소진의 소매틱 증상에 대해 호기심을 갖도록 요청한다.

소진 연속선THE BURNOUT CONTINUUM

우리는 치료자와 양육자가 경험하는 다양한 유형의 증상을 소진 연속선이라고 부른다. 처음에 치료자는 일에서 스트레스를 느낄 수 있다. 그러나 그냥 내버려 두면 스트레스는 시간이 지남에 따라 쌓일 수 있고 연민 피로, 대리 외상, 2차 트라우마 증상, 그리고 최악의 경우 완전한 소진으로 진행될 수 있다. 치료자는 반복된 좌절과 고통스러운 업무-관련 경험으로 인해 시간이 지날수록 줄어들 수 있는 열정을 가지고 트라우마 치료 분야에 도달하는 것이 일반적이다. 충분한 지지 없이 지속적인 스트레스 요인을 포함하는 상황에서 치료자는 압도되고 무능하다고 느낄 위험이 있다. 연민 피로, 대리 외상, 치료자 소진의 주제는 바베트 로스차일드Babette Rothschild(2006)와 프랑수아즈 마티외Françoise Mathieu(2012)가 논의한 바 있는데, 이들은 스트레스와 소진을 관리하는 데 있어 자기-돌봄, 공감, 마음챙김 및 신체 인식의 역할을 탐색해 왔다. 트라우마를 겪은 내담자와 작업하는 치료자와 관련된 소진 연속선에 대해 자세히 살펴보자.

- **스트레스:** 스트레스는 치료자가 트라우마를 겪은 내담자와 작업

할 때 경험하는 정상적인 정신적, 정서적, 생리적 도전을 말한다. 이러한 스트레스는 한 회기 동안, 여러 회기 후 어느 날, 또는 시간이 지남에 따라 서서히 누적될 수 있다. 치료자는 심지어 이것이 일어나고 있다는 것을 인식하지 못할 수도 있다. 이는 어깨의 긴장, 긴 하루를 보낸 후의 두통, 변화에 저항하는 내담자와 앉아 있는 후의 좌절감, 또는 하루가 끝날 때의 피로감으로 느껴질 수 있다. 이상적으로 이러한 종류의 스트레스는 긴장을 해소하는 데 도움이 되는 일상의 자기-돌봄 연습이나 전이 및 역전이를 다루는 지도감독이나 자문 내에서 해결된다.

- **연민 피로:** 누적된 스트레스는 치료자가 연민 피로에 걸릴 위험을 더 크게 할 수 있다. 연민 피로는 치료자의 정서적, 신체적, 영적 자기감sense of self에 영향을 미친다. 치료자는 내담자와 함께 현재에 머물기 위해 애쓰거나 내담자의 고통에 공감적인 반응을 할 수 있는 능력이 제한적일 수 있다. 치료자는 내담자가 요구적이라고 화가 나기 시작할 수 있다. 하루가 끝날 때 충전하거나 회복하기가 더 어려워진다. 치료자는 친구나 가족과 같은 개인적인 삶에서 사람들과 공감하는 능력을 잃을 수도 있다. 연민 피로는 종종 피곤하거나 지치는 신체적 경험으로 느껴지며, 치료하지 않고 방치되면 긴장, 통증, 질병의 신체적 증상으로 발전할 수 있다.
- **대리 외상:** 트라우마 치료에 종사하는 치료자는 내담자가 직면한 끔찍한 사건에 대한 설명을 듣는 스트레스에 직면한다. 이런 종류의 스트레스는 치료자 자신의 세계관이 변하기 시작하는 대리 외상으로 발전할 수 있다. 트라우마 이야기에 대한 누적된 노출의 결과로 치료자는 무력감, 무기력감, 무능감, 절망감 또는 우울을 경험할 수 있다. 이러한 감정은 PTSD를 가진 내담자가 표현한 감정 유형의 직접적인 반영인 유도된 감정 집합의 결과일

수 있다. 또한 이러한 감정은 치료자 자신의 해결되지 않은 트라우마 기억이나 애착 상처에 의해 증폭될 수 있다.

- **2차 트라우마:** 만약 대리 외상이 치료되지 않는다면 치료자는 2차 트라우마라고 알려진 PTSD의 증상을 일으킬 수 있다. 이런 경우에 치료자는 내담자의 트라우마 경험에서 비롯된 생각이나 이미지와 같은 침입적인 재경험 증상을 가질 수 있다. 치료자는 원치 않는 감각이나 감정을 다루는 것을 피하기 위해 출근을 거부하거나 섭식이나 약물 사용과 같은 건강하지 못한 대처 전략을 택할 수 있다. 시간이 지남에 따라 2차 트라우마는 이 직업에서 계속 일할 수 있는 치료자의 능력에 상당한 영향을 미치는 방해물이 된다.
- **소진Burnout:** 소진은 스트레스, 연민 피로, 또는 2차 트라우마의 축적에 반응하여 이전에 헌신한 치료자가 직업에서 이탈하는 지점으로 정의된다. 소진은 전형적으로 치유 직업에 대한 무감동과 무관심을 초래하는 정신적, 정서적, 신체적 피로로 경험된다. 치료자는 종종 내담자를 도울 수 있는 자신의 능력에 대해 고갈되고, 무력하며, 절망감을 느낀다. 그들은 자기-비판적인 생각에 시달리거나 실패했다고 생각할 수 있다.

소진 연속선의 위험 요인

RISK FACTORS OF THE BURNOUT CONTINUUM

치료자가 되는 것은 다른 사람들의 웰빙에 대한 책임감을 느끼는 내재된 스트레스가 있다. 스트레스는 내담자, 지도감독자, 동료, 그리고 물론 당신 자신으로부터 올 수 있는 명시적인 요구나 암묵적인 기대의 형태로 발생할 수 있다. 치료자는 “항상 유능함을 느껴야 한다”, “어떤 내담자의 상황이나 응급상황에도 대처할 수 있어야 한다”, “모든 내담자를 도울 수 있어야 한다”와 같은 비현실적인 기대를 품는 것이 일반적이다. 하지만 사실, 가장 민감하고 숙련된 치료자일지라도 때로는 자신감이나 역량의 부족을 느낄 것이고, 어떤 치료자도 모든 내담자를 치료하는 데 성공하지는 못할 것이다.

또한 스트레스는 치료자로서 당신의 역할과 연관된 당신의 정체성으로부터 발생할 수 있다. 많은 사람들이 세상을 변화시키고자 하는 열망을 가지고 치료 전문직에 들어온다. 치료자가 되는 것은 단순한 역할이나 직업 그 이상이다. 그것은 의미와 목적의식을 제공하고 개인적인 감정적 투자를 수반하는 삶의 선택이다. 극도의 저항력을 가진 내담자, 치료자에 대한 분노나 적개심을 표출하는 내담자, 자해하는 내담자와 작업할 때 세상을 긍정적으로 변화시키고자 하는 욕구가 좌절될 수 있다. 특정 환경, 특히 지역사회의 정신 건강 내에서, 내담자로 과부하가 걸리거나 사례 부하에 추가된 내담자의 유형에 대해 발언권이 거의 없는 것과 같은 추가적인 스트레스 조건이 있을 수 있다. 다음은 소진 연속선과 관련된 잠재적 위험 요인의 목록이다.

소진 연속선의 위험 요인

- 현재 기술 수준이나 수련 범위를 벗어나 일하도록 요청받음
- 자신의 일정을 정하거나 작업하는 내담자 수를 선택할 수 없음
- 통제할 수 없는 일터의 제한으로 인해 비효율적이라고 느낌
- 작업 환경이 역기능적이거나 부정적임
- 지도감독자 또는 동료의 지지 부족
- 충족되지 않는 지위에서 일함

- 자기-돌봄 루틴 부족
- 휴식이나 점심 또는 개인 돌봄을 위한 시간 부족
- 고립된 느낌
- 의미 있는 관계, 취미, 관심사와 같은 삶에 즐거움을 주는 것이 부족
- 가정생활에서 일이 너무 많아 직장 생활에 지장을 줌
- 사랑하는 사람에 대한 애도
- 자신의 미해결 트라우마 또는 애착 트라우마가 있음

소진 연속선의 징후 및 증상

SIGNS AND SYMPTOMS OF THE BURNOUT CONTINUUM

스트레스나 연민 피로, 대리 외상, 소진의 상황에 직면할 때 광범위한 징후 및 증상이 나타날 수 있다. 이러한 징후는 신체적 증상, 생각이나 의미-형성에서의 변화, 취해진 부정적인 대처 전략과 행동, 그리고 어려운 감정 경험으로 나타날 수 있다. 다음 목록은 이러한 징후 및 증상을 자세히 살펴본다.

소진 연속선의 징후 및 증상

행동 징후 및 증상

- 어려운 감정에 대처하기 위한 중독 물질 사용 증가
- 출근 회피, 지속적인 지각, 회기 누락
- 친구, 가족 및 사회적 이벤트 회피
- 자기-돌봄 요구 무시

정신적 또는 인지적 징후 및 증상

- 내담자의 말에 집중하거나 귀 기울이기 어려움
- 회기 중 백일몽daydreaming에 빠짐
- 내담자가 방금 한 말을 잊어버림
- 내담자에게 지루함을 느낌
- 내담자와 특정 주제를 피하기 위해 주제를 변경함
- 삶에서 의사 결정의 어려움
- 내담자의 트라우마 또는 자신의 트라우마에 대한 침습적인 이미지
- 치료자로서 자신 및 기술에 대한 의심
- 자신의 신체 감각에 연결할 수 없음
- 세상에 대해 냉소적으로 됨
- 고정관념에 사로잡혀 내담자의 고유성을 보지 못함
- 나아지지 않는 내담자를 비난함
- 치료자로서 즐거움을 느끼지 못함

정서적 징후 및 증상

- 내담자의 경험에 대해 과도한 책임감을 느낌
- 쉽게 짜증을 내거나 화를 느낌
- 항상 지쳐 있음
- 내담자와의 연결에 고군분투함
- 내담자를 돕는 데 있어 슬프고, 절망적이며, 무력감을 느낌
- 내담자에 대해 생각할 때 불안, 두려움, 공황을 느낌
- 세상에서 안전하게 느끼지 않음
- 내담자에게 공감을 느끼기 어려움

- 내담자의 감정 상태를 다루기 위해 고군분투함
- 타인 또는 내담자에게 화냄
- 내담자가 나아질 것이라는 희망의 상실

신체적 징후 및 증상

- 소진 또는 피로감과 같은 에너지 수준의 변화
- 수면에 어려움을 겪거나 너무 많이 자는 것과 같은 수면 패턴의 변화
- 두통이나 사라지지 않는 긴장, 설명할 수 없는 통증 등의 아픔 또는 통증
- 감기나 독감 증상과 같은 잦은 질병
- 섭식 또는 음식 소화 문제

치료자 개인의 스트레스 질문

THERAPIST PERSONAL STRESS QUESTIONS

치료자를 위한 다음 체화 연습인 '치료자 개인의 스트레스 질문'의 초점은 스트레스, 연민 피로, 대리 외상, 2차 트라우마 또는 소진 증상에 대한 당신의 개인적인 관계를 탐색하도록 초대하는 자기-성찰 질문을 통해 자기-돌봄 연습의 필요성을 파악할 수 있도록 돕는 것이다.

치료자를 위한 체화 연습: 치료자 개인의 스트레스 질문

- 잠시 시간을 내어 스트레스, 연민 피로, 대리 외상, 2차 트라우마 및 소진에 대한 설명을 검토해 보세요. 당신은 이 경험들 중 어떤 것과 연관이 있나요? 만약 그렇다면 어떻게 연관이 있나요?
- 스트레스의 행동적, 정신적, 정서적 또는 신체적 증상은 무엇인가요?
- 내담자에게 당신의 특별한 취약점은 무엇인가요? 특정 내담자의 이야기가 다른 내담자보다 당신에게 더 큰 영향을 미치나요? 어떤 식으로 영향을 미치나요?
- 내담자와 작업할 때 유발되는 개인의 트라우마 기억이나 애착 상처가 있나요? 만약 그렇다면 어떻게 유발되나요?
- 내담자에게 취약하다고 느끼는 경우, 회기 중에 이러한 경험을 어떻게 다루나요?
- 내담자에게 취약하다고 느끼는 경우, 회기 후에 이러한 경험을 어떻게 다루나요?
- 과거에 자신을 돌보는 데 도움이 된 것은 무엇인가요?
- 현재 자신을 돌보는 데 도움이 되는 것은 무엇인가요?
- 당신의 삶에 어떤 자기-돌봄 연습을 추가하고 싶은가요?
- 자기-돌봄에 참여하는 능력을 방해하는 장벽이 있나요? 예를 들어 당신은 자신을 위한 시간을 찾는 데 어려움을 겪거나, 자신을 우선시하는 데 어려움을 겪거나, 아니면 하루를 마칠 때 너무 피곤해서 더 이상 무엇을 할 수 없나요?

치료자의 자기-돌봄THERAPIST SELF- CARE

트라우마가 있는 내담자는 종종 압도감, 불안감, 공황, 우울감, 무망감, 무력감, 절망감, 또는 해리의 느낌을 포함한 극단적인 생리적, 감정적 상태를 갖게 된다. 때때로 치료자는 이러한 감정 중 일부를 내담자에 대해 조율된 공감적인 반응의 일부로서 느낄 수 있다. 즉, 내담자의 정신생리가 치료자에게 유도될 수 있다. 정신적, 정서적, 신체적으로 회복하는 방법을 아는 것은 필수적이다.

감각에 대한 자각self-awareness은 치료자가 내담자의 경험과 유사한 신체 감각을 경험하는 소매틱 공명에 대한 귀중한 통찰력을 제공한다. 때때로 치료자는 회기가 끝난 후 그러한 감정과 감각에 갇혀 있다고 느낄 수 있는데, 이것은 시간이 지남에 따라 스트레스, 연민 피로, 대리 외상 또는 소진에 기여할 수 있다. 치료자가 내담자의 생리에 동참했을 때 인지할 수 있는 방법을 갖는 것이 중요하다. 그런 다음 이러한 인식을 통해 치료자는 몸과 마음 모두의 균형을 회복하기 위한 자기-돌봄 전략에 참여할 수 있다.

EMDR 치료에 대한 체화된 접근 방식은 치료자가 내담자 및 자신을 치유하는 데 개인적인 소매틱 인식을 사용하는 방법에 대해 수련한다. 치료자는 먼저 사람이고, 필연적으로 그들 자신의 개인력을 치료 과정에 가져온다. 많은 사람들이 그들 자신의 과거 상처와 손상을 가지고 트라우마 작업 분야에 들어온다. 내담자와의 치료 작업은 트라우마 기억이나 애착 상처와 같은 개인적인 미완성 일을 표면화시킬 것이다. 개인적인 역전이가 언제 내담자로 인해 촉발되는지 파악하는 방법을 갖고, 이러한 사건을 처리하기 위한 지도감독, 자문 또는 개인 치료와 같은 지지 환경을 갖는 것이 필수적이다.

때때로 치료자는 정신치료 동안 내담자에게 중요한 외부의 정신생물학적 조절을 제공한다. 체화된 자기-돌봄은 이 과정에 필요한 신경계 유연성의 개발을 강조한다. 치료자는 과각성 또는 저각성 상태에 고착되는 자신의 취약점을 배울 필요가 있다. 예를 들어 불안이 있는 치료자는 치료실에서 공황을 겪고 있는 내담자를 하향 조절하는 데 어려움을 겪거나, 회기 후 불안의 잔여물을 느낄 수 있다. 회기 중에 자기-조절에 초점을 맞추는 치료자는 치료자의 생리가 내담자에게 이용 가능한 현재-중심 자원이 되도록 함으로써 내담자에게 중요한 모델이 될 수 있다.

EMDR 치료의 한 가지 목적이 내담자가 고통의 초기 징후를 인지하도록 돕는 것처럼, 치료자를 위한 자기-돌봄도 같은 기술을 필요로 한다. 치료자가 신체, 마음, 감정의 미세한 변화를 인지할 수 있을 때, 그들은 스트레스에 압도당하거나 연민 피로에 지치기 전에 자원을 더 잘 활용할 수 있다. 이상적으로는 치료자가 스트레스, 피로, 대리 외상 또는 소진의 심각한 증상이 나타나기 전에 자기-돌봄 계획을 시행함으로써 예방적 접근을 취할 수 있다.

자기-돌봄에 대한 개인화된 접근 방식은 자신을 알고, 자신의 요구를 인지하며, 이러한 요구에 효과적으로 반응하는 것을 포함한다. 대부분의 트라우마 치료자는 작업 전후에 회기를 준비하고 일과가 끝날 때 긴장을 푸는 정해진 루틴을 갖는 것이 도움 될 것이다. 이것은 당신이 하루를 적절히 정리할 수 있도록 당신 자신의 에너지가 빠져나가고 들어오는 것을 아는 것을 필요로 한다. 매일 규칙적으로 활력이 있고 도전을 감당할 준비가 되었다고 느끼는 시간이 있을 수도 있고, 속도를 늦추고 휴식을 취해야 하는 다른 시간이 있을 수도 있다. 예를 들어 운동 루틴을 자기-돌봄 계획에 통합할 때 하루 중 가장 성공적인 시간을 아는 것이 현명하다. 어떤 사람은 아침 일찍 체육관에 가서 하루를 준비하고, 다른 사람은 퇴근 후에 스트레스를 푸는 것을 선호한다. 업무에 적용할 때, 당신이 자신의 근무 일정을 통제할 수 있다면 당신이 가장 내담자와 함께 머물 수 있다고 느끼는 시간과 당신이 일하지 않는 것을 선호하는 시간이 언제인지 스스로에게 물어본다. 예를 들어 어떤 치료자는 저녁에 내담자를 보는 것을 좋아하고, 다른 치료자는 하루의 끝에 내담자를 본 후에 긴장을 푸는 것이 너무 어렵다고 느낀다.

치료자의 자각은 당신에게 영양분이 되거나 활력을 주는 활동의 종류와 당신에게 진이 빠지거나 고갈되는 활동의 종류를 식별하는 것을 포함한다. 예를 들어 자신의 내성적이거나 외향적인 본성에 대해 이해하는 것은 자신에게 맞는 현실적인 자기-돌봄 계획을 개발할 수 있게 해 준다. 외향적인 사람은 세상 밖으로 나가 사람들과 시간을 보내면서 활력을 얻는 경향이 있다. 이러한 치료자는 일을 마친 후에 사회 활동에서 복원될지도 모른다. 이와는 대조적으로 내성적인 사람은 퇴근 후 사회 활동에 참석할 때 지칠 수 있다. 그들은 성찰하고 재충전하기 위해 더 조용한 시간이 필요할 수 있다.

중요한 것은 일부 치료자는 좋은 의도에도 불구하고 스스로를 돌보는 데 어려움을 겪는다는 것을 발견한다. 이는 지도감독이나 자문과 같은 지원이 필요하다는 신호일 수 있다. 좋은 지도감독자는 당신과 당신의 고유한 스트레스 요인들, 그리고 그것들이 당신 자신의 과거력과 어떻게 상호작용하는지 이해하고, 당신의 일에 관해 이야기하는 것뿐만 아니라 치료작업이 당신의 몸과 마음, 그리고 감정에 미치는 영향을 처리하게 도와주는 사람이다. 지도감독은 특정 내담자와 관련될 수 있는 유발된 역전이에 주의를 기울일 수 있으므로 정신적, 정서적 또는 신체적으로 느껴지는 남아 있는 긴장을 처리할 수 있다. 그런 다음 당신 자신의 치료는 역전이 및 발생하는 관련 소매틱 긴장 패턴과 관련된 목표기억을 식별하고 처리하는 데 도움이 될 수 있다. 다음 목록은 당신 자신의 개인 맞춤형 자기-돌봄 계획을 개발하도록 채택하고 맞춤화할 수 있는 다양한 활동을 제공하며, 치료자의 다음 체화 연습인 '치료자의 자기-돌봄 마음의 영화'를 통해 이 활동이 강화될 수 있다.

치료자의 자기-돌봄 활동

- 운동

- 산책 또는 하이킹
- 요가 수업 수강
- 자연에서 시간 보내기
- 목욕하기
- 명상과 같은 마음챙김 연습 참여
- 지도감독 또는 자문 요청
- 치료를 받으러 감
- 마사지 받기
- 춤
- 음악 연주 또는 듣기
- 책 읽기
- 예술 창작
- 지역사회 행사 참석
- 영화 또는 TV 프로그램 시청
- 친구와 함께하기
- 게임 하기
- 수련 또는 워크샵 참석
- 차 마시기
- 일기 쓰기
- 건강하고 영양가 있는 식사 즐기기
- 기타

치료자를 위한 다음 체화 연습인 '치료자의 자기-돌봄 마음의 영화'는 세 단계로 진행되며, 당신 자신의 개인화된 자기-돌봄 계획에 참여하는 자신을 보는 마음의 영화를 개발하는 것을 포함한다. 당신이 자신감을 느끼고 당신의 몸에 힘이 생길 때까지 이 마음의 영화에 어떤 자원이라도 추가한다. 당신이 원하는 방식으로 마음의 영화를 만들면, 그것을 마음속으로 실행시키고, 전체 시간 동안 BLS/DAS를 추가한다. BLS/DAS는 허벅지 두드리기, 나비 허그, Tac/AudioScan 진동기 또는 이어폰으로 자가-시행을 할 수 있다. BLS/DAS를 사용하는 동안 당신의 체화된 경험에 계속 연결되어 있어야 한다. 만약 당신이 부정적인 내용을 알아차린다면, BLS/DAS 사용을 중지하고 더 많은 자원을 가져온 후에 다시 마음의 영화로 돌아와서 진행한다.

치료자를 위한 체화 연습:
치료자의 자기-돌봄 마음의 영화

1단계: 성찰

잠시 시간을 내어 자신의 에너지와 그 에너지가 어떻게 온종일 빠져나가고 들어오는지 성찰해 보세요. 언제 적극적인 자기-돌봄을 위해 가장 많은 에너지를 가지나요? 언제 편안한 자기-돌봄이 가장 도움이 되나요? 복원하고 활력을 되찾기에 가장 효과적인 활동 유형을 생각해 보세요. 위의 목록에 있는 자기-돌봄 연습을 검토해 보세요. 어떤 연습이 가장 마음에 드나요? 이러한 연습을 시행하려면 하루 중 몇 시가 가장 좋을까요? 어떤 요일이 더 많은 자기-돌봄 연습을 추가하는 데 도움이 될까요? 즉시 시행할 수 있는 활동은 무엇이고, 시간이 지남에 따라 시행할 수 있는 활동은 무엇인가요? 원한다면 몇 분 정도 시간을 내어 자신이 선택한 연습의 특정 시간과 요일에 대해 이상적인 자기-돌봄 일정을 적어보세요.

2단계: 마음의 영화

이제 마음속으로 이번 주에 당신의 자기-돌봄 계획을 사용하는 영화를 상상해 보세요. 당신이 어떻게 느끼는지, 무엇을 생각하고 있는지, 당신의 몸에서 무엇을 경험하고 있는지 주목하세요. 당신의 감각느낌felt sense에 연결하는 시간을 갖고 당신의 몸이 당신이 어떻게 느끼고 있는지를 반영하도록 하세요.

참고: 당신이 원하는 방식으로 마음의 영화를 만들면 그것을 상상하면서 전체 시간 동안 자가-시행 BLS/DAS를 추가하며, 그것을 3~5회 반복한다. 세트 사이에 체크인하여, 긍정적인 상태에 오염이 있는지 확인한다. 긍정적인 상태에 대한 감각느낌felt sense이 증가하는 한 계속한다. 일단 마음의 영화에서 긍정적인 상태를 유지하는 데 성공하고 나면, 가능한 장애물이 있는 새로운 마음의 영화를 만드는 것을 포함하는 마지막 단계를 추가한다. 당신이 자기-돌봄 계획을 상상하면서 직면할 수 있는 잠재적인 어려움을 탐색하는 것은 중요하다. 자신이 이 계획을 성공적으로 시행하는 것을 보는데 필요한 자원을 추가한다. 마음의 영화가 긍정적이면, BLS/DAS와 함께 그것을 3~5회 상영한다. 세트 사이에 체크인하여, 긍정적인 상태에 오염이 있는지 확인한다. 긍정적인 상태가 증가하는 한 계속한다.

3단계: 장애물

이제 만약 장애물이 있다면, 어디에서 무엇이 당신의 자기-돌봄 계획을 수행하는 데 방해가 될 수 있을지 생각해 보세요. 자기-돌봄에 대한 이 장벽을 어떻게 극복할까요? 어떤 선택을 할 것인가요? 장애물을 다루는 자신을 보는 것을 포함하는 새로운 영화를 상상해 보세요. 당신이 무엇을 보는지, 어떻게 느끼는지, 무엇을 생각하고 있는지, 당신의 몸에서 무엇을 경험하고 있는지 주목하세요, 당신 몸의 감각느낌felt sense에 연결하는 시간을 가져 보세요.

회기 전 체화된 자기-돌봄

EMBODIED SELF- CARE BEFORE A SESSION

치료자는 내담자를 만나기 전에 시간을 내서 자신의 자원에 연결함으로써 회기를 준비하는 것이 중요하다. 이 과정은 글쓰기, 운동 또는 명상 연습의 아침 일정을 포함할 수 있다. 게다가 치료자는 내담자와 작업하기 전에 스트레스가 많은 개인적인 사건이나 느낌을 컨테인해야 할 수 있다. 또한 몇 분 동안 그라운딩에 집중하는 것은 트라우마 치료의 강도에 대비하는 데 도움이 될 수 있다. 만일 선택하였다면, 자가-시행 BLS/DAS로 이 자원을 강화할 수 있다.

치료자를 위한 다음 체화 작업인 '자기-돌봄을 위한 치유 및 도움 협력자'는 두 단계로 진행되며, 먼저 당신 자신의 개인 협력팀을 찾은 다음 내담자와 함께 작업할 때 그들이 당신을 지원하는 것을 상상한다. 협력자는 실제 사람(살아 있거나 사망하였거나), 영적 인물, 동물, 영화나 책의 등장인물, 멘토, 돌봐주는 친척 등에서 찾을 수 있는 긍정적인 자질의 표상임을 상기한다.

사랑하는 사람, 존경받는 선생님, 또는 사랑하는 동물의 사진과 같은 치유 협력자의 시각적 표상을 사무실에 두는 것도 도움이 될 수 있다. 내담자에게 협력자의 위치를 지정하게 하도록 배운 것처럼, 5장에서 소개한 개입 26인 '협력팀으로 자기 파트의 자원만들기'에서와 같이 치유 및 도움 협력자를 공간적으로 배치하는 것이 유용할 수 있다. 상상된 위치는 치료실 공간과 관련하여 정의될 뿐만 아니라 신체 주위에 있을 수 있다. 예를 들어 보호를 위해 당신의 뒤에 또는 당신과 내담자 사이에 협력자를 배치할 수 있다. 협력자들은 다양한 형태로 올 수 있다는 것을 상기한다. 협력자 목록을 검토하고 필요에 따라 추가할 수 있다.

치료자를 위한 체화 연습:
자기-돌봄을 위한 치유 및 도움 협력자

1단계: 협력팀 구성

보호, 현명함, 보살핌, 안전함, 또는 치유를 느끼는 당신의 삶에서의 한 사람, 유명한 문화적인 인물, 역사적인 인물 또는 가상의 인물을 생각해 보세요. 당신은 이 사람의 어떤 특징이나 자질을 존경하나요? 만약 누군가를 생각할 수 없다면, 어떤 장면이나 이미지가 그러한 자질을 나타낼 수 있을까요? 일단 협력자를 찾았으면, 시간을 내어 이 협력자를 공간적으로 당신 주위에 배치하고 싶은 곳을 선택하세요. 이 협력자를 당신의 앞이나 한쪽 옆 또는 뒤에 두고 싶나요?

참고: 이 자원을 고정하기 위해 3~5회, 8~15초의 짧은 자가-시행 BLS/DAS 세트를 추가한다. 작업이 완료되면 당신의 인식을 다시 치료실로 가져온다.

당신의 자원 팀에 추가하고 싶은 또 다른 치유 또는 도움 협력자가 있나요? 원하는 만큼 지지적인 존재를 당신의 협력팀에 추가할 수 있습니다.

참고: 이 자원을 고정하기 위해 3~5회, 8~15초의 짧은 자가-시행 BLS/DAS 세트를 추가한다. 작업이 완료되면 당신의 인식을 다시 치료실로 가져온다.

2단계: 회기 준비

이제 사무실에 있는 동안 당신과 함께하는 치유 및 도움 협력자를 본다고 상상해 보세요. 당신이 어떻게 느끼는지, 무엇을 생각하고 있는지, 그리고 당신의 몸에서 무엇을 경험하고 있는지 보세요.

당신의 감각느낌felt sense에 연결하는 시간을 갖고 당신의 몸이 당신이 어떻게 느끼고 있는지를 반영하도록 하세요.

내담자와 함께 작업할 준비를 하면서 지지를 받는 느낌이 어떤지 스스로 연결해 보세요. 그 지지가 보호와 돌봄, 그리고 안전에 그라운딩 됨을 느끼도록 합니다.

참고: 이 자원을 고정하기 위해 3~5회, 8~15초의 짧은 자가-시행 BLS/DAS 세트를 추가한다. 작업이 완료되면 당신의 인식을 다시 치료실로 가져온다.

회기 중 체화된 자기-돌봄

EMBODIED SELF- CARE DURING A SESSION

트라우마와 작업하는 현실은 무기력감, 무망감, 절망감, 고립감, 외로움, 부당함, 억울함, 고통, 분노, 악과 같은 극도로 쇠약하게 하는 감정을 경험하는 내담자와 치료자가 함께 앉아 있는 것이다. 때때로 내담자는 삶의 목적 또는 의미에 대한 신뢰를 잃었다. 그런 경우 치료자를 위한 자기-돌봄은 내담자와 갇히지 않고 내담자가 트라우마, 상실 및 고통을 향하게 돕는 의미감sense of meaning이나 자원과의 연결을 포함할 수 있다. 이러한 의미-형성 과정은 내담자의 처리를 방해할 수 있으므로 내담자와 공유해야 하는 것은 아니다. 오히려 이 과정은 치료자가 고통스러워하는 내담자와 함께 현재에 머물 수 있도록 돕는 자원 역할을 한다.

때때로 치료자는 내담자의 고착 상태나 셧다운shut-down 상태에 너무 강하게 합류한다. 따라서 내담자의 소매틱 과정에서 벗어나는 전략을 갖는 것도 중요하다. 여기서 치료자는 내담자로부터 연민을 가지고 분화하기 위해 개인적인 자기-돌봄 자원을 사용한다. 분화differentiation는 치료자가 의식적으로 그들의 소매틱 공명과 각성 상태를 내담자의 것으로부터 분리할 수 있게 한다. 로스차일드Rothschild(2006)는 너무 많은 공감은 부정적인 영향을 미칠 수 있다고 제안한다. 내담자의 셧다운이나 해리 상태에서 벗어나기 위해서는 치료자가 먼저 자기self의 자원을 만들고 다시 활력을 불어넣는 것으로 시작해야 한다. 당신은 이 과정이 위험한 비행 중에 당신 자신의 산소마스크를 쓰는 것과 비슷하다고 생각할 수 있다. 일단 당신 자신의 자원이 확보되면, 다른 사람의 필요에 더 잘 대처할 수 있다. 회기 중에 분화differentiation 과정은 당신이 내담자의 자세나 표정을 미러링할 때를 인지하여 당신이 앉아 있는 방식을 의식적으로 바꾸거나 얼굴이 편안해지도록 하는 것을 포함한다.

또한 치료자 자신의 내부수용감각 및 체화된 인식은 회기에서 지침 역할을 할 수 있으며, 치료자가 내담자에게 어떻게 반응하고 있는지에 대한 중요한 정보를 제공할 수 있다. 치료자는 호흡과 움직임을 통해 유발된 소매틱 공명을 방출하는 방법을 탐색할 수 있다. 이 과정은 내담자에게 자신의 정신생리를 지원하는 방법에 대해 알려줄 수 있다. 예를 들어 치료자는 심호흡을 하고 내적 감각을 알아차림으로써 그들 자신의 몸으로 체크인할 수 있다. 이때 치료자는 앉아 있는 방식을 바꾸려는 욕망을 알아차릴 수도 있고, 몸에 쌓인 긴장을 감소시키는 미묘한 움직임을 발견할 수도 있다. 때때로 이러한 자기-돌봄 행동은 내담자가 이를 따르도록 격려할 수 있다. 치료자를 위한 다음의 체화 연습은 당신이 내담자와 함께 치료실에 있는 동안 그라운딩 되도록 도와주는 다양한 소매틱 연습을 제공한다. 이러한 자기-돌봄 행동은 회기 동안 스스로 정신생리적 조절을 지지하는 데 도움이 될 수 있으며, 당신이 셧다운을 느끼거나, 산만하거나, 몸에 불편함을 느끼거나, 내담자에 의해 감정적으로 유발될 때 사용될 수 있다. 이러한 연습에는 순서가 없다. 오히려 한 번에 하나씩 시도하여 당신이 그라운딩 되고 자신과 내담자와 함께 현재에 머물게 느낄 수 있는지 확인한다.

치료자를 위한 체화 연습: 회기 중 체화된 자기-돌봄

- 개인의 소매틱 인식을 증가시켜 보세요. 적절하다고 느껴지면 내담자에게 당신 자신의 소매틱 경험을 설명하는 것을 선택할 수 있습니다.
- 내담자가 자신의 몸으로 체크인하도록 초대하세요.
- 고통과 머물 수 있는 능력을 증가시키는 개인적인 의미-형성 또는 영적 관점을 살펴봅니다.
- 치료자를 위한 체화 연습인 '치료자 관찰 기술'에서와 같이 내부, 외부, 전반gobal 및 초점focused 주의 상태 간에 인식을 번갈아 가며 시행합니다.
- 심호흡을 여러 번 해 보세요.
- 자세를 조정합니다.
- 손가락 및/또는 발가락을 꿈틀거려 보세요.
- 체중을 좌우로 천천히 흔들거나 한 발과 다른 발을 차례로 두드리며 현재 순간에 주의를 집중하세요.
- 물을 한 잔 마십니다.
- 당신의 개인적인 치유와 도움의 협력자가 당신 주위에 있는 것을 상상해 보세요.
- 자신의 안전지대를 상상하고 당신의 몸이 자원과 고요함을 느낄 수 있도록 하세요.
- 당신과 내담자 사이의 경계를 상상해 보세요. 예를 들어 당신이 관계를 유지하는 동시에 별개 상태를 유지할 수 있는 투명하고 보호적인 벽이 있습니다.
- 식물, 협력자의 이미지 또는 창밖의 풍경과 같은 치료실의 자원을 살펴보도록 시선을 옮기세요.
- 내담자의 표정이나 자세를 미러링하고 있는지 확인하고 스스로 다른 표정이나 자세를 선택할 수 있도록 허락하세요.
- 에센셜 오일, 손에 쥘 수 있는 돌, 바라보면 그리운딩이 되는 사진이나 이미지 등 자신의 감각 도구를 사용하세요.
- 당신이 그라운딩 되게 느끼게 돕기 위해 발을 누르고 다리 근육을 활성

화하세요.

- 만약 당신이 취약하거나 촉발되는 느낌이 들면 손을 배나 심장 위에 올려놓으세요.
- 심장에 집중하면서 심호흡을 하세요.
- 먼저 자신에게 자애loving-kindness를 베푼 다음 내담자에게까지 이러한 감정이 확장되는 것을 상상해 보세요.
- 한숨을 내쉬면서 턱, 목, 목 안의 긴장을 풀어주세요.
- 개입 2, '근접 인식'에 대해 살펴보고, 이동이 내담자에게 미치는 관계적 영향을 탐색하고 토론하면서 당신이 더 많이 현재에 머물 수 있도록 좌석 배치를 조정하세요.
- 회기 중에 일어서서 움직이는 방법을 탐색합니다. 일어서기 전에 내담자와 이 옵션에 대해 논의하고 움직임이 미치는 관계적 영향을 관찰하세요.
- 회기 후 당신이 처리할 수 있을 때까지 개인적인 반응과 감정을 컨테이너에 담는 컨테인먼트 연습에 참여하세요.

회기 후 체화된 자기-돌봄EMBODIED SELF- CARE AFTER A SESSION

때때로 치료자가 회기 전이나 회기 중 자기-돌봄 전략을 했음에도 불구하고, 여전히 잔류 감정이나 내담자와 연결되게 느끼는 소매틱 감각을 경험하는 경우가 있다. 이러한 경우 유도된 경험 및/또는 관련된 역전이를 처리할 수 있는 수단을 갖는 것이 중요하다. 로스차일드Rothschild(2006)는 어떤 것이 내담자의 경험과 관련된 느낌이고 어떤 것이 당신 자신의 과거력과 더 관련이 있는지를 결정하기 위해 이러한 회기 후 반응에 대한 성찰을 포함하는 가치 있는 상식적인 조사를 제공한다. 때때로 응답은 그 두 개의 조합이다.

치료자는 그들이 내담자의 처리의 무게를 짊어지고 있을 때 희생감을 느낄 수 있다. 이는 치료자가 내담자의 트라우마 사건과 관련된 감각이나 이미지에 부담을 느낄 때 특히 그럴 수 있다. 게다가 일부 치료자는 내담자의 전염성 있는 정신생리학적 고통에 의해 오염된 것처럼 느낀다. 이러한 느낌은 특히 회기 중에 내담자와 강한 조율을 느끼는 매우 민감하거나 공감하는 치료자에게 해당될 수 있다. 이유가 무엇이든 간에, 일단 당신이 자신의 몸에서 경험을 느낀다면, 그 느낌 상태로 무언가를 하는 것은 당신 자신의 책임이다. 당신이 치료자로서 더 민감할수록 회기 전, 회기 중 및 회기 후에 스스로 돌보는 것의 중요성이 더 커진다.

때때로 내담자가 불러일으킨 정신적, 감정적 또는 소매틱 경험은 회기나 하루의 끝에 의식을 치름으로써 방출될 수 있다. 치료자를 위한 다음의 네 가지 체화 연습, '소매틱 긴장의 시퀀싱', '내담자의 것을 내려놓기', '개인의 강점으로 자원만들기', 그리고 '역전이 컨테인먼트'를 통해 당신이 치료실에서 나가기 전에 가지고 있을 수 있는 모든 것을 방출하는 데 도움이 될 수 있다. 처음에는 이러한 연습을 충분히 경험하기 위해 이러한 대본을 녹음하거나 누군가가 당신에게 읽어주도록 하는 게 필요할 수 있다. 이러한 연습에 익숙해지면 회기 종료 시나 하루의 끝에 필요에 따라 사용할 수 있다. 자가-시행 BLS/DAS를 전체 연습 시간 동안 사용하거나 긍정적인 변화를 느낄 때 짧은 세트를 사용하도록 선택할 수 있다. 긴장이 강해지거나 압도되게 느껴지면 BLS/DAS를 중지하고 당신 자신의 컨테이너를 사용한다. 만약 당신이 이러한 연습 중 어느 하나에서도 변화를 느낄 수 없다면, 다른 대안으로 당신이 고요하고 그라운딩 되게 느낄 때까지 자신을 위해 개입 3인 '소매틱 고통의 컨테인먼트'를 사용할 수 있다. 계속 컨테인할 수 없는 경우, 지도감독이나 자문 또는 자신의 치료를 통해 지지를 요청하라는 신호일 수 있다.

치료자를 위한 체화 연습: 소매틱 긴장의 시퀀싱

앉거나 서기 시작합니다. 이 연습을 완료하는 동안 눈을 뜨거나 감을 수 있습니다. 당신이 현재 인식하고 있는 것에 대해 감정적으로, 정신적으로, 신체적으로 몸을 스캔하세요.

잠시 시간을 내어 내담자를 만난 후 알아차린 남아 있는 신체 감각을 성찰해 보세요. 당신의 몸에서 무엇이 일어나고 있는지 감지해 보세요. 당신이 인식하는 어떤 신체 감각도 당신의 본능에 따라 풀 수 있도록 하세요. 어떻게 해야 할지 잘 모를 경우, 다음의 제안 목록이 이 연습에서 당신을 안내할 수 있습니다. 이 목록에는 순서가 없습니다. 이 제안 중 하나 또는 여러 가지를 현재 순간에 따라 사용할 수 있습니다. 당신이 완료되게 느낄 때까지 당신의 움직임 충동을 천천히 마음챙김으로 계속 따라가세요.

- 일어서거나 움직이고 싶은 충동에 주목하세요. 척추와 몸통을 앞뒤로 또는 좌우로 움직이려는 욕구를 따르세요.
- 팔과 다리가 당신이 이 긴장을 움직이는 데 도움을 줄 수 있을까요? 사지를 밀고, 뻗고, 흔들고 싶은 충동이 있나요?
- 손이 감각이나 긴장을 표현할 수 있다면, 어떤 모습일까요? 또는 어떻게 움직일까요?
- 신체의 긴장감과 일치하는 이미지나 단어 또는 소리가 있나요? 당신이 소리를 내거나 그 느낌에 목소리를 낼 수 있도록 하세요.
- 배, 가슴, 목 또는 머리에 어떤 취약한 감각이 있는지 주목하세요. 더 많은 지지가 필요한 이러한 영역에 손을 가져올 수 있을까요?
- 자가-시행 BLS/DAS로 Tac/AudioScan을 사용하는 경우, 진동기를 고착된 감각 영역 위에 배치하는 것을 탐색해 보세요.
- 당신의 치유 및 도움의 협력팀이 와서 이러한 긴장에 도움을 줄 수 있을까요?
- 당신의 처리를 완료하는 데 도움이 되는 최종 움직임이 있나요?

참고: 이 자원을 고정하기 위해 3~5회, 8~15초의 짧은 자가-시행 BLS/DAS 세트를 추가한다. 당신이 완료되게 느끼면 당신의 인

식을 다시 치료실로 가져온다.

치료자를 위한 체화 연습: 내담자의 것을 내려놓기

의자에 편안하게 앉아서 시작하세요. 이 연습을 완료하는 동안 당신은 부드러운 시선으로 눈을 뜨거나 감을 수 있습니다. 당신의 몸과 의자 사이의 접촉에 주목하세요. 숨을 들이쉬고 내쉬는 것을 관찰하면서 당신의 인식을 호흡으로 가져오세요. 당신이 몸의 어디에서든 긴장을 느끼고 있는지 주목하세요. 당신의 생각과 감정에 주목하세요. 이제 잠시 시간을 내어 당신의 몸에서 방출되는 이러한 생각, 감정, 긴장, 또는 감각을 시각화하세요. 그것들은 당신의 머리 꼭대기를 통해, 팔과 손을 통해, 혹은 다리와 발을 통해 밖으로 나갈지도 모릅니다. 다음 문장을 사용하여 이 에너지를 부드럽게 방출하는 것을 상상해 보세요.

- 나는 도움이 되지 않는 것은 모두 내려놓고 방출합니다.
- 나는 오늘 내담자에게 충분한 지지를 제공했습니다.
- [내담자의 이름]이 그 자신의 생각, 감정 및 감각을 다룰 수 있다고 믿습니다.
- 내담자에게 속한 의식적으로 또는 무의식적으로 내가 가지고 있는 모든 것을 [내담자의 이름]에게 정중히 돌려줍니다.

당신의 인식을 호흡으로 다시 가져오고 당신이 놓쳤을 수 있는 남아 있는 긴장이 있는지 스캔하세요. 긴장을 놓쳤다면, 몸이 이완되고 고요하게 느껴질 때까지 이 과정을 반복하세요.

참고: 이 자원을 고정하기 위해 3~5회, 8~15초의 짧은 자가-시행 BLS/DAS 세트를 추가한다. 당신이 완료되게 느끼면 당신의 인식을 다시 치료실로 가져온다.

치료자를 위한 체화 연습: 개인의 강점으로 자원만들기

1단계: 어려운 회기 식별하기

의자에 편안하게 앉아서 시작하세요. 이 연습을 완료하는 동안 당신은 부드러운 시선으로 눈을 뜨거나 감을 수 있습니다. 당신의 몸과 의자 사이의 접촉에 주목하세요. 숨을 들이쉬고 내쉬는 것을 관찰하면서 당신의 인식을 호흡으로 가져오세요. 이 어려운 회기를 경험한 후 잠시 시간을 가지세요. 이 내담자에 대해 생각하는 동안 남아 있는 고통이 있는지 주목하세요. 이 내담자와 관련된 생각, 느낌, 신체 감각에 주목하세요. 내려놓고 싶지 않은 것이 있나요? 이것을 성찰하면서 당신의 몸에서 무엇이 일어나고 있는지 주목하세요. 이제 심호흡을 하고 그것을 내려놓으세요.

2단계: 자원에 연결하기

이제 잠시 시간을 내어 어려운 회기를 잘 처리했고 유능하다고 느꼈던 때를 성찰해 보세요. 당신은 몸에서 무엇을 생각하고, 느끼고, 감지하고 있나요? 당신의 호흡을 알아차리기 시작하세요. 이 상황에서 당신을 안내한 당신의 강점은 무엇인가요? 이 기억과 어울리는 긍정적인 진술은 무엇인가요? 아마도 당신은 스스로에게 "나는 충분히 훌륭한 치료자다", "나는 그라운딩 되어 있고 나 자신은 안정감이 있다", 혹은 "나는 도전적인 상황을 성공적으로 헤쳐나갈 수 있다"라고 말할 수 있을 것입니다. 당신이 이 성공을 생각할 때 당신의 느낌을 반영하는 맞는 진술을 찾으세요. 잠시 시간을 내어 당신의 몸이 당신이 어떻게 느끼고 있는지를 반영하도록 하세요.

> *참고: 이 자원을 고정하기 위해 3~5회, 8~15초의 짧은 자가-시행 BLS/DAS 세트를 추가한다. 당신이 완료되게 느끼면 당신의 인식을 다시 치료실로 가져온다.*

3단계: 진자운동 RDI

이제 당신의 인식을 어려운 회기로 다시 가져오세요. 당신의 몸에 있는 감각에 주목하세요. 당신이 생각하고, 느끼고, 감지하고 있는 것에 주목하세요. 당신의 인식을 호흡으로 다시 가져오세요. 당신의 감각에 변화가 있나요?

참고: BLS/DAS를 추가하지 않는다.

잠시 시간을 내어 어려운 회기를 잘 처리했고 유능하다고 느꼈던 때로 당신의 인식을 다시 가져오세요. 당신의 몸에서 느끼는 감각에 주목하세요. 당신이 생각하고, 느끼고, 감지하고 있는 것에 주목하세요. 당신의 인식을 호흡과 이 기억과 어울리는 긍정적인 진술로 다시 가져오세요. 잠시 시간을 내어 그 감각느낌felt sense에 연결하고 당신의 몸이 당신이 어떻게 느끼고 있는지를 반영하도록 하세요.

참고: 이 자원을 고정하기 위해 3~5회, 8~5초의 짧은 자가-시행 BLS/DAS 세트를 추가한다. 당신이 완료되게 느끼면 당신의 인식을 다시 치료실로 가져온다.

다시 한번, 당신의 인식을 어려운 회기로 되돌려보세요. 지금 몸에서 무엇을 알아차리고 있나요? 뭔가 바뀐 것이 있나요? 당신의 긍정적인 기억으로부터 이 장면에 당신을 돕기 위해 가져올 수 있는 자원이 있나요? 당신의 몸이 당신이 어떻게 느끼고 있는지를 반영하도록 하세요.

참고: 긍정적인 경우, 이 자원을 고정하기 위해 3~5회, 8~15초의 짧은 자가-시행 BLS/DAS 세트를 추가한다. 긍정적이지 않다면, 당신 자신을 위해 개입 3, '소매틱 고통의 컨테인먼트'를 사용하여 남아 있는 불편함을 넣어 치운다.

치료자를 위한 체화 연습: 역전이 컨테인먼트

회기나 하루에 남아 있는 고통을 담을 수 있을 만큼 튼튼한 컨테이너를 상상해 보세요. 촉발하는 생각, 기억, 감정 또는 신체 감각을 컨테이너에 넣습니다. 지도감독, 자문 또는 당신 자신의 치료에서 이러한 유발요인, 기억, 생각, 감정 또는 신체 감각에 대해 작업할 것이라고 자신과 합의하세요. 당신은 단지 인간일 뿐이며, 내담자에 의해 촉발되는 것은 정상이고 괜찮다고 스스로에게 말하세요. 필요한 지지를 받는 것은 괜찮습니다. 이것은 내담자에게 더 나은 서비스를 제공하는 데 도움이 될 것입니다. 컨테이너를 닫는다고 상상해 보세요. 심호흡을 하고 숨을 내쉴 때 남아 있는 긴장을 방출하세요.

참고: 이러한 컨테인먼트 개입에 어려움을 겪고 있는 경우, 개입 3인 '소매틱 고통의 컨테인먼트'를 대안으로 사용할 수 있다. 완료되었다고 느끼면, 당신의 인식을 치료실로 다시 가져와서, 당신이 그라운딩 되고 치료실을 떠날 준비가 되었음을 확실히 느끼도록 한다.

결론CONCLUSION

아무리 좋은 자기-돌봄이라도 모든 스트레스를 없앨 수는 없다. 스트레스는 일반적으로 삶의 요구가 공급을 초과할 때 발생하는데, 이 경우 치료자의 시간, 에너지, 자원이 그렇다. 모든 스트레스가 나쁜 것은 아니다. 사실 우리가 적게 도전을 받을 때 우리는 종종 지루함과 정체감을 느낄 수 있다. 하지만 우리가 감당할 수 있는 것 이상을 하게 되고 자원이 부족할 때 우리 자신에게 솔직해지는 것도 마찬가지로 중요하다. 모든 내담자를 다루는 데 항상 유능하다고 느끼는 치료자는 단 한 명도 없다. 마찬가지로, 우리가 모두 인간이기 때문에, 우리는 내담자에게 서비스를 제공하는 우리의 능력을 방해할 수 있는 개인적인 삶의 스트레스 요인을 헤쳐 나가고 있는 우리 삶의 시간에 대해 정직해야 한다. 어떤 의미에서 자기 정직은 자기-돌봄의 가장 중요한 형태이며 경계를 설정하고, 다른 사람들에게 '아니오'라고 말하고, 결과적으로 우리 자신에게 '예'라고 말할 수 있는 우리 자신 능력의 기초가 된다. 자기-돌봄에 대한 이러한 정기적인 전념은 우리가 소진 연속선의 함정을 헤쳐 나가는 데 도움이 되며 트라우마 치료 분야의 귀중한 자원으로 계속 참여할 수 있게 해 준다.

| 자원의 요약 |

목록

소매틱 어휘
시퀀싱 패턴 및 소매틱 리패터닝
발달 단계 및 관련된 잠재적 목표기억
파트를 찾는 단서
협력자의 유형
C-PTSD 및 애착 트라우마의 NCs와 PCs
자기-돌봄 연습
만성 통증 및 질병의 목표기억
만성 통증 및 질병의 NC와 PC
이차 이득의 심리적 원인
만성 통증 및 질병과 관련된 이차 손실
만성 통증 및 질병과 관련된 목표기억targets 순서
치료에서 비언어적 의사소통의 문화적 고려 사항
문화 기반 트라우마 사건
문화 기반 트라우마의 NC와 PC
소진 연속선의 위험 요인
소진 연속선의 징후 및 증상
치료자의 자기-돌봄 활동

과거력-청취 도구

감각-기반 조사
유아기 발달 조사
세대 간 애착-관련 조사

만성 통증 및 질병 조사

문화적으로 민감한 조사

목표기억 개발 대본

역류기법/정동 브리지float-back/affective bridge를 이용하여 신체 감각으로 시작하기

역류기법/정동 브리지 없이 신체 감각으로 시작하기

어린 시절 트라우마 관련 이야기로 시작하기

어린 시절 트라우마 관련 부정적 인지(NC)로 시작하기

어린 시절 트라우마 관련 신체 감각으로 시작하기

세대 간 이야기로 시작하기

역류기법/정동 브리지와 함께 만성 통증이나 질병의 증상으로 시작하기

역류기법/정동 브리지 없이 만성 통증이나 질병의 증상으로 시작하기

만성 통증이나 질병의 증상과 관련된 NC로 시작하기

치료자를 위한 체화 연습

치료자 관찰 기술

체화된 문화 행동

치료자 개인의 스트레스 질문

치료자의 자기-돌봄 마음의 영화

자기-돌봄을 위한 치유 및 도움 협력자

회기 중 체화된 자기-돌봄

소매틱 긴장의 시퀀싱

내담자의 것을 내려놓기

개인의 강점으로 자원만들기

역전이 컨테인먼트

| 참고 문헌 |

Adler, J. (1999). Who is the witness? A description of authentic movement. In P. Pallaro (Ed.), *Authentic movement: Essays by Mary Starks Whitehouse, Janet Adler and Joan Chodorow,* 1. Philadelphia: Jessica Kingsley.

Adolphs, R., Denburg, N. L., & Tranel, D. (2001). The amygdala's role in long- term declarative memory for gist and detail. *Behavioral neuroscience,* 115(5), 983–992.

Ainsworth, M. (1969). Object relations, dependency, and attachment: A theoretical review of the infant- mother relationship. *Child evelopment,* 40, 969–1025. Retrieved from http://www.psychology .sunysb.edu/attachment/online/attach_depend.pdf.

American Psychological Association. (2002). Ethical principles of psychologists and code of conduct. *American Psychologist, 57,* 1060–1073.

Anderson, K. O., Green, C. R., & Payne, R. (2009). Racial and ethnic disparities in pain: Causes and consequences of unequal care. *Journal of Pain,* 10(12), 1187–1204.

Aposhyan, S. (2004). *Body-mind psychotherapy: Principles, techniques, and practical applications.* New York: Norton.

Aposhyan, S. (2007). *Natural intelligence: Body-mind integration and human development.* Boulder, CO: NOW Press.

Arredondo, P., Toporek, M. S., Brown, S., Jones, J., Locke, D. C., Sanchez, J., et al. (1996). *Operationalization of the multicultural counseling competencies.* Alexandria, VA: AMCD.

Astin, J. A., Soeken, K., Sierpina, V. S., & Clarridge, B. R. (2006). Barriers to the integration of psychosocial factors in medicine: Results of a national survey of physicians. *Journal of American Board of Family Medicine, 19,* 557–565.

Bailey, L. (1999). Refracted selves? A study of changes in self- identity in the transition to motherhood. *Sociology, 33*(2), 335–352.

Bailey, L. (2001). Gender shows: First- time mothers and embodied selves. *Gender and Society, 15*(1), 110–129.

Bainbridge Cohen, B. (1994). *Sensing, feeling and action: The experiential anatomy of body-mind centering*. Northhampton, MA: Contact Editions.

Barrowcliff, A., Gray, N., Freeman, T. C. A., & Macculloch, M. J. (2004). Eye-movements reduce the vividness, emotional valence and electrodermal arousal associated with negative autobiographical memories. *Journal of Forensic Psychiatry and Psychology, 15*(2), 325–345.

Beaumont, E., & Hollins Martin, C. (2013). Using compassionate mind training as a resource in EMDR: A case study. *Journal of EMDR Practice and Research, 7*, 186–199.

Bennett, M. J., & Castiglioni, I. (2004). Embodied ethnocentrism and the feeling of culture: A key to training for intercultural competence. In D. Landis, J. Bennett, & M. Bennett (Eds.), *Handbook of intercultural training* (3rd ed., pp. 249–265). Thousand Oaks, CA: Sage.

Bergmann, U. (2008). The neurobiology of EMDR: Exploring the thalamus and neural integration. *Journal of EMDR Practice and Research, 2*(4), 300–314.

Bergmann, U. (2010). EMDR's neurobiological mechanisms of action: A survey of 20 years of searching. *Journal of EMDR Research and Practice, 4*, 22–42.

Bergmann, U. (2012). *Neurobiological foundations for EMDR practice*. New York: Springer.

Bernatzky, G., Presch, M., Anderson, M., & Panksepp, J. (2011). Emotional foundations of music as a non- pharmacological pain man-agement tool in modern medicine. *Neuroscience and Biobehavioral Reviews, 35*, 1989–1999.

Bornstein, M. H., & Suess, P. E. (2000). Child and mother cardiac vagal tone: Continuity, stability, and concordance across the first 5 years. *Developmental Psychology, 36*(1), 54–65.

Boscarino, J. A. (2004). Posttraumatic stress disorder and physical illness: Results from clinical and epidemiologic studies. *Annals of the New York Academy of Science*, 1032, 141–153. doi:10.1196/ annals.1314.011.

Bourdieu, P. (2010). The forms of capital (1986). In I. Szeman & T. Kaposy (Eds.), *Cultural theory: An anthology.* Hoboken, NJ: Wiley- Blackwell.

Bowlby, J. (1983). *Attachment and loss: Vol. 1. Attachment.* New York: Basic Books.

Brach, T. (2004). *Radical acceptance: Embracing your life with the heart of a Buddha*. New York: Bantam.

Brewin, C. R., Huntley, Z., & Whalley, M. (2012). Source memory errors associated with reports of posttraumatic flashbacks: A proof of concept study. *Cognition, 124*(2), 234–238. doi:10.1016/j. cognition.2012.05.002.

Brooks, M. V. (2003). Health- related hardiness and chronic illness: A synthesis of current research. *Nursing Forum, 38,* 11–20.

Caldwell, C. (1996). *Getting our bodies back.* Boston: Shambhala.

Caldwell, C. (1997). *Getting in touch: The guide to new body-centered therapies.* Wheaton, IL: Theosophical.

Carson, J. W., Keefe, F. J., Lynch, T. R., Carson, K. M., Goli, V., Fras, A. M., et al. (2005). Loving- kindness meditation for chronic low back pain: Results from a pilot trial. *Journal of Holistic Nursing, 23,* 287–304.

Conway, M. A., Anderson, S. J., Larsen, S. F., Donnelly, C. M., McDaniel, M. A., McClelland, A. G., et al. (1994). The formation of flashbulb memories. *Memory and Cognition, 22*(3), 326–343.

Corrigan, F. (2002). Mindfulness, dissociation, EMDR and the anterior cingulate cortex: A hypothesis. *Contemporary Hypnosis, 19*(1), 8–17.

Cozolino, L. (2014). *The neuroscience of human relationships: Attachment and the developing social brain.* New York: Norton.

Craig, A. D. (2010). The sentient self. *Brain Structure and Function, 214*(5–6), 563–577.

Csordas, T. (1994). *Embodiment and experience: The existential ground of culture and self.* Cambridge: Cambridge University Press.

Damasio, A. R. (1994). *Descartes' error: Emotion, reason, and the human brain.* New York: G. P. Putnam's Sons.

Damasio, A. (1999). *The feeling of what happens: Body and emotion, the making of consciousness.* New York: Harcourt.

Deikman, A. (1983). *The observing self: Mysticism and psychotherapy.* Boston: Beacon Press.

de Roos, C., Veenstra, A. C., de Jongh, A., den Hollander- Gijsman, M. E., van der Wee, N. J. A., Zitman, F. G., et al. (2010). Treatment of chronic phantom limb pain (PLP) using a trauma- focused psychological approach. *Pain Research and Management, 15,* 65–71.

Dersh, J., Polatin, P. B., Leeman, G., & Gatchel, R. J. (2004). The management of secondary gain and loss in medicolegal settings: Strengths and weaknesses. *Journal of Occupational Rehabilitation,* 14, 267–279.

Diamond, D. M., Campbell, A. M., Park, C. R., Halonen, J., & Zoladz, P. R. (2006). The temporal dynamics model of emotional memory processing: A synthesis on the neurobiological basis of stress- induced amnesia, flashbulb and traumatic memories, and the Yerkes- Dodson law. *Neural Plasticity,* article ID 60803. doi:10.1155/2007/60803.

Dolbier, C. L., Smith, S. E., & Steinhardt, M. A. (2007). Relationships of protective factors to stress and symptoms of illness. *American Journal of Health Behavior, 31*(4), 423–433.

Duke, M. P., Lazarus, A., & Fivush, R. (2008). Knowledge of family history as a clinically useful index of psychological well- being and prognosis: A brief report. *Psychotherapy, 45*(2), 268–272.

Eisenberger, N. I. (2012). The pain of social disconnection: Examining the shared neural underpinnings of physical and social pain. *Nature Reviews Neuroscience, 13*(6), 421–434. doi:10.1038/nrn3231.

Ellis, J. A., Ootoova, A., Blouin, R., Rowley, B., Taylor, M., Decourtney, C., et al. (2011). Establishing the psychometric properties and preferences for the Northern Pain Scale. *International Journal Circumpolar Health,*

70(3), 274–285.

Elofsson, U. O. E., von Scheele, B., Theorell, T., & Sondergaard, H. P. (2008). Physiological correlates of eye movement desensitization and reprocessing. *Journal of Anxiety Disorders, 22,* 622–634.

EMDR International Association. (n.d.). EMDRIA statement regarding diversity and cultural competence. Retrieved from http://emdria. site-ym.com/page/diversitystatement.

Emerson, D., & West, J. (2015). *Trauma-sensitive yoga in therapy: Bringing the body into treatment.* New York: Norton.

Emmons, R. A. (2007). *Thanks! How the new science of gratitude can make you happier.* New York: Houghton Mifflin Harcourt.

Emmons, R. A., & McCullough, M. E. (2003). Counting blessings versus burdens: Experimental studies of gratitude and subjective well- being in daily life. *Journal of Personality and Social Psychology, 84,* 377–389.

Farber, E. W., Schwartz, J. A., Schaper, P. E., Moonen, D. J., & McDaniel, S. (2000). Resilience factors associated with adaptation to HIV disease. *Psychosomatics, 41*(2), 140–146.

Feldenkrais, M. (2009). *Awareness through movement: Easy-to-do health exercises to improve your posture, vision, imagination, and personal awareness.* New York: HarperOne.

Felitti, V. J., Anda, R. F., Nordenberg, D., Williamson, D. F., Spitz, A. M., Edwards, V., et al. (1998). Relationship of child abuse and household dysfunction to many of the leading causes of death in adults. *American Journal of Preventive Medicine, 14*(4), 245–258.

Ferrari, P. F., & Rizzolatti, G. (2014). Mirror neuron research: The past and the future. *Philosophical Transactions of the Royal Society B: Biological Sciences, 369*(1644), 20130169. doi:10.1098/rstb.2013.0169

Field, T. (2014). Massage therapy research review. *Complementary Therapies in Clinical Practice, 20*(4), 224–229.

Fishbain, D. A. (1994). Secondary gain concept: Definition problems and its abuse in medical practice. *American Pain Society Journal, 3,* 264–273.

Fisher, J. (2017). *Healing the fragmented selves of trauma survivors: Overcoming internal self-alienation*. New York: Routledge.

Foa, E. B., Keane, T. M., Friedman, M. J., & Cohen, J. A. (2009). *Effective treatments for PTSD: Practice guidelines of the International Society for Traumatic Stress Studies*. New York: Guilford.

Fogel, A. (2009). *Body sense: The science and practice of embodied selfawareness*. New York: Norton.

Fonagy, P., Gergely, G., Jurist, E. L., & Target, M. (2005). *Affect regulation, mentalization, and the development of the self*. New York, NY: Other Press.

Ford, J. D., Grasso, D. J., Elhai, J. D., & Courtois, C. A. (2015). *Posttraumatic stress disorder: Scientific and professional dimensions*. Oxford, UK: Elsevier.

Forgash, C., & Copeley, M. (Eds.). (2008). *Healing the heart of trauma and dissociation with EMDR and ego state therapy*. New York: Springer.

Freeza, E. (2008). Focusing and chronic pain. *Folio, 21*(1), 328–337.

Friedberg, F. (2004). Eye movement desensitization in fibromyalgia: A pilot study. *Complementary Therapies in Nursing and Midwifery, 10*(4), 245–249.

Gabrieli, J. D. E. (1998). Cognitive neuroscience of human memory. *Annual Review of Psychology, 49*, 87–115.

Gallese, V. (2009). Mirror neurons, embodied simulation, and the neural basis of social identification. *Psychoanalytic Dialogues, 19*, 519–536.

Gard, G. (2005). Body awareness therapy for patients with fibromyalgia and chronic pain. *Disability and Rehabilitation, 27*(12), 725–728.

Gardner, H. (2011). *Frames of mind: The theory of multiple intelligences*. New York: Basic Books.

Gatchel, R. J. (2004). Comorbidity of chronic pain and mental health disorders: The biopsychosocial perspective. *American Psychologist, 59*(10), 795–805.

Gendlin, E. (1982). *Focusing*. New York: Bantam.

George, C., Kaplan, N., & Main, M. (1996). Adult attachment interview (3rd ed.). Unpublished manuscript, Department of Psychology, University of California, Berkeley.

Gerhardt, A., Eich, W., Seidler, G., & Tesarz, J. (2013). Eye movement desensitization and reprocessing in chronic pain conditions. *OA Musculoskeletal Medicine, 1*(1), 7.

Geuter, U. (2015). The history and scope of body psychotherapy. In G. Marlock, H. Weiss, C. Young, & M. Soth (Eds.), *The handbook of body psychotherapy and somatic psychology*. Berkeley, CA: North Atlantic.

Goleman, D. (1995). *Emotional intelligence*. New York: Bantam.

Gomez, A. (2012). *EMDR therapy and adjunct approaches with children: Complex trauma, attachment, and dissociation*. New York: Springer.

Gonzales, A., & Mosquera, D. (2012). *EMDR and dissociation: The progressive approach*. Charleston, SC: Amazon Imprint.

Grand, I. (2015). Body, culture, and body- oriented psychotherapies. In G. Marlock, H. Weiss, C. Young, & M. Soth (Eds.), *The handbook of body psychotherapy and somatic psychology*. Berkeley, CA: North Atlantic.

Grant, M. (2016). *Change your brain, change your pain: Based on EMDR*. Australia: Trauma and Pain Management Services.

Grant, M., & Threlfo, C. (2002). EMDR in the treatment of chronic pain. *Journal of Clinical Psychology, 58*(12), 1505–1520.

Gupta, M. A. (2013). Review of somatic symptoms in post- traumatic stress disorder. *International Review of Psychiatry, 25*(1), 86–99.

Hanna, T. (2004). *Somatics: Reawakening the mind's control of movement, flexibility, and health*. Cambridge, MA: Da Capo.

Hansen, N. D., Randazzo, K., Schwartz, A., Marshall, M., Kalis, D., Frazier, R., et al. (2006). Do we practice what we preach? An exploratory survey of multicultural psychotherapy competencies. *Professional Psychology: Research and Practice, 37*(1), 66–74.

Heber, R., & Alter- Reid, K. (2017). The transgenerational impact of anti-semitism. In M. Nickerson (Ed.), *Cultural competence and healing culturally based trauma with EMDR therapy*. New York: Springer.

Herman, J. (1997). *Trauma and recovery: The aftermath of violence—from domestic abuse to political terror*. New York: Basic Books.

Hornsveld, H. K., Houtveen, J. H., Vroomen, M., Aalbers, I. K. D., Aalbers, D., & van den Hout, M. A. (2011). Evaluating the effect of eye movements on positive memories such as those used in resource development and installation. *Journal of EMDR Practice and Research, 5*(4), 146–155.

Insel, T. R. (2000). Toward a neurobiology of attachment. *Review of General Psychology, 4*(2), 176–185.

Janov, A. (1983). *Imprints: The lifelong effects of the birth experience*. New York: Coward- McCann.

Janov, A. (2006). *Primal healing: Access the incredible power of feelings to improve your health*. Franklin Lake, NJ: Career Press.

Jeter, P. E., Slutsky, J., Singh, N., & Khalsa, S. B. S. (2015). Yoga as a therapeutic intervention: A bibliometric analysis of published research studies from 1967 to 2013. *Journal of Alternative and Complementary Medicine, 21*(10), 586–592.

Joseph, R. (1996). *Neuropsychiatry, neuropsychology, and clinical neuroscience: Emotion, evolution, cognition, language, memory, brain damage, and abnormal behavior* (2nd ed.). Baltimore, MD: Williams and Wilkins.

Kabat- Zinn, J. (1990). *Full catastrophe living: How to cope with stress, pain, and illness using mindfulness meditation*. New York: Bantam.

Kaye, B. (2008). Reversing reciprocal suppression in the anterior cingulated cortex: A hypothetical model to explain EMDR effectiveness. *Journal of EMDR Practice and Research, 2*(1), 88–99.

Keleman, S. (1987). *Bonding: A somatic-emotional approach to transference*. Berkeley, CA: Center Press.

Kimmel, M. (2013). The arc from the body to culture: How affect, proprioception, kinesthesia, and perceptual imagery shape cultural knowledge (and vice versa). *Integral Review, 9*(2), 300–348.

Knipe, J. (2009). "Shame is my safe place": Adaptive information processing methods of resolving chronic shame- based depression. In R. Shapiro (Ed.), *EMDR solutions II: For depression, eating disorders, performance, and more*. New York: Norton.

Knipe, J. (2015). *EMDR toolbox: Theory and treatment of complex PTSD and dissociation*. New York: Springer.

Kok, B. E., Coffey, K. A., Cohn, M. A., Catalino, L. I., Vacharkulksemsuk, T., Algoe, S. B., et al. (2013). How positive emotions build physical health: Perceived positive social connections account for the upward spiral between positive emotions and vagal tone. *Psychological Science*, 24(7), 1123- 32. doi:10.1177/0956797612470827.

Kok, B. E., & Fredrickson, B. L. (2010). Upward spirals of the heart: Autonomic flexibility, as indexed by vagal tone, reciprocally and prospectively predicts positive emotions and social connectedness. *Biological Psychology, 85*(3), 432–436.

Korb, A. (2015). *The upward spiral: Using neuroscience to reverse the course of depression, one small change at a time. Oakland, CA:* New Harbinger.

Korn, D., & Leeds, A. (2002). Preliminary evidence of efficacy for EMDR resource development and installation in the stabilization phase of treatment of complex posttraumatic stress disorder. *Journal of Clinical Psychology, 58*(12), 1465–1487.

Kornfield, J. (2008). *The art of forgiveness, loving kindness, and peace*. New York: Bantam.

Kross, E., Berman, M. G., Mischel, W., Smith, E. E., & Wager, T. D. (2011). Social rejection shares somatosensory representations with physical pain. *Proceedings of the National Academy of Sciences, 108*, 6270–6275.

Kurtz, R. (1990). *Body-centered psychotherapy: The Hakomi method*. Mendocino, CA: Life Rhythm.

Lanius, U., & Paulsen, S. (2014). Toward an embodied self: EMDR and somatic interventions. In U. Lanius, S. Paulsen, & F. Corrigan (Eds.), *Neurobiology and treatment of traumatic dissociation: Toward an embodied self* (pp. 447–470). New York: Springer.

Lansing, K., Amen, D. G., Hanks, C., & Rudy, L. (2005). High resolution brain SPECT imaging and EMDR in police officers with PTSD. *Journal of Neuropsychiatry and Clinical Neurosciences, 17*, 526–532.

LeDoux, J. (1996). *The emotional brain: The mysterious underpinnings of emotional life.* New York: Touchstone.

Lee, C. C. (2008). *Elements of culturally competent counseling* (ACAPCD-24). Alexandria, VA: American Counseling Association.

Leeds, A. M. (2009). Resources in EMDR and other trauma- focused psychotherapy: A review. *Journal of EMDR Practice and Research,* 3(3), 152–160.

Levine, P. (1997). *Waking the tiger: Healing trauma.* Berkeley, CA: North Atlantic.

Levine, P. (2010). *In an unspoken voice: How the body releases trauma and restores goodness.* Berkeley, CA: North Atlantic.

Levis, R. V., & Sinego, L. (2017). An integrative approach to EMDR therapy as an antioppression endeavor. In M. Nickerson (Ed.), *Cultural competence and healing culturally based trauma with EMDR therapy* (pp. 79–96). New York: Springer.

Linehan, M. (1993). *Cognitive-behavioral treatment of borderline personality disorder.* New York: Guilford.

Lobenstine, F., & Courtney, D. (2013). A case study: The integration of intensive EMDR and ego state therapy to treat comorbid posttraumatic stress disorder, depression, and anxiety. *Journal of EMDR Practice and Research,* 7(2), 65–80.

Loftus, E., & Ketcham, K. (1994). *The myth of repressed memory: False memories and allegations of sexual abuse.* New York: New York: St. Martin's Griffin.

Lowen, A. (1977). *Bioenergetics: The revolutionary therapy that uses the language of the body to heal problems of the mind.* New York: Penguin.

Lumley, M. A., Cohen, J. L., Borszcz, G. S., Cano, A., Radcliffe, A. M., Porter, L. S., et al. (2011). Pain and emotion: A biopsychosocial review of recent research. *Journal of Clinical Psychology,* 67(9), 942–968.

doi:10.1002/jclp.20816.

MacNaughton, I., & Levine, P. (2015). The role of the breath in mindbody psychotherapy. In G. Marlock, H. Weiss, C. Young, & M. Soth (Eds.), *The handbook of body psychotherapy and somatic psychology.* Berkeley, CA: North Atlantic.

Maddi, S. R. (2013). *Hardiness: Turning stressful circumstances into resilient growth.* New York: Springer.

Mahoney, M. J. (2005). Suffering, philosophy, and psychotherapy. *Journal of Psychotherapy Integration, 15*(3), 337–352.

Maiberger, B. (2009). *EMDR essentials: A guide for clients and therapists.* New York: Norton.

Main, M., & Cassidy, J. (1988). Categories of response to reunion with the parent at age six: Predictable from infant attachment classifications and stable over a one- month period. *Developmental Psychology, 24,* 415–426.

Mansfield, P. (2010). *Dyadic resourcing: Creating a foundation for processing trauma.* CreateSpace Independent Publishing Platform. Marcus, S. V. (2008). Phase 1 of integrated EMDR: An abortive treatment for migraine headaches. *Journal of EMDR Practice and Research,* 2(1), 15–25.

Marlock, G., Weiss, H., Young, C., & Soth, M. (Eds.). (2015). *The handbook of body psychotherapy and somatic psychology*. Berkeley, CA: North Atlantic.

Mathieu, F. (2012). *The compassion fatigue workbook: Creative tools for transforming compassion fatigue and vicarious traumatization.* New York: Routledge.

Matsumoto, D. (2009). Culture and emotional expression. In C. Y. Chiu, Y. Y. Hong, S. Shavitt, & R. S. Wyer (Eds.), *Problems and solutions in cross-cultural theory, research, and application* (pp. 271–287). New York: Psychology Press.

Matsumoto, D., Frank, M. G., & Hwang, H. S. (2013). *Nonverbal behaviors: Science and applications.* Los Angeles: Sage.

May, A. (2011). Experience- dependent structural plasticity in the adult human brain. *Trends in Cognitive Science, 15*(10), 475–482.

Mazzola, A., Calecagno, M. L., Goicochea, M. T., Pueyrredon, H., Leston, J., & Salvat, F. (2009). EMDR in the treatment of chronic pain. *Journal of EMDR Practice and Research, 3*, 66–79.

Mehling, W. E., Wrubel, J., Daubenmier, J. J., Price, C. J., Kerr, C. E., Silow, T., et al. (2011) Body awareness: A phenomenological inquiry into the common ground of mind- body therapies. *Philosophy, Ethics, and Humanities in Medicine, 6*(6). doi:10.1186/1747- 531-16- 6.

Merleau- Ponty, M. (1962). *Phenomenology of perception*. London: Routledge and Kegan Paul.

Mindell, A. (2011). *The dreambody: The body's role in revealing the self*. Portland, OR: Deep Democracy Exchange.

Neff, K. (2011). *Self-compassion: The proven power of being kind to yourself*. New York: HarperCollins.

Nickerson, M. (2017). *Cultural competence and healing culturally based trauma with EMDR therapy*. New York: Springer.

O'Donovan, A., Cohen, B. E., Seal, K. H., Bertenthal, D., Margaretten, M., Nishimi, K., et al. (2016). Elevated risk for autoimmune disorders in Iraq and Afghanistan veterans with posttraumatic stress disorder. *Biological Psychiatry, 77*(4), 365–374. doi:10.1016. biopsych.2014.06.015.

Ogden, P., & Fisher, J. (2015). *Sensorimotor psychotherapy: Interventions for trauma and attachment*. New York: Norton.

Ogden, P., & Minton, K. (2014). Integrating body and mind: Sensorimotor psychotherapy and treatment of dissociation, defense, and dysregulation. In U. F. Lanius, S. L. Paulsen, & F. M. Corrigan (Eds.), *Neurobiology and the treatment of traumatic dissociation: Towards an embodied self*. New York: Springer.

Ogden, P., Minton, K., & Pain, C. (2006). *Trauma and the body: A ensorimotor approach to psychotherapy*. New York: Norton.

Oh, D. H., & Choi, J. (2007). Changes in the regional cerebral perfusion after eye movement desensitization and reprocessing: A SPECT study of two cases. *Journal of EMDR Practice and Research, 1*(1), 24–30.

Pagani, M., Di Lorenzo, G., Monaco, L., Niolu, C., Siracusano, A., Verardo, A. R., et al. (2011). Pretreatment, intratreatment, and posttreatment EEG imaging of EMDR: Methodology and preliminary results from a single case. *Journal of EMDR Practice and Research, 5*, 42–56.

Pagani, M., Di Lorenzo, G., Verardo, A. R., Nicolais, G., Monaco, L., Lauretti, G., et al. (2012). Neurobiological correlates of EMDR monitoring: An EEG study. *PLOS ONE, 7*(9), 45753. doi:10.1371/journal.pone.0045753.

Pallaro, P. (Ed.). (1999). *Authentic movement: Essays by Mary Starks Whitehouse, Janet Adler, and Joan Chodorow*. Philadelphia: Jessica Kingsley.

Parnell, L. (2008). *Tapping in: A step-by-step guide to activating your healing resources through bilateral stimulation*. Boulder, CO: Sounds True.

Parnell, L. (2013). *Attachment-focused EMDR: Healing relational trauma*. New York: Norton.

Paulsen, S. (2017). *When there are no words: Repairing early trauma and neglect from the attachment period with EMDR Therapy*. CreateSpace Independent Publishing Platform.

Paulsen, S., & Lanius, U. (2009). Toward an embodied self: Integrating EMDR with somatic and ego state interventions. In R. Shapiro (Ed.), *EMDR solutions II: For depression, eating disorders, performance, and more*. New York: Norton.

Perry, B. D. (2001). The neurodevelopmental impact of violence in childhood. In D. Schetky & E. Benedek (Eds.), *Textbook of child and adolescent forensic psychiatry* (pp. 221–238). Washington, DC: American Psychiatric Press.

Pierrakos, J. (1990). *Core energetics: Developing the capacity to love and heal*. Berkeley, CA: Life Rhythm.

Porges, S. (1995). Orienting in a defensive world: Mammalian modifications of our evolutionary heritage. A polyvagal theory.

Psychophysiology, 32, 301–318.

Porges, S. (1997). Emotion: An evolutionary by- product of the neural regulation of the autonomic nervous system. The integrative neurobiology of affiliation. *Annals of the New York Academy of Sciences, 807*, 62–77.

Porges, S. (2007). The polyvagal perspective. *Biological Psychology, 74*(2), 116–143.

Porges, S. (2011). *The polyvagal theory: Neurobiological foundation of emotions, attachment, communication, and self-regulation.* New York: Norton.

Price, C. J., McBride, B., Hyerle, L., & Kivlighan, D. R. (2007). Mindful awareness in body- oriented therapy for female veterans with posttraumatic disorder taking a prescription for analgesics for chronic pain: A feasibility study. *Alternative Therapies, 13*, 32–40.

Price, M., Spinazzola, J., Musicaro, R., Turner, J., Suvak, M., Emerson, D., et al. (2017). Effectiveness of an extended yoga treatment for women with chronic posttraumatic stress disorder. *Journal of Alternative and Complementary Medicine, 23*(4), 300–309.

Raknes, O. (2004). *Wilhelm Reich and orgonomy: The brilliant psychiatrist and his revolutionary theory of life energy*. Princeton, NJ: American College of Orgonomy Press.

Ray, O. (2004). How the mind hurts and heals the body. *American Psychologist, 59*(1), 29–40.

Ray, P., & Page, A. (2002). A single session of hypnosis and eye movement desensitization and reprocessing (EMDR) in the treatment of chronic pain. *Australian Journal of Clinical and Experimental Hypnosis, 30*(2), 170–178.

Rhodes, A., Spinazzola, J., & van der Kolk, B. (2016). Yoga for adult women with chronic PTSD: A long- term follow- up study. *Journal of Alternative and Complementary Medicine, 22*(3), 189–196.

Robinson, N. S. (2017). Legacy attuned EMDR therapy: Toward a coherent narrative. In M. Nickerson (Ed.), *Cultural competence and healing culturally based trauma with EMDR therapy*. New York: Springer.

Rosenberg, J., Rand, M., & Asay, D. (1989). *Body, self, and soul: Sustaining integration*. Atlanta, GA: Humanics Trade Group.

Rothschild, B. (2000). *The body remembers: The psychophysiology of trauma and trauma treatment*. New York: Norton.

Rothschild, B. (2006). *The psychophysiology of compassion fatigue and vicarious traumatization*. New York: Norton.

Rothschild, B. (2010). *8 keys to safe trauma recovery: Take-charge strategies to empower your healing*. New York: Norton.

Sack, M., Hofmann, A., Wizelman, L., & Lempa, W. (2008). Psychophysiological changes during EMDR and treatment outcome. *Journal of EMDR Practice and Research, 2*, 239–246.

Salehian, T., Saidzaker, S., Behnammoghadam, M., Shafiee, M., Mohammadhossini, S., Behnammoghadan, Z., et al. (2016). Efficacy of eye movement desensitization and reprocessing on the quality of life of the patients with myocardial infarction. *Global Journal of Health Science, 8*(10), 112–117.

Sarno, J. (1999). *The mindbody prescription: Healing the body, healing the pain*. New York: Warner.

Scaer, R. (2005). *The trauma spectrum: Hidden wounds and human resiliency*. New York: Norton.

Scaer, R. (2014). *The body bears the burden* (3rd ed.). New York: Routledge.

Schacter, D. L. (1999). The seven sins of memory: Insights from psychology and cognitive neuroscience. *American Psychologist, 54*(3), 182–203.

Schauer, M., & Elbert, T. (2010). Dissociation following traumatic stress: Etiology and treatment. *Zeitschrift fur Psychologie/Journal of Psychology, 218*(2), 109–127. doi:10.1027/0044- 3409/a000018.

Schauer, M., Neuner, F., & Elbert, T. (2011). *Narrative exposure therapy: A short-term intervention for traumatic stress disorders after war, terror, or torture*. Ashland, OH: Hogrefe and Huber.

Schneider, J., Hofmann, A., Rost, C., & Shapiro, F. (2008). EMDR in the treatment of chronic phantom limb pain. *American Academy of Pain Medicine, 9*(1), 76–82.

Schore, A. N. (1994). *Affect regulation and the origin of the self: The neurobiology of emotional development.* Hillsdale, NJ: Lawrence Erlbaum.

Schore, A. N. (1996). The experience- dependent maturation of a regulatory system in the orbital prefrontal cortex and the origin of developmental psychopathology. *Development and Psychopathology, 8,* 59–87.

Schore, A. N. (2001a). The effects of a secure attachment relationship on right brain development, affect regulation, and infant mental health. *Infant Mental Health Journal, 22,* 7–66.

Schore, A. N. (2001b). The effects of early relational trauma on right brain development, affect regulation, and infant mental health. *Infant Mental Health Journal, 22,* 201–269.

Schore, A. N. (2012). *The science of the art of psychotherapy.* New York: Norton.

Schwartz, A. (2016). *The complex PTSD workbook: A mind-body approach to regaining emotional control and becoming whole.* Berkeley, CA: Althea Press.

Schwartz, R. (1997). *Internal family systems therapy.* New York: Guilford.

Shapiro, F. (2018). *Eye movement desensitization and reprocessing (EMDR) therapy: Basic principles, protocols and procedures* (3rd ed.). New York: Guilford.

Shapiro, F. (2013). *Getting past your past: Take control of your life with self-help techniques from EMDR therapy.* Emmaus, PA: Rodale.

Shapiro, F. (2014). The role of eye movement desensitization and reprocessing (EMDR) therapy in medicine: Addressing the psychological and physical symptoms stemming from adverse life experiences. *Permanente Journal, 18*(1), 71–77.

Shapiro, R. (2005). EMDR with cultural and generational introjects. In R. Shapiro (Ed.), *EMDR solutions: Pathways to healing.* New York:

Norton.

Shapiro, R. (2009). Clearing medical trauma. In R. Shapiro (Ed.), *EMDR solutions II: For depression, eating disorders, performance, and more*. New York: Norton.

Shapiro, R. (2016). *Easy ego state interventions: Strategies for working with parts*. New York: Norton.

Siegel, D. (1999). *The developing mind: How relationships and the brain interact to shape who we are*. New York: Guilford.

Siegel, D. J. (2001). Memory: An overview, with emphasis on developmental, interpersonal, and neurobiological aspects. *Journal of the American Academy of Child and Adolescent Psychiatry, 40*(9), 997–1011.

Siegel, D. J. (2011). *The neurobiology of "we": How relationships, the mind, and the brain interact to shape who we are* [audiobook]. Boulder, CO: Sounds True.

Silberman, E. K., & Weingartner, H. (1986). Hemispheric lateralization of functions related to emotion. *Brain and Cognition, 5*, 322–353.

Stern, D. N. (1985). *The interpersonal world of the infant*. New York: Basic Books.

Stickgold, R. (2002). EMDR: A putative neurobiological mechanism of action. *Journal of Clinical Psychology, 58*(1), 61–75.

Stolorow, R., & Atwood, G. (1992). The intersubjective perspective. *Psychoanalytic Review, 83*, 181–194.

Tanaka, S. (2015). Intercorporeality as a theory of social cognition. *Theory and Psychology, 25*, 455–472.

Taylor, S. E., Klein, L. C., Lewis, B. P., Gruenewald, T. L., Gurung, R. A. R., & Updegraff, J. A. (2000). Biobehavioral responses to stress in females: Tend- and-befriend, not fight- or-flight. *Psychological Review, 107*(3), 411–429.

Tinker, R. H., & Wilson, S. A. (2005). The phantom limb pain protocol. In R. Shapiro (Ed.), *EMDR solutions: Pathways to healing*. New York: Norton.

Tronick, E. Z. (2007). *The neurobehavorial and social-emotional development of infants and children.* New York: Norton.

Twombly, J. (2000). Incorporating EMDR and EMDR adaptations into the treatment of clients with dissociative identity disorder. *Journal of Trauma and Dissociation, 2,* 61–81.

Vachon- Presseau, E., Roy, M., Martel, M., Caron, E., Marin, M., Chen, J., et al. (2013). The stress model of chronic pain: Evidence from basal cortisol and hippocampal structure and function in humans. *Brain, 136*(3), 815–827. doi:10.1093/brain/aw371

van den Hout, M., Muris, P., Salemink, E., & Kindt, M. (2001). Autobiographical memories become less vivid and emotional after eye movements. *British Journal of Clinical Psychology, 40,* 121–130.

van den Hout, M. A., Eidhorf, M. B., Verboom, J., Little, M., & Engelhard, I. M. (2014). Blurring of emotional and nonemotional memories by taxing working memory during recall. *Cognition and Emotion, 28*(4), 717–727. doi:10.1080/02699931.2013.848785

van der Hart, O., Nijenhuis, E., & Steele, K. (2006). *The haunted self: Structural dissociation and the treatment of chronic traumatization.* New York: Norton.

van der Kolk, B. A. (2003). *EMDR and the lessons from neuroscience research.* Plenary presented at the 4th EMDR Europe Association Conference, Rome Italy. Retrieved from http://www.emdr.org.il/ dls/1.html.

van der Kolk, B. (2015). *The body keeps the score: Brain, mind, and body in the healing of trauma.* New York: Viking.

van der Kolk, B., McFarlane, A., & Weisaeth, L. (Eds.). (1996). *Traumatic stress: The effects of overwhelming experience on mind, body, and society.* New York: Guilford.

van der Kolk, B., Sonte, L., West, J., Rhodes, A., Emerson, D., Suvak, M., et al. (2014). Yoga as an adjunctive treatment for posttraumatic stress disorder: A randomized controlled trial. *Journal of Clinical Psychiatry,* 75(0), e559–e565.

van Middendorp, H., Lumley, M. A., Jacogs, J. W., van Doornen, L. J.,

Bijlsma, J. W., & Greenen, R. (2008). Emotions and emotional approach and avoidance strategies in fibromyalgia. *Journal of Pychosomatic Research, 64*, 159–167.

Walzer, S. (1995). Transition into motherhood: Pregnant daughters' responses to their mothers. *Families in Society, 12*, 596–603.

Watkins, H., & Watkins, J. (1997). *Ego states: Theory and therapy*. New York: Norton.

Weiss, H., Johanson, G., & Monda, L. (2015). *Hakomi mindfulnesscentered somatic psychotherapy: A comprehensive guide to theory and practice*. New York: Norton.

Whitehouse, M. (1999). The tao of the body. In P. Pallaro (Ed.), *Authentic movement: Essays by Mary Starks Whitehouse, Janet Adler and Joan Chodorow*. Philadelphia: Jessica Kingsley.

Wilensky, M. (2006). Eye movement desensitization and reprocessing (EMDR) as a treatment for phantom limb pain. *Journal of Brief Therapy, 5*(1), 31–43.

Winnicott, D. W. (1990). *Home is where we start from: Essays by a psychoanalyst*. New York: Norton.

Yehuda, R. (2008). *Treating trauma survivors with PTSD*. Washington, DC: American Psychiatric Press.

Yehuda, R., & Bierer, L. (2009). The relevance of epigenetics to PTSD: Implications for the *DSM-V*. *Journal of Traumatic Stress, 22*(5), 427–434. doi:10.1002/jts.20448.

Yehuda, R., Daskalakis, N. P., Bierer, L. M., Bader, H. N., Klengel, T., Holsboer, F., et al. (2016). Holocaust exposure induced intergenerational effects on KFBP5 methylation. *Biological Psychiatry, 80*(5), 372–380. doi:10.1016/j.biopsych.2015.08.005.

Yehuda, R., Mulherin Engel, S., Brand, S. R., Seckl, J., Marcus, S. M., & Berkowitz, G. S. (2005). Transgenerational effects of posttraumatic stress disorder in babies of mothers exposed to the World Trade Center attacks during pregnancy. *Journal of Clinical Endocrinology and Metabolism, 90*(7), 4115–4118. doi:10.1210/jc.200500550.

EMDR 치료와 소매틱 심리학의 통합

지은이 아리엘 슈와르츠, 바브 메이버거
역자 김남희, 김은지

초판 1쇄 인쇄 2022년 08월 15일
초판 1쇄 발행 2022년 08월 27일
등록번호 제2010-000048호
등록일자 2010-08-23
발행처 삶과지식
발행인 김미화
편집 박시우(Siwoo Park)
디자인 다인디자인(E.S. Park)
주소 서울시 강서구 강서로47길 108
전화 02-2667-7447
메일 dove0723@naver.com

ISBN 979-11-85324-63-0 03180